Selbstüberprüfung am Ende jedes Kapitels

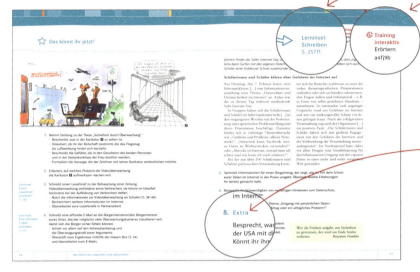

Hinweise auf die Nachschlageseiten in den **Lerninseln** und auf **Online-Übungsmaterial**

Extra-Aufgaben sind Zusatzaufgaben, die ihr nicht unbedingt bearbeiten müsst.

Lösungen zu den Aufgaben dieser Seiten findet ihr auf den Seiten 300–303.

Diese Abschlussseiten helfen euch auch bei der Vorbereitung auf Klassenarbeiten.

Lerninseln geben den Überblick über ein Thema

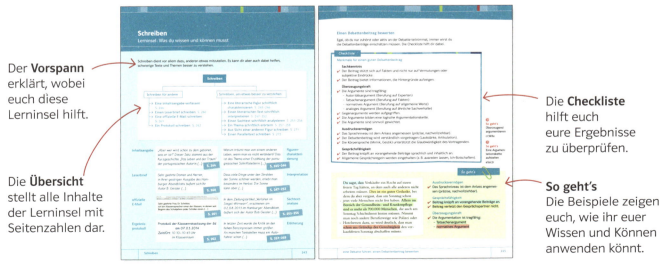

Der **Vorspann** erklärt, wobei euch diese Lerninsel hilft.

Die **Übersicht** stellt alle Inhalte der Lerninsel mit Seitenzahlen dar.

Die **Checkliste** hilft euch eure Ergebnisse zu überprüfen.

So geht's Die Beispiele zeigen euch, wie ihr euer Wissen und Können anwenden könnt.

Die Lerninseln am Ende des Buches fassen zusammen, was ihr zu den einzelnen Gebieten wissen und können müsst.

deutsch.kompetent 8

Herausgegeben von:
Maximilian Nutz

Erarbeitet von:
Maja Bitterer
Martina Blatt
Dirk Bossen
Joachim Dreessen
Heike Henniger
Katja Hofmann
Wiebke Hoheisel
Susanne Jugl-Sperhake
Janina Kiehl
Thomas Labusch
Rosemarie Lange
Konrad Notzon
Claus Schlegel
Angelika Schmitt-Kaufhold
Anja Seiffert
Andreas Zdrallek

Unter Beratung von:
Matthias Zeidler,
Hannover
Heike Wirthwein,
Langen

Ernst Klett Verlag
Stuttgart · Leipzig

Inhalt

Abenteuer Umweltschutz
Sich und andere informieren

DIFFERENZIEREN
S. 11, 23

Das könnt ihr schon! – Das lernt ihr jetzt! 8
  Der Treibhauseffekt 8 | Unsere Jugend ist umweltbewusst 9

Zeit für Heldentaten – **Funktion von Sachtexten erkennen** 10   11
  Britta Schwanenberg: Leben ohne Plastik – Ein Selbstversuch 10 |
  Plastikmüll in den Ozeanen 10 |
  NAJU: Müll sammeln, kreativ werden und tolle Preise gewinnen 11

Es gibt nichts Gutes, außer man tut es! – **Sachtexte analysieren** ... 12   13, 17
  Kathrin Schwarze-Reiter: Jugendliche und Umweltschutz 12 |
  Petra Pinzler: Eingetütet 14 | Das Freiwillige Ökologische Jahr (FÖJ) 16

Wir können etwas bewegen! – **Materialgestützt ein Referat vorbereiten,**
ein Handout erstellen 18   23
  Plant for the Planet: Gegen die Klimakrise 18 | Schüler wieder
  zum „Entkusseln" im Moor 20 | Abschlussveranstaltung des Wettbewerbs
  „Sauberhafte Stadt 2013" fand in Marburg statt 20

Das könnt ihr jetzt! 24
  Warum wir soziales Engagement von Kindern und Jugendlichen
  fördern 24 | Christian Merl: Schüler schulen Senioren 25

Mode um jeden Preis?
Sprachlicher Umgang mit anderen

DIFFERENZIEREN
S. 30, 33, 35

Das könnt ihr schon! – Das lernt ihr jetzt! 26
  Jugendliche und die Macht der Marken 27

Augen auf beim Kleiderkauf! – **Debatten führen** 28   30, 33
  Lennart Laberenz: Der Stoff, aus dem die Armut ist 28 |
  Florian Diekmann: Sichere Textilfabriken 29 | Manfred Santen 29 |
  Eröffnungsrede beim Bundesfinale 2011 des Wettbewerbs
  „Jugend debattiert" 31

Festzuhalten ist ... – **Ein Ergebnisprotokoll verfassen** 34   35

Das könnt ihr jetzt! 36

Schutz durch Kontrolle?
Ein Thema erörtern

DIFFERENZIEREN
S. 43, 47, 55

Das könnt ihr schon! – Das lernt ihr jetzt! 38
  Fans außer Kontrolle 38 | Wachdienste an Schulen 38 |
  Piercen und Tätowieren 39

Videoüberwachung in der Schule? – **Ein Thema erörtern** 40   47
  Was heißt „Videoüberwachung"? 40 | Bettina Sokol (Datenschutz-
  beauftragte) 40, 41 | Einleitungen für eine Erörterung zum Thema
  „Videoüberwachung in der Pausenhalle?" 44 | Schlussteile für eine
  Erörterung zum Thema „Videoüberwachung in der Pausenhalle?" 45

Noch zu jung? – Mit Unterstützung von Materialien Adressaten überzeugen ... 50   54

Festlegungen im Jugendschutzgesetz 50 | Peter Blechschmidt: Ausgehverbot für Jugendliche 50 | Heike A. Batzer: Aktionsplan Kampf dem Komasaufen 51 | Viele Jugendliche unterschätzen die Gefahr von Alkohol 53 | Jugendschutzgesetz 55

Das könnt ihr jetzt! ... 56

Cartoons 56 | Schülerinnen und Schüler klären über Gefahren im Internet auf 57

Stärken und Schwächen
Charakterisieren und schildern

DIFFERENZIEREN
S. 65

Das könnt ihr schon! – Das lernt ihr jetzt! ... 58

Erfolgreich, aber manchmal auch ein bisschen einsam 58 | Annette Rauert: Der Schritt zurück 59

Zwischen den Zeilen lesen – Eine literarische Figur schriftlich charakterisieren ... 60   64

Reiner Kunze: Fünfzehn 60 | Kurt Marti: Happy End 65

„Mit dem Herzen eines Schmetterlings" – Eine Person schriftlich charakterisieren ... 66

Muhammad Ali: Zu seinem 70. Geburtstag 66 | Der Wehrdienstverweigerer 67 | Thomas Hüetlin: Ein letzter Schlag 67 | Muhammad Ali: Mit dem Herzen eines Schmetterlings 67

Kribbeln im Bauch – Erlebnisse und Ereignisse schildern ... 68   69

Mein Bungee-Erlebnis 68

Das könnt ihr jetzt! ... 70

Wolf Wondratschek: Mittagspause 70

Farbe bekennen
Zu literarischen Texten schreiben

DIFFERENZIEREN
S. 81, 94, 96, 98, 103

Das könnt ihr schon! – Das lernt ihr jetzt! ... 72

Tamara Bach: Marsmädchen 72 | Clemens J. Setz: Eine sehr kurze Geschichte 73

Wege zu einer glücklicheren Welt? – Inhaltsangaben verfassen ... 74   81

Erich Kästner: Das Märchen vom Glück 74 | Fabrizio Silei, Maurizio A.C. Quarello: Der Bus von Rosa Parks 78

Der Ernst des Lebens – Erzählende Texte schriftlich interpretieren ... 82   92

Georg Britting: Brudermord im Altwasser 82, 83 | Peter Weiss: Abschied von den Eltern 85 | Margret Steenfatt: Im Spiegel 89

Randerscheinungen? – Mit einem erzählenden Text produktiv umgehen ... 95   96

Kurt Marti: Meine Angst lässt grüßen 95 | Selim Özdogan: Eins dieser Bilder 97 | Christian Linker: Das Heldenprojekt 99 | Tamara Bach: Marsmädchen 101, 102

Das könnt ihr jetzt! ... 104

Eduardo Galeano: Lob des Misstrauens 104

KOMPETENZBOX

Schicksalhafte Wendepunkte
Erzählende Texte untersuchen und deuten

DIFFERENZIEREN ■ ■ ■ ■
S. 110, 114, 119, 121

KOMPETENZBOX

Das könnt ihr schon! – Das lernt ihr jetzt!	106	
Anne-Laure Bondoux: Die Zeit der Wunder 107		
Neuen Horizonten entgegen – Ein Jugendbuch verstehen	108	110, 114
Anne-Laure Bondoux: Die Zeit der Wunder 108, 109, 111, 113		
Gewissensfragen – Novellen untersuchen	115	119, 121
Annette von Droste-Hülshoff: Die Judenbuche 115, 117, 119 |		
Giovanni Boccaccio: Federigo Degli Alberighi und sein Falke 120		
Das könnt ihr jetzt!	122	
Frank Göhre: Unter der alten Eiche 122		

Unzertrennlich
Autobiografien, Filme und Jugendbücher untersuchen

DIFFERENZIEREN ■ ■ ■ ■
S. 129, 133, 135, 139

Das könnt ihr schon! – Das lernt ihr jetzt!	124	
Abdel Sellou: Einfach Freunde 124 |		
Felicitas von Lovenberg: Rezension zu „Tschick" 125		
Dichtung und/oder Wahrheit – Autobiografien untersuchen	126	129
Philippe Pozzo di Borgo: Ziemlich beste Freunde 126, 127 |		
Abdel Sellou: Einfach Freunde 128		
Ein ungleiches Paar – Trailer untersuchen, Filme bewerten	130	132, 135
Anne Facompre: Rezension zu „Ziemlich beste Freunde" 134		
Einfach Tschick?! – Jugendbücher medial präsentieren	136	139
Wolfgang Herrndorf: Tschick 136		
Das könnt ihr jetzt!	140	
Wolfgang Herrndorf: Tschick 140		

Der Vogel, scheint mir, hat Humor
Komische Gedichte untersuchen und deuten

DIFFERENZIEREN ■ ■ ■ ■
S. 149

Das könnt ihr schon! – Das lernt ihr jetzt!	142	
Wilhelm Busch: Es sitzt ein Vogel auf dem Leim … 142 |		
Joachim Ringelnatz: Der Komiker 142 |		
Heinz Erhardt: Der Brummer 142 | Erich Fried: Humorlos 143		
Die wilden Meere hupfen – Den Zusammenhang von Inhalt, Sprache und Form untersuchen	144	145, 148
Jakob van Hoddis: Weltende 144 | Günter Nehm: Selbstbefreiung 146 |		
Günter Nehm: Mißton 146 | Günter Nehm: Was sagt die Frau … 146 |		
Günter Nehm: Entschuldigung 146 | Heinz Erhardt: Ich kann nichts dafür … 146 | Michael Schönen: Aller Anfang ist schwer 147 |		
Cosmo Monkhouse: Limerick 147 | Ror Wolf: Fußball-Sonett Nr. 4 147 |		
Christian Morgenstern: Palmström 149		

KOMPETENZBOX

Der Traum vom deutschen Brutus – Biografische und historische Aspekte zur Deutung nutzen ... 150 **152**

    Heinrich Heine: Zur Beruhigung 150 |
    Erich Kästner: Kennst du das Land … 151

Sammansatz mit … – Gedichte produktiv gestalten ... 153

    Hugo Ball: Karawane 153 | Christian Morgenstern: Die Trichter 153 |
    Gotthold Ephraim Lessing: Lob der Faulheit 153 | Anonym: O hängt ihn
    auf! 154 | Christian Morgenstern: Das ästhetische Wiesel 154 |
    Ernst Jandl: ottos mops 155 | Henning Venske: Je – desto 155 |
    Anonym: Vorigen Handschuh verlor ich meinen Herbst 155 |
    Adelbert von Chamisso: Kanon 155 | Günter Nehm: … Los Angeles 155 |
    Robert Gernhardt: … pervers 155

Das könnt ihr jetzt! ... 156

    Erich Kästner: Die Entwicklung der Menschheit 156

Jung und Alt im Clinch
Dramatische Texte untersuchen

DIFFERENZIEREN
S. 167

Das könnt ihr schon! – Das lernt ihr jetzt! ... 158

    Lutz Hübner: Das Herz eines Boxers 158

Ein Herz für Senioren? – Die Funktion der Exposition erkennen ... 160 **161**

    Lutz Hübner: Das Herz eines Boxers 160, 162, 163, 164

Das ging schief! – Den Höhepunkt des Dramas untersuchen ... 166 **165, 167**

    Lutz Hübner: Das Herz eines Boxers 166

Das könnt ihr jetzt! ... 168

    Lutz Hübner: Das Herz eines Boxers 169

Blätter, die die Welt bedeuten?
Zeitungen untersuchen

DIFFERENZIEREN
S. 179

Das könnt ihr schon! – Das lernt ihr jetzt! ... 170

    NSA stoppte Spähaktionen gegen Merkel im Sommer 171 |
    Interview mit Dalia Grybauskaite – 2013 Ratspräsidentin der EU 171

Ordnung im Blätterwald – Den Aufbau einer Tageszeitung untersuchen ... 172 **173**

    Süddeutsche Zeitung 172

Marsmenschen? – Textsorten in Zeitungen unterscheiden ... 174 **178**

    Nasa: Wasser auf dem Mars entdeckt 174 | Milliarden für Mars-Mission –
    Überleben ungewiss 175 | Spektakulärer Test: Mars-Mann in der Eishöhle
    176 | Dirk Hautkapp: Die teure Neugier 177 | Günther Paul: Extrasüße
    Aliens 177 | Wasser auf dem Mars entdeckt 179

Das könnt ihr jetzt! ... 180

    Das Streiflicht 180 | Geheimdienste spionieren Daten über Spiele-Apps
    aus 181 | Schwedisches Ehepaar trank mit Einbrecher Kaffee 181 |
    Betrunkener tritt versehentlich Tür des Nachbarn ein 181

Wir können alles. Auch Hochdeutsch.
Sprachvarietäten untersuchen

DIFFERENZIEREN S. 187, 189

KOMPETENZBOX

Das könnt ihr schon! – Das lernt ihr jetzt! 182
   Navigation auf Kölsch 182 | Plattdeutsch nicht mit „Platt"
   verwechseln 182 | De fofftig Penns: Platt 183

Mund(art)gerecht – Dialekte kennen lernen und beurteilen .... 184 | 187
   Interview mit Sprachforscher Siebenhaar 186 | Dialektwitze 187

Voll korrektes Deutsch, Alter – Jugendsprache angemessen verwenden .... 188 | 189
   Cartoon: Sprachverwirrung 188

Zu hoch? – Fachsprachliche Texte verstehen, Wortbedeutungen
erschließen .... 190 | 191
   Hochdruckgebiet 190 | Kino im Wohnzimmer 191

Das könnt ihr jetzt! 192
   Weich ausgesprochen – hart gelandet 192 | Aus dem Urteil
   des Amtsgerichts Stuttgart-Bad Cannstadt 192

Gefährliche Tiere – gefährdete Tiere
Wortarten und grammatische Formen verwenden

DIFFERENZIEREN S. 199, 201

Das könnt ihr schon! – Das lernt ihr jetzt! 194
   Gefährliche Haustiere: Tierliebe hin – Sicherheit her? 194 |
   Rettet die letzten Tiger! 195

Rettung in letzter Sekunde – Die Wirkung grammatischer Formen
in Texten beurteilen .... 196 | 199
   Tier-Drama in Kanada: Orcas unterm Eis gefangen 196 |
   Gefangene Schwertwale: Vom Eise befreit 197 |
   Verordnung über das Halten gefährlicher Tiere 198

Rettung mit System – Wissen über Wortarten ordnen .... 200 | 201
   Wale im Mittelmeer: Neues Rettungssystem 200 |
   Morten Søndergaard: Wortapotheke 201

Das könnt ihr jetzt! 202
   Gepard im Kölner Zoo ausgebrochen 203

Außergewöhnliche Persönlichkeiten
Satzglieder verwenden und Satzzeichen setzen

DIFFERENZIEREN S. 209, 212

Das könnt ihr schon! – Das lernt ihr jetzt! 204
   Wer bin ich? 204 | Vincent van Gogh 204 |
   Sophie Mereau-Brentano 204 | Josephine Baker 205

... jeder in seinem Element – Mit Kommas Satzstrukturen verdeutlichen .... 206 | 207, 210
   Vincent van Gogh: Die Sternennacht 207 | Albert Einstein – Genie versagt
   in Prüfung 208 | Eine neue Sichtweise der Welt 209 | Sophie Mereau-
   Brentano – Die erste Frau, die das Schreiben zu ihrem Beruf machte 210

Nicht nur ein Superstar – **Klammern, Gedankenstrich und Doppelpunkt verwenden** 211 **212**
    Josephine Baker – Europa huldigt der „Schwarzen Venus" 211 |
    Ein Kampf für Freiheit, Gleichheit, Brüderlichkeit 212
Ein echter Kraftakt – **Attribute und Adverbialbestimmungen verwenden** 214
    Uwe Träger, Roland Weise: Milo Barus – Der stärkste Mann der Welt 214

Das könnt ihr jetzt! 216
    Lucky-Luke-Comic 216 | Calamity Jane 216 |
    Mata Hari – die weibliche 007 217

Last-Minute-Tipps
Regeln und Verfahren der Rechtschreibung anwenden

DIFFERENZIEREN
S. 222, 225, 227

Das könnt ihr schon! – Das lernt ihr jetzt! 218
    Cool verrückte Reiseführer 218 | „App in den Urlaub" 219

Abgefahren! – **Eigennamen und Ableitungen von Eigennamen richtig schreiben** 220 **222**
    Keine Lust auf die üblichen Ausflüge? 220 | Alles Wurst! 221 |
    Wer hat's erfunden? 221
Lassen Sie Ihr Gebäck nicht unbeaufsichtigt! – **Fehlerschwerpunkte erkennen und eigene Texte korrigieren** 223
cul8er! – **Abkürzungen und Kurzwörter verstehen und richtig schreiben** 226 **227**

Das könnt ihr jetzt! 228
    Last minute oder Slow Travel? 228

Lerninseln

1 Lern- und Arbeitstechniken 230
2 Lesestrategien und Lesetechniken 235
3 Sich und andere informieren 239
4 Schreiben 243
5 Sprachlicher Umgang mit anderen 263
6 Umgang mit erzählenden Texten 266
7 Umgang mit Gedichten 273
8 Umgang mit szenischen Texten 279
9 Umgang mit Medien 283
10 Sprache betrachten 286
11 Grammatik 289
12 Rechtschreibung 296

Lösungen für die Abschlussseiten 300
Sachverzeichnis 304
Autorenverzeichnis 305
Textsortenverzeichnis 307
Inhalte des Online-Bereichs 312

Abenteuer Umweltschutz
Sich und andere informieren

Das könnt ihr schon!
- Informationen beschaffen, bewerten und auswählen
- Sachtexte erschließen und zusammenfassen
- Diagramme auswerten und anfertigen
- einen Vortrag vorbereiten und durch den Einsatz von Folien präsentieren

Der Treibhauseffekt

Der natürliche Treibhauseffekt

Die Erde ist von einer Lufthülle umgeben, die man Atmosphäre nennt. In der Atmosphäre befinden sich verschiedene Gase. Manche dieser Gase lassen
5 das Sonnenlicht auf die Erde durch, halten aber die Wärme, die von der Erde in die Atmosphäre zurückgestrahlt wird, zurück. Das ist so ähnlich wie bei einem Glashaus (Treibhaus) im Garten. Deshalb nennt man diese Gase auch Treibhausgase. Ohne
10 die Atmosphäre und ohne die Treibhausgase gäbe es kein Leben auf der Erde, denn es wäre viel zu kalt, weil die Wärme wieder in das Weltall entweichen könnte. Wir leben also auf der Erde in einem natürlichen Treibhaus. Die wichtigsten Gase beim
15 natürlichen Treibhauseffekt sind Wasserdampf, Kohlendioxid (CO_2) und Methan. […]

Wir verstärken den Treibhauseffekt

Wir verbrauchen sehr viel Energie: Energie für Heizung und Strom, Energie für das Auto oder Ener-
20 gie für die Herstellung all der Produkte, die wir im täglichen Leben brauchen. Die Energie erhalten wir, indem dafür Kohle, Erdöl und Erdgas verbrannt werden. Bei der Verbrennung entsteht sehr viel Kohlendioxid (CO_2), also ein Treibhausgas. Je
25 mehr Treibhausgase sich in der Atmosphäre befinden, desto wärmer wird es auf unserem Planeten. Das nennt man dann den vom Menschen verursachten Treibhauseffekt.

Die Herstellung von pflanzlicher und tierischer Nahrung für den Menschen verbraucht Energie (z. B. für Düngung, Fütterung, Transport). Um diesen Energieverbrauch nachvollziehbar darzustellen, hat man ihn mit dem Verbrauch eines Autos verglichen.

1. In welchen Bereichen ist euch Umweltschutz wichtig? Diskutiert.
2. Wertet das Diagramm aus. Nehmt dafür den Lexikonartikel zu Hilfe.

| Lerninseln: Lesestrategien und Lesetechniken S. 235 ff. | Sich und andere informieren S. 239 ff. | Schreiben S. 253 ff. | 🌐 Eingangstest Informieren 8f2m7y |

Unsere Jugend ist umweltbewusst

68 Prozent der Jugendlichen im Alter von 15 bis 24 Jahren haben ein starkes Bewusstsein für Umweltprobleme und Nachhaltigkeitsfragen. Zu diesem Ergebnis kommt die repräsentative Studie „Nachhaltigkeitsbarometer – was bewegt
5 *die Jugend" von Greenpeace und der Leuphana Universität Lüneburg.*

Im Juli 2011 wurden bundesweit 1070 Jugendliche in einem direkten Gespräch interviewt. 70 Prozent der Befragten beteiligen sich aktiv am Umweltschutz. Sie
10 wissen, dass eine intakte Umwelt die Grundlage für jede ökologische, soziale und kulturelle Entwicklung ist. Jeder Vierte beteiligte sich bereits an politischen Demonstrationen und sogar doppelt so viele wollen sich in Zukunft einsetzen.

Jugendliche fordern Handlungsrichtlinien für eine nachhaltige Entwicklung.
Die Befragten zeigen großes Interesse am Thema Umweltschutz und Nachhaltigkeit.
15 Dennoch ist es schwer, die komplexen Ursachen aktueller Probleme einzuschätzen und zu erkennen, um dadurch das eigene Handeln zu ändern. „Von Desinteresse, Egoismus oder gar Unwissen findet sich bei der Jugend keine Spur. Mangelndes Engagement liegt nicht an der Einstellung der Jugendlichen, sondern an den fehlenden Möglichkeiten, ihre Zukunft mitzugestalten", so Küster.
20 Deshalb fordern die Jugendlichen den Staat auf, Handlungsrichtlinien für eine nachhaltige Entwicklung zu erstellen. Ansatzpunkte wären beispielsweise die Umweltbelastung bei der Produktion von Kleidung einzustellen, die Recyclingfähigkeit von Produkten zu verbessern und den Energieverbrauch zu senken.

Zweiklassengesellschaften im Bildungssystem – Nachhaltigkeit muss auf den
25 **Lehrplan für alle.** Bildung für eine nachhaltige Entwicklung in der Schule ist ein wichtiger Impuls. Etwa die Hälfte der befragten Jugendlichen hat im Unterricht das Thema nachhaltige Entwicklung durchgenommen. Doch steht es bisher nicht flächendeckend auf dem Lehrplan. Vor allem Gymnasiasten werden zu Nachhaltigkeit geschult, Haupt- und Realschüler wurden hingegen wenig unterrichtet.

---

3. Veranschaulicht die Informationen aus dem obenstehenden Sachtext in einem Diagramm.

4. Tauscht euch darüber aus, welche Möglichkeiten ihr habt, euch in eurem Umfeld aktiv am Umweltschutz zu beteiligen. Wo stoßt ihr an Grenzen?

Das lernt ihr jetzt!

- Funktionen von Sachtexten erkennen
- eine schriftliche Sachtextanalyse verfassen
- ein Exzerpt erstellen
- ein Referat vorbereiten und durch den Einsatz eines Handouts unterstützen

9

Abenteuer Umweltschutz · Sich und andere informieren

Zeit für Heldentaten
Funktionen von Sachtexten erkennen

1. Lest zunächst nur die Überschriften der folgenden drei Texte und besprecht, welche Informationen ihr jeweils zum Thema „Umweltschutz" erwartet.

Britta Schwanenberg: Leben ohne Plastik – Ein Selbstversuch

Eine Familie beschließt, ohne Kunststoffe zu leben. Das scheint unmöglich zu sein: Joghurtbecher, Handy, Kochlöffel – in fast allem steckt Plastik. Die Familie Kraut-
5 waschl aus Österreich wagt es, auf Kunststoffprodukte zu verzichten – und startet ein spannendes Experiment. […]

Das Experiment beginnt am Geburtstag von Sandra Krautwaschl. „Einladung zu
10 einer plastikfreien Geburtstagsfeier", ist auf den Karten zu lesen. Auf der Rückseite hat sie eine Wunschliste verfasst: Vom Metalltrichter zum Umfüllen von Flüssigkeiten über Metalldosen bis hin zum Nachttisch-
15 chen: Krautwaschl hofft auf plastikfreie Spenden aus dem Freundeskreis.

Die Feier wird ein Erfolg. Die Familie fühlt sich nun gut gerüstet fürs Experiment: Leben ohne Plastik. Im Internet
20 haben die Krautwaschls Holzzahnbürsten bestellt und im Großhandel hat eine Freundin Papierhandtücher entdeckt, die das stets plastikverpackte Toilettenpapier ersetzen sollen.

25 Zum Supermarkt nimmt die Familie nun stets einen Korb mit Gläsern, Dosen und Stoffsäckchen für Käse und Obst mit. „Natürlich schauen viele erst mal komisch", sagt Sandra Krautwaschl, „vor allem am Anfang,
30 als ich nur ein Glas hatte und die Verkäuferin immer bitten musste, den Fleischkäse in Scheiben zu schneiden, damit er hineinpasst."

Doch es finden sich die passenden Blech-
35 dosen für die verschiedenen Einkäufe – und auch die Verkäuferinnen gewöhnen sich mit der Zeit an die Sonderwünsche der Familie. […] Aber Kunststoff wird doch recycelt. Ergibt es überhaupt Sinn, Plastikmüll zu
40 vermeiden? Für Sandra Krautwaschl ist die Antwort eindeutig: „Von den Milliarden von Plastiktüten, die weltweit pro Jahr verbraucht werden, wird nur etwa ein Prozent recycelt."

Plastikmüll in den Ozeanen

Plastikmüll in den Ozeanen ist ein internationales Umweltproblem. Plastikteile und deren Zersetzungsprodukte sammeln sich insbesondere in einigen Meeresdrift-
5 strömungswirbeln an und führen zu einer erheblichen Verdichtung in manchen Meeresregionen. Dem Nordpazifikwirbel hat dieses Phänomen den Beinamen Great Pacific Garbage Patch eingebracht; […]

10 In den Meeren treibender Plastikmüll wird durch Wellenbewegung und UV-Licht auf Dauer zerkleinert, wobei ein immer höherer Feinheitsgrad bis hin zur Pulverisierung erreicht werden kann. Bei
15 einem hohen Feinheitsgrad wird das Plastikpulver von verschiedenen Meeresbewohnern (unter anderem auch von Plankton) statt oder mit der Nahrung aufgenommen. Angefangen beim Plankton steigen die Plas-
20 tikpartikel, an denen giftige und krebsverursachende Chemikalien anlagern, in der Nahrungskette immer weiter auf. Auf diesem Weg gelangt der Plastikmüll mit den anlagernden Giftstoffen auch in die für den
25 menschlichen Verzehr bestimmten Lebensmittel.

Garbage Patch:
Müllstelle/
Müllfleck

10 | Funktionen von Sachtexten, Autorenintention

2. Erschließt die drei Texte und vergleicht die Informationen mit euren Leseerwartungen aus Aufgabe 1.

3. Vergleicht den Text „Plastikmüll in den Ozeanen" mit dem Flyer der NAJU.
- Untersucht die sprachliche Gestaltung (z. B. sachlicher oder informativer Stil, viele Aufforderungen)
- Klärt Absicht und Zweck der beiden Texte. Nutzt die blaue Box.

4. Erklärt am Beispiel des Textes „Leben ohne Plastik – ein Selbstversuch", welche Probleme sich bei der Zuordnung der Funktion ergeben können.

Werdet Trashbusters und bekämpft das Müllmonster!

Weggeworfener Müll verdreckt Parks, Plätze, Landschaften und Meere. Das sieht nicht nur hässlich aus, sondern schadet Mensch und Natur.
5 Macht mit bei der großen NAJU-Aktionswoche vom 16.–24. November, befreit zusammen mit eurer Jugendgruppe eure Lieblingsplätze vom Abfall und gewinnt tolle Preise. […]
10 Wichtige Fakten über Müll und spannende Aktionsideen liefert euch das kostenlose Trashbusters-Paket mit Heft, Flyer und Plakat für eure Aufräum-Aktion. Und so seid ihr dabei: Bestellt das kos-
15 tenlose Aktionspaket, startet im Aktionszeitraum eure Müll-Sammelaktion und gewinnt für eure Gruppe Sachpreise im Gesamtwert von 5.000 Euro!

Eure Naturschutzjugend (NAJU)

Differenzieren
Funktionen von Sachtexten
72rn38

Funktionen von Sachtexten erkennen

Sachtexte unterscheiden sich in ihrer **Aussageabsicht**.

Sie können

Informieren	**Argumentieren**	**Appellieren**
– Fakten nennen	– Stellung zu einem Thema beziehen	– für etwas werben
– Sachverhalte beschreiben	– durch Pro- und/oder Kontra-Argumente begründen	– zu einer bestimmten Verhaltensweise oder Handlung auffordern
– Zusammenhänge erklären		

Ihr erkennt diese Texte am Sachstil (z. B. Sachaussagen, Verwendung von Fachbegriffen, Nominalstil).

Häufig werden die Argumente durch Konjunktionen eingeleitet: *obwohl, da, weil, dass, …*

Oft könnt ihr diese Texte an der Verwendung von Imperativen erkennen: *Nehmen Sie teil!*

z. B. *Lexikonartikel*

z. B. *Leserbrief*

z. B. *Spendenaufruf*

Achtung: In fast allen Sachtexten werden diese drei **Funktionen miteinander verbunden:** Appellierende Texte informieren zum Beispiel auch und begründen Aufforderungen oder argumentierende Texte stützen Argumente durch Sachinformationen.
Die Funktion des Textes erkennt ihr daran, welcher **Anteil überwiegt** oder worauf der Text **zielt** und was er vor allem **bezweckt**.

Wissen und Können

Lerninsel:
Aussageabsicht von Sachtexten
S. 253

Abenteuer Umweltschutz · Sich und andere informieren

Es gibt nichts Gutes, außer man tut es!
Sachtexte analysieren

Eine Sachtextanalyse vorbereiten

1. Tauscht euch darüber aus, ob ihr aktiv etwas für den Umweltschutz tut.

Kathrin Schwarze-Reiter: Jugendliche und Umweltschutz: Missionieren, gern! Selbst engagieren, nein danke

Sie sind Mülltrenner, Energiesparer und Biolebensmittel-Fans, aber engagieren wollen sie sich nicht. FOCUS-SCHULE hat Jugendliche in einer exklusiven Studie zum
5 Umweltschutz befragt.

„Muss nur noch kurz die Welt retten!", singt Tim Bendzko in seinem Chart-Erfolg und fängt damit ein Lebensgefühl der jungen Generation ein: Klima- und Umweltschutz
10 ist für sie eine der drängendsten Herausforderungen ihrer Zeit. Dafür sind sie durchaus bereit, etwas zu tun, ergab die FOCUS-SCHULE-Studie unter 700 Jugendlichen. „Allerdings sind Teenies ungeduldig", sagt
15 Claus Tully vom Deutschen Jugendinstitut, der Konsum und Umweltengagement im Jugendalter erforscht. „Es dauert ihnen oft zu lange, bis sie Erfolge sehen. Daher geben manche ehrenamtliche Arbeit schnell wie-
20 der auf." [...]
Jetzt und hier muss etwas passieren – die Betonung in der Titelzeile von Tim Bendzkos Song liegt also auf „Kurz die Welt retten." Den 13- bis 19-Jährigen fällt es deshalb
25 leichter, Kleinigkeiten im Alltag zu ändern, als ihr ganzes Leben umzukrempeln: In unserer Umfrage zeigten sie sich als passionierte Mülltrenner, Energiesparer und Fahrradfahrer, für einige sind Flugreisen
30 und zunehmend auch ein eigenes Auto überflüssig.

„Die Jugendlichen fühlen sich dafür verantwortlich, die Erde zu retten", erklärt Claus Tully, „auch wenn es nicht ihre
35 Generation war, die sie zerstört hat." Tim Bendzko drückt es so aus: „Die Zeit läuft mir davon. Zu warten wäre eine Schande für die ganze Weltbevölkerung. Ich muss jetzt los, sonst gibt's die große Katastrophe."
[...]
40
2. These: Teenies finden Umweltjobs spannend
Über zwei Drittel können sich vorstellen, in einem Umweltberuf zu arbeiten – Mädchen und Jungen gleichermaßen. Fest entschlos-
45 sen, dies zu tun, sind jedoch nur erschreckende 2,7 Prozent. Also, Riesenaufgabe für die Umweltbranche: Sie muss das Interesse der Jugendlichen in Jobs münden lassen.
3. These: Importierte Lebensmittel? Kein Appetit!
50
„Mal angenommen, du müsstest zu Gunsten des Umweltschutzes langfristig auf etwas verzichten. Was wäre das?", fragten wir die Jugendlichen. Umweltschädlich eingeflogene Lebensmittel wie zum Beispiel
55 exotisches Obst, antworteten 53 Prozent, kämen ihnen dann nicht auf den Teller. Ob das Ergebnis auch so ausgefallen wäre, wenn wir nach importiertem Fast Food gefragt hätten?
60
4. These: Flugreisen müssen nicht sein, ein eigenes Auto schon
Heimatliebe: 40 Prozent der Jugendlichen würden für eine saubere Umwelt keine Flugreisen mehr buchen. Die Jungs sind da-
65 bei sogar noch idealistischer als die Mädels. Im Vergleich dazu wollen nur wenige später auf ein eigenes Auto verzichten (7 % bei den Jungs und 15 % bei den Mädchen). Bemerkenswert: Je älter die Jugendlichen werden,
70 umso weniger wichtig werden ihnen die eigenen vier Räder. [...]

Sachtextanalyse vorbereiten

2. Erschließt den Text und entscheidet, welcher der folgenden Sätze die Kernaussage des Textes besser trifft. Begründet eure Wahl.

   A Jugendliche sind meist nur kurzzeitig bereit, etwas für die Umwelt zu tun.

   B Ein Großteil der Jugendlichen fühlt sich für die Rettung der Erde verantwortlich.

3. Analysiert die argumentative Struktur des Textes, indem ihr mithilfe der Grafik die Thesen genauer untersucht.

Lerninsel: Fünf-Gang-Lesemethode S. 234

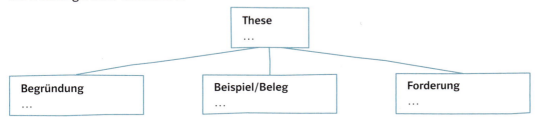

4. Untersucht den Text hinsichtlich seiner Funktion. An welche Zielgruppe richtet sich die Autorin und welches Ziel verfolgt sie vermutlich?

5. Analysiert mithilfe der blauen Box die sprachlichen Mittel.

6. Beurteilt den Text. Berücksichtigt sprachliche Gestaltung, Absicht und Zielgruppe.

Einen Sachtext untersuchen

1. Den **Inhalt** des Sachtextes **verstehen** (**Was** wird vermittelt?)
   - **Erschließt** den Text mithilfe der Fünf-Gang-Lesemethode.
   - Fasst die **Kernaussage** des Autors/der Autorin zusammen.
   - Skizziert die **gedankliche Struktur** des Textes.
2. **Ziele** und **Absichten** des Sachtextes **entschlüsseln** (**Wozu** wird etwas vermittelt?)
   - Untersucht, welche **Funktion** der Text hat und welche **Absicht** mit ihm verfolgt wird.
   - Überlegt, an welche **Zielgruppe** oder an welche Leser sich der Text richtet.
3. Die **sprachliche Gestaltung untersuchen** (**Wie** werden diese Ziele und Absichten erreicht?)

Wortwahl	Achtet auf **Konjunktionen, Fachbegriffe, Abwertungen** der Gegenposition durch negative Wortwahl oder **Aufwertungen** der eigenen Position.
Syntax	Untersucht, ob viele **Hauptsätze** (**parataktischer Satzbau**) oder **komplexe Satzgefüge** (**hypotaktischer Satzbau**) verwendet werden. Klärt, wo der Satzbau auffällig ist (z. B. **Ellipsen**).
Leseransprache	Achtet darauf, ob der Leser einbezogen („**Wir**") oder **direkt angesprochen** wird. Beachtet die **Pronomen**.
rhetorische Fragen	Diese Fragen, auf die der **Autor keine Antwort erwartet**, können den Text **gliedern** oder sollen zum **Nachdenken** anregen.

Wissen und Können

Lerninsel: Sachtextanalyse vorbereiten S. 254

13

Abenteuer Umweltschutz · Sich und andere informieren

Eine Sachtextanalyse schreiben und überarbeiten

Petra Pinzler: Eingetütet

Die EU hat eine kluge Idee: Weniger Plastikmüll. Erst die Glühbirne, dann das Ölkännchen und jetzt die Tüte? Auf den ersten Blick scheint es, als passe sich die Brüsseler Idee, die Plastiktüte aus der Welt schaffen zu wollen, nahtlos in die Liste der irren europäischen Regulierungsideen ein. Doch so einfach ist es diesmal nicht. Denn die praktische dünne Verpackung erzeugt tatsächlich ein katastrophales Problem: die Vermüllung der Erde.

Weltweit nimmt die Menge des Unrats rasant zu: 3,5 Millionen Tonnen Müll wirft die Menschheit weg – jeden Tag. Tüten sind zwar nur ein kleiner Teil davon, doch sie sind besonders perfide. Sie halten lange, sie vergiften Tiere, wehen über die afrikanischen Felder, liegen in den Wäldern Asiens und verschandeln die Strände in Lateinamerika. Im Pazifik schwimmt ein Plastikstrudel von der Größe Indiens.

Der Strudel wird natürlich nicht verschwinden, nur weil die EU-Kommission den Regierungen erlauben will, die Tüte zu verbieten. Aber es wäre ein Anfang. Die Rechnung geht so: Jeder Deutsche verbraucht im Jahr im Durchschnitt 71 dieser Verpackungen. Bei einem Verbot nur hierzulande würden jährlich fast sechs Milliarden weniger weggeworfen.

Damit weltweit etwas geschieht, müssten auch Organisationen wie die UN das Problem aufgreifen. Dann sollte es aber nicht nur um die Tüten gehen, sondern auch um die Dinge, die drin sind. Auch die sollten nicht mehr so schnell auf der Halde landen. Unternehmen müssten die Wiederverwertung planen, noch bevor die Produktion begonnen hat. Kreislaufwirtschaft nennt sich das. Ideen, wie die gefördert werden könnte, werden dringend gebraucht. Sie dürfen gern wieder aus Brüssel kommen.

Lerninsel:
Fünf-Gang-Lesemethode
S. 234

1. Erschließt den Text „Eingetütet" aus der Zeitung „Die Zeit", indem ihr euch zu folgenden Punkten Notizen macht:
– Inhalt und gedankliche Struktur
– sprachliche Gestaltung
– Aussageabsicht

2. Fasst zusammen, welche Informationen die Einleitung in einer Sachtextanalyse enthalten sollte.

Lerninsel:
Einleitung
S. 255

3. Beurteilt die folgende Einleitung einer Schülerin und verbessert sie gegebenenfalls.

> *Petra Pinzlers Artikel aus der „Zeit" handelt von den Plänen der EU, Plastiktüten zu verbieten. Mit ihrem Text will die Verfasserin das umweltpolitische Bewusstsein ihrer Leser ansprechen.*

4. Untersucht den folgenden Auszug aus dem Hauptteil einer Sachtextanalyse (S. 15) unter folgenden Kriterien:
– Verwendung von Tempus und Modus (Wiedergabe fremder Äußerungen)
– Verknüpfung der Informationen zu Inhalt, Aussageabsicht und Sprache
– Textbelege

Sachtextanalyse schreiben

Um ihre Zustimmung zur Brüsseler Entscheidung zu unterstreichen, zählte Pinzler die große Verbreitung des Plastikmülls auf und nennt dabei Fakten. So würden die Menschen pro Tag 3,5 Millionen Tonnen Müll wegwerfen, dieser finde sich dann auf afrikanischen Feldern, liege in asiatischen Wäldern und verschandelt lateinamerikanische Strände. Die Verfasserin benutzt auch sprachliche Mittel: Vergleiche, wie z. B. „ein Plastikstrudel von der Größe Indiens" und umgangssprachliche Übertreibungen wie („Liste der irren europäischen Regulierungsideen").

5. Überlegt, welche Informationen der Schlussteil einer Sachtextanalyse enthalten sollte.

6. Ordnet eure Ergebnisse aus Aufgabe 1 und erstellt einen Schreibplan.

7. Verfasst eine eigene Sachtextanalyse zu dem Text „Eingetütet".
Orientiert euch an der blauen Box (S. 17) und dem Sprachtipp.

8. Wertet die Grafik zum europaweiten Plastiktütenverbrauch aus. Nutzt die darin enthaltenen Informationen und eigene Erfahrungen für einen Leserbrief.

Einkauf mit Plastiktüte
Zahl der verbrauchten Plastiktüten pro Person und Jahr in ausgewählten EU-Staaten

■ Plastiktüten   ■ leichte Einwegtüten
*ohne Kroatien   **Hochrechnung

Plastiktüten	insgesamt	Land
18	20	Irland
45	51	Österreich
64	71	Deutschland
4	77	Finnland
4	79	Dänemark
79	88	Frankreich
100	111	Schweden
120	133	Spanien
129	137	Großbritannien
175	198	EU-Durchschnitt*
181	204	Italien
242	269	Griechenland
297	330	Tschechien
	>500	Portugal**

Quelle: Begleitpapier zum Vorschlag der EU-Kommission, dpa
Bild.de Infografik

Sprachtipp

Meinung und Argumentationsweise verdeutlichen

Der Autor/die Autorin leitet ein, indem er/sie …; kritisiert im Folgenden; stellt in Frage; schlussfolgert; ergänzt; fügt hinzu; weist darauf hin, dass …; appelliert an den Leser; beantwortet daraufhin die Frage, ob …; informiert darüber, dass …; provoziert durch; argumentiert damit; unterstützt seine/ihre These dadurch, dass er/sie …; beendet seine/ihre Ausführungen mit der Feststellung, dem Appell, der Frage, dem Hinweis, …

Achtung: Bei der Wiedergabe fremder Aussagen müsst ihr immer den Konjunktiv verwenden!

Lerninsel:
Direkte Rede in indirekte Rede umwandeln
S. 291

Das Freiwillige Ökologische Jahr (FÖJ)

Schule fertig – und dann? Ein Jahr frischen Wind um die Nase wehen lassen erleichtert die Entscheidungsfindung für den weiteren Ausbildungs- und Berufsweg.

Es ist ein sonniger Spätsommertag auf der friesischen Nordseeinsel Wangerooge. In der Nationalpark-Station Ost des Mellumrat e. V. klingelt das Telefon. Es sind Touristen, die einen verlassenen Seehundwelpen an der Ostspitze der Insel melden. Sofort macht sich Nadja Hersacher (19 Jahre, aus Stuttgart, Einsatzstelle Mellumrat e. V.) ausgerüstet mit Fernglas, Notizbuch und Handy auf den Weg, um die Meldung zu überprüfen und gegebenenfalls den Seehundbeauftragten auf der Insel zu benachrichtigen.

Zur gleichen Zeit begibt sich Swantje Zipfel (19 Jahre, aus Göttingen, Einsatzstelle Nationalpark-Haus Wangerooge) mit einer 4. Schulklasse an den Weststrand. Nachdem sie den Kindern etwas über die Insel und ihre Lebensräume Strand, Dünen und Watt erklärt hat, laufen diese los und sammeln Muscheln, Krebse, Schnecken und anderes Strandgut. Die gefundenen Schätze werden zusammengetragen und Spannendes wird über sie erzählt.

Die beiden jungen Frauen haben sich dazu entschieden, nach dem Abitur ein Freiwilliges Ökologisches Jahr (FÖJ) zu machen. Von der Alfred Toepfer Akademie für Naturschutz (NNA) in Schneverdingen forderten sie die Einsatzstellenliste für Niedersachsen an und bewarben sich. […]

Das FÖJ beginnt am 1. September und endet am 31. August. Teilnehmen kann jede/r zwischen 16 und 26 Jahren, egal mit welchem Schulabschluss. Es eignet sich prima als Einstieg ins Berufsleben oder um sich nach der Schule zu orientieren. Jeder Teilnehmer erhält ein Taschengeld, ist sozialversichert und nimmt an vier ökologischen Seminaren teil.

Während des FÖJs bieten sich viele Möglichkeiten, Erfahrungen zu sammeln, Kontakte zu knüpfen, eigene Fähigkeiten auszubauen und Vorkenntnisse fürs Studium zu erlangen. Außerdem werden Selbständigkeit sowie Teamfähigkeit und eigenständiges Arbeiten gefördert.

Im niedersächsischen Wattenmeer warten jährlich etwa ein Dutzend Einsatzstellen auf motivierte Unterstützung.

„Ich wollte nach dem Abitur noch nicht anfangen zu studieren und entschied mich, ein FÖJ zu machen. Die Entscheidung, auf eine Insel zu gehen, fiel mir sehr leicht, weil ich schon immer gern am Meer und an der Küste war. Meine Arbeit im Nationalpark-Haus Wangerooge macht mir großen Spaß, vor allem die Umweltbildung mit den Kindern", sagt FÖJlerin Swantje Zipfel. Das Nationalpark-Haus bietet für Besucher eine Ausstellung über das Wattenmeer und eine Vielfalt an Führungen über die Insel wie zum Beispiel Wattwanderungen. […]

Die Aufgabe der FÖJlerin besteht größtenteils aus Öffentlichkeitsarbeit wie Führungen mit Besuchern und Schulklassen, Betreuung der Ausstellung, aber auch Büro- und Gartenarbeiten.

„Für mich war es besonders wichtig, in der Natur zu arbeiten und viel draußen sein zu können. Außerdem wollte ich nach der Schule erstmal von zu Hause weg, um neue Menschen und einen anderen Teil Deutschlands kennen zu lernen. Die Arbeit des Mellumrat e. V. entsprach deshalb genau meinen Vorstellungen", erzählt Nadja Hersacher, die auf Wangerooge die praktische Naturschutzarbeit übernimmt. Dazu gehören zum Beispiel 14-tägige Vogelzählungen, die Erfassung der Brut- und Gastvögel auf Wangerooge, Kontrollgänge im Schutzgebiet, vogelkundliche Führungen und die Instandhaltung und Pflege der Station.

„Für ein Jahr auf einer Insel zu sein ist eine große Umstellung, denn es ist ein völlig anderes Lebensgefühl als auf dem Festland, aber eine sehr lohnenswerte Erfahrung", sagen die beiden jungen Frauen. […]

1. Erschließt den Text. Achtet auf den Inhalt, die Struktur, die sprachliche Gestaltung und die Aussageabsicht sowie die Funktion (blaue Boxen, S. 11, S. 13). Notiert Stichpunkte.

2. Beurteilt die folgende Sachtextanalyse eines Schülers. Geht auf Inhalt, Aufbau und sprachliche Gestaltung ein.

In dem Zeitungsartikel geht es darum, was man in einem Freiwilligen Ökologischen Jahr machen kann.
Der Text berichtet über zwei junge Frauen, die sich dazu entschieden haben, nach dem Abitur ein Freiwilliges Ökologisches Jahr (FÖJ) zu machen. Sie haben sich zunächst über eine Naturschutz-Akademie informiert und sich dann für Wangerooge entschieden. Hier helfen sie bei der Rettung von Tieren oder sie führen Kinder durchs Watt. Der Verfasser beschreibt knapp spannende Arbeitsabläufe (Z. x–y), um einen Einblick in den Alltag der jungen Frauen zu ermöglichen und ein Interesse an dem Thema zu wecken. (...)
Als Motivation für die Teilnahme an einem FÖJ gibt Swantje Zipfel an, dass sie gerne in der Natur arbeitet und erstmal nach der Schule von zuhause wegwollte. (...)

Einleitung unvollständig, Textsorte ungenau

gedankliche Struktur des Textes nicht deutlich

zu textnah Konjunktiv verwenden

3. Der Schüler hat begonnen, seine Sachtextanalyse zu überarbeiten. Sucht weitere Stellen, die verbessert werden können und verfasst eine verbesserte Sachtextanalyse.

4. Überarbeitet eure eigene Sachtextanalyse (siehe S. 15, Aufgabe 7).

Vorlage
Checkliste
Sachtext-
analyse
c768vc

Eine Sachtextanalyse schreiben

Mit einer Sachtextanalyse könnt ihr **wesentliche Aussagen**, die **gedankliche Struktur**, die **Absichten** und **Ziele** sowie die **sprachliche Gestaltung** eines Sachtextes erschließen.

Inhalt und Aufbau:
– **Einleitung:** Textsorte, Autor/Autorin, Titel, Thema, Quelle, Funktion und Kernaussage des Textes benennen
– **Hauptteil:** · den Sachtext absatzweise zusammenfassen
  · den thematischen und gedanklichen Aufbau des Textes darlegen
  · für jeden Abschnitt darstellen, welche Absicht der Autor/die Autorin verfolgt und wie diese Absicht durch sprachliche Mittel unterstützt wird
– **Schluss:** zusammenfassend formulieren, wie der Autor/die Autorin seine/ihre Absicht durch den Inhalt, den Aufbau und die sprachliche Gestaltung umsetzt

Sprachliche Gestaltung:
– Tempusform Präsens verwenden
– sachlich schreiben (keine persönliche Wertung)
– für die Wiedergabe der Position des Autors/der Autorin Konjunktiv verwenden
– Zusammenhänge durch geeignete Verben und Satzverknüpfungen verdeutlichen

Wissen und Können

Lerninseln:
Sachtextanalyse
schreiben
S. 255
Sachtextanalyse
überarbeiten
S. 256

Abenteuer Umweltschutz · Sich und andere informieren

Wir können etwas bewegen!
Materialgestützt ein Referat vorbereiten und ein Handout erstellen

Material mithilfe eines Exzerpts aufbereiten

Lerninseln:
Mindmap
S. 233

1. Erstellt eine Mindmap zum Thema „Grenzen und Möglichkeiten Jugendlicher im Umweltschutz". Diese Mindmap sollte noch Platz für Ergänzungen haben.

Plant-for-the-Planet: Gegen die Klimakrise

„Plant-for-the-Planet" ist eine Organisation, die durch das Pflanzen von Bäumen einen besseren Klimaschutz erreichen möchte. Gegründet wurde sie 2007 von einem 9-jährigen Jungen.

UNEP:
United Nations
Environment
Programme
(das Umwelt-
programm
der Vereinten
Nationen)

Jeder Baum, den wir mit unseren eigenen Händen pflanzen, jeder Euro, den wir in einen Baum in den Ländern der südlichen Erdhalbkugel verwandeln, ist ein realer und
5 wichtiger Beitrag, um der Klimakrise entgegenzuwirken. Wir freuen uns über jeden einzelnen Baum auf dieser Welt, der nicht gerodet, sondern gepflanzt wird.

Aber wir sind nicht naiv!
10 Wir glauben nicht, dass wir mit Bäumen allein die Welt retten. Damit wir in eine positive Zukunft sehen können, braucht es mehr. Viel mehr.

Auf unserem letzten Treffen der Bot-
15 schafter für Klimagerechtigkeit hat ein Kind von einer Sendung erzählt, in der über ein spannendes Tierexperiment berichtet wurde: Wenn man einen Affen „wählen" lässt, ob er sofort eine Banane oder später sechs
20 Bananen will, nimmt der Affe immer die eine Banane sofort.

Das ist ein guter Vergleich. Für uns Kinder ist Zukunft: 70, 80 oder sogar 90 Jahre, für viele Erwachsene vielleicht nur 20 oder 30
25 Jahre. Wenn die Erwachsenen nur ein bisschen so denken wie die Affen, dann sieht es schlecht aus mit unserer Zukunft. Denn wenn wir Menschen genauso kurzfristig denken und handeln wie Affen, dann wird doch jeder
30 lieber heute gut leben wollen, als sich um die nächsten Generationen zu sorgen. […]

Nehmen wir das Beispiel der Autos: Als wir Kinder geboren wurden, haben die deutschen Autohersteller versprochen, keine Autos mehr zu bauen, die mehr als 35
120 Gramm CO_2 pro Kilometer ausstoßen. Das Versprechen haben sie gebrochen, und die literweise Sprit schluckenden Geländewagen, die auf unseren Straßen fahren, werden immer mehr. Auf der letzten UNEP 40 Kinder- und Jugendkonferenz haben wir uns ausgetauscht und festgestellt, dass in Deutschland die Steuer auf einen Geländewagen viel niedriger ist als zum Beispiel in Frankreich, Großbritannien oder Norwe- 45 gen. In Deutschland wird ein Großteil der Geländewagen als Geschäftswagen von der Steuer abgesetzt. Wer also ein großes Auto fährt, wird bei uns sogar noch vom Staat belohnt. Wir brauchen nur auf unsere Straßen 50 zu schauen, dann sehen wir das Ergebnis dieser Regeln – oder besser das Ergebnis des Fehlens von Regeln: Bei uns in Deutschland fahren Hunderttausende von Geländewagen, in den anderen Ländern mit hoher 55 Steuer viel weniger. […]

In den vielen Gesprächen und Diskussionen unter uns Botschaftern sind wir natürlich zu dem Schluss gekommen, dass wir uns einerseits alle klimaschonend verhalten und 60 so viele Bäume wie möglich auf der ganzen Welt pflanzen wollen. Aber wir haben auch gelernt, dass wir einen großen Teil unserer Energie darauf verwenden müssen, dass wir weltweit die richtigen Regeln und Gesetze 65 aufstellen – damit nämlich die Menschen,

18   Referat vorbereiten: exzerpieren

die noch nicht eingesehen haben, wie wichtig es ist, etwas gegen die Klimakrise zu tun, sozusagen dazu „gezwungen" werden.

70 Wir sollten aus der jüngsten Geschichte lernen! [...]

Die Zahl der politisch interessierten Jugendlichen steigt laut des aktuellen Shell Jugendberichts wieder an. Entscheidend sind dabei vor allem die 12- bis 14-Jähri- 75 gen! Besonders wichtig sei den Jugendlichen dabei die Klimakrise, die die Mehrheit als großes Problem sieht. Viele Kinder und Jugendliche sind laut der Studie auch schon dabei, in ihrem Alltag bewusst dar- 80 auf zu achten, klimafreundlich zu konsumieren.

2. Lest den Text und untersucht, wie das folgende Exzerpt den Text wiedergibt. Achtet dabei auf den Inhalt und die Gestaltung des Exzerpts.

> *Exzerpt zum Text „Gegen die Klimakrise" von der Organisation „Plant-for-the-Planet"*
> *(www.plant-for-the-planet.org/de/about-us/motivation)*
> *– Bäume pflanzen hilft gegen Klimawandel*
> *– Aber auch Regel und Gesetze sind nötig (Affenbeispiel: Kurzfristiges Denken*   *Beispiel übertrieben?*
> *der Erwachsenen)*
> *– Diese Maßnahmen dürfen NICHT freiwillig sein (Beispiel gebrochene Selbst-*
> *verpflichtung der Autohersteller in Deutschland: „literweise spritschluckende*   *Krass! Wusste ich nicht ...*
> *Geländewagen" (Z. 40). Wer sie fährt, „wird bei uns sogar noch vom Staat*   *Info überprüfen?*
> *belohnt" (Z. 50)*

3. Übernehmt das Exzerpt und ergänzt die fehlenden Aspekte. Fügt wie im Beispiel Kommentare ein und ergänzt (wenn nötig) Unterstreichungen und Markierungen.

Arbeitstechnik

Material aufbereiten

Wenn ihr Material (Texte, Tabellen, Grafiken) nutzen möchtet, um (zum Beispiel in Form eines Referats) über ein Thema zu berichten, müsst ihr es zunächst für euch selbst aufbereiten. Hierfür ist ein **Exzerpt** besonders geeignet.
Das Exzerpt kann bestehen aus:
– **Zusammenfassungen** der Informationen **in Stichpunkten** (Quellenangabe notieren)
– **kurzen Abschriften** von besonders **wichtigen Textstellen** (Anführungszeichen und Zeilenangabe nicht vergessen)
– **eigenen Anmerkungen** zum Text (eventuell in einer anderen Farbe)
– **Unterstreichungen und Markierungen**

Lerninseln:
Exzerpt
S. 241

---

4. Ergänzt eure Mindmap aus Aufgabe 1 mit Informationen aus dem Text.

5. Fertigt zu den folgenden zwei Texten (S. 20) ein Exzerpt an. Vergleicht eure Ergebnisse und ergänzt eure Mindmap.

Abenteuer Umweltschutz · Sich und andere informieren

KGS:
Kooperative
Gesamtschule

NABU:
Naturschutzbund Deutschland e.V.

Ostfriesen Zeitung: Schüler wieder zum „Entkusseln" im Moor

Wiesmoor – Ausgerüstet mit wetterfester Kleidung und dem richtigen Handwerkszeug gingen am Donnerstag rund 200 Schüler in das Landschaftsschutzgebiet am Ottermeer […]. Schon seit 18 Jahren unterstützt die KGS Wiesmoor den Naturschutzbund Wiesmoor/Großefehn beim „Entkusseln". Dieser Ausdruck steht für das Entfernen von Birken, die nicht ins Moor gehören, „weil sie dem Boden Wasser entziehen, Licht wegnehmen und Nährstoffe durch Laub und abgestorbene Äste einbringen", erklärte NABU-Vorsitzender Dieter Wensel. Er und sein Vorstandskollege Karl-Heinz Herzog haben vor 18 Jahren als Lehrer der KGS Wiesmoor die Idee des Moorschutzprojektes in die Schule getragen.

Seitdem gibt es schulzweigübergreifend im achten Jahrgang der KGS jedes Jahr drei Tage, an denen sich die Schüler mit der Entstehung des Moores und des Fehns sowie des Ortes Wiesmoor beschäftigen. […] Am Donnerstag war der Aktionstag im Moor. Die Schüler verteilten sich in dem Gebiet und rückten den Birken mit großen Astzangen und Sägen zu Leibe. Die Bäume wurden aus dem Moor transportiert und zerlegt. Laut Wensel und Herzog werden aus den Ästen Benjes-Hecken am Rand des Moorgebietes aufgeschichtet. Die dicken Birkenstämme verwendet die Schule für unterschiedliche Bastelarbeiten. So fertigten sie zum Beispiel schon Weihnachtsmänner oder -kerzen aus Holz für den Weihnachtsbasar.

Marburger Zeitung: Abschlussveranstaltung des Wettbewerbs „Sauberhafte Stadt 2013" fand in Marburg statt

MARBURG. Der hessenweite Wettbewerb „Sauberhafte Stadt" fand in diesem Jahr am 13. November in Marburg seinen Abschluss. Das Hessische Ministerium für Umwelt, Energie, Landwirtschaft und Verbraucherschutz hatte gemeinsam mit dem Förderverein „Sauberhaftes Hessen" die diesjährigen Sieger nach Marburg eingeladen. […]
Insgesamt vier Abfallsammelaktionen werden jährlich initiiert. In deren Rahmen gehen Vereine, Schulen, Kindergärten und Unternehmen mit gutem Beispiel voran und befreien Außenbereiche, Wohnquartiere oder Schulwege von unachtsam weggeworfenen Abfällen. […] Stadträtin Dr. Kerstin Weinbach würdigte vor allem das Engagement der Marburgerinnen und Marburger, die seit nunmehr über zehn Jahren die „Sauberhaften Aktionstage" mit Leben füllen und damit ein Zeichen für Sauberkeit in ihrer Stadt setzen. Besonders erfreulich war in diesem Jahr der Erfolg der Elisabethschule. Seit Jahren engagiert sich die Elisabethschule mit jeweils mehreren Klassen beim „Sauberhaften Schulweg". Über einhundert Kinder machen sich alljährlich auf den Weg und rücken dem unachtsam weggeworfenen Müll mit Papierzangen und Abfallsäcken zu Leibe. Dafür gab es nun 400 Euro für die Klassenkasse, überreicht von der Umweltministerin. Das Hessische Umweltministerium verlost jährlich Geldpreise unter den teilnehmenden Schulen. Die Schülerinnen und Schüler der Elisabethschule nahmen während der Veranstaltung jedoch nicht nur einfach ihren Preis entgegen, sondern begeisterten das Publikum mit einem eigens einstudierten Müll-Lied.

6. Recherchiert weiteres Material zum Thema „Grenzen und Möglichkeiten Jugendlicher im Umweltschutz" und wertet dieses aus.

 Referat vorbereiten: exzerpieren

Eine Gliederung und ein Handout erstellen

1. Beurteilt die folgende Gliederung für ein Referat, das über regionale Umweltschutzprojekte informieren soll. Macht Verbesserungsvorschläge und begründet sie.

Referat: Umweltschutz in unserer Umgebung
Einleitung
- *Bilder von verschmutzter Natur (Müll im Fluss, in der Nordsee, im Wald) zeigen und wirken lassen*
- *Gliederung vorstellen*

Hauptteil
1. *Vorstellen von Umweltschutzgruppen*
   a. *BUND*   b. *Nabu*   c. *Greenpeace*
2. *Umweltbelastung*
   a. *Müll*
   b. *Schadstoffe gelangen in unsere Luft*
   c. *Schadstoffe in Möbeln*
   d. *Schadstoffe in Kleidung*
3. *Klimawandel*
   a. *Darstellung der Entwicklung der Temperaturen in den letzten hundert Jahren*
   b. *CO_2 und der Treibhauseffekt*
   c. *Methan und der Treibhauseffekt*
   d. *Was hat der Fast-Food-Hamburger mit dem Klimawandel zu tun?*
4. *Global denken – lokal handeln*

Schluss
Fazit, in dem ich meine eigene Meinung zum Umweltschutz deutlich mache

2. Stellt euch vor, ihr möchtet mit eurem Referat Jugendliche dazu bewegen, sich aktiv für den Umweltschutz einzusetzen. Überarbeitet dementsprechend die Gliederung.

Kabinettssitzung auf dem Meeresboden – die Regierung der Malediven traf sich unter Wasser, um auf die Bedrohung durch den Klimawandel aufmerksam zu machen.

Ein Verein pflanzt Bäume, um zum Klimaschutz beizutragen.

Abenteuer Umweltschutz · Sich und andere informieren

Handout zum Referat: Umweltschutz – auch du kannst etwas tun!
Von: Keno und Malte *Datum: 15.04.2013*
Quellen: plant-for-the-planet.org, nabu.de, greenpeace.de, oz-online.de

1. **Grundsätzliches zum Umweltschutz**
   Unter Umweltschutz versteht man den Schutz der natürlichen Umgebung. So fallen z. B. das Pflanzen von Bäumen oder das Einrichten von Ruhezonen für brütende Vögel im Wattenmeer unter den Begriff Umweltschutz.

2. **Beispielhafte Projekte Jugendlicher**
   International: Im Jahr 2007 hat der damals 9-jährige Felix Finkbeiner im Rahmen eines Schulreferates die Idee, die Menschen dazu aufzufordern, Bäume zu pflanzen. Inspiriert hat ihn Wangari Maathai, eine Frau, die in Afrika 30 Millionen Bäume gepflanzt hat. Enttäuscht war er dagegen von den vielen Reden der Politiker. „Stop talking. Start planting." ist somit die Leitlinie dieser Organisation, die es schon geschafft hat, fast 13 Milliarden Bäume zu pflanzen, damit so der CO_2-Haushalt der Erde ausgeglichen und der Klimawandel verlangsamt werden kann.
   Regional: Jedes Jahr gehen die Schülerinnen und Schüler des 8. Jahrgangs der Kooperativen Gesamtschule Wiesmoor in das nahegelegene Moor zum „Entkusseln". Dabei fällen sie Birken, damit das Moor nicht verlandet und wesentlich seltenere Pflanzen, wie z. B. der fleischfressende Sonnentau in ihrer natürlichen Umgebung überleben können.

3. **Unsere Möglichkeiten – vor Ort**
   Auch in unserer Umgebung gibt es Möglichkeiten, sich im Umweltschutz zu engagieren. Es muss ja nicht eine internationale Kampagne daraus werden – auch die kleinen Schritte zählen!
   Informiere dich in der Schule, in Vereinen oder im Internet!

---

3. Beurteilt die inhaltliche und formale Gestaltung des Handouts unter folgenden Kriterien: Verständlichkeit, Informationsgehalt, Übersichtlichkeit.

4. Bringt Handouts aus anderen Schulfächern mit und überprüft sie anhand der Kriterien aus Aufgabe 3.

Arbeitstechnik

Ein Handout erstellen

Lerninsel:
Handout
S. 242

In einem Handout könnt ihr auch nach längerer Zeit den Inhalt eines Referats nachlesen.

Aufbau und Inhalt:
- Name des/der Referenten, Referatsthema, Datum, Quellenangaben
- wichtige Informationen, Definitionen
- evtl. Visualisierungen, Grafiken

Gestaltung:
- eine Seite, maximal zwei
- verständlich und nachvollziehbar und in ganzen Sätzen
- übersichtlich (z. B. lesbare Schrift, Gliederung durch Teilüberschriften und Absätze)

 Referat vorbereiten: Handout

5. Erstellt mithilfe der Arbeitstechnik auf Seite 22 ein eigenes Handout zum Thema „Grenzen und Möglichkeiten Jugendlicher im Umweltschutz"

6. Vervollständigt eure Vorbereitungen für den Vortrag des Referates, indem ihr einen Stichwortzettel und Präsentationsfolien anfertigt.

Lerninsel:
Stichwort-
zettel, Präsen-
tationsfolien
S. 242

Ein Referat vorbereiten und halten

Wissen und Können

1. Vorbereiten

- Fragestellungen entwickeln, das Thema formulieren
- geeignete Materialien recherchieren, Material auswerten (z. B. exzerpieren)
- eine Gliederung entwerfen
  - Einleitung (Aufmerksamkeit wecken)
  - Hauptteil (auf roten Faden und Überleitungen achten)
  - Schluss (zusammenfassen, Problem aufzeigen, eigene Meinung darlegen, …)
- Visualisierungen suchen (Schaubilder, Diagramme, …), Präsentationsfolien erstellen
- einen Stichwortzettel schreiben
- ein Handout erstellen
- Technik, die für das Referat benötigt wird, überprüfen

Lerninsel:
Referat
vorbereiten
S. 241
Referat
halten
S. 242

2. Vortragen

- Gliederung erläutern, Handout ankündigen oder zu Beginn verteilen
- frei sprechen, Zuhörer ansehen
- Fragen der Zuhörer beantworten

🌐
Vorlage
Feedback
Referat
hf98na

7. **Zum Differenzieren** ■ ■ ■ ■

A Exzerpiert den Text „Das Freiwillige Ökologische Jahr" (S. 16).

B Recherchiert für ein Referat zum Thema „Engagement in der Schülervertretung – Wir wollen mitbestimmen!" Schreibt eine Gliederung.

C Führt mit Schülervertretern und Vertrauenslehrern Interviews über ihr Engagement durch und stellt die Ergebnisse mithilfe eines Handouts in der Klasse vor.

Referat halten
23

☆ Das könnt ihr jetzt!

Jugend-hilft-Fonds: Warum wir soziales Engagement von Kindern und Jugendlichen fördern

Lucas ist sieben, als er die Geschichte von Michel aus Lönneberga liest, der – statt wie gewohnt Streiche zu spielen – an Weihnachten ein Essen für arme Menschen im Ort
5 organisiert. Er ist so begeistert von der Idee, dass er spontan seine Schwester, Freunde und ein paar Erwachsene zusammensammelt und zu basteln anfängt – für einen Stand auf dem Weihnachtsmarkt. Das ein-
10 genommene Geld spendet er an die Tafel vor Ort. Aus der kleinen Aktion ist mittlerweile eine große Initiative entstanden, an der sich rund 100 Kinder beteiligen. Unter dem Motto „Kinder machen…" denken sich die
15 jungen Engagierten jedes Jahr ein neues Thema für ihre Spendenaktionen aus und haben seit 2007 bereits über 10.000 Euro Spendengelder gesammelt. […]

Rund 50 Prozent der Jugendlichen wä-
20 ren bereit sich zu engagieren. Damit liegt ihre Engagementbereitschaft deutlich höher als in der Gesamtgesellschaft. An Ideen fehlt es dabei nur ganz selten. Dem Engagement von Kindern und Jugendlichen stehen oft
25 Hürden im Weg, allen voran die stark komprimierten Ausbildungszeiten: Mit Einführung der achtjährigen Gymnasialzeit (G8), Ganztagsschulen sowie Bachelor- und Masterstudiengängen wird die Zeit für freiwil-
30 liges Engagement weiter eingeengt.

Wenn Kinder und Jugendliche sich in ihrer knappen Zeit engagieren, stellen sie einige Erwartungen an ihr ehrenamtliches Engagement, die jedoch nicht immer erfüllt
35 werden:

– Spaß, Gemeinschaft und Rahmenbedingungen: Der Spaß und das Gemeinschaftserlebnis sind oft die wichtigsten Motive für freiwilliges Engagement (Freiwilli-
40 gensurvey 2009). Zudem wünschen sich viele Jugendliche eine hierarchiefreie und verlässliche Kommunikation auf Augenhöhe zwischen Erwachsenen und jungen Menschen.

– Qualifizierung und Kompetenzerwerb: 45 In vielen Studien (z.B. Freiwilligensurvey, 2009; „Geben Gibt" Jugendstudie, 2010) wird deutlich, dass sich junge Engagierte durch ihr Engagement einen Kompetenzerwerb und Wissenszuwachs 50 erhoffen.

– Anerkennung: Immer noch fehlt es häufig an Anerkennung des sozialen Engagements von Kindern und Jugendlichen. 45 Prozent der Jugendlichen wünschen 55 sich laut Freiwilligensurvey (2004) mehr Anerkennung. Unsere jahrelange Erfahrung bestätigt diesen Befund. Möglicherweise liegt hier eine der Ursachen für das nicht ausgeschöpfte Engagementpotenti- 60 al bei Kindern und Jugendlichen.

– Finanzielle Unterstützung: Für 62 Prozent der befragten Jugendlichen sind knappe finanzielle Mittel ein Problem für die Umsetzung ihrer Projekte (Phineo, 65 2010). Denn meist ist es nur eine vergleichsweise kleine Summe, die Projekten den Anschub oder eine Fortführung des Projekts ermöglicht.

Tafel:
Hilfsorganisation, die überschüssige Lebensmittel sammelt und an Bedürftige weitergibt

---

1. Exzerpiert den Text und stellt dabei den Nutzen sozialen Engagements dar.

2. Erschließt den Sachtext (S. 25) und verfasst eine schriftliche Sachtextanalyse.

| Lerninseln: Lesestrategien und Lesetechniken S. 235 ff. | Sich und andere informieren S. 239 ff. | Schreiben S. 253 ff. | Diagnosebogen Informieren 2yd95h | Training interaktiv Informieren s67ej9 |

Christian Merl: Schüler schulen Senioren
Generationendialog: Computer-Schnupperkurs am Schulzentrum Collhusen

Unter fachkundiger Anleitung von Schülern lernen Senioren die ersten Schritte am Computer. Auch die Enkelgeneration macht dabei neue Erfahrungen.

COLLHUSEN. „Mit 66 Jahren, da fängt das Leben an!" Die trotzig-selbstbewusste Devise aus dem berühmten Udo Jürgens-Schlager beherzigen Josef Winter (66) aus Rhauderfehn, Georg Neeland (66) aus Ostrhauderfehn und Sigrid Dimter (66) auf völlig neue Weise. Sie wollen nicht länger außen vor bleiben, wenn es gilt, E-Mails zu verschicken, Fotos zu verwalten oder den Schnäppchenurlaub online zu buchen.

Die drei wissbegierigen Senioren meldeten sich mit 15 weiteren Internet-Neulingen aus dem Oberledingerland nach einem Aufruf über NDR 1 Niedersachsen und ließen sich zum Projekt „Ran an den Computer" vermitteln. Örtlicher nächster Partner für die Einführung in die Welt des Internets war das Schulzentrum Collhusen. Schüler der 10. Hauptschulklasse zeigten dort den Senioren, wie vielfältig ein Computer sein kann, wenn man einen genaueren Blick riskiert.

Den Mädchen und Jungen gelang es dabei, Schwellenängste zu überwinden. So merkte Sigrid Dimter im Nu, dass es nicht schwer ist, die ersten Schritte auf der Reise durch das Datenreich zu unternehmen. „Ist ja leichter als ich dachte", meinte die frischgebackene Internetsurferin. Wie sie hatten die Teilnehmer im Computerraum der Schule dann etliche Fragen parat: „Wie kann ich online eine Reise buchen?" oder „Wie kann ich per Internet einkaufen?" Wenig später waren die Fragen beantwortet.

Die Schülerin Jana S. erklärt einer Teilnehmerin die ersten Schritte am Laptop.

„Für die Schüler ist der Umgang mit dem Internet ein Klacks. Und jetzt haben sie gelernt, ihre Medienkompetenz weiterzugeben", stellt Klassenlehrer und EDV-Betreuungslehrer Philipp Federkeil nach dem Projekt fest. Er freute sich darüber, wie geduldig seine Schülerinnen und Schüler den Senioren das kleine Einmaleins des Surfens beigebracht hatten. Gewünschter Lerneffekt neben der Förderung des Dialogs zwischen den Generationen: Den Jugendlichen wurde die Situation des Lehrers näher gebracht und das Einfühlungsvermögen wurde gesteigert. [...]

Im Oberledingerland wurde der Schnupperkurs für Senioren am Schulzentrum Collhusen durchgeführt und die Schüler der dortigen H10a haben jetzt schon Lust auf eine Neuauflage der Aktion.

3. Besprecht, welche Fragen ihr für ein Referat zum Thema „Jugend engagiert sich!" noch klären müsst und wo ihr Material dazu findet.

4. Erstellt mithilfe der beiden Texte (S. 24, 25) und eurer eigenen Materialien ein Handout zum Thema „Jugend engagiert sich!".

Mode um jeden Preis?
Sprachlicher Umgang mit anderen

 Das könnt ihr schon!
- Gesprächsstörungen erkennen und möglichst vermeiden
- überzeugend argumentieren und appellieren
- in einer Diskussion Stellung nehmen
- Diskussionen führen und leiten

1. Marken – ein Muss für jeden? Schreibt eure Meinung mit mindestens einem Argument auf und stützt es durch ein Beispiel.

2. Bildet Vierergruppen und tragt eure Argumentation aus Aufgabe 1 nacheinander vor. Hört dabei aktiv zu und geht auf die Aussagen eures Vorredners ein.

Marken geben etwas vor. Ich will das nicht. Deshalb bedrucke und bemale ich meine Kleidungsstücke oft selbst.

Marke oder No Name?

3. Sucht aus dem Zeitungsartikel (S. 27) weitere Gründe heraus, weshalb sich Jugendliche für oder gegen das Tragen von Markenkleidung entscheiden.
- Ordnet alle Argumente aus den Aufgaben 1 und 3 nach Pro und Kontra.
- Gewichtet sie nach ihrer Überzeugungskraft.

4. Nutzt eure Vorarbeiten für eine begründete Stellungnahme zu einem der Slogans „Keine Macht den Marken!" oder „Die Marke macht's!". Ihr habt zwei Minuten Zeit.

So ein paar Markenklamotten müssen schon sein. Gerade die Schuhe sind mir wichtig, denn da schauen die anderen genau drauf. Aber man darf es mit den Marken auch nicht übertreiben, weil man sonst wie eine Schaufensterpuppe aussieht. Das ist dann auch peinlich.

Lerninsel:
Sprachlicher
Umgang mit
anderen
S. 263 ff.

Eingangstest
Sprachlicher
Umgang
7vj9kk

Jugendliche und die Macht der Marken

Auf der Suche nach Identität
Pubertät ist die Zeit, in der Jugendliche sich neu erfinden. Sie sind auf der Suche nach Antworten auf die Frage „Wer bin ich?". Um das herauszufinden, müssen sie sich nicht nur an den Erwachsenen reiben und von ihnen abnabeln, sondern sich auch modellieren. Der Körper und die Gestaltung des Aussehens eignen sich gut, um zu experimentieren. […] „Cool sein", „angesagt sein", „in sein" gehören für viele zu den wichtigsten Antworten.

Cool sein und dazugehören
„Cool" heißt kühl, sich unangreifbar machen, aber eben auch „angesagt" sein. Ich habe Kinder gefragt, was cool ist. Ihre Antworten waren: „Kappe ins Gesicht", „breitbeiniger Gang", „angesagte Turnschuhe: Chucks". Sich „cool" zu „machen" ist erstmal ein ganz guter Schutz gegen Angriffe und Ausgrenzungen: Hinter der Kappe und den Chucks und dem breitbeinigen Gang lassen sich verletzliche Gefühle ganz gut verstecken. Schutz findet sich auch in der Zugehörigkeit zu einer Clique. Wenn dort etwas „angesagt" ist, eine Marke, ein Stil, ist es sicherer dazuzugehören, als sich dagegenzustellen. Das gilt zumindest in der Zeit, in der man noch nicht so genau weiß, wer man ist und welche Qualitäten einen als Person auszeichnen. Innere Festigkeit und Nettigkeit sind einem ja nicht von der Stirn abzulesen. Das Etikett der angesagten Marke dagegen sieht man sofort. „Ich kaufe fast nur noch Marken. […] Mich macht so was glücklich. Wenn ich neben meiner Freundin gehe und die hat Markenschuhe an und ich nicht, dann fühle ich mich erniedrigt." So zitiert die neueste Jugendstudie des Kölner Marktforschungsinstituts Rheingold einen Jugendlichen. Der Psychologe Stephan Grünewald von Rheingold weiß: „Marken setzen Markierungen. Sie „markieren", ob jemand zu den Gewinnern oder zu den Verlierern der Gesellschaft gehört." Ein Jugendlicher erklärte den Interviewern: „Wer keine Marken hat, wird fertiggemacht, ich hab früher auch welche verkloppt, die keine Marken hatten."

„Kleider machen Leute", das war schon immer so. Bundeskanzlerin Angela Merkel hat erst kürzlich eindrucksvoll vor dem amerikanischen Senat beschrieben, wie sehnsüchtig sie sich als Jugendliche die Jeans einer bestimmten amerikanischen Firma gewünscht hat und wie ihre Tante diese in die ehemalige DDR auf den Gabentisch geschmuggelt hat.

Das lernt ihr jetzt!

- eine Debatte vorbereiten, durchführen und bewerten
- eine Diskussion in einem Ergebnisprotokoll festhalten

Mode um jeden Preis? · Sprachlicher Umgang mit anderen

Augen auf beim Kleiderkauf!
Debatten führen

Eine Debatte vorbereiten

1. Wertet das Schaubild aus und zieht Schlussfolgerungen.

Textilfabrik in Dhaka

Lennart Laberenz: Der Stoff, aus dem die Armut ist (Ausschnitt)

Als in Bangladesch vergangene Woche eine Textilfabrik einstürzte und vierhundert Menschen unter sich begrub, blieb das Fundament der Industrie unversehrt. Ihr Geschäft ruht auf der Ausbeutung der Armen und der Umwelt, zum Nutzen des Westens. Inspektion eines beständigen Zerstörungswerks.

Die Fabrik liegt vor den Toren von Dhaka, knapp vierzig Kilometer hinaus nach Norden. Immer mehr große Unternehmen bauen hier und produzieren für den Weltmarkt. Hosen stellt die Fabrik her, aus leichtem Stoff für den Sommer und das ganze Jahr aus Denim. Auch Strickwaren, Hemden, Kleider, Jacken, Pullover. Was immer Menschen tragen sollen, was immer Marken in Europa und Amerika bestellen – von der Fabrik bekommen sie es in rauen Mengen. Die Fabrik ist eine der größten des Landes, 35 000 Menschen arbeiten hier.

Für den Weg brauchen wir heute Morgen etwas mehr als zwei Stunden, das liegt im Schnitt. Später am Vormittag und gegen Abend, wenn sich Lastwagen, Busse und Autos auf der eigentlich zweispurigen Straße nebeneinanderquetschen, dauert die Fahrt dreimal so lang. Staubige Slums lecken an der Straße, unten am Turag-Fluss waschen sich Frauen in bunten Gewändern. Daneben speien Fabriken blaues und rotes Wasser aus, in einem Gitter hängen Jeans. Die Frauen am Fluss kochen Wasser aus dem Brunnen ab, bevor sie damit Essen zubereiten: Der Turag ist tot, Methangasblasen steigen auf. Der Morgen hängt klar über der Stadt, erst in ein paar Stunden wird der Smog den Himmel zuziehen und das Licht ausbleichen.

Dhaka: Hauptstadt Bangladeschs

Denim: sehr robuster Baumwollstoff, blauer Jeansstoff

2. Fasst anhand des Fotos und der Zeitungsreportage zusammen, wie die Textilien produziert werden und welche Folgen das hat. Erklärt den Titel der Reportage.

Argumente sammeln, begründete Stellungnahme

Manfred Santen (Chemie-Experte der Umweltorganisation Greenpeace)

Baumwolle kann organisch angebaut werden [...] unter fairen Arbeitsbedingungen mit fairen Preisen. Man kann für die Färberei Substanzen einsetzen, die nicht
5 krebserregend oder hormonell wirksam sind. Man kann färben ohne viel Wassereinsatz mit Kohlendioxid. Man kann Kartoffelstärke nehmen oder Mimosenextrakt zum Färben. Da gibt es eine ganze Reihe
10 von Ansätzen aus dem Naturchemiebereich, aber auch technisch ist einiges zu verbessern. Es gibt da eine Reihe von Entwicklungen, die Umwelt und Mensch deutlich weniger schaden!

Florian Diekmann: Sichere Textilfabriken

Die Initiatoren sprechen von einem historischen Wendepunkt: 32 führende Handelskonzerne der Textilbranche haben bislang das sogenannte Bangladesch-Ab-
5 kommen unterzeichnet. Es soll den Brandschutz und die Sicherheit in den Textilfabriken des Landes mit ihren vier Millionen Beschäftigten erhöhen.

Plakat der Aktion Mensch

3. Gebt wieder, was ihr in den beiden Texten über Alternativen in der Textilindustrie erfahrt.

4. Recherchiert arbeitsteilig weitere Informationen zu den Themenbereichen:
– Probleme und Missstände in Ländern mit großen Textilexporten nach Europa und Amerika (z. B. Situation der Näherinnen und Näher)
– Maßnahmen, Zielsetzungen, Aktionen und Kampagnen für ein Umdenken in der Textilbranche (z. B. faire Textilindustrie)
Stellt eure Ergebnisse der Klasse vor.

5. Stellt mithilfe eurer Vorarbeiten Pro- und Kontra-Argumente zum Thema „Sollen wir künftig nur noch faire Kleidung kaufen?" zusammen.
Ordnet die Argumente nach ihrer Überzeugungskraft.
Besonders stichhaltig sind Argumente, die
– sich auf Fakten oder Tatsachen stützen,
– die Meinung eines Wissenschaftlers oder Sachkundigen wiedergeben,
– allgemeingültige Wertvorstellungen beinhalten,
– anhand eines Vergleichs nachvollziehbare Verbindungen herstellen.

6. Bereitet eine kurze Stellungnahme zu der Debattenfrage „Sollen wir künftig nur noch faire Kleidung kaufen?" vor.
Ergänzt dazu die folgenden Satzanfänge und nennt zwei bis drei Argumente.
Dafür spricht ... Dagegen spricht ...
Deshalb bin ich dafür ... Deshalb bin ich dagegen ...

Argumente durch Nachfragen sammeln S. 41

Lerninsel: Argumente gewichten S. 257, 265

Mode um jeden Preis? · Sprachlicher Umgang mit anderen

7. Um in einer Debatte euren Standpunkt überzeugend zu vertreten, müsst ihr euch in die Argumente der Gegenseite hineindenken.
– Erläutert, inwiefern das folgende Beispiel dieser Anforderung gerecht wird.
– Setzt die Argumentation fort. Nutzt eure Argumente aus Aufgabe 6 (S. 29).

unmenschlicher Arbeitsalltag für Näher/innen in Textilfabriken; Akkordarbeit, extrem lange Arbeitszeiten, sehr geringer Lohn **Beispiel:** Bericht eines ZDF-Reporters über Arbeitsbedingungen in einer Fabrik in Dhaka: 16 Stunden Akkordarbeit am Tag für 30 Euro im Monat	Produktion in Deutschland ist wesentlich teurer (höhere Löhne); viele könnten sich in Deutschland produzierte Kleidungsstücke nicht leisten **Beispiel:** Familie mit geringem Einkommen steht vor der Wahl: Fünf-Euro-T-Shirt oder gar kein neues T-Shirt
faire Kleidung ist zwar teurer, aber Billigkleidung gefährdet Leben der Näher/innen; Sparen beim Bau; fehlende Sicherheitsvorkehrungen **Beispiel:** Einsturz von Fabriken, Fabrikbrände	Argument 2 … **Beispiel:** …

Wissen und Können

Lerninsel:
Eine Debatte vorbereiten
S. 264

Eine Debatte vorbereiten

Debatten dienen dazu, **Standpunkte auszutauschen**, **Sachverhalte zu klären** und für alle Beteiligten **akzeptable Lösungen** zu finden. Sie zielen auf **Entscheidungen** hin. Eine Debattenfrage ist eine **Entscheidungsfrage**, zu der ihr euch positionieren müsst.

1. **Sich informieren**
   – Was wisst ihr schon?
   – Was müsst ihr noch recherchieren?

2. **Die Informationen ordnen**
   – Was sind Pro- und was sind Kontra-Argumente?
   – Welche Gründe und Einwände gehören zusammen?
   – Was sind die stärksten Argumente?
   – Welche Reihenfolge erscheint euch logisch?

3. **Notizen anfertigen**
   – Notiert die eigene Position und die wichtigsten Argumente.
   – Nutzt Kärtchen in zwei Farben, um eure Pro- und Kontra-Argumente zu sortieren.

Differenzieren
Debatte vorbereiten
n5k32n

Argumente durch Nachfragen sammeln
S. 41

8. Zum Differenzieren ■ ■ ■ ■

A Fertigt Notizen für eine Stellungnahme zur Debattenfrage „Sollte der Export von Kleidung aus Billigländern generell verboten werden?" an.
Nutzt eure Vorarbeiten (S. 29, Aufgaben 4–6). Ordnet die Argumente nach ihrer Überzeugungskraft und bezieht in eure Überlegungen mögliche Gegenargumente mit ein.

B Sammelt Pro- und Kontra-Argumente zu der Debattenfrage „Sollte an unserer Schule ein Handyverbot bestehen?". Orientiert euch an der blauen Box.

Eine Debatte durchführen und bewerten

Eröffnungsrede beim Bundesfinale 2011 des Wettbewerbs „Jugend debattiert"

Die Debattenfrage lautete: „Soll bei Weltmeisterschaften im Fußball der Videobeweis eingeführt werden?"

Die Fußballweltmeisterschaft 2010 in Südafrika oder auch: Eine Fußballweltmeisterschaft der Fehlentscheide. Denn, um ein Beispiel zu nennen, jetzt sind wir den Engländern sicherlich gar nichts mehr schuldig und sie uns nichts. Das Wembley-Tor. Wir sind quitt, wenn man an das Spiel Deutschland gegen England zurückdenkt.

Allerdings ist es natürlich ein großes Problem, dass es immer wieder zu solchen gravierenden Fehlentscheidungen in Spielen kommt. Deswegen stellen wir uns heute die Frage „Soll bei Weltmeisterschaften im Fußball der Videobeweis eingeführt werden?". Wir haben uns dafür die folgende Maßnahme überlegt: Wir wollen einen fünften unparteiischen Videoschiedsrichter einführen, der abgetrennt von den anderen Schiedsrichtern in einem Raum sitzt, wo er das ganze Videomaterial des Spiels zur Verfügung hat.

Das haben wir uns überlegt, damit der Fußball wieder besser wird, wieder attraktiver ist, es wieder genauere Entscheidungen gibt und weniger Fehlentscheidungen. Und deswegen, weil wir den Fußball attraktiver machen wollen, stimme ich, stimmen wir für den Videobeweis.

Wembley-Tor: umstrittenes Tor der englischen Nationalmannschaft im WM-Finale 1966 gegen Deutschland im Londoner Wembley-Stadion

1. Beschreibt den gedanklichen Aufbau dieser Eröffnungsrede.

2. Formuliert nach dieser Struktur eine eigene Eröffnungsrede zur Debattenfrage „Sollen wir künftig beim Kauf von Kleidung stärker die Herstellungsbedingungen berücksichtigen?".

3. Beurteilt, wie in dem folgenden Debattenausschnitt die Redner inhaltlich und mit ihren Formulierungen auf den Beitrag des Vorredners eingehen. Beachtet den Sprachtipp (S. 32).

ANJA: Ich sehe die Gefahr, dass der Videobeweis als taktisches Mittel missbraucht wird. Beispielsweise könnte ein Kapitän in einer eigentlich eindeutigen Situation einen Videobeweis fordern, um den Spielfluss der gegnerischen Mannschaft zu unterbrechen und damit die Gefahr eines Tores abzuwenden.

BASTIAN: Tatsache ist aber, dass durch den Videobeweis Korruption im Fußball praktisch verhindert wird. Kein Schiedsrichter kann es sich mehr leisten, wissentlich Fehlentscheidungen zu treffen, weil er jederzeit überführt werden kann.

CAN: Ich stimme Bastian zu. Korruption sollte im Sport keinen Platz haben. Hier sollte es um Fairness gehen und Fairness erlangt man durch demokratische Entscheidungen. Durch diese Neuerung im Fußball würde nicht mehr nur eine kleine Gruppe von Schiedsrichtern Entscheidungen treffen, vielmehr könnten auch die Spieler und Zuschauer mithilfe des Videobeweises zu einem fairen Spielverlauf beitragen.

Ablauf von gelenkten Diskussionen

Mode um jeden Preis? · Sprachlicher Umgang mit anderen

> *Sprachtipp*
>
> **Argumente überzeugend vorbringen, an den Vorredner anknüpfen**
>
> Du sagst, dass … Dem würde ich entgegenhalten …; Das …, worauf du hinweist, sehe ich anders, weil …; Gegen dein Argument spricht, dass …; Du findest …, aber nach meiner Erfahrung …; Du wendest ein … Es ist jedoch …; Wir sind uns darüber einig …, allerdings …; Es ist zwar sicher richtig …, aber …
>
> **Argumente hervorheben:**
> Entscheidend/Ausschlaggebend/Von großer Bedeutung ist …
>
> **In der Schlussrunde ein begründetes Fazit ziehen:**
> Die Debatte hat gezeigt, dass …; Wir haben in der Debatte Einigkeit darüber erzielt, dass … Allerdings bleibt der Streitpunkt …; Mich hat dein Argument … nachdenklich gemacht und schließlich überzeugt. Daher unterstütze ich jetzt doch …

Die Debatte kann verlängert werden. Die Eröffnungsrede dauert dann zwei und die freie Aussprache zwölf Minuten.

4. Überarbeitet den Debattenausschnitt (S. 31 unten) so, dass inhaltliche und sprachliche Verknüpfungen entstehen.

5. Bestreitet nach den Regeln von „Jugend debattiert" zu der Debattenfrage „Sollen wir künftig beim Kauf von Kleidung stärker die Herstellungsbedingungen berücksichtigen?" eine freie Aussprache.
Nutzt dazu eure Vorarbeiten von Aufgabe 6 (S. 29).

6. Führt zur Debattenfrage aus Aufgabe 5 eine Schlussrunde durch.
Orientiert euch an dem folgenden Muster und fertigt zuvor Stichpunkte an.

Frage	Wir haben uns gefragt: Soll …? (nur beim ersten Redner)
Anknüpfung	Du wendest ein … Allerdings … (beim zweiten bis vierten Redner)
Hauptgrund	Entscheidend ist …, denn …
Antwort	Deshalb meine ich …

Der Ablauf einer Debatte nach den Regeln von „Jugend debattiert"

– vier Personen debattieren ohne Gesprächsleitung
– zwei vertreten eine Pro-, zwei eine Kontra-Position

I. Eröffnungsrunde
– vier Redner beziehen in einer Eröffnungsrede Stellung
– Redezeit pro Redner: max. eineinhalb Minuten
– Pro und Kontra wechseln sich ab

II. Freie Aussprache
– Austausch der vier Redner in freiem Wechsel
– Dauer: acht Minuten

III. Schlussrunde
– erneute Stellungnahme
– gleiche Reihenfolge wie bei Eröffnungsrunde
– keine neuen Argumente, sondern Ertrag aus der Debatte
– Redezeit pro Redner: eine Minute

Debatten vorbereiten, führen, bewerten

Eine Debatte durchführen

1. Eröffnungsrunde
- erster Redner: in der Einleitung Interesse für das Thema wecken, Entscheidungsfrage benennen und klären

an den Vorredner anknüpfen

kurze Stellungnahme mit bis zu drei Argumenten

2. Freie Aussprache
- sachlich argumentieren, Beispiele zur Stützung und Veranschaulichung
- Qualität der Gegenargumente kritisch prüfen
- klären, worüber Einigkeit herrscht und welche Streitpunkte bestehen bleiben

3. Schlussrunde
- abschließend Position beziehen, die stärksten Argumente wiederholen

Wissen und Können

Lerninsel:
Eine Debatte führen
S. 264 f.

---

7. Zum Differenzieren ■ ■ ■ ■

A Haltet eine Eröffnungsrede, in der ihr für einen Alltagsgegenstand als größte Erfindung argumentiert. Orientiert euch an dem Beispiel. Bewertet anschließend eure Beiträge nach den Kriterien Überzeugungskraft und Ausdrucksvermögen.

Ist der Schwamm die größte Erfindung der Menschheit?
Jeder weiß: Oft ist die Tafel vollgeschrieben. Helfen kann hier nur der Tafelschwamm, die größte Erfindung der Menschheit. Warum ist der Schwamm die größte Erfindung der Menschheit?
Klar, mit dem Schwamm kann man die Tafel wischen. Mit dem Schwamm kann man außerdem nach schlafenden Schülern werfen. Der Schwamm selbst ist ein Vorbild für die Jugend, ihm wurde sogar eine eigene Zeichentrickserie (Sponge Bob) gewidmet. Darum ist der Schwamm die größte Erfindung der Menschheit.

B Wählt eine kuriose Debattenfrage, z. B. „Sollte für Gummibärchen die Schulpflicht eingeführt werden?". Debattiert über diese Frage nach den Regeln von „Jugend debattiert". Wendet dabei die Fishbowl-Methode an und nutzt die Checkliste.

Differenzieren
Debatte führen
65wv2c

Checkliste

Checkliste für das Bewerten einer Debatte
- ✔ Die Beiträge enthalten genaue Informationen, Fakten und Hintergründe (**Sachkenntnis**).
- ✔ Die Aussagen sind begründet und die Argumente gewichtet (**Überzeugungskraft**).
- ✔ Die Sprache ist angemessen und die Artikulation überzeugt (**Ausdrucksvermögen**).
- ✔ Der Redner verfolgt die Debatte aufmerksam, knüpft inhaltlich und sprachlich an seinen Vorredner an und lässt die anderen ausreden (**Gesprächsfähigkeit**).

Vorlage
Jury-Bogen
„Jugend debattiert"
zk3u7v

Mode um jeden Preis? · Sprachlicher Umgang mit anderen

Festzuhalten ist ...
Ein Ergebnisprotokoll verfassen

1. Erläutert, wann und warum Protokolle geschrieben werden.

2. Untersucht den folgenden Ausschnitt aus einem Protokoll. Beantwortet die Fragen:
- Welche Angaben enthält der erste Teil (Protokollkopf)?
- Wie ist das Protokoll aufgebaut?
- Worüber informiert der ausformulierte Teil?
- Wie ist das Protokoll sprachlich gestaltet?

TOP:
Tagesordnungs-
punkt

Protokoll der Klassenleiterstunde der Klasse 8c vom 3.8.2013

Ort:	Elisabethenschule, R. 304
Zeit:	9.20–10.05 Uhr
Anwesende:	25 Schüler/innen der Klasse 8c, Herr Walter
Entschuldigt fehlen:	Maya Schmid, Denis Özdemir
Protokollantin:	Lucie Lee

TOP 1: AG-Angebot im kommenden Schuljahr
Für das kommende Schuljahr haben die Schüler die Möglichkeit, Wünsche für AG-Angebote an die Lehrerschaft vorzubringen. Schüler, die eine AG anbieten können, nehmen Kontakt zu Frau Berger auf.

5 **TOP 2:** Kauf eines Klassenshirts
(...)
„You'll never learn alone!" wird als Slogan für das T-Shirt vorgeschlagen. Argumente dafür sind, dass das Wortspiel („You'll never be alone!") originell sei und die Aussage genau den Kern treffe. Gegenvorschläge gibt es keine. Die Wahl des Slogans erfolgt einstimmig (keine
10 Enthaltungen). (...)
Diskutiert wird, ob man das T-Shirt bei einem Händler für faire Textilien erwerben soll. Als Gründe für den Vorschlag werden angegeben, dass man ein Zeichen gegen die Ausbeutung von Näherinnen und Nähern bei Billigproduktionen setzen könne sowie einen Beitrag zum Umweltschutz leiste. Als Gegenargument wird der mutmaßlich höhere Preis angeführt. Die
15 Beschlussfassung wird verschoben, da erst noch Informationen über den Preisunterschied eingeholt werden sollen. Ein Stimmungsbild zeigt aber, dass sich die Mehrheit der Klasse für ein T-Shirt mit Ökosiegel ausspricht.
Bram und Teresa erhalten den Auftrag, Angebote von fair produzierten und gehandelten T-Shirts einzuholen und diese bis zum Ende des Monats der Klasse vorzulegen.

20 **TOP 3:** Organisation des Sportfests
Für die Schicht von 9.00 bis 10.30 Uhr werden noch vier Schüler gesucht. Freiwillige melden sich bis zum 10.8.2013 bei Herrn Könneke.

5.8.2013 _____   *Lucie Lee* _____
Datum der Niederschrift   Unterschrift der Protokollantin

Ergebnisprotokoll

Ein Ergebnisprotokoll verfassen

Das Ergebnisprotokoll ist eine besondere Form des Berichts. Es **informiert** und dient als **Gedächtnisstütze**.
Ein Ergebnisprotokoll fasst die **Ergebnisse** einer Diskussion sowie die vorgebrachten Argumente und Begründungen **sachlich** zusammen.

Beachtet beim Verfassen eines Protokolls:
- Haltet **Beschlüsse**, **Abstimmungsergebnisse** sowie anstehende **Aufgaben** und **Verantwortlichkeiten** fest.
- Schreibt im **Präsens**.
- Achtet bei der **sprachlichen Gestaltung** auf die gedankliche Verknüpfung (Relativpronomen, Konjunktionen, Modalität).
- Ihr könnt ein Ergebnisprotokoll auch **in Stichpunkten** verfassen.

Wissen und Können

Lerninsel:
Ergebnisprotokoll
S. 262

3. Zum Differenzieren ■ ■ ■ ■

A Haltet die folgenden Informationen und Redebeiträge für ein Ergebnisprotokoll in Stichpunkten fest.

B Formuliert die folgenden Informationen und Redebeiträge für ein Ergebnisprotokoll in Sätzen aus.

Differenzieren
Ergebnisprotokoll
6jj23c

Beispiellösung
Aufgabe 3
q7v8ez

Zu Beginn der Stunde debattiert die Klasse zunächst über die Frage, ob ein Klassenshirt sinnvoll sei. Nach dem folgenden Meinungsaustausch stimmen 22 Schüler für den Kauf, zwei dagegen und ein Schüler enthält sich der Stimme.

TIM: Ich laufe doch nicht in so einer Art Uniform herum! Gerade in Deutschland haben Uniformen nun mal einen ganz, ganz schlechten Beigeschmack.

SANDRA: Das sehe ich genauso. Ich mag die Gleichmacherei nicht. Jeder sollte seinen eigenen Stil haben und den auch zum Ausdruck bringen können.

HENRY: Ich finde, da übertreibst du. Schließlich tragen wir das T-Shirt doch nicht jeden Tag und außerdem geht es hier um ein einzelnes Kleidungsstück. Du wirst ja wohl noch genug andere Möglichkeiten haben, deinen Stil auszudrücken.

RAMON: Aber glaubt ihr denn, wir fühlen uns unserer Klasse durch ein T-Shirt irgendwie mehr zugehörig?

KATRIN: Also ich finde schon, dass ein einheitliches T-Shirt so eine Art Statement ist, so was wie „Wir gehören zusammen".

SINO: Genau. Und wenn wir nächsten Monat auf Klassenfahrt gehen, erkennt man sofort, dass wir zusammengehören.

☆ Das könnt ihr jetzt!

Die Außenseite eines Menschen ist das Titelblatt des Innern.

Sprichwort aus Persien

Mode ist das wichtigste Mittel der Textilindustrie gegen die zunehmende Haltbarkeit der Stoffe.

Emilio Schuberth (1909–1972), italienischer Modeschöpfer deutscher Herkunft

Kleider machen Leute

Titel einer Novelle von Gottfried Keller (1819–1890)

Mode ist jener seltsame Vorgang, bei dem allen plötzlich etwas gefällt, was ihnen gestern noch nicht gefallen hat und was ihnen morgen nicht mehr gefallen wird.

*Margot Hielscher (*1919), deutsche Schauspielerin und Sängerin*

Mode ist eine bewusst ausgelöste Epidemie.

George Bernard Shaw (1856–1950), irischer Schriftsteller

1. Wählt in Partnerarbeit einen Ausspruch und nehmt dazu begründet Stellung.

2. Überlegt euch einen eigenen Ausspruch zum Thema „Mode". Stellt eure Ergebnisse vor und erläutert sie kurz.

Mode-Talk

Vier Kandidaten – vier Meinungen zu der Frage „Sollte Mode in unserem Leben eine größere Rolle spielen?"

Claudia Werfel, Modedesignerin:

Ich muss mich im Ausland oft genug für meine Landsleute schämen. Wir Deutschen sind ja Meister im Reisen und wollen in andere Kulturen eintauchen. In Wirklichkeit ste-
5 chen die meisten dort aber mit ihren ausgebeulten Multifunktionshosen und bunt gemusterten Hemden heraus und sind sofort als Deutsche zu identifizieren. Mode ist bei den Deutschen ein Trauerspiel!

das Gelernte anwenden und überprüfen

| Lerninseln: Sprachlicher Umgang mit anderen S. 263 ff. | Schreiben S. 262 | 🌐 Diagnosebogen Sprachlicher Umgang sf7s7t | 🌐 Training interaktiv Sprachlicher Umgang bs6u2p |

Andreas Fries, Soziologe:
Auch die Deutschen sind modebewusst, nur eben anders. Für sie ist Kleidung häufig weniger eine Frage des Geschmacks als vielmehr ein Ausdruck ihrer Überzeugung, ja vielleicht sogar ihrer Weltanschauung. Ihr Kleidungsstil demonstriert: „Hey, nehmt diese ganzen Äußerlichkeiten nicht so ernst!"

Mathis Dupont, französischer Staatsbürger, lebt seit 15 Jahren in Deutschland:
Die französischen Frauen und Männer wollen sich schmücken, sie wollen attraktiv sein. Unvorteilhafte Seiten sollen durch die Bekleidung kaschiert werden. Bei den Deutschen ist das ganz anders. Sie wollen es in erster Linie bequem haben. Fragen Sie mal einen Deutschen, warum er bei frühlingshaften Temperaturen mit solchen braunen Herrensandalen herumläuft. Er wird ihnen erklären, dass seine Füße so nicht schwitzen. Bei solch einer Antwort läuft jedem Franzosen ein Schauer über den Rücken.

Marie Steigenhöfer, Studentin:
Mode ist immer auch ein Diktat. Spätestens mit 16 habe ich mir geschworen, mir nichts mehr von irgendwelchen Spießern vorschreiben zu lassen. Ich zieh' an, was ich mag.

3. Gebt die vier Positionen wieder und benennt die Argumente, die euch überzeugen.

4. Verfasst eine eigene Stellungnahme zur Fragestellung der Talkshow.

5. Sammelt arbeitsteilig weitere Pro- und Kontra-Argumente sowie Beispiele für die Frage „Sollte Mode in unserem Leben eine größere Rolle spielen?".
   – Ordnet die Argumente nach ihrer Überzeugungskraft.
   – Berücksichtigt auch eure Meinung zu dem Ausspruch sowie eure Definitionen von Mode (S. 36, Aufgaben 1 und 2).

6. Führt auf der Grundlage der Materialien (S. 36 f.) und eurer Vorarbeiten (Aufgaben 3–5) eine Debatte nach den Regeln von „Jugend debattiert" zu der Fragestellung der Talkshow.

7. Fertigt zu der Debatte aus Aufgabe 6 ein Ergebnisprotokoll an.

Schutz durch Kontrolle?
Ein Thema erörtern

 Das könnt ihr schon!

- aus Texten den Standpunkt des Verfassers erschließen
- verschiedene Textarten nutzen, um Adressaten zu überzeugen
- zu einem strittigen Thema sprachlich angemessen und überzeugend argumentieren

**Fans außer Kontrolle
Immer mehr Gewalt im Stadion**

Fußball ist immer noch der Lieblingssport der Deutschen – aber über alle Ligen hinweg auch immer wieder Anlass für durchgeknallte Fans, sich auszutoben. Die Folgen sind: Randale,
5 Pyrotechnik und Schlägereien.

Die Freude am Fußballspiel wird leider regelmäßig getrübt. Es gibt Väter und Mütter, die ihre jüngeren Kinder bewusst nicht mit ins Stadion nehmen aus Angst vor Gewalt! […]

**Wachdienste an Schulen:
„Wir Lehrer können die Schule nicht nach außen verteidigen."**

Seit heute bewachen private Sicherheitsdienste 13 Schulen in Berlin-Neukölln. Das ist bundesweit einmalig. Kann man Schüler und Lehrer nur so schützen – oder patrouillieren jetzt „pa-
5 ramilitärische Einsatzkräfte"? […]

„Sheriffs" an den Schulen – in ganz Deutschland wurde über den Vorstoß aus Berlin gestritten. Neuköllns Bezirksbürgermeister […] hatte das Projekt in Gang gesetzt. Anders sei die
10 Sicherheit an Berlins Schulen nicht mehr zu gewährleisten, argumentierte er. Und nannte Zahlen: Im vorletzten Schuljahr habe es an Neuköllner Schulen 119 Fälle von körperlicher Gewalt gegeben. Davon seien 26 „von außen he-
15 reingetragen" worden. […] Vertreter von Schülern, Lehrern und Eltern beschlossen schließlich gemeinsam, den Schutz auszuprobieren. […]

1. Vergleicht die Informationen über Gewalt in Fußballstadien mit euren eigenen Erfahrungen bei Großveranstaltungen.

Lerninsel: Schreiben S. 257 ff.

🌐 Eingangstest Erörtern j6im4p

2. Besprecht, wo in eurem Ort Gebäude oder Firmen videoüberwacht werden. Diskutiert, ob es in eurem Umfeld zu wenig oder zu viel Überwachung und Kontrollen gibt.

3. Sammelt Argumente für und gegen die Kontrolle durch „Sheriffs" in den Schulen (Text S. 38). Notiert Stichpunkte und vergleicht eure Ergebnisse.

4. Seid ihr mit der Regelung zum Piercen und Tätowieren einverstanden? Begründet eure Standpunkte.

Piercen und Tätowieren

gelten rechtlich gesehen als mutwillige Körperverletzung, die nur dann straffrei bleibt, wenn die betreffende Person in den Eingriff einwilligt. Ab wann ist es Jugendlichen er-
5 laubt, ihre Körper mit einem Tattoo oder Piercing „verschönern" zu lassen? Unter 16 Jahren ist es verboten – auch mit Einverständniserklärung der Eltern. Das heißt allerdings nicht, dass es nicht dennoch Tätowierer gibt,
10 die auch unter 16-Jährige tätowieren, sie können dann aber gegebenenfalls von den Eltern verklagt werden.

Jugendschutzgesetz: Alkoholausschank und Alkoholverkauf an Jugendliche

Getränke	Abgabe/ Verzehr unter 16 Jahren	Abgabe/ Verzehr ab 16 Jahren	Abgabe/ Verzehr ab 18 Jahren
Bier	verboten	erlaubt	erlaubt
Biermischgetränke	verboten	erlaubt	erlaubt
Wein und Sekt	verboten	erlaubt	erlaubt
Weinhaltige Mischgetränke	verboten	erlaubt	erlaubt
Spirituosen (Schnaps, Korn, Wodka, Whiskey, Tequila, Liköre, Gin, Cognac etc.)	verboten	verboten	erlaubt
spirituosenhaltige Mischgetränke	verboten	verboten	erlaubt

5. Erläutert zum Thema „Alkoholausschank und Alkoholverkauf an Jugendliche", was nach dem Jugendschutzgesetz erlaubt und was verboten ist.
   – Überlegt, ob die Kontrollen in Märkten, Gaststätten oder Discos zu nachlässig sind.
   – Schreibt eine kurze Stellungnahme mit eurem Standpunkt sowie mit Argumenten und Beispielen als Argumentationsstützen.

Das lernt ihr jetzt!

- Probleme und Sachverhalte schriftlich erörtern
- materialgestützt einen eigenen Standpunkt erarbeiten
- in E-Mails und Blogbeiträgen wirkungsvoll Stellung beziehen

39

Videoüberwachung in der Schule?
Ein Thema erörtern

Eine Erörterung vorbereiten: Materialien sichten und aufbereiten

1 Was heißt „Videoüberwachung"?

Die Videoüberwachung ist die Beobachtung einer bestimmten Zone mittels einer Videokamera und eines Monitors in einem in sich geschlossenen Videosystem.
Eine Videoüberwachungsanlage besteht im einfachsten Fall aus einer Kamera und einem Monitor, die über eine […] Videoleitung miteinander verbunden sind. Bei der professionellen Videoüberwachungstechnik werden folgende technische Teilbereiche unterschieden:
- Bildaufnahme durch die Videokamera
- Bildübertragung über Leitungen oder Richtfunkstrecken
- Bildverteilung durch Kameraverteiler oder Videokreuzschienen
- Bildwiedergabe durch einen oder mehrere Monitore
- Bildaufzeichnung durch Videorekorder
- Bildauswertung

Richtfunk: Übertragung von Informationen zwischen festen Standorten durch Funkverbindung

1. Gebt die Informationen zur Videoüberwachung in Text 1 wieder.

2. Seid ihr eher für oder gegen eine Videoüberwachung in der Schule? Stellt euch auf einem Meinungsstrahl in der Klasse auf und begründet die Position, die ihr gewählt habt.

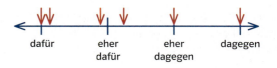

dafür — eher dafür — eher dagegen — dagegen

2 Bettina Sokol (Landesbeauftragte für Datenschutz)

[…] Der Schulträger der *Schule A* möchte auf dem Pausenhof und im Eingangsbereich der Schule insgesamt acht Videokameras installieren, um Einbrüche und Vandalismus zu verhindern. Damit sich die teure Überwachungsanlage auch lohnt, soll sie rund um die Uhr aktiviert werden. Eine neunte Videokamera soll im Keller des Gebäudes den ordnungsgemäßen Umgang mit dem dort aufgestellten Warenautomaten überwachen. Die Leiterin der *Schule B* meint, auch in ihrer Schule nicht mehr ohne Videoüberwachung auszukommen. […]
Im Lehrerzimmer sind zwei Diebstähle zu beklagen, und die nächste Tat soll 1:1 aufgezeichnet werden. Außerdem sollen in den Informatikräumen der Schule die teuren neuen PCs und Drucker präventiv geschützt werden. Einige Eltern an der *Schule C* fordern eine möglichst umfassende Videoüberwachung, um ihre Kinder vor Übergriffen zu schützen und dem Diebstahl beispielsweise von Turnschuhen und Gameboys vorzubeugen […].

Vandalismus: blinde Zerstörungswut

präventiv: vorbeugend

3. Schreibt auf der Grundlage der Materialien 1 und 2 einen kurzen informierenden Text zum Thema Videoüberwachung.

Material sichten und aufbereiten

4. Fasst die Bedenken der Datenschutzbeauftragten in eigenen Worten zusammen und erläutert sie. Entscheidet, ob ihr dieser Argumentation zustimmt. Begründet euren Standpunkt.

> **3** **Bettina Sokol:** […] Videoüberwachung verträgt sich grundsätzlich nicht mit dem Auftrag der Schulen, die Entwicklung der Schülerinnen und Schüler zu selbstbestimmten, mündigen Persönlichkeiten zu fördern. […] Dazu gehört […] die Erziehung im Geiste der Freiheit und Demokratie. Dieses Ziel würde konterkariert, wenn die Schülerinnen und
> 5 Schüler in bestimmten Bereichen der Schule permanent durch Videokameras beobachtet, kontrolliert und überwacht würden. […]

konterkariert:
durchkreuzt

permanent:
dauernd, immer

5. Recherchiert weitere Informationen zum Thema „Videoüberwachung an Schulen"
  – bei anderen Schulen in eurem Ort oder im Internet,
  – auf den Internetseiten der Bundesländer oder der Datenschutzbeauftragten.

6. Sammelt mithilfe der unten stehenden Arbeitstechnik möglichst viele Argumente aus allen Texten. Ihr könnt in kleinen Gruppen arbeiten. Überlegt, wie ihr die Argumente sinnvoll sortieren könnt.

7. Übernehmt die Tabelle in euer Heft und ergänzt weitere Argumente für und gegen eine Videoüberwachung auf dem Schulgelände.

Für Videoüberwachung	Gegen Videoüberwachung
Auch kleine Auseinandersetzungen in der Pause werden gesehen.	*Kein Schritt in der Pause bleibt mehr unbeobachtet.*
Diebstähle von Turnschuhen auf dem Flur können verhindert werden.	*Der Schulhof ist kein Rückzugsort mehr, Lehrer sehen immer alles.*

Arbeitstechnik

Argumente durch Nachfragen sammeln

Stellt Fragen und nutzt die **Antworten** für **neue Argumente**. Ihr könnt fragen nach
– Ursachen, Wirkungen und Folgen,
– Art und Weise von Maßnahmen,
– Personen und Gruppen, die entscheiden oder betroffen sind,
– Einstellungen und Wertvorstellungen, die mit Maßnahmen verbunden sind.

Orientiert euch an den Beispielen:
Frage: Wer entscheidet und kontrolliert, was mit den Videoaufzeichnungen passiert?

Antwort: der Hausmeister, die Schulleitung, die Polizei, …?
⟶ **Argument:** Videoaufnahmen von Schülern können unkontrolliert gesammelt, gespeichert, mit anderen Daten über Schüler verbunden, also missbraucht werden.
Frage: Werden die Daten gelöscht?
Antwort: Wenn nichts Besonderes vorgefallen ist, können die Aufnahmen problemlos gelöscht werden.
⟶ **Argument:** Bei automatischer Löschung ist die Gefahr eines Missbrauchs gering.

Schutz durch Kontrolle? · Ein Thema erörtern

Eine Erörterung vorbereiten: Von der Stoffsammlung zur Gliederung

Die Schülervertretung des örtlichen Gymnasiums hat erfahren, dass Teile der Lehrer- und Elternschaft über die Anschaffung einer Videoüberwachungsanlage für den Schulhof nachdenken. Anlass sind diverse Mobbingfälle, eine am Wochenende mit Farben besprühte Turnhallenwand sowie fünf Fahrraddiebstähle im vergangenen halben Jahr. Alle Mitglieder der Schülervertretung sind sich einig, dass sie eine Videoüberwachung in der Schule ablehnen. In einer turbulenten Sitzung sammeln sie Argumente für ihre Position, die sie später in einem Brief an die Direktorin und den Schulelternrat schriftlich erörtern wollen.

Die Kamera sieht nie alles: Es wird immer überwachungsfreie Bereiche geben, in denen Diebstähle, Mobbing und Vandalismus möglich sind.

Nicht Kameras, sondern Gespräche, Kurse und vor allem Solidarität unter uns Schülern helfen gegen Mobbing.

Videoüberwachung greift in die Grundrechte der gefilmten Personen ein: Jeder darf eigentlich erst einmal selbst bestimmen, ob und wie Daten über seine Person preisgegeben und verwendet werden.

So eine Anlage kostet richtig viel Geld!

Wer soll so eine Anlage eigentlich bedienen und warten?

Es gibt andere Möglichkeiten, Vandalismus zu verhindern!

Jeder hat ein Recht am eigenen Bild!

Die Pausen sind zur Erholung da. Wenn wir uns auf dem Schulhof nicht mehr frei und unbeobachtet bewegen können, verursacht das Stress und Misstrauen.

Man kann Fahrräder mit anderen Mitteln viel besser vor Dieben schützen.

Auch ohne Videoüberwachung werden wir Schülerinnen und Schüler schon viel zu viel kontrolliert.

42 · starke und schwache Argumente; Argumentationsketten bilden; Gliederung

1. Diskutiert, welche Argumente der Schülerrat unbedingt in seinem Brief verwenden sollte.

2. Entscheidet gemeinsam, welche Argumente sich am besten durch Belege stützen lassen und für welche eher Zitate oder Beispiele zur Unterstützung geeignet sind.

3. Recherchiert für die ausgewählten Argumente Unterstützung in Form von Belegen, Zitaten oder Beispielen.

4. Ordnet die Argumente nach ihrer Wichtigkeit und Überzeugungskraft. Beginnt mit dem schwächsten Argument, endet mit dem stärksten.

5. Erläutert anhand der Grafik den typischen Aufbau einer Erörterung. Überlegt, ob es andere Möglichkeiten der Gliederung geben könnte.

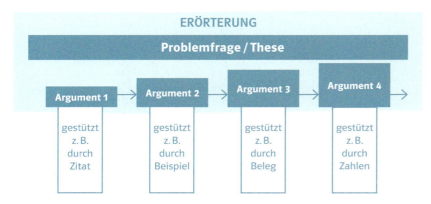

6. Zum Differenzieren ▪ ▪ ▪ ▪

   A Sortiert die folgenden Argumente zur These „Schul-Sheriffs sind keine gute Lösung" nach ihrem Gewicht. Das für euch überzeugendste kommt an den Schluss.

   Sie verbreiten eine aggressive Atmosphäre. – Sie tragen keine Waffen und sind deshalb wirkungslos. – Sie können nicht überall zugleich aufpassen. – Sie wühlen in meinen privaten Sachen herum.

   B „Sicherheitskontrollen an Schulen – ja oder nein?" Schreibt eine Gliederung für eine Erörterung.

   C Erörtert eure Position zu Taschen- und Körperkontrollen beim Betreten der Schule. Sammelt Argumente dafür oder dagegen sowie passende Argumentationsstützen. Beginnt mit dem schwächsten Argument, achtet auf die Überleitungen und verknüpft die Argumente.

7. Extra

   Recherchiert, wie in anderen Ländern mit dem Thema „Sicherheit in Schulen" umgegangen wird.

Lerninsel: Argumente gewichten S. 257, 265

Sprachtipp S. 46

Schutz durch Kontrolle? · Ein Thema erörtern

Eine Erörterung schreiben: Einleitung und Schlussteil

Einleitungen für eine Erörterung zum Thema „Videoüberwachung in der Pausenhalle?"

> **1** *Videoüberwachung soll demnächst auch an unserer Schule die seit einigen Jahren zunehmenden Zerstörungen vermindern oder sogar ganz verhindern. Die meisten Schülerinnen und Schüler sind allerdings nach einer Umfrage gegen Videoüberwachung. Aus diesem Grund ist zu fragen, was für und was gegen Kameras in unserer Schule spricht.*

> **2** *Videoüberwachung an Schulen? Nach geltendem Recht ist der Einsatz von Videokameras in Schulen nur sehr begrenzt möglich. Allenfalls im Außenbereich und außerhalb der Unterrichtszeit dürfen Kameras überwachen. Deshalb stellt sich zunächst die Frage, ob eine Überwachung überhaupt möglich ist.*

> **3** *„Zunehmende Kontrolle führt nicht zu mehr Sicherheit, sondern verstärkt das Gefühl der Unsicherheit!" So formuliert der Schulpsychologe Paul Schau seine Bedenken gegen eine Überwachung von Schulen durch Videokameras. Was spricht für, was gegen seine Auffassung?*

1. Beschreibt, wie der Leser jeweils in die Erörterung eingeführt wird.

Lerninsel: Ein Feedback geben S. 231

2. Wählt eines der folgenden Themen aus und schreibt eine eigene Einleitung. Tauscht sie mit einem Partner aus und gebt euch mithilfe der blauen Box auf Seite 47 ein Feedback. Verbessert eure Einleitung.

> **A** Haltestellen von Zügen, U-Bahnen, Bussen oder Straßenbahnen sollten grundsätzlich mit Videokameras überwacht werden.

> **B** An Stadioneingängen sollten Personenkontrollen so genau wie an Flughäfen sein.

3. Entwerft arbeitsteilig eine Einleitung zu den beiden folgenden Themenstellungen.
   – Vergleicht eure Einleitungen und erklärt Unterschiede.
   – Macht Verbesserungsvorschläge und überarbeitet eure Einleitung.

> **A** Das Thema ist als These oder Frage formuliert:
> Sporthallen sollten durch eine Videoüberwachung geschützt werden.
> Sollten Sporthallen durch eine Videoüberwachung geschützt werden?

> **B** Das Thema wird als eine Situation vorgegeben:
> Die Schülerzeitung „Forum" berichtet ablehnend über die Videoüberwachung in der Sporthalle am Sophiengymnasium. Nimm dazu Stellung.

Einleitungen und Schlussteile analysieren und überarbeiten

Schlussteile für eine Erörterung zum Thema „Videoüberwachung in der Pausenhalle?"

1 *Das Fazit ist für mich klar: Ich lehne eine Videoüberwachung in der Pausenhalle ab. Zwar ließen sich sicherlich gewalttätige Auseinandersetzungen begrenzen, da jeder damit rechnen muss, zur Rechenschaft gezogen zu werden. Aber das ständige Gefühl, beobachtet zu werden, empfinde ich als so bedrohlich, dass ich mich in der Pause nicht mehr unbefangen bewegen könnte.*

2 *Insgesamt gesehen überzeugen mich die Argumente gegen eine Überwachung der Pausenhalle mehr als die Gründe dafür. Wenn man mit Kameras gewalttätige Auseinandersetzungen verringern will, dann wäre es aus meiner Sicht besser, wenn die Lehrer die Pausenaufsichten ernster nehmen oder zeitweise verstärken würden.*

4. Untersucht die Gestaltung der beiden Schlussteile. Achtet darauf,
   – wie die Einleitung wieder aufgegriffen wird,
   – ob eine eigene Sichtweise dargestellt wird,
   – ob ein Kompromissvorschlag angeboten wird.

5. In einer Erörterung zum Thema „Videoüberwachung des Fahrradparkplatzes" kann sich der Schreiber nicht klar für eine Seite entscheiden. Entwickelt einen eigenen Schluss, der einen Kompromiss vorschlägt.

Schutz durch Kontrolle? · Ein Thema erörtern

Eine Erörterung schreiben: Argumente verknüpfen

1. Diskutiert die Frage „Kann Videoüberwachung gegen Mobbing helfen?".
   Nutzt dazu auch die Bilder.

2. Ergänzt die folgenden Argumente und verknüpft sie zu einem überzeugenden Text.
   – Gestaltet die Argumente durch Argumentationsstützen aus und verknüpft
     sie miteinander. Nehmt den Sprachtipp zu Hilfe.
   – Vergleicht eure Texte. Diskutiert und korrigiert sie.

Lerninsel:
Ein Feedback
geben
S. 231

A Kameras auf dem Schulgelände können Diebstahl und Zerstörung vermindern, aber nicht Gewalt. Sie verlagert sich einfach an einen Ort, an dem nicht gefilmt wird.
B Die Auswertung des Filmmaterials ist teuer, je mehr Kameras, desto mehr Material.
C Wenn die Aufnahmen schnell wieder überschrieben werden, kann man Mobbing meist nicht mehr nachweisen, weil Betroffene oft lange brauchen, sich jemandem anzuvertrauen.
D Der Effekt durch Kameras nutzt sich schnell ab. Sobald einmal etwas passiert ist, ohne dass es Konsequenzen hatte, ist die abschreckende Wirkung weg.
E Menschen geben gern Verantwortung ab, sobald eine Kamera alles aufzeichnet. Manche haben Angst, etwas falsch zu machen und greifen daher bei Konflikten seltener ein, wenn sie gefilmt werden.
F Streit oder klassische Versicherungsfälle könnten zu Gewalttaten erklärt werden. Eine blutige Nase kann Eltern verleiten, den gefilmten Übeltäter anzuzeigen.

Sprachtipp

Argumente verknüpfen

nur aufzählen: *außerdem, darüber hinaus, zudem, einerseits – andererseits, weiterhin, …*
aufgreifen und verknüpfen: *abgesehen von …, ist aber auch …; das ist nicht von der Hand zu weisen, zumal auch …; dabei sollte man nicht nur …, sondern auch bedenken …*

zusammenfassen und weiterführen:
die Probleme sind …, aber lenken wir den Blick auf …, so …;
das sind wichtige Gründe, bedeutsamer aber ist …; aber nicht … , auch … ;
man erreicht also das Gegenteil, wenn man …

Lerninsel:
Schreib-
konferenz
S. 233

3. „Kann Videoüberwachung gegen Mobbing helfen?" Schreibt eine Erörterung.

4. Bildet Schreibkonferenzen und überarbeitet eure Erörterungen.

Argumente entfalten und verknüpfen, Erörterung schreiben

Ein Thema schriftlich erörtern

Eine schriftliche Erörterung dient dazu, sich **Klarheit** über den **eigenen Standpunkt** zu einem strittigen Thema zu verschaffen und seinen eigenen Standpunkt **überzeugend** darzustellen.

1. Vorbereiten und Planen

- Problemfrage genau bestimmen
- **Stoffsammlung** erstellen: Material zum Thema sichten, Argumente und Beispiele sammeln, den verschiedenen Standpunkten zuordnen, eigenen Standpunkt erarbeiten
- **Gliederung** erstellen: zu Einleitung und Schluss Stichpunkte notieren, für Hauptteil Argumentationskette bilden

2. Schreiben

Inhalt und Aufbau:
- **Einleitung:** Hinführung zum Thema, Nennen der Problemfrage, Interesse des Lesers wecken durch aktuellen Bezug, eigene Erlebnisse, …
- **Hauptteil:** Argumentationskette aufbauen (zum Beispiel steigernd vom schwächsten zum stärksten Argument), Argumente entfalten und mit passenden Beispielen stützen
- **Schluss:** abschließende Stellungnahme, eventuell Bezug auf Einleitung, Ausblick auf Künftiges, persönlicher Wunsch, eine Hoffnung, eine Forderung

Sprachliche Gestaltung:
- Entfaltung und Verknüpfung der Argumente (Sprachtipp, Seite 46)
- sachlich und im Präsens schreiben

3. Überarbeiten

- Arbeitstechniken Textlupe, Schreibkonferenz, Checkliste nutzen
- Rechtschreibung und Zeichensetzung mit dem Wörterbuch oder am PC prüfen

---

Wissen und Können

Lerninsel:
Ein Thema schriftlich erörtern
S. 258 f.

Lerninsel:
Schreibkonferenz, Textlupe
S. 233

---

5. Zum Differenzieren ■ ■ ■ ■

A Waffenkontrollen an Schuleingängen? Sammelt Pro- und Kontra-Argumente, erstellt eine Gliederung und formuliert Einleitung, Hauptteil und Schluss.

B Videoüberwachung gegen Diebstahl in Klassenräumen?
Erstellt eine Gliederung mit mehreren Argumenten und sortiert diese sinnvoll. Verfasst dazu eine Erörterung.

C Schreibt zum Thema „Bahnfahren nur mit Gepäck- und Personencheck wie am Flughafen?" eine Erörterung.

Schutz durch Kontrolle? · Ein Thema erörtern

Eine Erörterung überarbeiten

> (...) Da gibt es gute Gründe, die für eine Videoüberwachung sprechen, denn man sollte Videokameras in verschiedenen Ecken von Schulhöfen und in den Pausenhallen anbringen, denn so könnte die Sicherheit der Schüler erhöht werden und so kann man auch Vandalismus und andere Dinge verhindern. Vielleicht lässt sich sogar der eine oder andere Einbrecher von so vielen Kameras abschrecken. In den Einkaufspassagen hängen doch auch so viele Kameras und dort wird nicht so viel kaputt gemacht. Dass da so viele Einbrüche in Schulen sind, steht auch oft in den Zeitungen geschrieben, in denen aber auch viel über Präventionsarbeit der Polizei geschrieben wird. Keiner schreibt aber über Schülermobbing während der Schülervormittage. Um die stundenlangen Aufzeichnungen der Kameras sich reinzuziehen, muss man unbedingt arbeitslose Lehrer oder andere Typen von der Straße holen. Die müssen Schweigepflicht haben, und sie können gar nicht über die spannende Arbeit erzählen. Nicht nur für die Lehrer ist die Videoüberwachung persönlich gut, es wird mehr Personal eingestellt und sinnvoll beschäftigt. (...)

1. Untersucht den Schülertext: Schreibt die verwendeten Argumente in Stichworten heraus. Welche Argumente überzeugen besonders, welche kaum? Begründet.

2. Markiert auf einer Kopie Textstellen, die noch einmal überarbeitet werden müssen, und notiert jeweils am Rand, welche Verbesserungen ihr für sinnvoll haltet.
   Achtet besonders auf die
   – Ausgestaltung der Argumente (z. B. Argumentationsstützen),
   – gedankliche Verknüpfungen der Argumente,
   – die sprachliche Gestaltung der Argumente.

3. Schreibt eine überarbeitete Fassung des Schülertextes.
   Ergänzt dabei vor allem eine passende Einleitung.

4. Überarbeitet eure eigenen Erörterungen.
   Bildet kleine Gruppen.
   – Entwerft mithilfe der blauen Box (S. 47) eine Checkliste.
   – Vergleicht eure Checkliste mit der im Online-Bereich und ergänzt.
   – Tauscht eure Erörterungen aus und gebt euch mithilfe der Checkliste ein Feedback.
   – Überarbeitet eure Erörterungen.
   – Wählt die gelungenste Erörterung eurer Gruppe aus und lest sie der Klasse vor.

Vorlage
Checkliste
Erörterung
v274em

Lerninsel:
Ein Feedback
geben
S. 231

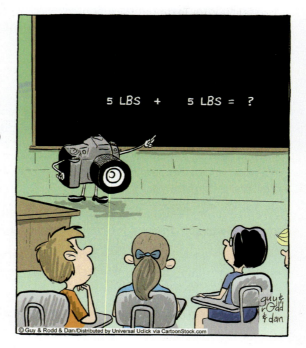

Erörterung nach Sprachtipp überarbeiten

Sollten Wanderwege wegen zunehmender Müllprobleme videoüberwacht werden?

Jeder, der auch schon einmal auf viel begangenen Wanderwegen unterwegs war, vor allem in der Nähe von Städten, hat das sicherlich auch schon einmal erlebt, dass offenbar von vielen Spaziergängern Müll einfach so fallen gelassen oder weggeworfen wird, sodass es schon nach kurzer Zeit so aussieht, als ob von einem Müllwagen Ladung verloren worden ist. Die Idee der Überwachung von besonders müllanfälligen Wanderwegen könnte also eine gute Lösung sein.

Hinweisschilder, Picknickplätze so zu verlassen, wie sie vorgefunden wurden, nutzen offenbar nichts, und obwohl in bestimmten Abständen Papierkörbe aufgestellt sind, werfen viele Mitbürger Papier, Essensreste, ja auch sogar Flaschen, die sich ja nun wirklich nicht von selbst auflösen, einfach weg. Eine Videoüberwachung kann daher also ein sehr wirksames Mittel gegen die weitere Vermüllung der Natur sein, denn durch das Aufnehmen von Wanderern durch Videokameras und das damit verbundene Androhen von Bußgeldern wird sicherlich so mancher abgeschreckt, sodass das Aufsammeln und Mitnehmen des eigenen Mülls bei manchem Wanderer auf Dauer wieder zur festen Gewohnheit werden wird. (...)

5. Besprecht, wie der Schülertext auf euch wirkt. Belegt eure Einschätzungen mit Beispielen aus dem Schülertext.

6. Nutzt den Sprachtipp für die genaue Analyse des Schülertextes.
 – Achtet auf den Satzbau. Zeichnet das Satzschema und bestimmt die Haupt- und Nebensätze.
 – Überarbeitet den ersten Absatz mithilfe des Sprachtipps.
 – Untersucht im letzten Satz die Verwendung von Substantivierungen.
 – Ersetzt die Substantivierungen.
 – Vergleicht eure Texte mit dem Originaltext. Überlegt, welche Version besser lesbar und überzeugender ist. Begründet.

> *Sprachtipp*
>
> **Leserfreundlich schreiben**
>
> – unübersichtliche, lange **Schachtelsätze** mit mehrfach untergeordneten Nebensätzen in mehrere Hauptsätze mit nur einem Nebensatz **auflösen**
> – **eingeschobene Nebensätze** nur **selten** gebrauchen
> – wichtige **Informationen in Hauptsätzen,** nicht in Nebensätzen geben
> – Bestandteile mehrteiliger Verben nicht zu weit voneinander trennen, also **enge Satzklammern** verwenden
>
> *Er **sah**, obwohl ..., irritiert **weg**.* → *Er **sah** irritiert **weg**, obwohl ...*
>
> – überflüssige **Substantivierungen vermeiden** (*das Aufsammeln* → *aufsammeln*)
> – in der Regel **Aktiv** statt Passiv verwenden
>   (*Es wird von ihm beobachtet.* → *Er beobachtet ...*)
> – überflüssige **Füllwörter streichen** (z. B. *eigentlich, gewissermaßen, doch sicherlich*)

Schutz durch Kontrolle? · Ein Thema erörtern

Noch zu jung?
Mit Unterstützung von Materialien Adressaten überzeugen

Verschiedene Materialien auswerten

> In eine Gaststätte darf man schon mit 12, auf jeden Fall ab 14, allerdings darf man keinen Alkohol trinken.

> Jugendliche unter 16 dürfen keinen Alkohol kaufen; ab 16 bekommt man alles, man muss nur seinen Ausweis vorzeigen.

> In Discos darf man unter 16 gar nicht; wenn man aber einen Freund dabei hat, der schon 18 ist, darf man natürlich auch hin.

1. Besprecht, welche der drei Aussagen zutreffen und welche nicht. Überprüft eure Antwort mithilfe der Festlegungen im Jugendschutzgesetz (**1**).

1 Festlegungen im Jugendschutzgesetz

Kinder und Jugendliche wollen abends ausgehen. Wie lange dürfen sie wegbleiben? Auch wenn die Eltern dies grundsätzlich entscheiden können, legt das Jugendschutzgesetz den Aufenthalt an bestimmten Orten fest.

Aufenthalt in Diskotheken: Unter 16 dürfen Jugendliche nur in eine Disco, wenn ein Erziehungs- oder Sorgeberechtigter dabei ist. Ab 16 dürfen sie sich bis 24 Uhr in einer Disco aufhalten. Das gilt auch, wenn [Jugendliche] in Begleitung eines volljährigen Freundes oder einer volljährigen Freundin [sind]. […]
　　Aufenthalte in Gaststätten: Ohne Begleitung einer personensorgeberechtigten oder erziehungsbeauftragten Person dürfen sich Kinder und Jugendliche unter 16 Jahren nur zur Einnahme einer Mahlzeit oder eines Getränks zwischen 5 Uhr und 23 Uhr in einer Gaststätte aufhalten. […]
　　Verkauf von Alkohol: Der Verkauf von branntweinhaltigen Produkten an Kinder und Jugendliche unter 18 Jahren ist verboten. […] Andere alkoholische Produkte dürfen an Kinder und Jugendliche unter 16 Jahren nicht abgegeben werden. […]

2 Peter Blechschmidt: Ausgehverbot für Jugendliche

Vor einigen Jahren hatte die damalige Familienministerin einen ungewöhnlichen Vorschlag, über den in verschiedenen Zeitungen berichtet wurde.

Im Kampf gegen das sogenannte Komasaufen erwägt Bundesfamilienministerin Kristina Schröder ein verschärftes abendliches Ausgehverbot für Minderjährige. […] Nach den Plänen des Familienministeriums sollen sich Jugendliche unter 16 Jahren nach 20 Uhr nur noch in Begleitung von Eltern oder Erziehungsbeauftragten auf Veranstaltungen mit Alkoholausschank aufhalten dürfen. Das beträfe Musikkonzerte, Weihnachtsmärkte oder die Fanmeilen bei großen Sportveranstaltungen, aber auch Vereinsfeste. […]

50 Informationen aus verschiedenen Materialien entnehmen

3 **Heike A. Batzer: Aktionsplan Kampf dem Komasaufen**

Dies ist ein Beispiel, wie in einer Stadt in Süddeutschland mit dem Problem des sogenannten Komasaufens umgegangen wird.

Landkreis:
Fürstenfeld-
bruck, in der
Nähe von
München

Städte und Gemeinden im Landkreis verständigen sich auf einheitlich strenge Auflagen für Feste, die vorwiegend Jugendliche besuchen. Mit Vorglühen dürfte dann
5 Schluss sein.

[…] Statistisch gesehen wird pro Woche ein Jugendlicher mit akuter Alkoholvergiftung in die Fürstenfeldbrucker Kreisklinik eingeliefert. Weil das sogenannte Komasaufen
10 unter jungen Menschen in den vergangenen Jahren massiv zugenommen hat, sagen die Städte und Gemeinden aus dem Landkreis dem übermäßigen Alkoholkonsum den Kampf an.
15 Alle 23 Bürgermeister, Landrat […] und die Polizei unterzeichneten jetzt eine gemeinsame „Vereinbarung gegen Alkoholmissbrauch auf Festveranstaltungen". Damit sollen überall im Landkreis die gleichen
20 Auflagen bei der Genehmigung solcher Festivitäten gelten. […] Das Ende der Feste wurde für den ganzen Landkreis einheitlich auf 3 Uhr festgelegt.

Weil für junge Leute unter 16, über 16 und über 18 Jahren unterschiedliche ju- 25 gendschutzrechtliche Vorschriften gelten, sollen die einzelnen Gruppen beim Einlass mit verschiedenen Armbändern ausgestattet werden.

Ein gewerblicher Sicherheitsdienst soll 30 Einlasskontrollen durchführen und erkennbar betrunkene oder unter Drogeneinfluss stehende Besucher gar nicht erst hineinlassen.

Dem sogenannten „Kofferraumsaufen" auf dem Parkplatz Einhalt gebieten soll die 35 Vorschrift, dass, wer die Party verlässt und wiederkommen möchte, neuerlich Eintritt bezahlen muss.

Alkoholische Getränke dürfen auch nicht selbst mitgebracht werden, Rucksäcke und 40 Taschen werden am Eingang kontrolliert. Zur Bar muss ein separater Zugang führen, dort muss es Alterskontrollen geben. Spirituosen und Branntweinhaltiges wie Wodka-Mix-Getränke dürfen auf den Festen 45 nicht in Flaschen und nicht als Sammelbestellungen verkauft werden. […]

2. Wertet den Zeitungsartikel „Ausgehverbot für Jugendliche" (Text **2**, S. 50) aus.
  - Fasst zusammen, welchen Vorschlag das Familienministerium 2012 machte.
  - Notiert das Argument, das das Familienministerium für seinen Vorschlag anführt.
  - Ergänzt eure Notizen mit eigenen Pro- und Kontra-Argumenten
    sowie Argumentationsstützen.
  - Diskutiert, ob ihr dem Vorschlag aus dem Ministerium zustimmen könnt oder nicht.

3. Stellt zusammen, welche Maßnahmen der Aktionsplan im Landkreis Fürstenfeldbruck
(Text **3**) vorsieht.

4. Vergleicht die Vorschläge zur Begrenzung des Alkoholkonsums Jugendlicher
aus Text **2** und **3**.
  - Diskutiert, welchem Vorschlag ihr eher zustimmen könnt.
  - Begründet euren Standpunkt.
  - Ihr könnt auch Informationen aus Text **4** (S. 53) einbeziehen.

5. Unterbreitet eigene Vorschläge für Aktionen, die den Alkoholkonsum Jugendlicher
begrenzen könnten. Besprecht eure Ideen und ihre Umsetzbarkeit.

Schutz durch Kontrolle? · Ein Thema erörtern

Mit offiziellen E-Mails, Blogbeiträgen und Leserbriefen wirkungsvoll Stellung beziehen

A Pläne des Familienministeriums: Jugendliche unter 16 Jahren dürfen nach 20 Uhr nicht allein auf Veranstaltungen mit Alkoholausschank (S. 50)

B Aktionsplan von Fürstenfeldbruck gegen übermäßigen Alkoholkonsum (S. 51)

1. Bereitet zu einem der beiden Vorschläge eine Stellungnahme in einer E-Mail an die Verantwortlichen vor.
  – Besprecht, an wen ihr schreiben wollt und was ihr bei einer offiziellen E-Mail beachten müsst.
  – Sammelt in Stichpunkten Argumente, mit denen ihr die Adressaten von eurer Position oder euren Ideen überzeugen könnt. Denkt auch an passende Argumentationsstützen.

CC:
Kopie für weitere Empfänger; CC = Carbon copy: früher wurden Kopien als Durchschlag (copy) mit Kohlepapier (Carbon) hergestellt

An: ob@stadt-goettingen.de
CC: schulleitung@goethe-gymnasium.de
Betreff: Aktionsplan gegen Komasaufen

Sehr geehrter Oberbürgermeister,

wir sind gegen die Beschlüsse des Landkreises Fürstenfeldbruck gegen Alkoholmissbrauch Jugendlicher; in unserer Klasse haben wir darüber diskutiert und finden die Regelungen nicht gut.
Da außer Fürstenfeldbruck auch andere Städte und Kreise bereits Pläne haben, solche Regelungen wie in Fürstenfeldbruck einzuführen, wollen wir schon jetzt deutlich machen, dass wir dagegen sind.
Für unsere Position haben wir folgende Gründe:
Dass Jugendliche je nach Alter bei Veranstaltungen unterschiedliche Armbänder bekommen sollen, finden wir noch akzeptabel, aber dass man nicht mehr raus darf an die Luft, ohne beim Wiederkommen erneut Eintritt zahlen zu müssen, halten wir für eine zu große Einschränkung unserer Bewegungsfreiheit. Wir sind unter 16 und könnten also gar nicht zu einem Kofferraum gehen, um heimlich Alkohol zu trinken, denn wir haben weder Führerschein noch Auto.
Dass wir in Taschen und Rucksäcken keine alkoholischen Getränke mitbringen dürfen, dient ja eher den sicheren Einkünften der Wirte als dem Jugendschutz, denn mit unserem geringen Taschengeld können wir uns kaum die teuren Getränke bei Veranstaltungen leisten und ein paar Flaschen mitgebrachtes Bier machen den Wirt nicht ärmer.
Natürlich sind auch wir gegen den Missbrauch von Alkohol, aber man darf es mit neuen Regelungen auch nicht übertreiben.
Wir sind also gegen solche Regeln, falls Sie planen, sie auch bei uns einzuführen, und würden uns freuen, wenn Sie unsere Meinung berücksichtigen.

Klasse 8/2 des Goethe-Gymnasiums
Tobias Müller

eine offizielle E-Mail verfassen

2. Beurteilt die E-Mail (S. 52) und begründet eure Meinung. Markiert auf einer Kopie Stellen, die verbessert werden müssen. Verwendet als Hilfe die blaue Box (S. 54). Achtet dabei vor allem auf
   – die Berücksichtigung des Adressaten,
   – den Aufbau und die Reihenfolge der Aussagen und Argumente sowie die Überzeugungskraft der Argumentation.

3. Überarbeitet die E-Mail an den Oberbürgermeister (S. 52) in kleinen Gruppen.
   – Nutzt zur Vertiefung der Argumentation auch die Informationen im folgenden Text.
   – Vergleicht eure Ergebnisse in der Gruppe.

**Lerninsel:
Eine offizielle E-Mail schreiben
S. 261**

**Hörverstehen
Erst gut drauf, dann weg vom Fenster
jh32ey**

4 Erst gut drauf, dann weg vom Fenster: Viele Jugendliche unterschätzen die Gefahr von Alkohol

[…] Das erste Glas Wein, Sekt oder Bier, ihren ersten Cocktail oder Likör trinken viele Jugendliche auf ihrer Konfirmation oder bei einer anderen Familienfeier, in der Regel im Alter zwischen 10 und 14 Jahren. Meist geschieht dies mit Billigung der Erwachsenen. Im Alter von 16 bis 17 Jahren entwickeln Jugendliche oft die Trinkgewohnheiten, die sie auch später beibehalten.

Stark geprägt wird dieses Konsumverhalten durch die Einstellung des Freundeskreises, des sozialen Umfelds (Jugendgruppen, Sportvereine u. Ä.) und der Eltern. Wissenschaftlich gilt als erwiesen, dass auch das Alter eine Rolle spielt, in dem Jugendliche beginnen, Alkohol zu trinken: Je früher dies geschieht, desto höher ist ihr persönliches Risiko, später ein Alkoholproblem oder eine Alkoholabhängigkeit zu entwickeln. Dies hängt auch damit zusammen, dass die Pubertät ganz allgemein eine schwierige Zeit ist, in der die Jugendlichen ihre eigene Identität sowie persönliche Fähigkeiten und Fertigkeiten entwickeln und dabei oftmals mit sich selber und der ganzen Welt auf Kriegsfuß stehen. […] Dass Alkoholkonsum ein riskantes Vergnügen ist, wird von vielen Jugendlichen gern übersehen – sie schätzen die gesundheitlichen Gefahren des Alkoholkonsums völlig falsch ein. Organisch gesehen sind Jugendliche anfälliger für gesundheitliche Schäden als Erwachsene. Die Reifung des Gehirns – das Organ, das durch Alkohol am stärksten gefährdet wird – dauert etwa bis zum 17. Lebensjahr. Alkohol ist ein Zellgift; schon geringe Mengen Alkohol sind für Jugendliche gesundheitsgefährdend und schädigen dauerhaft die Gehirnzellen. Häufige Rauschzustände führen zu Entwicklungsstörungen. Merkfähigkeit, Gedächtnisleistung und Konzentrationsfähigkeit lassen ebenfalls nach. Das Feld sozialer Probleme, die durch Alkoholkonsum entstehen können, ist breit. […] Alkoholkonsum erhöht z. B. die Unfallgefahr. Nach Angaben des Statistischen Bundesamtes geht jeder vierte Autounfall unter Alkoholeinfluss auf das Konto junger Menschen zwischen 18 und 24 Jahren. In deutlich höherem Ausmaß sind es alkoholisierte junge Männer als Frauen, die an Straßenverkehrsunfällen beteiligt sind. […]

Schutz durch Kontrolle? · Ein Thema erörtern

4. Überlegt mithilfe der Tabelle, wodurch sich ein offizieller Text wie die E-Mail auf Seite 52 von einem Text für Gleichaltrige, wie z. B. einem Blogbeitrag unterscheidet. Ergänzt weitere Formulierungen.

Offizieller Text	Inoffizieller Text
Ich wende mich mit folgender Bitte an Sie:	Zu … habe ich viel auf dem Herzen,
Der Anlass meiner Mail ist …	weil …
Ich möchte Ihnen kurz … schildern …	Könnt ihr euch vorstellen, dass …
Um ein Beispiel zu nennen:	zum Beispiel …

5. Verfasst einen Blogbeitrag zum sogenannten Komasaufen.

Wissen und Können

Lerninsel: Eine offizielle E-Mail schreiben S. 261

Eine offizielle E-Mail adressatengerecht schreiben

Für offizielle E-Mails gelten die gleichen Regeln wie für offizielle Briefe.

1. Vorbereiten und planen

- Ihr könnt den Adressaten der E-Mail besser erreichen, wenn ihr euch bei der Vorbereitung **in ihn hineinversetzt** und seine **Position** berücksichtigt.
- Zur Klärung könnt ihr euch folgende Fragen stellen:
  – Welche **Funktion** hat der Adressat? Entscheidet er über mein Anliegen, kann er **Einfluss auf die Entscheidung** nehmen?
  – Muss ich den Adressaten mit der **Sachlage** vertraut machen oder ist sie ihm **bereits bekannt?**
  – Hat der Adressat bereits **eine Position** oder **Haltung**, mit der ich rechnen muss?
  – Welche **Einstellungen** und **Wertvorstellungen** des Adressaten muss ich berücksichtigen?

2. Schreiben

- „**Betreff**": Das Thema eurer E-Mail
- **Einleitungssatz:** Anlass für die E-Mail, eure Position, euer Ziel
- **Hauptteil:** Argumente, Belege, Beispiele, dabei auch auf die Haltung des Adressaten zum Thema eingehen, sofern sie bekannt ist
- **Schluss:** Bitte, Forderung oder Appell an den Adressaten

3. Überarbeiten

- Arbeitstechniken Textlupe, Schreibkonferenz nutzen
- Rechtschreibung und Zeichensetzung mit dem Wörterbuch oder am Computer prüfen: Nur fehlerfreie Texte können ihre Adressaten wirklich überzeugen.

Blogbeitrag und offizielle E-Mail verfassen

Jugendschutzgesetz: Ab wann dürfen Jugendliche Geld verdienen?

Kinder dürfen bis zu einem Alter von 13 Jahren überhaupt nicht arbeiten. Schüler ab 13 dürfen ihr Taschengeld durch leichte Arbeiten aufbessern – Zeitungen austragen, Babysitten, Hilfe beim Einkaufen, Handreichungen beim Sport oder Nachhilfe geben sind erlaubt. Während der Schulzeit dürfen Kinder und Jugendliche maximal zwei Stunden pro Tag und nur zwischen acht Uhr morgens und sechs Uhr abends Geld verdienen.

Schüler ab 15 Jahren können dagegen bis zu vier Wochen im Jahr, also 20 Arbeitstage zu jeweils acht Stunden Ferienarbeit machen. Die Arbeitszeit muss zwischen sechs Uhr morgens und acht Uhr abends liegen. Es gibt auch einige Ausnahmen: Im Bäckerhandwerk – nicht in Konditoreien – dürfen 16-Jährige um 5 Uhr anfangen, 17-Jährige um 4 Uhr. Ab 5 Uhr oder bis 21 Uhr dürfen Jugendliche über 16 Jahre in der Landwirtschaft tätig sein. Im Gaststättengewerbe dürfen über 16-Jährige bis 22 Uhr arbeiten. Arbeiten 14- oder 15-Jährige in künstlerischen Bereichen, dürfen sie mit Erlaubnis des Jugendamtes auch bis 22 Uhr arbeiten. An Wochenenden und Feiertagen gilt, von einigen Ausnahmen abgesehen, ein Arbeitsverbot für Jugendliche.

6. **Zum Differenzieren** ■ ■ ■ ■

A Angesichts der schulischen Belastungen, denen Schüler heute ausgesetzt sind, hat die Schülerzeitung „Forum" des Goethe-Gymnasiums gefordert, das Arbeiten zur Aufbesserung des Taschengeldes bis zum 15. Lebensjahr grundsätzlich zu verbieten. Die Schülerzeitung hat in ihrem Artikel die folgenden Argumente genutzt. Schreibt einen Leserbrief, in dem ihr eure Position zu dieser Forderung darstellt und begründet.

– Geld verführt dazu, Schule an die zweite Stelle zu setzen; nur gute Schüler können das bewältigen, die anderen laufen Gefahr, den Schulabschluss nicht zu schaffen.
– Jugendliche unter 15 sehen nur die nahe Zukunft, nicht aber die langfristigen Folgen wie zum Beispiel schlechtere Noten und damit schlechtere Berufsaussichten.
– An Stundenbegrenzungen halten sich die meisten Jugendlichen unter 15 sowieso nicht, dazu ist es viel zu verlockend, Geld zu verdienen für das, was man gern hätte, aber noch nicht kaufen kann.

B Schreibt eine offizielle E-Mail an die örtlichen Bundestagsabgeordneten, in der ihr vorschlagt, das Jugendschutzgesetz zu ändern und die Altersgrenze für leichte Arbeiten zur Aufbesserung des Taschengeldes von 13 auf 12 Jahre herabzusetzen.
– Ihr könnt zum Beispiel Bedingungen entwerfen, unter denen die Herabsetzung möglich ist oder
– Kontrollmöglichkeiten vorschlagen, damit die Herabsetzung des Alters nicht missbraucht wird.

C Jugendliche wollen am Wochenende in einer Gaststätte arbeiten, dürfen es aber nicht. Verfasst einen Beitrag für „Jugend debattiert", der sich dafür ausspricht, das Arbeitsverbot aufzuheben und den entsprechenden Beitrag im Jugendschutzgesetz zu ändern.

Differenzieren
Leserbrief und offizielle E-Mail schreiben
ed232g

Beispiellösung
Aufgabe 5
ng52rj

Jugend debattiert:
Bundesweiter Schülerwettbewerb im Debattieren unter der Schirmherrschaft des Bundespräsidenten

⭐ Das könnt ihr jetzt!

1. Nehmt Stellung zu der These „Sicherheit durch Überwachung".
   - Beschreibt, was in der Karikatur 1 zu sehen ist.
   - Diskutiert, ob ihr der Botschaft zustimmt, die das Flugzeug als Luftwerbung hinter sich herzieht.
   - Beschreibt die Gefühle, die in den Gesichtern der beiden Personen und in der Gedankenblase der Frau deutlich werden.
   - Formuliert die Aussage, die der Zeichner mit seiner Karikatur verdeutlichen möchte.

2. Erläutert, auf welches Problem der Videoüberwachung die Karikatur 2 aufmerksam machen will.

Lerninsel:
Einen Leserbrief schreiben
S. 260

3. Schreibt einen Leserbrief zu der Behauptung einer Zeitung, Videoüberwachung verhindere keine Verbrechen, sie könne im Idealfall höchstens bei der Aufklärung von Verbrechen helfen.
   - Nutzt die Informationen zur Videoüberwachung an Schulen (S. 38–48).
   - Recherchiert weitere Informationen im Internet.
   - Überarbeitet eure Leserbriefe in Partnerarbeit.

Lerninsel:
Eine offizielle E-Mail schreiben
S. 261

4. Schreibt eine offizielle E-Mail an die Bürgermeisterin/den Bürgermeister eures Ortes, die/der möglichst viele Überwachungskameras installieren will, damit sich die Bürger sicher fühlen können.
   - Achtet vor allem auf den Adressatenbezug und die Überzeugungskraft eurer Argumente.
   - Überprüft eure Ergebnisse mithilfe der blauen Box (S. 54) und überarbeitet eure E-Mails.

Lerninsel: Schreiben S. 257 ff. | Diagnosebogen Erörtern hs79tn | Training interaktiv Erörtern a4fj9b

Jährlich findet der Safer Internet Day statt, der darauf aufmerksam machen soll, dass Jugendliche beim Surfen mit den eigenen Daten achtsam umgehen sollten. Damit haben sich auch Schüler einer Koblenzer Schule auseinander gesetzt.

Schülerinnen und Schüler klären über Gefahren im Internet auf

Am Dienstag, den 7. Februar boten zwei Informatikkurse […] eine Informationsveranstaltung zum Thema „Datenschutz und Datensicherheit im Internet" an. Anlass war
5 der an diesem Tag weltweit stattfindende Safer Internet Day.

In Gruppen haben sich die Schülerinnen und Schüler im Informatikunterricht […] in den vergangenen Wochen mit der Vorberei-
10 tung einer spezifischen Problemstellung und deren Präsentation beschäftigt. Darunter fanden sich so vielseitige Themenbereiche wie „Gefahren und Probleme offener Netzwerke", „Inwieweit kann Facebook mei-
15 ne Daten zu Werbezwecken verwenden?" oder „Abzocke im Internet, worauf muss ich achten und wie kann ich mich schützen?".

Bei der mit über 200 Schülerinnen und Schülern gut besuchten Veranstaltung konn-
20 ten sich die Besucher wahlweise zu einer der vielen themenspezifischen Präsentationen einfinden oder sich an Ständen informieren, ihre Fragen stellen und Infomaterial – z. B. in Form von selbst gestalteten Handouts –
25 mitnehmen. So entstanden viele angeregte Gespräche rund um Gefahren im Internet und wie ein wirkungsvoller Schutz vor ihnen gelingen kann. Nach der erfolgreichen Veranstaltung zog auch der Organisator […]
30 ein positives Fazit: „Die Schülerinnen und Schüler haben sich mit großem Engagement mit den Gefahren des Internets und der Vorbereitung der Veranstaltung auseinandergesetzt". Im Vordergrund habe dabei
35 vor allen Dingen eine Sensibilisierung für den behutsameren Umgang mit den eigenen Daten in einer mehr und mehr vernetzten Welt gestanden. *Simon Fingerhut-Beisel*

5. Sammelt Informationen für einen Blogeintrag, der zeigt, wie ihr mit dem Schutz eurer Daten im Internet in der Praxis umgeht. Überlegt, welche Erfahrungen ihr bereits gemacht habt.

6. Besprecht die Notwendigkeit von vielfältigen Hinweisen zum Datenschutz, besonders für Jugendliche.

7. Schreibt eine Erörterung zum Thema „Umgang mit persönlichen Daten im Internet – ein problemloser Alltag oder ein alltägliches Problem?"

8. Extra

Besprecht, was der ehemalige Präsident der USA mit diesem Zitat meinen könnte. Könnt ihr ihm zustimmen? Begründet.

> Wer die Freiheit aufgibt, um Sicherheit zu gewinnen, der wird am Ende beides verlieren. *Benjamin Franklin*

Stärken und Schwächen
Charakterisieren und schildern

Das könnt ihr schon!
- Tiere, Personen und komplexe Gegenstände beschreiben
- Landschaften subjektiv beschreiben
- eine Reportage verfassen

Erfolgreich, aber manchmal auch ein bisschen einsam

Jenny ist 15 Jahre alt und besucht das Sportgymnasium in Rostock. Ihr Traum ist es, einmal als Leichtathletin Deutschland bei den Olympischen Spielen zu vertreten.

OSTSEEBOTE: Jenny, du bist nun schon seit deinem elften Lebensjahr hier Schülerin. Wie sieht dein Tagesablauf aus?

JENNY: Also, 6.00 Uhr aufstehen. Noch vor dem Frühstück ist Joggen angesagt. Erst danach wird gefrühstückt. Wenn ich es zeitlich schaffe, geht es anschließend noch einmal in den Fitnessraum zum Krafttraining. Ab 8.30 Uhr heißt es Schulbankdrücken. Der Nachmittag gehört dann den unterschiedlichen Trainingseinheiten auf dem Platz und in der Halle.

OSTSEEBOTE: Das klingt aber sehr anstrengend.

JENNY: Ja, mein Tagesablauf ist streng durchorganisiert. Anders wäre das enorme Trainingspensum auch gar nicht zu schaffen. Ich sage mir immer: „Du musst alles geben für deinen Sport und manchmal musst du eben auch knallhart sein!"

OSTSEEBOTE: Bleibt da überhaupt noch Zeit für Freunde und Familie?

JENNY: Na ja, eigentlich kaum, nur an den Wochenenden – wenn keine Wettkämpfe stattfinden. Meine Freunde zu Hause und meine Familie unterstützen mich natürlich, aber manchmal bin ich auch ein bisschen einsam.

OSTSEEBOTE: Bist du glücklich?

JENNY: Ja – auf jeden Fall! Sicher vermisse ich manches, aber ich habe mir das so ausgesucht. Ich habe meine sportlichen Ziele und die will ich unbedingt erreichen!

---

1. Beschreibt, wie Jenny auf euch wirkt. Überlegt, welche Stärken ein Leistungssportler benötigt.

2. Besprecht, welche Charaktereigenschaften Jennys im Interview deutlich werden. Vergleicht mit dem Eindruck, den euch das Foto vermittelt hat.

Annette Rauert: Der Schritt zurück

Er stand ganz am Rand. Unter ihm die gleißende Wasseroberfläche. Wie geschmolzenes Blei sah es aus. In seinen Schläfen hämmerte es. Er hatte Angst, nackte Angst. Hinter sich hörte er die Stimme seines Trainers: „Spring!" Das Pochen nahm zu, gleich musste es seinen Kopf sprengen. Zwischen ihm und der Wassermasse gab es nur dieses kleine schwankende Brett, zehn Meter hoch.

5 Leute starrten nach oben. Sie warteten. Ihre Gesichter waren feindlich. Trotzdem fühlte er sich ihnen verpflichtet. Er musste springen, damit sie ihre Sensation bekamen. Er fühlte, dass er es nicht schaffen würde. Er war noch nicht so weit. Aber er musste beweisen, dass er ein Mann war.

Lieber tot sein, als sich vor diesen Gesichtern blamieren. Nur noch ein paar Sekunden atmen, dachte er, mehr verlange ich gar nicht. Er blickte nach unten. Warum lächelte niemand? Lauter gespannte weiße
10 Ovale mit harten Augen. Sie wissen, dass ich es nicht kann. Es wurde ihm schlagartig klar. Sie wissen, dass etwas passieren wird. Warum rief ihn niemand zurück? […] Er forschte in seinem Gewissen. Wenn er sprang, war irgendetwas damit erreicht? Tat er damit etwas Falsches? Etwas Richtiges? Er wusste, was er tun sollte, warum sträubte er sich dagegen? Aber war das Springen heldenhaft, hatte es einen Sinn? Ein Schritt nur! Sein Fuß schob sich langsam vor. Dann ging ein Ruck durch seine Gestalt. Er richtete
15 sich auf und drehte sich um. Ganz bewusst. Seine Unsicherheit war von ihm gewichen, der Druck, der auf ihm lastete, verschwand. Langsam kletterte er die Leiter hinab und schritt durch die starre Gruppe.

Zum ersten Mal in seinem Leben trug er den Kopf hoch. Er begegnete den Blicken der anderen mit kühler Gelassenheit. Keiner sprach ein Wort oder lachte gar. Er fühlte sich so stark, als hätte er gerade die wichtigste Prüfung in seinem Leben bestanden. Er spürte so etwas wie Achtung vor sich selbst.
20 Eines Tages würde er auch springen, das wusste er plötzlich.

3. Sucht Textstellen heraus, in denen die Gedanken und Gefühle des Jungen deutlich werden. Beschreibt, wie er sich vor und nach seiner Entscheidung fühlt.

4. Sprecht darüber, wie ihr die Entscheidung des Jungen bewertet. Begründet eure Meinung.

5. Schwächen sind auch Stärken. Nehmt Stellung zu dieser Aussage.

Das lernt ihr jetzt!

- literarische Figuren schriftlich charakterisieren
- Personen schriftlich charakterisieren
- bedeutsame Erlebnisse und Ereignisse schildern

Stärken und Schwächen · Charakterisieren und schildern

Zwischen den Zeilen lesen
Eine literarische Figur schriftlich charakterisieren

Eine Figurencharakterisierung vorbereiten

Hörverstehen
Fünfzehn
2i5i9x

Achtung:
alte Recht-
schreibung

Hölderlin:
deutscher Lyriker,
Dramatiker und
Romanautor
(1770–1843)

Reiner Kunze: Fünfzehn

Sie trägt einen Rock, den kann man nicht beschreiben, denn schon ein einziges Wort wäre zu lang. Ihr Schal dagegen ähnelt einer Doppelschleppe: lässig um den Hals gewor-
5 fen, fällt er in ganzer Breite über Schien-
bein und Wade. (Am liebsten hätte sie einen Schal, an dem mindestens drei Großmütter zweieinhalb Jahre gestrickt haben – eine Art Niagara-Fall aus Wolle. Ich glaube, von ei-
10 nem solchen Schal würde sie behaupten, daß er genau ihrem Lebensgefühl entspricht. Doch wer hat vor zweieinhalb Jahren wissen können, daß solche Schals heute Mode sein würden.) Zum Schal trägt sie Tennisschuhe,
15 auf denen jeder ihrer Freunde und jede ihrer Freundinnen unterschrieben haben. Sie ist fünfzehn Jahre alt und gibt nichts auf die Meinung uralter Leute – das sind alle Leute über dreißig.
20 Könnte einer von ihnen sie verstehen, selbst wenn er sich bemühen würde? Ich bin über dreißig.
Wenn sie Musik hört, vibrieren noch im übernächsten Zimmer die Türfüllungen.
25 Ich weiß, diese Lautstärke bedeutet für sie Lustgewinn. Teilbefriedigung ihres Bedürf-
nisses nach Protest. Überschallverdrängung unangenehmer logischer Schlüsse. Trance. Dennoch ertappe ich mich immer wieder
30 bei einer Kurzschlussreaktion: Ich spüre plötzlich den Drang in mir, sie zu bitten, das Radio leiser zu stellen. Wie also könnte ich sie verstehen – bei diesem Nervensystem?
Noch hinderlicher ist die Neigung, allzu
35 hochragende Gedanken erden zu wollen.
Auf den Möbeln ihres Zimmers flockt der Staub. Unter ihrem Bett wallt er. Dazwischen liegen Haarklemmen, ein Taschen-
spiegel, Knautschlackrederreste, Schnell-

hefter, Apfelstiele, ein Plastikbeutel mit der 40 Aufschrift „Der Duft der großen weiten Welt", angelesene und übereinandergestülp-
te Bücher (Hesse, Karl May, Hölderlin), Jeans mit in sich gekehrten Hosenbeinen, halb- und dreiviertel gewendete Pullover, 45 Strumpfhosen, Nylon und benutzte Ta-
schentücher. (Die Ausläufer dieser Hügel-
landschaft erstrecken sich bis ins Bad und in die Küche.) Ich weiß: Sie will sich nicht den Nichtigkeiten des Lebens ausliefern. 50 Sie fürchtet die Einengung des Blicks, des Geistes. Sie fürchtet die Abstumpfung der Seele durch Wiederholung! Außerdem wägt sie die Tätigkeiten gegeneinander ab nach dem Maß an Unlustgefühlen, das mit ihnen 55 verbunden sein könnte, und betrachtet es

60 · einem literarischen Text Informationen über Figuren entnehmen

als Ausdruck persönlicher Freiheit, die un-
lustintensiveren zu ignorieren. Doch nicht
nur, daß ich ab und zu heimlich ihr Zimmer
60 wische, um ihre Mutter vor Herzkrämpfen
zu bewahren, – ich muß mich auch der Versuchung erwehren, diese Nichtigkeiten ins
Blickfeld zu rücken und auf die Ausbildung
innerer Zwänge hinzuwirken.
65 Einmal bin ich dieser Versuchung erle-
gen.
Sie ekelt sich schrecklich vor Spinnen.
Also sagte ich: „Unter deinem Bett waren
zwei Spinnennester."
70 Ihre mit lila Augentusche nachgedunkel-
ten Lider verschwanden hinter den hervor-
tretenden Augäpfeln, und sie begann „Iix!

Ääx! Uh!" zu rufen, so daß ihre Englisch-
lehrerin, wäre sie zugegen gewesen, von soviel Kehlkopfknacklauten – englisch „glot- 75
tal stops" – ohnmächtig geworden wäre.
„Und warum bauen die ihre Nester gerade
bei mir unterm Bett?"
„Dort werden sie nicht oft gestört." Direkter wollte ich nicht werden, und sie ist 80
intelligent.
Am Abend hatte sie ihr inneres Gleich-
gewicht wiedergewonnen. Im Bett liegend,
machte sie einen fast überlegenen Eindruck.
Ihre Hausschuhe standen auf dem Klavier. 85
„Die stelle ich jetzt immer dorthin", sagte
sie. „Damit keine Spinnen hineinkriechen
können."

1. Sprecht darüber, wie das Mädchen auf euch wirkt.

2. Beschreibt oder zeichnet das Mädchen. Erklärt eure Darstellung und
begründet sie mit Textstellen. Vergleicht sie mit der Illustration.

3. Untersucht, aus welcher Sicht der Text geschrieben ist. Belegt mit Textstellen.

4. Nennt Aspekte, die ihr in einem Text untersuchen müsst,
um den Charakter einer Figur möglichst vollständig zu erschließen.

5. Legt eine Stoffsammlung für die schriftliche Charakterisierung des Mädchens an.
Geht so vor:
– Markiert auf einer Kopie Textstellen, aus denen ihr Charaktermerkmale
(Verhaltensweisen, Einstellungen, Eigenschaften) der Hauptfigur ableiten könnt.
– Deutet die markierten Textstellen und fertigt kurze Randnotizen an.
– Übernehmt die Tabelle und vervollständigt sie.

Lerninsel:
Figuren-
charakteri-
sierung
S. 245

Charakteri-
sierung
vorbereiten
S. 64

direkte Charakterisierung (durch den Erzähler, die Figur selbst, durch andere Figuren) und **Deutungsmöglichkeiten**	indirekte Charakterisierung (durch die wörtliche Rede der Figur oder ihr Verhalten) und **Deutungsmöglichkeiten**
– „Sie ist fünfzehn Jahre alt und gibt nichts auf die Meinung uralter Leute – das sind alle Leute über dreißig." (Z. 16–19) → Deutung: Sie hat ihren eigenen Willen/Kopf und lässt sich nichts sagen. – …	– „Auf den Möbeln ihres Zimmers flockt der Staub. Unter ihrem Bett wallt er." (Z. 36 f.) → Deutung: Sie macht nicht sauber; hält dies nicht für nötig. – …

61

Stärken und Schwächen · Charakterisieren und schildern

Lerninsel:
Figurencharakterisierung
S. 246

6. Ordnet die folgenden Gliederungspunkte einer Figurencharakterisierung jeweils der Einleitung, dem Hauptteil und dem Schluss zu. Begründet eure Zuordnung.

A äußere Erscheinung der Figur (Aussehen, Alter, …)

B eigene zusammenfassende Wertung der Figur, Wirkung der Figur auf Leser

C Ausführungen zu Charakter, Verhaltensweisen (Gewohnheiten und Vorlieben) der Figur

D Verhältnis der Figur zu anderen Figuren im Text

E Bedeutung der Figur für die gesamte Handlung

F Informationen zum Text: z. B. Titel, Autor, ggf. Erscheinungsjahr

G Entwicklung der Figur

H Stellung der Figur im Text (Hauptfigur, Nebenfigur)

I soziale Situation (gesellschaftliche Stellung, Beruf)

J Besonderheiten der Sprache/ Ausdrucksweise der Figur

7. Besprecht, welche Gliederungspunkte aus Aufgabe 6 für eine schriftliche Figurencharakterisierung des Mädchens in „Fünfzehn" (S. 60 f.) besonders ergiebig sind und welche ihr außer Acht lassen könnt. Begründet.

🌐 **So geht's interaktiv**
Figurencharakterisierung vorbereiten
e6j4ue

8. Erstellt einen Schreibplan, indem ihr die Ergebnisse eurer Stoffsammlung (S. 61 f., Aufgaben 5–7) in eine sinnvolle Reihenfolge bringt.

Eine Figurencharakterisierung schreiben und überarbeiten

1. Lest die folgenden Ausschnitte aus Schülertexten zur Charakterisierung der weiblichen Hauptfigur aus dem Text „Fünfzehn" (S. 60 f.) und ordnet sie der Einleitung, dem Hauptteil und dem Schluss zu. Begründet.

> (…) Die vom Vater beschriebene Unordnung in ihrem Zimmer scheint sie nicht zu stören, ganz im Gegenteil. Eine ähnliche Haltung hat sie wohl auch zu Staub und Schmutz, denn „auf den Möbeln ihres Zimmers flockt der Staub. Unter ihrem Bett wallt er." (Z. 36 f.) Sie fühlt sich offensichtlich in dieser Umgebung wohl bzw. keinesfalls unwohl. Es stellt sich die Frage, warum das Mädchen ihr Zimmer nicht aufräumt und auch nicht oder nur selten sauber macht. Der Vater meint: „Sie will sich nicht den Nichtigkeiten des Lebens ausliefern." (Z. 49 f.) (…)

> (…) Das Mädchen wirkt auf den Leser wie eine typische Fünfzehnjährige. Sie lässt sich nichts sagen (schon gar nicht von Älteren), sie hat ihre eigene Auffassung von Ordnung und ihren eigenen Stil zu leben. (…)

> Das fünfzehnjährige Mädchen ist die Figur, die im Mittelpunkt von Reiner Kunzes Erzählung „Fünfzehn" steht. Der Leser erlebt sie in ihrem Zuhause. Es wird beschrieben, wie sie aussieht und welche Gewohnheiten und Eigenarten sie hat. Ihr Vater beobachtet sie und erzählt dem Leser, was er wahrnimmt und wie er dazu steht. (…)

2. Schreibt eine vollständige Charakterisierung des Mädchens aus dem Text „Fünfzehn" (S. 60 f.). Ihr könnt auch die Schülertexte aus Aufgabe 1 und den Sprachtipp nutzen.

Beispiellösung
Aufgabe 2
9h3q9a

Sprachtipp

Figuren charakterisieren

- Am Beispiel der Figur will der Autor verdeutlichen/kritisieren/dazu auffordern, dass …
- Die Figur ist nicht nur …, sondern auch … Das kommt bei … zum Ausdruck.
- Ihr Mut/ihre Hilfsbereitschaft … zeigt sich in folgender Situation …
- So erweist sich ihre … schließlich als …
- Im Gegensatz zu … zeigt sich ihr Verhalten …
- Während die Figur sich selbst gern als … charakterisiert, wird sie von anderen … eher als … gesehen.
- In Konfliktsituationen verhält sie sich …
- Im Verlauf der Handlung macht die Figur folgende Entwicklung durch …

Vorlage
Checkliste
Figurencharakterisierung
h6ha2s

3. Überarbeitet eure Figurencharakterisierungen in Schreibkonferenzen.
   - Geht in drei Schritten vor: Inhalt überprüfen, Ausdruck überprüfen, Rechtschreibung, Grammatik und Zeichensetzung überprüfen.
   - Nutzt dazu die Hinweise in der blauen Box (S. 64).

Lerninsel:
Schreibkonferenz
S. 233

eine literarische Figur schriftlich charakterisieren

Stärken und Schwächen · Charakterisieren und schildern

Wissen und Können

Lerninsel:
Eine literarische Figur schriftlich charakterisieren
S. 245 f.

Eine literarische Figur schriftlich charakterisieren

Wie ihr eine Figur in einem literarischen Text seht, könnt ihr in einer schriftlichen Charakterisierung darstellen. Diese vermittelt dem Leser ein **Gesamtbild der Figur**. Ihr beschreibt dabei **äußere Eindrücke**, **Charaktermerkmale**, **Verhaltensweisen** sowie **Gründe für ihre Handlungen** und **bewertet** die Figur abschließend.

1. Vorbereiten und planen

- Text genau lesen, wichtige Stellen markieren, direkte und indirekte Charakterisierung beachten
- Figurenmerkmale sinnvoll ordnen (z. B. vom Aussehen zu den Charaktermerkmalen)
- Schreibplan erstellen

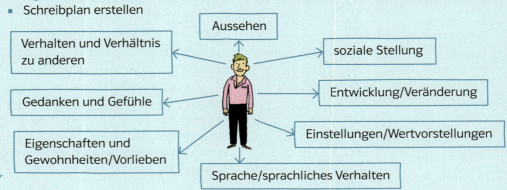

2. Schreiben

Inhalt und Aufbau:
- **Einleitung:**
  - Figur und ihre Rolle im gesamten Text vorstellen, Neugierde wecken (z. B. durch originelles Zitat von oder über die Figur)
  - Informationen zum Text geben (z. B. Titel, Autor, ggf. Erscheinungsjahr)
- **Hauptteil:**
  - Schreibplan ausformulieren
  - Zitate als Beleg für eigene Aussagen sinnvoll einbinden
- **Schluss:**
  - Wirkung der Figur auf den Leser zusammenfassen

Sprachliche Gestaltung:
- anschaulich schreiben, Ungenauigkeiten vermeiden
- Präsens verwenden

3. Überarbeiten

- Arbeitstechniken Schreibkonferenz oder Textlupe nutzen
- Rechtschreibung und Zeichensetzung mit dem Wörterbuch oder am PC prüfen

Lerninsel:
Schreibkonferenz, Textlupe
S. 233

eine literarische Figur schriftlich charakterisieren

4. **Zum Differenzieren** ■ ■ ■ ■

A Verfasst eine schriftliche Charakterisierung der männlichen Hauptfigur des Textes „Happy End" von Marti. Geht von folgenden Fragen aus:
- Was stört den Mann am Verhalten seiner Frau?
- Wo und wie zeigen sich Gefühle und Wertvorstellungen des Mannes?
- Welches Verhältnis hat der Mann zu seiner Frau und woran erkennt man das?
- Wie wird der Mann von seiner Frau gesehen?
- Wie beurteilt ihr das Verhalten des Mannes?

B Verfasst eine schriftliche Charakterisierung der weiblichen Hauptfigur des folgenden Textes von Marti.

Differenzieren
Literarische Figur charakterisieren
8be6ni

Beispiellösung
Aufgabe 4 B
t77us2

Kurt Marti: Happy End

Sie umarmen sich, und alles ist wieder gut. Das Wort ENDE flimmert über ihrem Kuss. Das Kino ist aus. Zornig schiebt er sich zum Ausgang, seine Frau bleibt im Ge-
5 dränge hilflos stecken, weit hinter ihm. Er tritt auf die Straße, bleibt aber nicht stehen und geht, ohne sie abzuwarten, geht voll Zorn, und die Nacht ist dunkel. Atemlos, mit kleinen, verzweifelten Schritten holt
10 sie ihn ein, er geht und sie holt ihn wieder ein und keucht. Eine Schande, sagt er im Gehen, eine Affenschande, wie du geheult hast, mich nimmt nur Wunder warum, sagt er. Sie keucht. Ich hasse diese Heulerei, sagt er, ich hasse das. Sie keucht noch im- 15 mer. Schweigend geht er und voller Wut, so eine Gans, denkt er, und wie sie nun keucht in ihrem Fett. Ich kann doch nichts dafür, sagt sie endlich, ich kann wahrhaftig nichts dafür, es war so schön, und wenns 20 schön ist, muss ich halt heulen. Schön, sagt er, dieser elende Mist, dieses Liebesgewinsel, das nennst du schön, dir ist ja nun wirklich nicht mehr zu helfen. Sie schweigt und geht und keucht. Was für ein Klotz, denkt 25 sie, was für ein Klotz.

C Verfasst eine schriftliche Charakterisierung der Figur „Tschick" (S. 136 f.). Ihr könnt die Hilfestellungen auf Seite 97 nutzen.

Beispiellösung
Aufgabe 4 C
s923ws

5. **Extra**

Stellt euren Mitschülern ein Buch vor, in welchem euch eine Figur besonders interessant oder außergewöhnlich erscheint. Gestaltet den Vortrag so, dass die literarische Figurencharakterisierung im Mittelpunkt eurer Buchvorstellung steht.

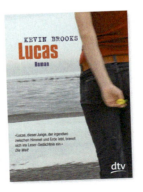

65

Stärken und Schwächen · Charakterisieren und schildern

„Mit dem Herzen eines Schmetterlings"
Eine Person schriftlich charakterisieren

Video
Muhammad Ali
33mr68

Name: Cassius Marcellus Clay
           (später: Muhammad Ali)

geboren: 17.01.1942, Louisville (USA)
Körpergröße: 1,90 Meter
Beruf: Boxer (Schwergewichtsklasse)
Kampfname: The Greatest
Kampfstatistik: Kämpfe: 61, Siege: 56,
K.-o.-Siege: 37, Niederlagen: 5

WM-Kampf, Ali gegen Mildenberger, 1966

1. Beschreibt mithilfe des Bildes und der daneben stehenden Angaben das Äußere dieses Sportlers.

Beispiellösung
Aufgabe 2
hv6sh3

2. In der nächsten Ausgabe der Schülerzeitung soll unter der Rubrik „Berühmte Sportler" Muhammad Ali vorgestellt werden.
Verfasst eine schriftliche Charakterisierung dieses Sportlers, in welcher ihr verschiedene Seiten seiner Persönlichkeit berücksichtigt.
– Wertet dazu die folgenden Materialien (S. 66 und 67) aus.
– Recherchiert weitere Informationen im Internet und/oder in Büchern.
– Legt eine Stoffsammlung an. Erstellt daraus einen Schreibplan.
– Orientiert euch beim Schreiben an der blauen Box auf Seite 64.

Zu seinem 70. Geburtstag (2012)

Muhammad Ali ist der größte noch lebende Sportler. Als Schwergewichtsboxer wurde er zum Champion, mit seiner großen Klappe reizte er seine Konkurrenten. Außerhalb des Rings kämpfte Ali für Bürgerrechte und gegen Vorurteile. Der dreimalige Weltmeister im Schwergewicht sagt selbst: „Ich bin der Doppelt-Größte."

Titel und Auszeichnungen

– dreimal Weltmeistertitel (1964, 1974, 1978)
– 1963, 1972, 1974, 1975 „Boxer des Jahres"
– 1974 „Sportler des Jahres"
– 1999 vom Internationalen Olympischen Komitee zum „Sportler des Jahrhunderts" gewählt
– 2001 „Presidental Citizens Medal" (zweithöchste zivile Auszeichnung der USA)
– 2003 Bambi
– 2005 Freiheitsmedaille (von US-Präsident G. W. Bush überreicht)
– 2005 Otto-Hahn-Friedensmedaille in Gold (für hervorragende Verdienste um Frieden und Völkerverständigung)

eine Personencharakterisierung materialgestützt verfassen

Der Wehrdienstverweigerer

1967 – auf dem Höhepunkt seiner Karriere – sollte Ali Wehrdienst im Vietnamkrieg leisten. Dies verweigerte er mit den Worten: „Nein, ich werde nicht 10.000 Meilen von zu Hause entfernt helfen, eine andere arme Nation zu ermorden und niederzubrennen, nur um die Vorherrschaft weißer Sklavenherren über die dunklen Völker der Welt sichern zu helfen."

Daraufhin wurde Ali wegen Wehrdienstverweigerung vom amerikanischen Staat zu fünf Jahren Gefängnis und 10.000 US-Dollar Strafe verurteilt, blieb aber durch Zahlung einer Kaution auf freiem Fuß. Ihm wurde der [Weltmeister] Titel aberkannt, er erhielt zunächst keine Boxlizenz, sein Reisepass wurde eingezogen und er musste so drei Jahre inaktiv bleiben. 1978 gewann Ali ein letztes Mal den Weltmeistertitel. Danach erklärte der 36-Jährige seinen Rücktritt vom Boxsport. Zu diesem Zeitpunkt litt er bereits an Parkinson. Dennoch stieg er bis zu seinem endgültigen Karriereende 1981 noch mehrfach in den Ring.

3. Führt in kleinen Gruppen Redaktionssitzungen der Schülerzeitung durch.
   – Stellt eure Personencharakterisierungen vor.
   – Gebt euch ein Feedback. Orientiert euch dabei an den Seiten 94 und 231.
   – Diskutiert, ob ihr Alis Charaktermerkmale gut erfasst habt und was ihr eventuell noch verändern müsst.
   – Überarbeitet eure Texte.

Thomas Hüetlin: Ein letzter Schlag (Ausschnitt)

Ali fehlte der Langmut von Mahatma Gandhi oder Martin Luther King. Er glaubte nicht daran, dass die Dinge besser werden, wenn man sich der Staatsmacht fügt. Deshalb begehrte er auf gegen die weiße, christliche Mehrheitsreligion, wurde Muslim [daher sein neuer Name Muhammad Ali]. […]
Es gab Angebote von anderen Trainern, aber Ali wollte von [Angelo] Dundee betreut werden. Dundee drängte sich nicht danach, er verlangte 125 Dollar die Woche, außerdem verlangte er, dass Ali umziehen müsse nach Miami.
[Ali entgegnete:] „Du musst ein bisschen gestört sein. Es gibt viele Leute, die locken mich mit Geld und Autos. Und alles, was du mir bietest, ist ein Umzug nach Miami?"

Muhammad Ali: Mit dem Herzen eines Schmetterlings. Meine Gedanken zu meinem Leben (Ausschnitt)

Im Ring kämpfte ich für meinen Lebensunterhalt. Gegenüber der Regierung kämpfte ich für meine religiösen Überzeugungen.
In der Welt kämpfte ich für Achtung und Gerechtigkeit.
Nun bin ich älter, und ich bin müde, aber ich kämpfe noch immer. Ich kämpfe gegen Armut, und ich kämpfe für menschliche Würde.
Ich habe die ganze Welt bereist und mein Gesicht, das die Leute so gut kennen, eingesetzt, um für Frieden und Verständnis zu kämpfen.

Parkinson: langsam fortschreitende Nervenerkrankung

Lerninsel: Feedback S. 231

67

Stärken und Schwächen · Charakterisieren und schildern

Kribbeln im Bauch
Erlebnisse und Ereignisse schildern

Hörtext
Mein Bungee-
Erlebnis
63yn7x

Mein Bungee-Erlebnis

Tobias hat in den Ferien einen Bungee-Sprung gewagt. Am ersten Schultag schildert er seinen Freunden das aufregende Erlebnis:

Also, es war vor zwei Wochen, da sind meine Eltern mit mir nach Hamburg gefahren. Erst dachte ich noch, dass ich überhaupt keine Lust auf Stadtbesichtigung und so habe, aber dann ist der Tag doch total klasse geworden, denn meine Eltern haben mir einen Bungee-Sprung erlaubt. Irre, was?

Vor Ort angekommen, wurden erst mal alle Formalien geklärt und nach kurzer Warterei ging's auch gleich los. Es war recht windig und frisch und ich hab selbst in der Jacke leicht gefroren.

Nachdem mir das Bungee-Gurtzeug angelegt worden war und die Füße eingepackt waren, kletterte ich den Kran hoch. Während ich den wunderbaren Ausblick genoss, dachte ich: Auf was hab ich mich da nur eingelassen? Ich habe zwar keine Höhenangst, doch von oben sah alles viel höher aus, als es von unten wirkte. Oh, oh!

Ich reihte mich in die Warteschlange ein und dann war ich auch schon dran. Ich stieg die letzten paar Stufen hoch. Auf einmal ging es dann ganz schnell. Ich wurde angegurtet und bekam das Seil an die Füße, schaute runter und dachte: Da soll ich runterspringen???? Hilfe! Aber mir blieb keine Zeit zum Nachdenken: die Füße auf die Markierungen gestellt, die Schuhspitzen über die Plattform hinausstehen lassen, Arme nach oben gestreckt und Körperspannung aufgebaut. Da wurde ich schon angezählt: 3…2…1…BUNGEEEEE! Ich ließ mich nach vorne kippen und dachte nur, Sch…, was tu ich da????? Doch da war es schon zu spät! Die Wasseroberfläche raste auf mich zu! Ich ließ die Augen auf und schrie wie am Spieß. Einfach herrlich!!! In meinem Bauch kribbelte es, als würden meine Eingeweide kräftig durchgerührt. Da bremste mich das Seil schon ab und riss mich wieder in die Höhe und noch ein zweites Mal. Ich habe völlig die Orientierung verloren. Einfach ein wahnsinniges Gefühl! Wie mir dann das Bungee-Seil abgenommen wurde, war ich noch ganz klapprig auf den Beinen. Den Rest des Tages hab' ich das breite Grinsen nicht mehr aus dem Gesicht bekommen.

1. Hört euch den Text im Online-Bereich an. Klärt im Gespräch sprachliche Merkmale, die für eine mündliche Schilderung charakteristisch sind.

schildern:
aus dem Niederländischen; urspr. Tätigkeit aus der Wappenmalerei, abgeleitet von Schilderei, malen, anstreichen, ausmalen

2. Erklärt, wodurch es dem Bungee-Springer gelingt, sein Erlebnis für euch anschaulich, lebendig und interessant zu schildern. Belegt mit Textstellen.

3. Schaut euch die Textstellen genauer an, in denen Wahrnehmungen und Eindrücke geschildert werden.
   – Untersucht den inhaltlichen Aufbau dieser Äußerungen.
   – Analysiert, mit welchen sprachlichen Mitteln die Eindrücke wiedergegeben werden. Achtet auf Wortwahl, Satzbau und Zeichensetzung.

eine Schilderung analysieren, ein Erlebnis schildern

4. Bildet kleine Gruppen und schildert euch Erlebnisse oder Ereignisse, die euch besonders in Erinnerung geblieben sind. Nutzt dazu die blaue Box. Fertigt zuvor Stichpunkte zu folgenden Fragen an:

Was habt ihr **gesehen**?   Was habt ihr **gehört**?

*mit allen **Sinnen** erleben*

Was habt ihr **gefühlt**?   Was habt ihr **gerochen** oder **geschmeckt**?

Erlebnisse und Ereignisse schildern

Beim Schildern gebt ihr eure **subjektiven Eindrücke, Stimmungen** und **Gedanken** wieder, die ihr bei einem Erlebnis oder Ereignis hattet.
Zunächst führt ihr kurz in die Situation ein. Danach müsst ihr nicht wie bei einem Bericht dem chronologischen Ablauf des Geschehens folgen, sondern könnt die **Zeit dehnen** oder **raffen, vorausschauen** oder **zurückblicken**, damit eure Eindrücke besonders deutlich werden.

Mündliche Schilderungen sind durch folgende **sprachliche Besonderheiten** gekennzeichnet:

– Ausrufe- und Fragesätze	*Da soll ich runterspringen?* *Einfach herrlich!!!*
– Satzbau, der von der Standardsprache abweicht (Ellipsen und Inversionen)	*Einfach ein wahnsinniges Gefühl!*
– Substantive, Verben und Adjektive, die Eindrücke und Stimmungen wiedergeben	*Die Wasseroberfläche raste auf mich zu!* *ganz klapprig auf den Beinen*
– sprachliche Bilder (z. B. Metaphern und Vergleiche)	*die Warteschlange* *[Ich] schrie wie am Spieß.*
– Empfindungs- oder Ausrufewörter (Interjektionen)	*Oh, oh!* *Hilfe!*

Wissen und Können

Zeitdehnung, Zeitraffung
S. 110

Das könnt ihr jetzt!

Wolf Wondratschek: Mittagspause (1969)

Sie sitzt im Straßencafé. Sie schlägt sofort die Beine übereinander. Sie hat wenig Zeit.

Sie blättert in einem Modejournal. Die Eltern wissen, dass sie schön ist. Sie sehen es nicht gern.

Zum Beispiel. Sie hat Freunde. Trotzdem sagt sie nicht, das ist mein bester Freund, wenn sie zu Hause einen Freund vorstellt.

Zum Beispiel. Die Männer lachen und schauen herüber und stellen sich ihr Gesicht ohne Sonnenbrille vor.

Das Straßencafé ist überfüllt. Sie weiß genau, was sie will. Auch am Nebentisch sitzt ein Mädchen mit Beinen.

Sie hasst Lippenstift. Sie bestellt einen Kaffee. Manchmal denkt sie an Filme und denkt an Liebesfilme. Alles muss schnell gehen.

Freitags reicht die Zeit, um einen Cognac zum Kaffee zu bestellen. Aber freitags regnet es oft.

Mit einer Sonnenbrille ist es einfacher, nicht rot zu werden. Mit Zigaretten wäre es noch einfacher. Sie bedauert, dass sie keine Lungenzüge kann.

Die Mittagspause ist ein Spielzeug. Wenn sie nicht angesprochen wird, stellt sie sich vor, wie es wäre, wenn sie ein Mann anspre-

70   das Gelernte anwenden und überprüfen

Lerninsel: Schreiben S. 245 f.

Diagnosebogen Charakterisieren q7c7kk

Training interaktiv Charakterisieren u47x2a

chen würde. Sie würde lachen. Sie würde eine ausweichende Antwort geben. Vielleicht würde sie sagen, dass der Stuhl neben ihr besetzt sei. Gestern wurde sie angesprochen. Gestern war der Stuhl frei. Gestern war sie froh, dass in der Mittagspause alles sehr schnell geht.

Beim Abendessen sprechen die Eltern davon, dass sie einmal jung waren. Vater sagt, er meine es nur gut. Mutter sagt sogar, sie habe eigentlich Angst. Sie antwortet, die Mittagspause ist ungefährlich.

Sie hat mittlerweile gelernt, sich nicht zu entscheiden. Sie ist ein Mädchen wie andere Mädchen. Sie beantwortet eine Frage mit einer Frage.

Obwohl sie regelmäßig im Straßencafé sitzt, ist die Mittagspause anstrengender als Briefeschreiben. Sie wird von allen Seiten beobachtet. Sie spürt sofort, dass sie Hände hat.

Der Rock ist nicht zu übersehen. Hauptsache, sie ist pünktlich.

Im Straßencafé gibt es keine Betrunkenen. Sie spielt mit der Handtasche. Sie kauft jetzt keine Zeitung.

Es ist schön, dass in jeder Mittagspause eine Katastrophe passieren könnte. Sie könnte sich sehr verspäten. Sie könnte sich sehr verlieben. Wenn keine Bedienung kommt, geht sie hinein und bezahlt den Kaffee an der Theke.

An der Schreibmaschine hat sie viel Zeit, an Katastrophen zu denken. Katastrophe ist ihr Lieblingswort. Ohne das Lieblingswort wäre die Mittagspause langweilig.

1. Verfasst eine schriftliche Figurencharakterisierung zu dem Mädchen. Bezieht ihre Mimik und Gestik in der Mittagspause sowie ihr Äußeres, ihre Wünsche und Träume mit ein.

2. Stellt eure Charakterisierungen vor, beurteilt und überarbeitet sie.

   Lerninsel: Feedback S. 231

3. Verfasst zu einer der „außergewöhnlichen Persönlichkeiten", die im gleichnamigen Kapitel (S. 204–217) vorgestellt werden, eine schriftliche Personencharakterisierung.
   – Betrachtet die Personen nicht nur als Künstler, Sportler oder Wissenschaftler, sondern stellt auch ihre politische Haltung bzw. ihr soziales Engagement heraus, um deutlich zu machen, warum es sich um eine „außergewöhnliche Persönlichkeit" handelt.
   – Nutzt die Texte und Materialien auf den Seiten 204 bis 217.
   – Recherchiert, wenn nötig, weitere Informationen.
   – Überarbeitet eure Texte anschließend mithilfe der Arbeitstechnik Textlupe.

   Lerninsel: Textlupe S. 233

4. Extra:

   Charakterisiert schriftlich eine Person, die ihr aus der Öffentlichkeit kennt und die euch aufgrund ihrer Eigenschaften, ihres Auftretens und ihrer Handlungen besonders anspricht (z. B. einen Popstar, einen Sportler, einen Schauspieler, einen Politiker). Stellt die Charakterisierungen euren Mitschülern vor.

Farbe bekennen
Zu literarischen Texten schreiben

 Das könnt ihr schon!

- eine Inhaltsangabe verfassen
- einen literarischen Text weiterschreiben
- einen inneren Monolog verfassen
- Kurzgeschichten und Jugendbücher untersuchen

Tamara Bach: Marsmädchen (2003) (Ausschnitt)

Der Roman beginnt damit, dass die Ich-Erzählerin das Freundschaftsbuch einer Klassenkameradin durchblättert, das nach dem bekannten Steckbrief-Schema ‚Name – Adresse – Geburtstag – Hobbys – Lieblingsessen/-film/-musik etc.' aufgebaut ist.

Name
Mein Name ist Miriam.
Alter, Geburtstag, Ort
Ich bin 15 Jahre alt. Fünfzehn.
5 Adresse
Die Stadt, in der ich wohne, ist hübsch und klein, im Sommer kommen Touristen, um sich die Kirche und die alte Burg anzuschauen und durch die alten Gassen zu spazieren. Im Sommer ist es hier schön. Man kann auf einem Feld sitzen, ins Tal schauen
10 und sich mit jemandem eine Flasche Wein teilen, vielleicht ist es dann Abend. Man kann an den Baggersee fahren, wenn es Tag ist, oder ins Schwimmbad einbrechen, wenn es Nacht ist. Man muss gar nicht viel im Sommer machen, um etwas zu machen. Im Sommer reicht es, wenn man einfach da ist. Egal wo.
15 Im Winter ist die Stadt zu klein und friert ein. Die Stadt ist nirgendwo, keiner kennt sie, die Leute vergessen im Winter, dass es hier eine Kirche und eine Burg und alte Gassen gibt, und die Leute, die hier wohnen, vergessen sich plötzlich auch. Und verstecken sich. Ich bin kein Wintermensch. Ich bin Miriam.
20 15. Blond. Braune Augen. 1,62 m, 59 kg oder auch nicht. Kind, Schwester, Schülerin, Banknachbarin.
Ich bin Miriam. Ich bin müde. Und das war es.
Das bin ich. Mehr nicht und nicht weniger. Einfach nicht mehr. Was mag ich und was nicht?
25 Lieblings…, Lieblings…
Ich bin unsportlich. Ich bin faul, sagt Mama. Ich bin nicht blöd, sagt der Mathelehrer. Manchmal bin ich so. Und manchmal bin ich doch anders.

1. Tauscht euch darüber aus, was ihr über Miriam erfahrt und wie ihr sie euch vorstellt.

2. Stellt Vermutungen darüber an, worum es in dem Roman gehen könnte. Bezieht in eure Überlegungen auch den Titel des Romans ein.

3. Wiederholt die Merkmale eines gelungenen inneren Monologs und stellt sie in einer Checkliste zusammen.

4. Der letzte Steckbriefeintrag, den Miriam ausfüllen soll, lautet: „Das wünsche ich dir". Miriam nimmt das zum Anlass, darüber nachzudenken, was sie sich für ihr eigenes Leben wünscht. Verfasse dazu einen inneren Monolog Miriams.

Lerninseln:	Umgang mit	⊕ Eingangstest
Schreiben	erzählenden	Inhaltsangabe
S. 243 ff.	Texten	z9p2zv
	S. 266 ff.	

Clemens J. Setz: Eine sehr kurze Geschichte (2011)

Nach einem langen und harten Arbeitstag im Büro stellte Lilly fest, dass auf ihren Schulterblättern kleine Flügel gewachsen waren: schmutzig rosafarbene, verletzlich wirkende Hautgebilde, die wie Gelsenstiche juckten und sich von ihr mit einiger Willensanstren-
5 gung sogar ein wenig hin und her bewegen ließen. Vor lauter Angst schnitt sich Lilly die Flügel mit einer Schere ab und spülte sie im Klo hinunter. Sie überlegte, ob sie vielleicht nachwachsen würden, aber die Sorge erwies sich als unbegründet. Die Flügel kamen nie mehr wieder, egal wie lang und hart Lillys Arbeitstage auch waren,
10 bis ans Ende ihres kurzen Lebens.

Gelsenstiche: Mückenstiche

5. Sucht ein Adjektiv aus, das ausdrückt, wie die Geschichte auf euch wirkt. Begründet. Ihr könnt auch eigene Adjektive ergänzen.

traurig   tiefgründig   rätselhaft   unrealistisch   ernüchternd

Die Flügel sind ein Symbol für Freiheit. Lilly hat ihre Chance nicht ergriffen.
Sibel

Aber die Flügel werden doch als „schmutzig rosafarbene, verletzlich wirkende Hautgebilde" (Z. 3) dargestellt. Das zeigt, dass Lilly gar keine Chance hat, ihrem harten Leben zu entfliehen.
Mirko

6. Nehmt zu den Aussagen von Sibel und Mirko Stellung und belegt eure Meinung mit Textstellen.

7. Verfasst ein Interview mit Lilly. Darin stellt sie ihren Arbeitsalltag dar, erzählt über ihre Gedanken und Gefühle bei der Entdeckung der Flügel und erklärt, warum sie diese abgeschnitten hat.

Das lernt ihr jetzt!

- eine Inhaltsangabe von komplexen Texten verfassen
- einen erzählenden Text schriftlich interpretieren
- mit einem erzählenden Text produktiv umgehen

Farbe bekennen · Zu literarischen Texten schreiben

Wege zu einer glücklicheren Welt?
Inhaltsangaben verfassen

Bausteine einer Inhaltsangabe erkennen

> Die Geschichte von Erich Kästner handelt von einem Mann, dem drei Wünsche geschenkt werden. Sie hat drei Teile.
> In einer alten verräucherten Kneipe begegnen sich zwei Männer, die miteinander ins Gespräch kommen. Sie unterhalten sich über das Thema ‚Glück', und der Ältere erzählt dazu ein Erlebnis aus seiner Jugend. In seiner Erzählung, die 40 Jahre zuvor spielt, ist er noch ein junger Mann. Eines Tages lernt er in einem Park einen alten Mann kennen, der wie ein Weihnachtsmann aussieht. Ohne sich vorzustellen, erklärt der Fremde, dass er drei Wünsche frei habe, damit er nicht mehr so unzufrieden sei. Dieses Angebot nun machte ihn äußerst wütend, da er sich verspottet fühlte, und so sagte er zornig: „Scheren Sie sich zum Teufel!" Als der Alte daraufhin verschwindet, beginnt er langsam an die Worte des Anderen zu glauben und deshalb wünscht er ihn sich zurück. Sogleich sitzt der Alte wieder da und rät ihm, den dritten Wunsch nicht so leichtfertig zu verschwenden. Im Schlussteil berichtet er dem Erzähler, dass er diesen dritten Wunsch seitdem nicht angerührt habe, da Wünsche nur gut sind, solange man sie noch vor sich hat. Als er die Kneipe verlässt, sieht der Erzähler ihm nach und ihm fällt ein, dass er auf die Frage, ob er denn nun glücklich sei, gar nicht geantwortet hat. Er denkt, dass er ihm vielleicht absichtlich nicht geantwortet habe.

1. Schreibt die Geschichte, zu der diese Inhaltsangabe verfasst worden ist, und gebt ihr eine passende Überschrift.

2. Vergleicht eure Texte und haltet Gemeinsamkeiten und Unterschiede in euren Ausgestaltungen der Geschichten fest.

3. Untersucht, auf welche Eigenheiten der Inhaltsangabe sich die Unterschiede in euren Ausgestaltungen der Geschichte zurückführen lassen. Achtet auf Lücken und Ungenauigkeiten im oben stehenden Schülertext.

Erich Kästner: Das Märchen vom Glück (1947)

Siebzig war er gut und gern, der alte Mann, der mir in der verräucherten Kneipe gegenübersaß. Sein Schopf sah aus, als habe es darauf geschneit, und die Augen blitzten
5 wie eine blank gefegte Eisbahn. „O, sind die Menschen dumm", sagte er und schüttelte den Kopf, dass ich dachte, gleich müssten Schneeflocken aus seinem Haar aufwirbeln. „Das Glück ist ja schließlich keine Dauerwurst, von der man sich täglich seine Schei- 10 be herunterschneiden kann!"
„Stimmt", meinte ich, „das Glück hat ganz und gar nichts Geräuchertes an sich. Obwohl …" „Obwohl?" „Obwohl gerade Sie aussehen, als hinge bei Ihnen zu Hause 15 der Schinken des Glücks im Rauchfang."

 Inhaltsangabe analysieren

74

„Ich bin eine Ausnahme", sagte er und trank einen Schluck. „Ich bin die Ausnahme. Ich bin nämlich der Mann, der einen Wunsch frei hat."

Er blickte mir prüfend ins Gesicht, und dann erzählte er seine Geschichte. „Das ist lange her", begann er und stützte den Kopf in beide Hände, „sehr lange. Vierzig Jahre. Ich war noch jung und litt am Leben wie an einer geschwollenen Backe. Da setzte sich, als ich eines Mittags verbittert auf einer grünen Parkbank hockte, ein alter Mann neben mich und sagte beiläufig: ‚Also gut. Wir haben es uns überlegt. Du hast drei Wünsche frei.' Ich starrte in meine Zeitung und tat, als hätte ich nichts gehört. ‚Wünsch dir, was du willst', fuhr er fort, ‚die schönste Frau oder das meiste Geld oder den größten Schnurrbart – das ist deine Sache. Aber werde endlich glücklich! Deine Unzufriedenheit geht uns auf die Nerven.' Er sah aus wie der Weihnachtsmann in Zivil. Weißer Vollbart, rote Apfelbäckchen, Augenbrauen wie aus Christbaumwatte. Gar nichts Verrücktes. Vielleicht ein bisschen zu gutmütig. Nachdem ich ihn eingehend betrachtet hatte, starrte ich wieder in meine Zeitung. ‚Obwohl es uns nichts angeht, was du mit deinen drei Wünschen machst', sagte er, ‚wäre es natürlich kein Fehler, wenn du dir die Angelegenheit vorher genau überlegtest. Denn drei Wünsche sind nicht vier Wünsche oder fünf, sondern drei. Und wenn du hinterher noch immer neidisch und unglücklich wärst, könnten wir dir und uns

nicht mehr helfen.' Ich weiß nicht, ob Sie sich in meine Lage versetzen können. Ich saß auf einer Bank und haderte mit Gott und der Welt. In der Ferne klingelten die Straßenbahnen. Die Wachtparade zog irgendwo mit Pauken und Trompeten zum Schloss. Und neben mir saß nun dieser alte Quatschkopf!"

„Sie wurden wütend?"

„Ich wurde wütend. Mir war zumute wie einem Kessel kurz vorm Zerplatzen. Und als er sein weißwattiertes Großvatermündchen von neuem aufmachen wollte, stieß ich zornzitternd hervor: ‚Damit Sie alter Esel mich nicht länger duzen, nehme ich mir die Freiheit, meinen ersten und innigsten Wunsch auszusprechen – scheren Sie sich zum Teufel!' Das war nicht fein und höflich, aber ich konnte einfach nicht anders. Es hätte mich sonst zerrissen."

„Und?" „Was ‚Und'?" „War er weg?"

„Ach so! – Natürlich war er weg! Wie fortgeweht. In der gleichen Sekunde. In Nichts aufgelöst. Ich guckte sogar unter die Bank. Aber dort war er auch nicht. Mir wurde ganz übel vor lauter Schreck. Die Sache mit den Wünschen schien zu stimmen! Und der erste Wunsch hatte sich bereits erfüllt! Du meine Güte! Und wenn er sich erfüllt hatte, dann war der gute, liebe, brave Großpapa, wer er nun auch sein mochte, nicht nur weg, nicht nur von meiner Bank verschwunden, nein, dann war er beim Teufel! Dann war er in der Hölle! ‚Sei nicht albern', sagte ich zu mir selber. ‚Die Hölle gibt es ja

Farbe bekennen · Zu literarischen Texten schreiben

gar nicht, und den Teufel auch nicht.‘ Aber die drei Wünsche, gab’s denn die? Und trotzdem war der alte Mann, kaum hat-
te ich’s gewünscht, verschwunden … Mir wurde heiß und kalt. Mir schlotterten die Knie. Was sollte ich machen? Der alte Mann musste wieder her, ob’s nun eine Hölle gab oder nicht. Das war ich ihm schuldig. Ich
musste meinen zweiten Wunsch dransetzen, den zweiten von dreien, o ich Ochse! Oder sollte ich ihn lassen, wo er war? Mit seinen hübschen, roten Apfelbäckchen? ‚Bratapfel-
bäckchen‘, dachte ich schaudernd. Mir blieb keine Wahl. Ich schloss die Augen und flüs-terte ängstlich: ‚Ich wünsche mir, dass der alte Mann wieder neben mir sitzt!‘ Wissen Sie, ich habe mir jahrelang, bis in den Traum hinein, die bittersten Vorwürfe gemacht,
dass ich den zweiten Wunsch auf diese Wei-se verschleudert habe, doch ich sah damals keinen Ausweg. Es gab ja auch keinen …“

„Und?“

„Was ‚Und‘?“

„War er wieder da?“

„Ach so! – Natürlich war er wieder da! In der nämlichen Sekunde. Er saß wieder neben mir, als wäre er nie fortgewünscht gewesen. Das heißt, man sah’s ihm schon
an, dass er …, dass er irgendwo gewesen war, wo es verteufelt, ich meine, wo es sehr heiß sein musste. O ja. Die buschigen wei-ßen Augenbrauen waren ein bisschen ver-brannt. Und der schöne Vollbart hatte auch
etwas gelitten. Besonders an den Rändern. Außerdem roch’s wie nach versengter Gans. Er blickte mich vorwurfsvoll an. Dann zog er ein Bartbürstchen aus der Brusttasche, putzte sich Bart und Brauen und sagte ge-

In der nämli-chen Sekunde: In eben dieser Sekunde

kränkt: ‚Hören Sie, junger Mann – fein war das nicht von Ihnen!‘ Ich stotterte eine Ent-schuldigung. Wie leid es mir täte. Ich hätte doch nicht an die drei Wünsche geglaubt. Und außerdem hätte ich immerhin ver-sucht, den Schaden wieder gutzumachen. ‚Das ist richtig‘, meinte er. ‚Es wurde aber auch die höchste Zeit.‘ Dann lächelte er. Er lächelte so freundlich, dass mir fast die Trä-nen kamen. ‚Nun haben Sie nur noch einen Wunsch frei‘, sagte er, ‚den dritten. Mit ihm gehen Sie hoffentlich ein bisschen vorsichti-ger um. Versprechen Sie mir das?‘ Ich nick-te und schluckte. ‚Ja‘, antwortete ich dann, ‚aber nur, wenn Sie mich wieder duzen.‘ Da musste er lachen. ‚Gut, mein Junge‘, sagte er und gab mir die Hand. ‚Leb wohl. Sei nicht allzu unglücklich. Und gib auf deinen letzten Wunsch acht.‘ – ‚Ich verspreche es Ihnen‘, erwiderte ich feierlich. Doch er war schon weg. Wie fortgeblasen.“

„Und?“

„Was ‚Und‘?“

„Seitdem sind Sie glücklich?“

„Ach so. – Glücklich?“ Mein Nachbar stand auf, nahm Hut und Mantel vom Gar-derobehaken, sah mich mit seinen blitz-blanken Augen an und sagte: „Den letzten Wunsch hab ich vierzig Jahre lang nicht an-gerührt. Manchmal war ich nahe dran. Aber nein. Wünsche sind nur gut, solange man sie noch vor sich hat. Leben Sie wohl.“

Ich sah vom Fenster aus, wie er über die Straße ging. Die Schneeflocken umtanzten ihn. Und er hatte ganz vergessen, mir zu sagen, ob wenigstens er glücklich sei. Oder hatte er mir absichtlich nicht geantwortet? Das ist natürlich auch möglich.

4. Tauscht euch nach dem Lesen von Kästners Geschichte über eure ersten Eindrücke aus: Wie wirkt der Text auf euch, welche Fragen stellen sich euch?

5. Deutet das Ende der Geschichte, indem ihr folgende Fragen beantwortet:
  – Was meint der alte Mann mit dem Satz: „Wünsche sind nur gut, solange man sie noch vor sich hat.“ (Z. 155 f.)?
  – Warum antwortet der alte Mann nicht auf die Frage, ob er „seitdem […] glücklich“ (Z. 148) sei?

Inhaltsangabe analysieren

6. Vergleicht Kästners Geschichte mit der Inhaltsangabe und benennt Stärken und Schwächen des Textes der Schülerin.

7. Ergänzt die Tabelle, indem ihr die folgenden Aspekte jeweils einer Spalte zuordnet:

dass es in der Geschichte einen Ich-Erzähler gibt

wie der Ich-Erzähler im Einzelnen charakterisiert wird

dass der Text besondere sprachliche Gestaltungsmittel verwendet (z. B. Dialoge in wörtlicher Rede, häufig elliptischer Satzbau etc.)

dass der Text offen lässt, warum der Mann keine Antwort auf die Frage, ob er glücklich sei, gegeben hat

dass der ,Weihnachtsmann' vermutlich von Gott oder einer anderen überirdischen Macht geschickt worden ist

von wem und wann der Text geschrieben wurde und wie der Titel heißt

wie der Ich-Erzähler die zwei ersten Wünsche verbraucht hat

dass der Ich-Erzähler den dritten Wunsch immer noch nicht angerührt hat

dass ein Hinweis darauf, dass die Wünsche wirklich in Erfüllung gehen, der verbrannte Bart des ,Weihnachtsmannes' ist

dass der ,Weihnachtsmann' den Ich-Erzähler am Ende wieder duzt

dass die Geschichte zeigen will, dass es wichtig ist, an das Glück zu glauben

Was man in einer Inhaltsangabe über die Geschichte mitteilen sollte	Was man in einer Inhaltsangabe über die Geschichte nicht mitteilen sollte
… *dass der Text in eine Rahmen- und eine Binnenhandlung gegliedert ist*	… *dass die Binnenhandlung mehrfach unterbrochen wird*
…	…
…	…

8. Sammelt Verbesserungsvorschläge, die bei einer Überarbeitung der Inhaltsangabe auf Seite 74 oben berücksichtigt werden sollten.

9. Überarbeitet die Inhaltsangabe.

Farbe bekennen · Zu literarischen Texten schreiben

Eine Inhaltsangabe schreiben

**Fabrizio Silei, Maurizio A. C. Quarello: Der Bus von Rosa Parks
(2011, Ausschnitt aus einer Graphic-Novel)**

*In den 50er Jahren, in denen dieser Text spielt, war in vielen Bundesstaaten der USA die
Rassentrennung stark ausgeprägt. Die weiße Bevölkerung unterdrückte und diskriminierte
schwarze Menschen, was sich im Alltag ständig bemerkbar machte. Ein Großvater erzählt
seinem Enkel rückblickend ein Erlebnis mit der ihm bis dahin unbekannten Rosa Parks:*

Es war der 1. Dezember 1955, und wie jeden Abend nahm ich den Bus […], um nach
Hause zu fahren. Die vorderen Sitzplätze waren für die Weißen reserviert, auf die anderen
konnten auch wir uns setzen, vorausgesetzt, dass kein Weißer stehen musste.
An diesem Abend war es kalt, und ich war müde. Als ich einstieg, waren zum Glück noch
5 Plätze frei, und so konnte ich mich hinsetzen.

Ein paar Haltestellen weiter stieg auch sie ein: Rosa.

Sie war zweiundvierzig Jahre alt, trug eine Brille und strahlte Würde aus. Sie war eine der
vielen Farbigen, die jetzt von der Arbeit heimkehrten; sie arbeitete als Schneiderin in einem Kaufhaus. Sie setzte sich neben mich. Ein paar andere Schwarze mussten stehen, aber
10 die Weißen hatten alle einen Sitzplatz. An der nächsten Haltestelle stiegen vier Personen
ein, deren Haut weiß wie Mehl war. Sofort schrie uns der Busfahrer an, wir sollten aufstehen und unsere Plätze für die Weißen freimachen. Ich gehorchte, und so wie ich gehorch-
ten auch zwei andere schwarze Frauen. Jetzt fehlte noch ein Sitzplatz, aber Rosa rührte
sich nicht.
15 Der Busfahrer bemerkte das und brüllte noch einmal nach hinten: „Alle Neger müssen
aufstehen und ihre Plätze für die Weißen freimachen.
Du da, steh auf, und gib dem Herrn deinen Platz!"
In diesem Augenblick geschah etwas Unglaubliches, etwas vollkommen Außergewöhnli-
ches, das alles verändern sollte.
20 Von diesem Tage an war nichts mehr wie zuvor:

Rosa blieb regungslos auf ihrem Platz sitzen.

Der Fahrer lenkte den Bus an den Straßenrand und brachte ihn zum Stehen. Fluchend
erhob er sich von seinem Platz und ging auf Rosa zu. „Was ist? Bist du nicht nur schwarz,
sondern auch noch taub? Siehst du nicht, dass dort ein Herr steht?"
25 Besorgt betrachtete ich diese Frau, die ich nicht kannte: „Madam, Sie müssten aufstehen,
sonst bekommen Sie Schwierigkeiten."
Sie blickte mir tief in die Augen und sah meine Angst.
Ich verstummte, und auch sie sagte nichts.
Unter dem Blick dieser zarten und entschlossenen Frau fühlte ich mich auf einmal ganz
30 klein.
[…]
Kein Wort. Nur dieser mitleidvolle Blick. Der Busfahrer in seiner Uniform, gut rasiert,
zwei Schweißflecken unter den Achseln, baute sich in voller Größe vor ihr auf.

78   Inhaltsangabe schreiben

„Steh auf! Mach deinen Platz für den Herrn frei!", befahl er.

„Nein!",

sagte die Frau ruhig und sah ihm direkt in die Augen.

„Ich habe gesagt, du sollst aufstehen und deinen Platz für den Herrn freimachen, Negerin!"
Rosa zuckte mit keinem Muskel. Sie blickte ihm direkt in die Augen, so wie sie zuvor mich angesehen hatte, und wiederholte entschlossen: „Nein!"
Der Mann war außer sich vor Wut und stieg gestikulierend und schreiend aus dem Bus: „Ach! So ist das also? Na warte, dir werd ich's zeigen! Ich werd dir die Flausen schon austreiben lassen!"
Obwohl es Dezember war, wurde uns warm im Bus, unerträglich warm. Einige Weiße schüttelten den Kopf.

„Wo soll das hinführen?", fragte eine Frau und sah uns verächtlich an.
Ein älterer farbiger Herr, der neben mir stand, trat auf Rosa zu.
„Madam! Noch ist es Zeit, stehen Sie auf!", bat er sie fast flehentlich.
Sie sah ihn wortlos an, lächelte und schüttelte den Kopf.
Dann kam der Busfahrer mit zwei Polizisten zurück; sie packten Rosa an den Armen und zogen sie gewaltsam vom Sitz hoch. Sie wehrte sich nicht und ließ sich zum Polizeiauto tragen, wie eine Königin auf ihrer Sänfte. Sie legten ihr Handschellen an, wie einer Verbrecherin – und ich tat
nichts, gar nichts.
Einige Tage später sagten sie mir auf der Arbeit, dass ich nicht mehr mit dem Bus nach Hause fahren sollte. […]
„Sie haben eine von unseren Frauen festgenommen, in einem Bus, weil sie ihren Platz nicht für einen Weißen freimachen wollte. Deswegen fahren wir aus Protest alle nicht mehr Bus. Verstehst du?"

1. Diskutiert das Verhalten der einzelnen Figuren. Begründet eure Meinung.

2. Fasst zusammen, wann und wo die Handlung spielt. Berichtet, was ihr über diese Zeit und die Lebenssituation von Schwarzen in den USA wisst.

3. Erläutert die Figurenkonstellation in diesem Textausschnitt. Achtet darauf, wer erzählt und wer die Hauptfigur ist.

Farbe bekennen · Zu literarischen Texten schreiben

4. Plant den Hauptteil eurer Inhaltsangabe. Gliedert dazu den Text (S. 78 f.) in Handlungsschritte und fasst diese zusammen. Ihr könnt so beginnen:

> *Wichtige Handlungsschritte*
>
> *Schritt 1:*
> *Im Dezember 1955 fährt der Ich-Erzähler, ein Schwarzer, mit einem Bus von der Arbeit nach Hause. Er setzt sich, da noch genügend freie Plätze vorhanden sind, die Weiße nutzen können.*
> *Schritt 2:*
>
> *...*

5. Betrachtet die Sätze und Wörter, die durch Großdruck in dem Textausschnitt (S. 78 f.) hervorgehoben sind. Besprecht mögliche Gründe der Autoren.

6. Vergleicht die beiden folgenden Einleitungssätze für eine Inhaltsangabe. Welcher Satz sagt treffender, worum es in der Geschichte geht? Begründet.

> *In dem Ausschnitt aus der Graphic-Novel „Der Bus von Rosa Parks" von F. Silei und M.A.C. Quarello ...*
> *a) ... wird von einer Schwarzen erzählt, die in Zeiten der Rassentrennung Mut beweist und sich gegen die alltägliche Herabsetzung zur Wehr setzt.*
> *b) ... schildert ein Ich-Erzähler ein Erlebnis, bei dem er einer Schwarzen, die sich gegen die alltägliche Erniedrigung zur Wehr setzt, aus Angst nicht beisteht.*

7. Übernehmt eine Einleitung (Aufgabe 6) oder schreibt eine eigene. Verfasst anhand eurer Notizen zu den Handlungsschritten (Aufgabe 4) den Hauptteil der Inhaltsangabe zu dem Text „Der Bus von Rosa Parks".

8. Formuliert den Schlussteil eurer Inhaltsangabe. Stellt dabei einen Bezug zu eurer Einleitung her, indem ihr das Thema des Textes noch einmal herausstellt. Ihr könnt zusätzlich auf eure Eindrücke von Rosa Parks und dem Ich-Erzähler eingehen.

9. Extra

Paul Rogat Loeb:
geb. 1952, politisch und sozial engagierter US-amerikanischer Schriftsteller

Informiert euch über die historische Rosa Parks.
Übertragt das folgende Zitat auf Rosa Parks.

„Eine Sache mag noch so aussichtslos erscheinen, es kann immer eine Person geben, die eine zweite Person unbewusst inspiriert, diese wiederum vielleicht eine dritte, und schließlich verändert es die Welt − oder zumindest eine Ecke davon." (Paul Rogat Loeb)

Inhaltsangabe schreiben

Eine Inhaltsangabe schreiben

1. Vorbereiten und planen

- Text in Handlungsschritte gliedern, äußere Handlung knapp zusammenfassen
- Thema der Geschichte ermitteln („In der Geschichte geht es um …")

2. Schreiben

Inhalt und Aufbau:
- **Einleitung:** Textsorte, Autor, Titel, Erscheinungsjahr und Thema angeben
- **Hauptteil:** wichtige Handlungsschritte in der richtigen Reihenfolge darstellen und gedanklich verknüpfen, innere Handlung (Gedanken und Gefühle der Figuren) sinnvoll einbinden
- **Schluss:** Bogen zur Einleitung spannen und das Thema des Textes noch einmal verdeutlichen, eventuell darüber hinaus auf die Wirkung des Textes eingehen oder eine Bewertung formulieren.

Sprachliche Gestaltung
- sachliche Darstellung im Präsens
- Scharnierwörter verwenden, um Zusammenhänge zu verdeutlichen
- Inhalt der wörtlichen Rede knapp mit eigenen Worten zusammenfassen oder als indirekte Rede wiedergeben

3. Überarbeiten

- Checkliste verwenden, Arbeitstechnik der Schreibkonferenz oder Textlupe nutzen

Wissen und Können

Lerninsel:
Inhaltsangabe
S. 244

Vorlage
Checkliste
Inhaltsangabe
7ns2y9

Differenzieren
Inhaltsangabe
a38ud4

Beispiellösung
Aufgabe 10 A, C
hb25fi

Lerninsel:
indirekte Rede
S. 291

direkte und
indirekte Cha-
rakterisierung
S. 61

10. Zum Differenzieren ■ ■ ■ ■

A Schreibt eine Inhaltsangabe zu der Erzählung „Eins dieser Bilder" (S. 97). Berücksichtigt dabei das Verhältnis von äußerer und innerer Handlung.

äußere Handlung: Vater und Sohn besuchen Schulfest, Sohn versteckt sich und beobachtet Vater, Vater fotografiert; innere Handlung: Sohn erinnert sich an Kindheitserlebnis; Vater erscheint ihm auf Schulfest verloren und einsam, zu Hause groß und souverän; Vater wirkt auf Sohn wie Außenseiter, der sich in Gesellschaft unwohl fühlt; Eingeständnis am Ende: erwachsener Sohn hat inzwischen ähnliche Gefühle wie Vater

B Erstellt einen Schreibplan für eine Inhaltsangabe zu der Erzählung „Im Spiegel" von Margret Steenfatt (S. 89 f.). Nutzt dazu die blaue Box oben und notiert Stichpunkte, mit denen ihr die Unterpunkte zu Einleitung, Hauptteil und Schluss inhaltlich füllt.

C Fasst den Inhalt des Romanausschnitts „Abschied von den Eltern" (S. 85 f.) zusammen. Geht dabei auf die direkte und indirekte Charakterisierung des Sohnes und seiner Eltern ein.

Farbe bekennen · Zu literarischen Texten schreiben

Der Ernst des Lebens
Erzählende Texte schriftlich interpretieren

Interpretieren – was heißt das eigentlich?

Interpretieren ist raten, was der Lehrer zu einem Text hören will.

Interpretieren ist wie Detektivarbeit: Du musst nur genau den Spuren nachgehen, die der Text auslegt, dann kannst du am Ende beweisen, was der Text eigentlich meint, aber nicht direkt sagt.

In einen Text kannst du alles Mögliche hineininterpretieren – wirklich ‚falsch‘ ist doch im Grunde nie etwas.

Es gibt immer nur eine richtige Interpretation eines Textes.

Von der Wortbedeutung her kann man am besten erklären, was ‚interpretieren‘ ist: Lateinisch ‚interpretatio‘ heißt ‚Erklärung‘, ‚Auslegung‘ oder ‚Übersetzung‘.

1. Erstellt in einer verdeckten Abstimmung ein spontanes Meinungsbild zu den fünf Aussagen.

2. Prüft die Aussagen genauer, indem ihr Pro- und Kontra-Argumente zu den einzelnen Aussagen sammelt und diskutiert, welcher der fünf Aussagen ihr am ehesten zustimmen könnt.

3. Formuliert eine eigene Definition, die zu erklären versucht, was ‚interpretieren‘ ist, und die eure Diskussionsergebnisse zusammenfasst.

Georg Britting: Brudermord im Altwasser (1929) (Beginn)

Das sind grünschwarze Tümpel, von Weiden überhangen, von Wasserjungfern übersurrt, das heißt: wie Tümpel und kleine Weiher, und auch große Weiher, ist es anzusehen, und es ist doch nur Donauwasser, durch Steindämme abgesondert vom großen, grünen Strom, Altwasser, wie man es in der Gegend nennt. Fische gibt es im Altwasser, viele, Fischkönig ist der Bürstling, ein Raubtier mit zackiger, kratzender Rückenflosse, mit bösen Augen, einem gefräßigen Maul, grünschwarz schillernd wie das Wasser, darin er jagt. Und wie heiß es hier im Sommer ist! Die Weiden schlucken den Wind, der draußen über dem Strom immer geht. Und aus dem Schlamm steigt ein Geruch wie Fäulnis und Kot und Tod. Kein besserer Ort ist zu finden für Knabenspiele als dieses gründämmernde Gebiet. Und hier geschah, was ich jetzt erzähle.

 Interpretation vorbereiten

4. Sammelt Adjektive, die beschreiben, wie der Text auf euch wirkt.

5. Erklärt eure Ergebnisse am Text: Wie schafft es der Text, bestimmte Wirkungen bei euch hervorzurufen?

Georg Britting: Brudermord im Altwasser (1929) (Fortsetzung)

Die drei Hofberger Buben, elfjährig, zwölfjährig, dreizehnjährig, waren damals im August jeden Tag auf den heißen Steindämmen, hockten unter den Weiden, waren Indianer im Dickicht und Wurzelgeflecht, pflückten Brombeeren, die schwarzfeucht, stachlig geschützt glänzten, schlichen durch das Schilf, das in hohen Stangen wuchs, schnitten sich Weidenruten, rauften, schlugen auch wohl einmal dem Jüngsten, dem Elfjährigen, eine tiefe Schramme, dass sein Gesicht rot beschmiert war wie eine Menschenfressermaske, brachen wie Hirsche und schreiend durch Buschwerk und Graben zur breitfließenden Donau vor, wuschen den blutigen Kopf, und die Haare deckten die Wunde dann, und waren gleich wieder versöhnt. Die Eltern durften natürlich nichts erfahren von solchen bösen Streichen, und sie lachten alle drei und vereinbarten wie immer: „Zu Hause sagen wir aber nichts davon!"

Die Altwässer ziehen sich stundenweit der Donau entlang. Bei einem Streifzug einmal waren die drei tief in die grüne Wildnis vorgedrungen, tiefer als je zuvor, bis zu einem Weiher, größer, als sie je einen gesehen hatten, schwarz der Wasserspiegel, und am Ufer lag ein Fischerboot angekettet. Den Pfahl, an dem die Kette hing, rissen sie aus dem schlammigen Boden, warfen Kette und Pfahl ins Boot, stiegen ein, ein Ruder lag auch dabei, und ruderten in die Mitte des Weihers hinaus. Nun waren sie Seeräuber und träumten und brüteten wilde Pläne. Die Sonne schien auf ihre bloßen Köpfe, das Boot lag unbeweglich, unbeweglich stand das Schilf am jenseitigen Ufer, Staunzen fuhren leise summend durch die dicke Luft,

Staunzen: Stechmücken

Farbe bekennen · Zu literarischen Texten schreiben

kleine Blutsauger, aber die abgehärteten
40 Knaben spürten die Stiche nicht mehr.
   Der Dreizehnjährige begann das Boot leicht zu schaukeln. Gleich wiegten sich die beiden anderen mit, auf und nieder, Wasserringe liefen über den Weiher, Wellen
45 schlugen platschend ans Ufer, die Binsen schwankten und wackelten. Die Knaben schaukelten heftiger, dass der Bootsrand bis zum Wasserspiegel sich neigte und das aufgeregte Wasser ins Boot hineinschwappte.
50 Der kleinste, der Elfjährige, hatte einen Fuß auf den Bootsrand gesetzt und tat jauchzend seine Schaukelarbeit. Da gab der Älteste dem Zwölfjährigen ein Zeichen, den Kleinen zu schrecken, und plötzlich warfen sie
55 sich beide auf die Bootsseite, wo der Kleine stand, und das Boot neigte sich tief, und dann lag der Jüngste im Wasser und schrie, und ging unter und schlug von unten gegen das Boot, und schrie nicht mehr und pochte
60 nicht mehr und kam auch nicht mehr unter dem Boot hervor, unter dem Boot nicht mehr hervor, nie mehr.
   Die beiden Brüder saßen stumm und käsegelb auf den Ruderbänken in der prallen
65 Sonne, ein Fisch schnappte und sprang über

das Wasser heraus. Die Wasserringe hatten sich verlaufen, die Binsen standen wieder unbeweglich, die Staunzen summten bös und stachen. Die Brüder ruderten das Boot wieder ans Ufer, trieben den Pfahl mit der 70 Kette wieder in den Uferschlamm, stiegen aus, trabten auf dem langen Steindamm dahin, trabten stadtwärts, wagten nicht, sich anzusehen, liefen hintereinander, achteten der Weiden nicht, die ihnen ins Gesicht 75 schlugen, nicht der Brombeersträucherstacheln, die an ihnen rissen, stolperten über Wurzelschlangen, liefen, liefen und liefen.
   Die Altwässer blieben zurück, die grüne Donau kam, breit und behäbig, rauschte 80 der Stadt zu, die ersten Häuser sahen sie, sie sahen den Dom, sie sahen das Dach des Vaterhauses.
   Sie hielten, schweißüberronnen, zitterten verstört, die Knaben, die Mörder, und 85 dann sagte der Ältere wie immer nach einem Streich: „Zu Hause sagen wir aber nichts davon!" Der andere nickte, von wilder Hoffnung überwuchert, und sie gingen, entschlossen, ewig zu schweigen, auf die 90 Haustüre zu, die sie wie ein schwarzes Loch verschluckte.

Binsen:
hoch wachsende Gräserart in feucht-sumpfigen Gebieten

6. Sammelt erste Reaktionen auf den Text.

7. Versucht, Antworten auf die folgenden Fragen zu finden, indem ihr die Schreibaufträge ausführt. Sucht dabei im Text nach Hinweisen dafür, dass eure Antworten zutreffend sind, obwohl sie im Text nicht explizit stehen.
– **Warum helfen die beiden Älteren dem Jüngsten nicht, als er ins Wasser fällt?**
Schreibt einen inneren Monolog aus der Perspektive des ältesten Bruders.
– **Warum dürfen die Eltern von den Streichen „natürlich nichts erfahren" (S. 83, Z. 18)?**
Schreibt einen inneren Monolog aus der Perspektive des zweitjüngsten Bruders.
– **Was passiert, als die beiden älteren Brüder zu Hause ankommen?**
Schreibt eine Fortsetzung der Geschichte.
– **Warum sagt der jüngste Bruder seinen Eltern nicht, dass die Älteren ihn schlagen?**
Schreibt einen inneren Monolog aus der Perspektive des jüngsten Bruders.
– **Wie gehen die Familienmitglieder miteinander um?**
Schildere, wie die drei Brüder und ihre Eltern ein paar Tage vor dem Tod des Jüngsten gemeinsam beim Abendessen sitzen.

Deutungshypothese:
die Annahme, worin die Kernaussage eines literarischen Textes besteht

8. Stellt eure Ergebnisse aus Aufgabe 7 vor und diskutiert, was sie für die Deutung des Textes aussagen. Formuliert auf dieser Grundlage eine Deutungshypothese.

84   Interpretation vorbereiten

Eine schriftliche Interpretation vorbereiten

Peter Weiss: Abschied von den Eltern (1961, Ausschnitt)

In der lethargischen Stunde zwischen zwei und drei lag ich auf dem Sofa im Wohnzimmer, die Hände unterm Kopf verschränkt, hinüberstarrend auf den Farbdruck an der
5 Wand, der Hannibals Grab darstellte. Unter einem graubraunen, wuchtigen, weitverzweigten Baum erhob sich ein Steinhaufen und daneben stand ein alter Schäfer, sinnend auf seinen Stab gestützt, und vor ihm, im
10 wilden, trockenen Gras, weidete die Herde der Schafe. Das Fenster zur Straße stand offen, draußen staubte weißes Sonnenlicht, vom Tennisplatz an der gegenüberliegenden Straßenseite tönten träge, dumpfe Ballschlä-
15 ge. Zuweilen summte dicht unterm Fenster ein Auto vorbei oder eine Radglocke klingelte. Der Gedanke an die Stadt draußen belebte mich, ich sah die langen breiten Straßenzüge vor mir, die riesigen, von
20 gebeugten, steinernen Sklaven getragenen Häuser, die Schlösser, Museen, Monumente und Türme, die Hochbahnen auf ihren Brücken und die unterirdischen Bahnen, mit ihrem Gedränge und ihren klappernden
25 Reklameschildern. Schon wollte ich aufstehen, da stand meine Mutter vor mir, nie merkte ich, wie sie ins Zimmer kam, immer erschien sie plötzlich mitten im Zimmer, wie aus dem Boden emporgewachsen, den
30 Raum mit ihrer Allmacht beherrschend. Hast du deine Aufgaben gemacht, fragte sie und ich sank zurück in meine Müdigkeit. Noch einmal fragte sie, bist du schon fertig mit deinen Aufgaben. Aus meiner dumpfen
35 Lage heraus antwortete ich, ich mache sie später. Sie aber rief, du machst sie jetzt. Ich mache sie nachher, sagte ich, in einem schwachen Versuch des Widerspruchs. Da hob sie, wie in einem Wappenschild, die Faust und
40 rief ihren Wappenspruch: Ich dulde keinen Widerspruch. Dicht trat sie an mich heran und ihre Worte fielen wie Steine auf mich herab, du musst büffeln und wieder büffeln, du hast noch ein paar Jahre, dann wirst du
45 ins Leben hinaustreten, und dazu musst du etwas können, sonst gehst du zugrunde. Sie zog mich an meinen Schreibtisch zu den Schulbüchern. Du darfst mir keine Schande machen, sagte sie. Ich leide schlaflose Näch-
50 te deinetwegen, ich bin verantwortlich für dich, wenn du nichts kannst, dann fällt das auf mich zurück, leben heißt arbeiten, arbeiten und arbeiten und immer wieder arbeiten. Dann ließ sie mich allein. Neben mir
55 auf einem Brett stand das Modell einer Stadt, das ich mir aus Papier und Zellophan, aus Drähten und Stäbchen erbaut hatte. Nach meinen zerstörerischen Spielen war dies der erste konstruktive Versuch. Es war eine Zu-
60 kunftsstadt, eine utopische Metropole, doch sie war unvollendet, skeletthaft, ich wusste plötzlich, dass ich nicht daran weiterbauen würde, ich sah nur noch zerknittertes, leimdurchbröckeltes Papier und alles war
65 verbogen und zerbrechlich, man konnte es mit einem Atemzug umblasen. Ich musste nach andern Mitteln des Ausdrucks suchen. Während ich über meinem Tagebuch brütete, öffnete sich die Tür und mein Vater trat
70 ein. Er sah mich am Schreibtisch hocken, bei irgendwelchen Beschäftigungen, an denen er nie teilnehmen durfte, er sah, wie hastig etwas in der Schublade verschwand. Was treibst du denn da, fragte er. Ich mache
75 meine Schulaufgaben, sagte ich. Ja, darüber wollte ich gern mit dir sprechen, sagte er. Eine peinliche Spannung trat ein, wie immer bei solchen Gesprächen. Du bist jetzt alt genug, sagte er, dass ich einmal mit dir über
80 Berufsfragen sprechen muss. Wie denkst du dir eigentlich deine Zukunft. Ich konnte auf diese quälende Frage nichts antworten. Mit einer Stimme, die verständnisvoll sein wollte und die etwas von einem Gespräch von
85 Mann zu Mann hatte, sagte er, ich schlage vor, dass du in die Handelsschule eintrittst

lethargisch:
träge, schläfrig

Hannibal:
Feldherr und Staatsmann aus Karthago (247–183 v.Chr.)

utopische Metropole:
fantastische, nur in der Vorstellung mögliche Weltstadt

Farbe bekennen · Zu literarischen Texten schreiben

Kontor:
Büro eines
Geschäftsmanns

stereotyp:
nichtssagend,
unpersönlich

und dann in mein Kontor kommst. Ich murmelte etwas davon, dass ich erst noch die Schule absolvieren wolle, damit konnte
90 ich immerhin Zeit gewinnen. Mein Vater sagte, jetzt mit wachsender Ungeduld, dazu scheinst du doch kaum zu taugen, ich glaube nicht, dass du begabt genug bist, und zum Studieren fehlt dir jede Ausdauer, du gehörst
95 ins praktische Berufsleben. Sein Gesicht war grau und vergrämt. Wenn man vom Leben sprach, musste man grau und vergrämt sein. Leben war Ernst, Mühe, Verantwortung. Mein Gesicht, das Gesicht eines Nichtskön-
100 ners und Tagediebs, verzog sich zu einem

verlegenen, stereotypen Grinsen. Gekränkt sagte mein Vater, du brauchst gar nicht zu lachen, das Leben ist kein Spaß, es wird Zeit, dass du einmal wirklich arbeiten lernst. Vielleicht verspürte er eine Regung von 105 Zärtlichkeit für mich, doch als er meinen schiefen, feindlichen Blick sah, musste er sich hart machen und seinen festen Willen zeigen. Mit der flachen Hand schlug er auf den Tisch und rief, wenn dieses Schuljahr zu 110 Ende ist, dann ist es Schluss mit den Träumereien, dann wirst du dich endlich der Realität des Daseins widmen.

1. Sammelt eure ersten Eindrücke von dem Romanausschnitt.

2. Fasst mündlich den Inhalt des Romanausschnitts zusammen.

Eine Schülergruppe spricht im Unterricht über diesen Romanausschnitt:

ARIAN: Also ich kann mit dem Text was anfangen. So ähnlich wie die Eltern in der Geschichte behandeln mich meine auch. Hier wird gezeigt, dass man man-
5 chen Eltern als Kind einfach nichts recht machen kann.

ENIS: Ja, diesen Eltern geht es nur um Erfolge und ein gutes Image. Da bleibt kein Platz für Träume. Ich glaube, dass
10 das mit der Geschichte genau kritisiert werden soll.

LUCIE: Aber der Sohn ist doch so ein richtiger Loser. Seine Eltern schuften, und was macht er? Das kenn ich, bei meinem
15 Cousin ist das ganz ähnlich, der hat die Schule geschmissen und jetzt macht er gar nichts.

MAX: Das hat doch mit heute gar nichts mehr zu tun. Mir kommt der Text to-
20 tal verstaubt vor. Wer spricht denn heute noch von „Nichtskönnern" und „Tagedieben"? Und über Väter, die mit

der Hand auf den Tisch hauen und ein Machtwort sprechen, lachen doch wohl die meisten nur noch. 25

ARIAN: Von wegen! Die Sprache ist vielleicht an manchen Stellen altertümlich, ist ja auch logisch, denn der Text ist ja schließlich schon älter, aber das Thema ist total aktuell. 30

ENIS: Bestimmt hatte Weiss selbst total autoritäre Eltern und hat solche Erfahrungen gemacht. Das kennt man doch auch aus Filmen, obwohl heute …

LUCIE: Das waren eben andere Zeiten … 35

ARIAN: Genau. Guckt doch mal, der Roman ist 1961 veröffentlicht worden. Kurze Zeit später sind die Menschen damals auf die Straße gegangen und haben gegen die Bevormundung und Unterdrückung 40 in den Familien und der Gesellschaft demonstriert. Genau diese Bevormundung kritisiert Weiss auch.

3. Erläutert, was die unterschiedlichen Reaktionen der Schülerinnen und Schüler auf den Text (S. 85 f.) zeigen.
Vergleicht mit euren ersten Eindrücken (S. 86, Aufgabe 1).

86   gegliederte Stoffsammlung für die Interpretation

4. Untersucht die Schülerbeiträge (S. 86) genauer.
  – Diskutiert, welche Äußerungen ihr nachvollziehen könnt und welche nicht.
  – Stützt eure Einschätzung mit Textbelegen wie im folgenden Beispiel:

These (Arian): Der Romanauszug beschreibt eine häufig auftretende Situation,
nämlich, dass Kinder ihren Eltern nichts recht machen können.
→ *nachvollziehbare These, Begründung: das autoritäre Verhalten der Mutter,*
  sie „dulde[t] keinen Widerspruch" (Z. 40 f.), sie ist nicht bereit, sich auf ein
  Gespräch einzulassen, der Sohn empfindet ihre Worte „wie Steine" (Z. 42 f.),
  die auf ihn herabfallen

These:
Behauptung,
Annahme

Zitieren
S. 233

5. Formuliert anhand der Ergebnisse von Aufgabe 4 eine eigene Deutungshypothese.

6. Überprüft mithilfe des folgenden Bauplans, welche Vorarbeiten
für eine Interpretation ihr bereits erledigt habt und welche noch fehlen.

Einleitung

  – möglichst interessanter Einstieg (z. B. aktueller Bezug, interessantes Zitat)
  – Textsorte, Autor, Titel, Thema, evtl. Erscheinungsjahr
  – zur Deutungshypothese hinführen

Hauptteil

  – kurze Inhaltsangabe (äußere und innere Handlung)
  – Untersuchung inhaltlicher und gestalterischer Auffälligkeiten (mit Textbelegen)
    und ihre Deutung, Zusammenhänge zwischen Inhalt und Form, zum Beispiel:
    · *Wie werden die literarischen Figuren charakterisiert?*
    · *Weshalb wird diese Erzählweise gewählt?*
    · *Gibt es Zeitsprünge oder andere Auffälligkeiten bei der Struktur des Textes?*
      Welche Wirkung rufen sie hervor?
    · *Welche Wirkung erzielen die sprachlichen Mittel gerade an dieser Textstelle?*

Schluss

  – Bezug zur Einleitung
    · *Erscheint meine Deutungshypothese anhand meiner Erarbeitung nachvollziehbar?*
  – zusammenfassende Wertung, Vergleich mit anderen Texten, …

---

7. Setzt eure Vorarbeiten für eine schriftliche Interpretation des Textes (S. 85 f.) fort.
  – Übernehmt die Tabelle auf Seite 88 und ergänzt sie.
  – Notiert mithilfe des Bauplans Stichpunkte zum Schlussteil.

Farbe bekennen · Zu literarischen Texten schreiben

Inhalt	Besonderheiten der Form und Sprache	Deutung
…	Ich-Form, Innensicht, Gedanken des Sohnes werden unmittelbar wiedergegeben, z. B. Schilderung von Tagträumen („Der Gedanke an die Stadt … mit ihrem Gedränge und ihren klappernden Reklameschildern.") (Z. 17–25)	…
…	…	Junge fühlt sich zunächst im Einklang mit sich selbst, ist zufrieden
Beschäftigungen des Jungen, wenn er unbeobachtet ist: Modellbau, schreibt Tagebuch	symbolisch: Modellbau – „Zukunftsstadt, eine[r] utopische[n] Metropole" (Z. 59 f.), die ihm aber jetzt „zerbrechlich" (Z. 65) scheint	drückt seine eigenen Vorstellungen aus, setzt sich mit sich und seiner Umgebung auseinander, zeigt Interesse und Aufgeschlossenheit
	als wörtliche Rede und als Widerhall im Kopf des Jungen: „Du darfst mir keine Schande machen … [das] fällt […] auf mich zurück …" (Z. 48–52), „Ich leide schlaflose Nächte deinetwegen …" (Z. 49 f.)	Ich-Bezogenheit der Mutter, …
…	Körpersprache der Eltern: …	…
…	…	für die Eltern besteht das Leben nur aus Ernst und Mühe, alles Positive (Freude, Einfühlungsvermögen, sogar das Träumen) haben sie aus ihrem Leben verbannt
…	…	schwere Angriffe und Herabsetzungen der Eltern bewirken Selbstzweifel und Minderwertigkeitsgefühle sowie Feindseligkeit gegenüber den Eltern

Inhalt, Form und Deutung

Einen Text mithilfe von Arbeitshinweisen interpretieren

Margret Steenfatt: Im Spiegel (1984)

„Du kannst nichts", sagten sie, „du machst nichts", „aus dir wird nichts". Nichts. Nichts. Nichts.

Was war das für ein NICHTS, von dem sie redeten und vor dem sie offensichtlich Angst hatten, fragte sich Achim, unter Decken und Kissen vergraben.

Mit lautem Knall schlug die Tür hinter ihnen zu.

Achim schob sich halb aus dem Bett. Fünf nach eins. Wieder mal zu spät. Er starrte gegen die Zimmerdecke. – Weiß. Nichts. Ein unbeschriebenes Blatt Papier, ein ungemaltes Bild, eine tonlose Melodie, ein ungesagtes Wort, ungelebtes Leben.

Eine halbe Körperdrehung nach rechts, ein Fingerdruck auf den Einschaltknopf seiner Anlage. Manchmal brachte Musik ihn hoch. Er robbte zur Wand, zu dem großen Spiegel, der beim Fenster aufgestellt war, kniete sich davor und betrachtete sich: lang, knochig, graue Augen im blassen Gesicht, hellbraune Haare, glanzlos. „Dead Kennedys" sangen: „Weil sie dich verplant haben, kannst du nichts anderes tun als aussteigen und nachdenken."

Achim wandte sich ab, erhob sich, ging zum Fenster und schaute hinaus. Straßen, Häuser, Läden, Autos, Passanten, immer dasselbe. Zurück zum Spiegel, näher heran, so nahe, dass er glaubte, das Glas zwischen sich und seinem Spiegelbild durchdringen zu können. Er legte seine Handflächen gegen sein Gesicht im Spiegel, ließ seine Finger sanft über Wangen, Augen, Stirn und Schläfen kreisen, streichelte, fühlte nichts als Glätte und Kälte.

Ihm fiel ein, dass in dem Holzkasten, wo er seinen Kram aufbewahrte, noch Schminke herumliegen musste. Er fasste unters Bett, wühlte in den Sachen im Kasten herum und zog die Pappschachtel heraus, in der sich einige zerdrückte Tuben fanden. Von der schwarzen Farbe war noch ein Rest vorhanden. Achim baute sich vor dem Spiegel auf und malte zwei dicke Striche auf das Glas,

Interpretation mithilfe von Arbeitshinweisen

Farbe bekennen · Zu literarischen Texten schreiben

genau dahin, wo sich seine Augenbrauen im Spiegel zeigten. Weiß besaß er reichlich. Er drückte eine Tube aus, fing die weiche ölige Masse in seinen Händen auf, verteilte sie auf dem Spiegel über Kinn, Wangen und Nase und begann sie langsam und sorgfältig zu verstreichen. Dabei durfte er sich nicht bewegen, sonst verschob sich seine Malerei. Schwarz und Weiß sehen gut aus, dachte er, fehlt noch Blau. Achim grinste seinem Bild zu, holte sich das Blau aus dem Kasten und färbte noch die Spiegelstellen über Stirn und Augenlidern.

Eine Weile verharrte er vor dem bunten Gesicht, dann rückte er ein Stück zur Seite und wie ein Spuk tauchte sein farbloses Gesicht im Spiegel wieder auf, daneben eine aufgemalte Spiegelmaske.

Er trat einen Schritt zurück, holte mit dem Arm weit aus und ließ seine Faust in die Spiegelscheibe krachen. Glasteile fielen herunter. Splitter verletzten ihn, seine Hand fing an zu bluten. Warm rann ihm das Blut über den Arm und tröpfelte zu Boden. Achim legte seinen Mund auf die Wunden und leckte das Blut ab. Dabei wurde sein Gesicht rot verschmiert.

Der Spiegel war kaputt. Achim suchte Zeug zusammen und kleidete sich an. Er wollte runtergehen und irgendwo seine Leute treffen.

Klassenarbeit Nr. 3, Schuljahr 2014/15
Klasse 8B – Theodor-Heuss-Gymnasium
14. Februar 2015

Interpretiere die Kurzgeschichte, indem du eine Deutungshypothese aufstellst und deine Hypothese am Text belegst.

Dabei musst du darauf eingehen,

a. was vermutlich passiert ist, direkt bevor die Erzählung einsetzt,
b. was man direkt oder indirekt über Achim, sein Leben und seine Umgebung erschließen kann,
c. wie Achim sich selbst sieht,
d. wie und warum sich Achims Stimmung und Verhalten während der Geschichte verändern,
e. warum er am Ende den Spiegel zerschlägt.

So wie oben könnte eine Klassenarbeit zur schriftlichen Interpretation einer Kurzgeschichte aussehen. Die folgenden Aufgaben 1–6 zeigen euch, wie ihr bei der Bearbeitung der Klassenarbeit vorgehen könnt. Gebt einander nach jeder Aufgabe Rückmeldung mithilfe der Bus-Stop-Methode.

Lerninsel:
Bus-Stop-Methode
S. 232

1. Lest die Geschichte und notiert fünf Adjektive, mit denen ihr beschreiben könnt, wie Achim auf euch wirkt.

2. Gliedert den Text in Abschnitte und formuliert passende Überschriften für die Abschnitte.

90 Interpretation mithilfe von Arbeitshinweisen

3. Lest die Arbeitshinweise a–e aus der Klassenarbeit und notiert für jeden Punkt eure Antworten stichwortartig. Belegt eure Antworten jeweils mit Textstellen (Achtung: eine Textstelle sollte nicht länger als zwei Zeilen sein!). Nutzt dazu die folgende Tabelle und ergänzt die Zeilen zu den Arbeitshinweisen b–e.

Arbeitshinweis	Antwort in Stichworten	Textstellen als Beleg
a. Was ist vermutlich passiert, bevor die Erzählung einsetzt?	Streit mit den Eltern (vermutlich haben sie A. kritisiert, weil er spät vormittags immer noch im Bett liegt)	„Mit lautem Knall schlug die Tür hinter ihnen zu." (Z. 8 f.) „Fünf nach eins. Wieder mal zu spät." (Z. 10 f.)
b. …	…	…

4. Formuliert ausgehend von euren Vorüberlegungen eine Deutungshypothese.

5. Bereitet eine Gliederung für den Hauptteil einer schriftlichen Interpretation der Geschichte vor.

6. Notiert Stichpunkte für eine zusammenfassende Wertung der Geschichte am Schluss eurer Interpretation.

Sprachtipp

Gedankengänge nachvollziehbar darstellen und verknüpfen

Eindrücke wiedergeben: der Autor schildert/vermittelt/stellt dar, auf den Leser wirkt …, der Leser erfährt …, dabei zeigt sich, …
Auffälligkeiten hervorheben: unvermittelt, sticht heraus, fällt auf, verstärkt wird dies durch, besonders auffällig ist …
Zusammenhänge und Folgerungen verdeutlichen: daraus ergibt sich, durch … merkt der Leser, … erkennt man daran …, daraus ergibt sich/lässt sich ableiten …, folglich …, einerseits …, andererseits …; zusammenfassend, denn, weil, da, …
Belege einfügen: der/die/das … verdeutlicht/veranschaulicht/belegt, durch … entsteht der Eindruck/wird der Eindruck verstärkt, … macht offensichtlich, …

---

7. Schreibt mithilfe eurer Vorarbeiten (Aufgaben 1–6) eine vollständige Interpretation zu dem Text „Im Spiegel". Orientiert euch an der blauen Box (S. 92).
Nutzt die Textstellen aus der Aufgabe 3 dazu, wichtige Aussagen zu belegen.
Setzt den Computer ein und speichert eure Interpretationen ab, um sie anschließend leichter überarbeiten zu können. Lasst mindestens ein Drittel der Seite Korrekturrand und schreibt eineinhalbzeilig, damit eure Mitschüler euch ein Feedback als Anmerkungen direkt an euren Text schreiben können.

Farbe bekennen · Zu literarischen Texten schreiben

Wissen und Können

Lerninsel: Interpretation eines erzählenden Textes
S. 247 ff.

Umgang mit erzählenden Texten
S. 266

Erzählende Texte schriftlich interpretieren

1. Vorbereiten und planen

1. **erste Eindrücke** formulieren
2. wichtige Schritte der **äußeren** und **inneren Handlung** zusammenfassen
3. **Deutungshypothese** aufstellen
4. Notizen zu Besonderheiten und Funktionen von **Form** und **Sprache** anfertigen
   Mögliche Untersuchungsaspekte: Themen, Probleme, Handlungsverlauf, Konflikte, Verhaltensweisen, Figurenkonstellation; Erzählform, Erzählperspektive, Erzählverhalten; Gestaltung der Figuren, des Ortes, der Zeit; auffällige sprachliche Merkmale
5. Untersuchungs- und Deutungsergebnisse **gliedern** und **erweitern**, **Deutungshypothese überprüfen** und ggf. **überarbeiten**
6. **Gedanken** zu **Einleitung** und **Schlussteil** (zusammenfassende Wertung oder Vergleich mit anderen Texten) stichpunktartig festhalten

2. Schreiben

- **Einleitung**, **Hauptteil** und **Schluss** verfassen (siehe Bauplan, S. 88)
- **Stützung durch Textbelege**
- **Varianten für den Aufbau des Hauptteils:**
   a) nach der Reihenfolge des **Handlungsverlaufs** der Geschichte
   b) nach dem **Problemgehalt**: Ausgangslage, Problem, ...
   c) nach vorgegebenen oder selbst gewählten **Gesichtspunkten** oder Unterthemen

3. Überarbeiten

- **Mögliche Kriterien**: logischer Aufbau; Deutungen basieren auf Beobachtungen, die am Text belegt werden; angemessene Ausdrucksweise; sprachliche Richtigkeit

Schriftlich interpretieren

Die Interpretation überarbeiten

1. Tauscht euch darüber aus, was euch beim Schreiben der Interpretationen zu Steenfatts Kurzgeschichte leicht und was euch schwergefallen ist.

2. Prüft die folgende Checkliste und ergänzt Unterpunkte.

> **Checkliste**
>
> **Checkliste für das Überarbeiten einer Interpretation**
>
> ✔ Thema und Wirkung sind verständlich formuliert.
> ✔ Eine Deutungshypothese, die die Kernaussage des Textes trifft, ist aufgestellt sowie nachvollziehbar und textnah belegt.
> ✔ Die Interpretation ist sinnvoll gegliedert.
> ✔ Sprachlich-stilistische Auffälligkeiten des Textes sind klar dargelegt und für die Deutung genutzt.
> ✔ Zentrale Aussagen sind durch sinnvoll eingebettete Zitate belegt.
> ✔ Die Formulierungen sind angemessen.
> ✔ Rechtschreibung, Grammatik und Zeichensetzung sind korrekt.

3. Beurteilt den Schülertext und macht auf Grundlage der Checkliste Verbesserungsvorschläge. Teilt dazu einzelne Kriterien der Checkliste einzelnen Schülern zu.

> *Anfang einer Interpretation zu „Im Spiegel"*
>
> *Meiner Meinung nach bringt Achim in Margret Steenfatts Kurzgeschichte „Im Spiegel" aus dem Jahr 1984 die Probleme ziemlich krass auf den Punkt, die viele Jugendliche auch noch heute – 30 Jahre später – haben: Achims Verhalten zeigt, dass einen die Erwartungen und Ansprüche der Erwachsenen manchmal so verzweifeln lassen können, dass man eine Wut entwickelt, die man schließlich nicht mehr kontrollieren kann und die sich sogar gegen einen selbst richtet.*
>
> *Zu Beginn des Textes erfährt man nicht direkt, wer „sie" eigentlich sind, die Achim, der offensichtlich wieder den ganzen Vormittag verschlafen hat, da es schon ein Uhr ist und er immer noch im Bett liegt (vgl. Z. 10 f.), so gemein beschimpfen: „Du kannst nichts', sagten sie, ,du machst nichts', ,aus dir wird nichts" (Z. 1f.), lautet der erste Satz von Steenfatts Kurzgeschichte. Zu vermuten ist aber, dass es sich um Achims Eltern handelt, weil dann noch erwähnt wird, dass „[m]it lautem Knall [...] die Tür hinter ihnen [zu] schlägt " (Z. 8 f.) und sie den Sohn also nach einem Streit allein in seinem Zimmer zurücklassen. Es handelt sich dabei sicher nicht um einen einmaligen Streit, wie er zwischen Eltern und Kindern immer mal vorkommt, sondern die Eltern müssen ein so schlechtes Bild von ihrem Sohn haben, dass sie ihn andauernd spüren lassen, dass sie „nichts" (Z. 1) von ihm halten, denn sonst würde sich dieses Bild nicht so auf Achim selbst übertragen. Dass sich die Sicht seiner Eltern auf ihn in seinem eigenen Kopf festgesetzt hat, sieht man daran, dass das Wort „nichts" mehrfach wiederholt wird und einmal sogar in Großbuchstaben gedruckt wird. [...]*

Farbe bekennen · Zu literarischen Texten schreiben

**Lerninsel:
Feedback
geben
S. 231**

4. Gebt einander ein Feedback zu euren eigenen Interpretationen von Margret Steenfatts Kurzgeschichte „Im Spiegel". Nutzt dazu die Checkliste auf S. 93.
So könnt ihr vorgehen:
   – Jeder von euch sucht sich zwei Punkte aus der Checkliste aus, deren Umsetzung ihm schwergefallen ist und zu denen er ein Feedback bekommen möchte.
   – Bildet Dreiergruppen und lasst eure Interpretationen im Uhrzeigersinn rotieren. Jeder gibt jedem Rückmeldung zu einem der Punkte.
   – Arbeitet schriftlich: Schreibt eure Beobachtungen an den Rand der Interpretationen und notiert unter den Text eine abschließende Einschätzung.
   – Wenn ihr die beiden anderen Interpretationen gelesen und kommentiert habt, tauscht ihr euch in der Dreiergruppe über Stärken und Verbesserungsmöglichkeiten der Texte aus und wählt die gelungenste der drei Interpretationen aus.
   – Lest die ausgewählten Interpretationen der einzelnen Gruppen in der Klasse vor.

> *Arbeitstechnik*
>
> **Feedback geben**
>
> Ein Feedback soll **sachlich** und **konstruktiv**, also hilfreich und aufbauend sein.
> Wichtig ist, dass die **Kritik an der Sache** nicht als persönliche Kritik aufgefasst wird.
> Beachtet folgende Punkte für ein erfolgreiches Feedback:
> – die **Sandwich-Methode** anwenden: Positiver Einstieg, Konkrete Kritik, Positiver Abschluss
> – Ich-Botschaften, wie z. B. „*Ich denke, dass …*" verwenden
> – eine **Checkliste** mit genauen Kriterien für die Rückmeldung und Beurteilung nutzen
> – **konkrete Verbesserungsvorschläge** unterbreiten

5. Nutzt das Feedback eurer Mitschüler, um eure Interpretationen am Computer noch einmal zu überarbeiten. Achtet dabei besonders darauf, dass ihr sprachlich klar formuliert und Gedankengänge sinnvoll dargestellt und verknüpft habt. Greift dazu auf die Formulierungsvorschläge des Sprachtipps (S. 91) zurück.

Differenzieren
Interpretation eines erzählenden Textes
y3d6mh

Beispiellösung
Aufgabe 6
ww7h5e

6. Zum Differenzieren ■ ■ ■ ■

   A Schreibt eine Interpretation zu dem Romanausschnitt „Abschied von den Eltern" (S. 85 f.). Nutzt dazu eure Vorarbeiten (S. 87, Aufgaben 4–7).

   B Interpretiert den ersten Teil des Romanausschnitts „Tschick" (S. 136 f., Z. 1–64). Geht dabei von der folgenden Deutungshypothese aus. Deutet im Hauptteil die unten stehenden sprachlichen Besonderheiten.
   Deutungshypothese: In dem Romanausschnitt wird der neue Mitschüler Tschick von einem Ich-Erzähler subjektiv charakterisiert. Der Ich-Erzähler fühlt sich einerseits von Tschick abgestoßen, andererseits ist er von ihm fasziniert.
   Besonderheiten der Sprache: <u>Umgangssprache/Kraftausdrücke</u>: „Asi" (Z. 3), „Kacktasche" (Z. 10), „Arschlöcher" (Z. 31 f.); <u>ausdrucksstarke Verben</u>: „schleppte" (Z. 4), „knallte" (Z. 14), „herangeschlurrt" (Z. 17); <u>Vergleiche</u>: „dieser Junge, der wirkte, als wäre er kurz vorm Koma" (Z. 12 f.), „Schuhe […] wie tote Ratten" (Z. 39); <u>verstärkende Formulierungen</u>: „Niemand kicherte […] sowieso niemand." (Z. 50 f.), „extrem" (Z. 30), „komplett" (Z. 56)

  Interpretation überarbeiten

Randerscheinungen?
Mit einem erzählenden Text produktiv umgehen

Einen Paralleltext schreiben

Kurt Marti: Meine Angst lässt grüßen (1982)

Meine Angst, wurde mir ausgerichtet, lasse grüßen, sie erfreue sich bester Gesundheit. Ich hatte sie, aber das ist schon fast zwei Wochen her, zwischen Lausanne und Fribourg aus dem Zug geworfen. Warum, fiel mir damals plötzlich ein, sollte man sich einer so lästigen Klette nicht entledigen können? Da außer mir gerade niemand im Abteil war, die gute Gelegenheit mir aufmunternd zunickte, hab ich's dann also getan. Soviel mir bekannt, ist eine solche Handlung nicht strafbar. Nur vergaß ich natürlich im Überschwang meines Entschlusses, dass Ängste überaus zäh sind. Sie überleben alles, sie überleben auch uns. Meine Angst zum Beispiel ist, bevor sie auf mich kam, die meiner Mutter gewesen. Und meine Mutter hat sie vielleicht schon von einer Tante gekriegt, das weiß ich schon nicht mehr. Wie immer: Wir Menschen kommen und gehen, doch ungerührt bleiben die Ängste am Leben und wählen sich neue Träger aus. Kein Wunder, dass es einer Angst überhaupt nichts ausmacht, aus dem fahrenden Zug geworfen zu werden. Deshalb ist meine euphorische Handlung ein sinnloser Akt gewesen. Wie zu erwarten war, stellt sich nunmehr heraus, dass die würzige Waldluft des Waadtlandes meine Angst erst recht gekräftigt hat. Schon also lässt sie mich grüßen. Bald wird sie wiederum da sein, ausgeruht und erholt für ihren Erwählten, für mich. Treue, hört man heute oft klagen, sei selten geworden. So kann nur reden, wer für einen Augenblick seine Angst vergessen hat, vielleicht hat vergessen wollen. Aber niemand bleibt uns so unentwegt treu wie die Angst.

Waadtland: Land des Kantons Waadt in der Schweiz

1. Erläutert, welches Problem der Ich-Erzähler hat und was das Besondere an der Erzählweise dieses Textes ist.

Lerninsel: Erzählweise S. 270

2. Ergänzt auf der Grundlage von Martis Erzählung die folgende Aufzählung:
Die Angst des Ich-Erzählers lässt grüßen, erfreut sich bester Gesundheit, …

3. Untersucht, welche sprachlichen Mittel Marti einsetzt und welche Wirkung er damit erzielt, zum Beispiel:
indirekte Redewiedergabe (Z. 1), Wortwiederholungen (Z. 14 f.)

4. Erstellt zu einem Gefühl, über das ihr schreiben wollt, eine Mindmap.
  – Ordnet darin Ideen zum Inhalt.
  – Notiert sprachliche Mittel, die ihr verwenden wollt. Orientiert euch an dem Stil von Marti.

Lerninsel: Mindmap S. 233

5. Verfasst mithilfe eurer Mindmap (Aufgabe 4) einen Paralleltext. Achtet darauf, dass
  – das Gefühl anschaulich dargestellt und seine Wirkung beschrieben wird,
  – das Gefühl durchgängig personifiziert ist,
  – ihr ähnliche Gestaltungsmittel wie Marti verwendet.
  Orientiert euch an der blauen Box auf Seite 96.

Beispiellösung Aufgabe 5 w8a5jc

gestaltendes Schreiben: Umgestalten von Vorlagen, Paralleltext

Farbe bekennen · Zu literarischen Texten schreiben

Feedback geben
S. 94

6. Tauscht eure Texte aus und gebt euch ein Feedback. Beachtet besonders die Punkte von Aufgabe 5 (S. 95) und die Kriterien in der blauen Box.

Wissen und Können

Lerninsel:
Aus Sicht einer anderen Figur schreiben
S. 271

Einen Paralleltext schreiben
S. 272

Erzählweise
S. 270

Mit einem erzählenden Text produktiv umgehen

Texte können euch anregen, produktiv auf sie zu reagieren. Ihr könnt zum Beispiel einen **Tagebucheintrag, Brief, Dialog, Paralleltext, inneren Monolog** oder ein **Interview mit einer Figur** verfassen, einen **Text fortsetzen** oder aus **veränderter Erzählperspektive** schreiben. Voraussetzung ist, dass ihr den Text versteht und euch mit ihm auseinandersetzt.

1. Vorbereiten und planen

Den literarischen Ausgangstext untersuchen:
- prüfen, ob der Text Hinweise auf den weiteren Verlauf der Handlung enthält, die berücksichtigt werden müssen
- die **Gestaltungsmittel** untersuchen, z. B.: Erzählweise (Erzählform, Erzählperspektive, Erzählverhalten), Textaufbau, Figurengestaltung, auffällige sprachliche Merkmale wie besonderer Sprachstil, viele Dialoge, ungewöhnlicher Satzbau

Den Schreibplan erstellen:
- **eigene Schreibideen** anhand der Vorgaben zu Inhalt und Form durch den literarischen Ausgangstext **prüfen**
- Schreibplan erstellen (Aufbau, thematische Aspekte, Gestaltungsmittel)

2. Den eigenen Text schreiben

- Merkmale der **Textsorte** beachten

3. Den eigenen Text überarbeiten

- prüfen, ob der eigene Text **nachvollziehbar** aufgebaut ist und der **Erzählweise** und dem **Stil des Ausgangstextes** entspricht
- Rechtschreibung, Zeichensetzung und Grammatik korrigieren

7. **Zum Differenzieren** ■ ■ ■ ■

A Verfasst einen Paralleltext zur Kurzgeschichte „Fünfzehn" von Reiner Kunze (S. 60 f.), indem ihr die Handlung in eure eigene Gegenwart übertragt und einen heutigen Vater über sein Kind sprechen lasst. Berücksichtigt dabei die Vorgaben des Ausgangstextes:

thematische Vorgaben: Generationskonflikt: Rebellion gegenüber den Eltern und Wunsch nach Selbstverwirklichung, Unverständnis von Eltern gegenüber ihren Kindern
formale Vorgaben: Perspektive des Vaters auf sein Kind, Ich-Form, direkte und indirekte Charakterisierung der Figur (z.B. Beschreibungen des Erzählers, wörtliche Rede der Figur)

B Schreibt einen Paralleltext zu „Eine sehr kurze Geschichte" von Clemens J. Setz (S. 73). Orientiert euch an der blauen Box.

gestaltendes Schreiben: Umgestalten von Vorlagen, veränderte Erzählperspektive

Aus veränderter Erzählperspektive schreiben

Selim Özdogan: Eins dieser Bilder (2003)

Mein Vater steht mit seiner Kamera in einem braunen Anzug und einem weißen Pulli darunter am Rand der Aula. Ich bin in der dritten oder vierten Klasse. Es ist irgendein Schulfest, keines mit Sackhüpfen und Eierlaufen und Negerkusswettessen, eines, das in der Aula stattfindet und vielleicht haben wir Theater gespielt oder Gedichte vorgetragen. Fast alle Eltern sind da, wir Kinder laufen kreischend und lachend durch die Stuhlreihen, der offizielle Teil ist vorüber, die Erwachsenen stehen in Grüppchen zusammen, vielleicht trinken sie Bier und rauchen. In den Siebzigern durfte man in der Aula bestimmt noch rauchen.

Ich habe mich hinter der letzten Stuhlreihe versteckt, dort, wo es zur Schulbibliothek geht. Mein Blick fällt auf meinen Vater. Er steht allein neben der Tür zum Lehrerzimmer und wirkt kleiner als sonst. Er ist der Einzige, der allein rumsteht. Selten trägt er Anzüge, und ich weiß, dass er sich nicht wohl darin fühlt. Und dieser Pullover ist einfach zu eng, er drückt auf den Brustkorb meines Vaters und trägt dazu bei, dass er so klein aussieht.

Er ist 1,75, aber selbst Frau Fimmers, meine Zeichenlehrerin, die kaum 1,60 sein kann, wirkt gerade größer als er. Hätte mein Vater nicht diese Kamera in der Hand, er würde ganz verloren aussehen. Ab und zu blickt er durch den Sucher und macht Fotos von uns Kindern, das ist seine Aufgabe, der Grund, warum er überhaupt da steht.

Ich hatte meinen Vater noch nie vorher so gesehen. Zu Hause war er groß und souverän. Er hatte alles im Griff, er konnte Sachen reparieren, mich auf seinen Schultern tragen und mir bei den Matheaufgaben helfen. Draußen konnte er Fußball spielen, Drachen steigen lassen, Auto fahren und Wasserkästen mit einer Hand tragen.

In dieser Aula machte er ein Gesicht, als … Ja, was für ein Gesicht war das eigentlich, das er gerade machte? Ein Gesicht, als würde er nicht dazugehören und es genau wissen. Ich glaube nicht, dass es in erster Linie mit der Sprache zu tun hatte. Da waren noch andere Väter und Mütter ausländischer Kinder, doch es stand sonst niemand allein am Rand. Da waren noch genug Leute, mit denen er wenigstens auf türkisch hätte reden können, doch er machte nur alle paar Minuten ein Foto und wartete, dass die Gesellschaft sich auflöste.

Er fotografierte, er wollte etwas an diesem Tag festhalten, für sich, für mich, für uns. Er fotografierte, also musste er nicht reden, trinken, lachen. Später habe ich mich oft gefragt, ob er wirklich etwas festhalten wollte oder ob es ihm ganz recht war, in größeren Gesellschaften eine Aufgabe zu haben, um sich nicht verloren zu fühlen. Oder zumindest nicht so auszusehen.

Er stand am Rand, eingezwängt in diesen Anzug, und nicht nur der, sondern die ganze Aula voller Menschen, zu denen er nicht gehörte, erzeugte in ihm Unbehagen. Er stand da, allein, und seit einigen Jahren fühle ich mich oft so, wie er sich an dem Tag gefühlt haben muss.

Negerkuss: wird heute nicht mehr verwendet; Schokokuss

Farbe bekennen · Zu literarischen Texten schreiben

1. Beschreibt die Stimmung, die von dieser Geschichte (S. 97) ausgeht.
   Tauscht euch darüber aus, wodurch diese Stimmung erzeugt wird.

2. Klärt die Handlung der Kurzgeschichte.
   – Was geschieht in der Erzählung (äußere Handlung)?
   – Besprecht, wie der Sohn (Ich-Erzähler) seinen Vater wahrnimmt (innere Handlung).
   – Notiert Stichpunkte zur äußeren und inneren Handlung.

3. Führt ein Rollenspiel durch.
   – Bildet Vierergruppen.
   – Führt ein Interview mit dem Vater. Lasst ihn berichten, wie er sich gefühlt hat, was er dachte und warum er sich so verhielt. Notiert die Antworten.
   – Vergleicht in der Klasse eure Ergebnisse und ergänzt eure Notizen von Aufgabe 2.

4. Schreibt den Text von Özdogan so um, dass die Szene aus der Perspektive des Vaters in der Ich-Form erzählt wird.
   – Überlegt, welche Gestaltungsmittel ihr beim Schreiben berücksichtigen müsst.
   – Erstellt einen Schreibplan. Nutzt die blaue Box auf Seite 96.
   – Skizziert in Stichpunkten, weshalb ihr euch für diese inhaltliche und sprachliche Gestaltung entschieden habt.

5. Tragt eure Texte in Kleingruppen vor und begründet anhand der Stichpunkte (Aufgabe 4) eure Gestaltung. Gebt euch ein Feedback.

6. Zum Differenzieren ▪ ▪ ▪ ▪

Differenzieren
Aus veränderter Erzählperspektive schreiben
k9z4w7

A Versetzt euch in Rosa Parks („Der Bus von Rosa Parks", S. 78 f.) und schildert aus ihrer Sicht das Geschehen. Fertigt als Erstes einen Schreibplan an. Ihr könnt so beginnen:

*Ich war todmüde, als ich nach zwölf Stunden harter Arbeit in den Bus stieg. Zum Glück war ein Platz frei. Doch schon an der nächsten Station erblickte ich aus den Augenwinkeln vier Weiße, die den Bus betraten. Fast gleichzeitig schrie der Busfahrer, wir sollten gefälligst den Platz frei machen. Ich zuckte zusammen und zwei Frauen und ein Mann sprangen sofort auf. Ich nicht.
Auch ich hatte Angst in diesem Moment. Aber ich hatte den Blick der einen schwarzen Frau gestreift. Ich sah ihren Schrecken, ich sah ihre unendliche Müdigkeit und da …*

B Erzählt den Text „Lob des Misstrauens" von Galeano (S. 104) aus der Sicht von Miguel Brun.
Schildert dabei auch die Reaktion sowie die Gefühle und Gedanken von Miguel, nachdem sein Lehrer das Geheimnis gelüftet hat.

gestaltendes Schreiben: Umgestalten von Vorlagen

Ein Interview mit einer literarischen Figur gestalten

Christian Linker: Das Heldenprojekt (2005, Ausschnitt)

Das „Projekt" ist eine Gruppe Jugendlicher, die im Verborgenen gegen eine rechtsradikale Partei vorgeht. Der Ich-Erzähler Magnus, Sebi (eigentlich Sebastian) und die türkischstämmige Ebru besuchen eine Veranstaltung der Partei, um sich ein eigenes Bild zu machen. Dort tritt auch ihr Mitschüler Arno auf.

Die Türe eines Hinterzimmers öffnete sich und plötzlich betrat das Plakat den Raum. Es war natürlich nicht das Plakat, sondern Dr. Ferdinand Veith in Fleisch und Blut,
5 aber ich empfand ein ganz eigenartiges Gefühl dabei, diesen Mann live zu sehen, den ich nur vom Bild her kannte – und dem ich ein sehr unfreundliches Gedicht geschrieben und über ebendieses Bild frech drüber-
10 gekleistert hatte. Hinter Veith erschien noch jemand, und dieser Jemand ließ uns drei zu Salzsäulen erstarren. Sebi konnte als Erster was sagen.

„Das Arschloch", stieß er kaum hörbar
15 hervor.

Arno Arschloch, der Streber, der keine Freunde brauchte. Anscheinend hatte er trotzdem welche gefunden. Er erkannte uns auch sofort. Einen ersten, ganz kleinen
20 Schreck konnte er nicht verbergen, doch er musste sofort gemerkt haben, dass unser Schrecken ungleich größer war als seiner, und seine Mimik verwandelte sich in pure Überlegenheit.
25 Veith ließ seinen Blick durch den Raum schweifen. Er schwieg und schien jeden einzelnen Anwesenden persönlich zu mustern. Als sein Blick auch mich streifte, spürte ich einen seltsamen Hauch, kalt, aber auf eine
30 unheimliche Art wohltuend. Denn er, der wichtige Mann von dem Plakat, der unsere Stadt vor den Ausländern und Pennern und so weiter retten wollte, er hatte mich unbedeutenden kleinen Wicht für würdig er-
35 achtet, eine Millisekunde von Auge zu Auge angesehen zu werden. Mich ekelte es vor mir selber, dass ich einen solchen Respekt vor jemandem empfand, der auf Plakaten klebt und in Zeitungen steht. Ha!, dachte ich kurz,

40 wir stehen auch in Zeitungen und sind auch auf Plakaten drauf, auf deinen nämlich, um genau zu sein. Aber du weißt nichts davon.

Fast war es, als füllte sich der Raum mit der von ihm verströmten Aura der Macht
45 bis oben hin. Veith bewegte sich langsam wie in Super-Slow-Motion, wie ein Mann, der es gewohnt ist, dass sich viele Menschen ausschließlich seinetwegen versammeln, als wolle er diesen Menschen genug Zeit geben,
50 sich an seiner Gegenwart zu weiden. Plötzlich breitete er die Arme aus, als könne er den ganzen Saal, die ganze Stadt, das ganze Land an seine Brust drücken. Dabei strahlte er über das ganze Gesicht, sagte ein paar Be-
55 grüßungsworte auf und setzte sich endlich. Arno nahm neben ihm Platz.

Veith versicherte uns seiner großen Freude, so viele junge Leute hier zu sehen, und sonderte ein paar Thesen über eine bessere
60 Zukunft ab, wobei sich ständig Begriffe wie endlich aufräumen, klare Verhältnisse und Zero-Tolerance wiederholten. Die junge Frau mit der unpassenden Frisur und dem Piercing im Nasenflügel, die neben Sebi saß,
65 kritzelte ihren kleinen Notizblock voll. Ich vermutete inzwischen, dass sie zur Presse gehörte. Ich drehte Ebru den Rücken zu und sah abwechselnd zu Veith, zu Arno Arschloch neben ihm und zu der mutmaßlichen Jour-
70 nalistin und bemerkte Ebrus Unruhe erst, als sie sich hinter mir erhob. Ich drehte mich um und sah, dass sie leichenblass geworden war.

„Ich muss kurz an die frische Luft", flüsterte sie kaum hörbar und verließ dann ei-
75 lig die Kneipe. Ich sah ihr unschlüssig nach und traf Sebis Blick, der mit dem Kopf in ihre Richtung nickte. Klar, einer musste ihr nach, schauen, was los war.

---

gestaltendes Schreiben: Interview mit einer literarischen Figur

Farbe bekennen · Zu literarischen Texten schreiben

1. Wo seid ihr schon einmal rechtsradikalen Parolen oder Aufmärschen begegnet und wie habt ihr dieses Zusammentreffen empfunden? Tauscht euch darüber aus.

2. Fasst die diskriminierenden und ausländerfeindlichen Aussagen, die in dem Textausschnitt erwähnt werden, zusammen. Stellt diesen Äußerungen Argumente gegenüber, die von dem „Projekt" entgegengehalten werden könnten.

3. „Mich ekelte es vor mir selber." (Z. 36 f.) Erklärt, warum der Ich-Erzähler so empfindet.

4. Ebrus Eltern stammen aus der Türkei, sie ist in Deutschland aufgewachsen und spricht kaum türkisch. Während der Ansprache Veiths wird sie „leichenblass" (Z. 72). Tauscht euch über mögliche Gründe aus und haltet sie stichpunktartig fest.

5. „Die junge Frau mit der unpassenden Frisur und dem Piercing im Nasenflügel" (Z. 62 ff.) arbeitet tatsächlich für die Presse. Sie heißt Eva Kern und möchte in der Reihe „Mutig gegen Rechts" ein Interview mit Magnus führen.

    Im Interview sollen folgende Aspekte aufgegriffen werden:

    Beispiellösung Aufgabe 5 u4q7je

    - Magnus' Haltung gegenüber den rechtsradikalen Ideen
    - die Gründe für seine Haltung
    - die Gefühle und Reaktionen seiner Freundin Ebru
    - das Eingeständnis Magnus', einen Augenblick von Veith fasziniert gewesen zu sein, und seine Scham darüber

    – Nutzt eure Notizen zu den Aufgaben 2 bis 4 und ergänzt Stichpunkte zu den verschiedenen thematischen Aspekten des Interviews.
    – Verfasst auf der Grundlage dieser Vorarbeiten das Interview.

    Ihr könnt so beginnen:

    > **EVA KERN:** Hallo, ich bin Eva Kern vom „Anzeiger". Darf ich dir ein paar Fragen stellen?
    > **MAGNUS:** Ich weiß nicht, ob ich der richtige Ansprechpartner bin.
    > **E. K.:** Mich interessiert, was du hier willst. Du siehst nicht so aus, als wärst du hierher gekommen, um diesem Jugendbund beizutreten. Warum also hast du dir diese Rede angehört? …

gestaltendes Schreiben: Interview mit einer literarischen Figur

Leerstellen füllen

Tamara Bach: Marsmädchen (2003) (Ausschnitt)

Seit dem Beginn des Romans (siehe S. 72) ist viel passiert: Miriam, die fünfzehnjährige Ich-Erzählerin, hat Laura kennengelernt, ein Mädchen, das neu in ihre Klasse gekommen ist. Zunächst freunden sich die beiden nur an, verbringen viel Zeit miteinander und Miriam findet ihr Leben auf einmal gar nicht mehr so langweilig wie früher. Plötzlich allerdings merkt Miriam, dass sie mehr für Laura empfindet, und auch Laura scheint sich in Miriam verliebt zu haben. Nicht nur die Beziehung der beiden wird dadurch auf einmal viel komplizierter, sondern Miriam hat auch Angst davor, wie ihre Freundinnen, ihre Eltern und ihr drei Jahre älterer Bruder Dennis reagieren werden, der sie schon ein paar Mal auf Laura angesprochen hat.

FUCK IT ALL!!

Ich werde wahnsinnig. Wie sollte das sein, wenn man verliebt ist? Das sollte gut und richtig sein. Kein Zusammenzucken. Kein vielleicht morgen, aber nicht heute. Es sollte doch so egal sein, wer sich lieb hat.

Jetzt bin ich zu Hause. Ich werde jetzt einen Kuchen backen. Irgendetwas muss ich ja machen.

Mehl, Zucker, Eier, gemahlene Nüsse, Butter, Vanillezucker, Backpulver, eine Prise Salz. Das war's. Den Backofen auf 200°C vorwärmen und den Teig in eine vorgefettete Kastenbackform geben. In den Ofen schieben. Auf dem Boden sitzen und in den Ofen starren, so ungefähr eine Stunde oder weniger, der Teig steigt in der Form und wird golden.

Aufstehen.

Ich öffne den Ofen und steche mit einem Schaschlikspieß in den Kuchen. Als ich ihn rausziehe, bleibt Teig daran kleben. Braucht noch.

Und warte. Die Küche duftet und ich setze den Kessel auf, um Tee zu kochen.

Das Wasser kocht, ich gieße den Tee auf und schaue nach dem Kuchen. Jetzt ist er fertig. Ich hole ihn aus dem Ofen und rieche an ihm. Mama kommt in die Küche.

„Na, Maus?"

„Na."

„Alles in Ordnung?"

gestaltendes Schreiben: Leerstellen füllen 101

Farbe bekennen · Zu literarischen Texten schreiben

„Ja." Ich stehe am Spülbecken und lasse den Teefilter abtropfen.

35 „Habt ihr Mathe zurückbekommen?"

„Ja. Hab 'ne Zwei minus."

„Na dann", sagt Mama. Dann entdeckt sie den Kuchen. „Ist dir irgendwie langweilig oder so?"

40 „Nee. Doch." Ich hole eine Tasse aus dem Schrank und gieße mir Tee ein. Zu heiß. Ich geh zum Kuchen und drehe die Form um, aber der Kuchen löst sich nicht.

„Der Lorenz hat heute in Bio über seinen 45 Sohn geredet. Wie toll der sei und was der alles schon erreicht hat. Und wir sollen uns doch ein Beispiel dran nehmen."

Mama lässt nur ein „Lehrerkinder!" los.

Ich nehme ein Messer und schiebe es vor-50 sichtig zwischen Kuchen und Form.

„Und einer meinte dann, was denn er machen würde, wenn sein Sohn schwul wäre."

„Wer ist denn auf die Idee gekommen?"

55 „Keine Ahnung. Der Lorenz ist auf jeden Fall echt grantig geworden und meinte nur ‚Mein Sohn ist nicht schwul'. Und dann ging die Streiterei los, bis er irgendwann meinte, wenn sein Sohn schwul werden würde, dann wäre er nicht mehr 60 sein Sohn." Eine Seite habe ich schon gelockert.

„Männer! Frag mal deinen Vater, was der davon halten würde, wenn Dennis plötzlich mit einem Freund ankäme." „Papa würde 65 durchdrehen. Ist doch doof, oder? Ich mein, Mama, was würdest du denn machen, wenn ich mich in ein Mädchen verliebe? Und nicht in einen Jungen?" Die kurzen Seiten auch, jetzt noch die letzte. 70

„Ach, Maus, komisch wär's schon", sagt sie und zögert kurz. „Aber solange es dir gut geht, ist es mir echt egal, ob Mann oder Frau." Ich drehe den Kuchen um und er gleitet aus der Form. Dann drehe ich 75 mich zu Mama um. Mama lächelt. Hinter ihr steht Dennis im Türrahmen und starrt mich an.

Tamara Bach: Marsmädchen (2003) (Ausschnitt)

Am folgenden Freitag bekommt Miriam abends Besuch von Laura und ihrem gemeinsamen Freund Phillip. Die Drei sitzen mit Kerzen auf dem Balkon und hören Musik, spät abends verabschiedet sich Phillip und noch später in der Nacht bringt Miriam Laura zur Tür und geht dann wieder zurück in ihr Zimmer.

Als ich die Tür zumache, steht Dennis da.

Der Flur ist dunkel, nur das Licht von draußen scheint durch die Glastür. Wir stehen da und schweigen. Dann sagt er: „Wol-5 len wir noch mal auf den Balkon gehen?"

Ich nicke.

Dennis und ich setzen uns nebeneinander auf die Bank und frieren.

Er fängt an zu rauchen.

10 Dann sagt er langsam: „Ist o.k. Mama hat Recht. Auch wenn's mich nichts angeht, es ist o.k." Er hält mir seine Zigarette hin, damit ich ziehen kann. „Geht's dir denn gut?"

Ich nicke.

15 „Dann ist es o.k.", sagt Dennis.

gestaltendes Schreiben: Chatdialog, Videoclip, etc.

1. Teilt die Klasse auf. Die eine Hälfte schreibt einen Satz auf, der Dennis durch den Kopf gehen könnte, als er „im Türrahmen [steht] und [Miriam…] an[starrt]" (S. 102, Z. 76). Die andere Hälfte schreibt einen Satz auf, der Dennis durch den Kopf gehen könnte, als er auf der Bank sitzt und „[an]fängt […] zu rauchen" (S. 102, Z. 9).

2. Tragt eure Sätze vor und vergleicht Dennis' Gedanken in den jeweiligen Momenten. Sammelt Ideen, was dazwischen passiert sein könnte, das Dennis' Verhalten gegenüber seiner Schwester verändert hat.

3. Eine Möglichkeit für Dennis' Verhaltensänderung könnte ein Gespräch mit seiner Mutter sein. Gestaltet ein entsprechendes zusätzliches Kapitel für Tamara Bachs Roman, in dem Dennis mit seiner Mutter über Miriam redet.
 – Überlegt, welche Gestaltungsmittel ihr beim Schreiben berücksichtigen müsst.
 – Erstellt einen Schreibplan. Nutzt die blaue Box auf Seite 96.

4. Zum Differenzieren ■ ■ ■ ■

A Gestaltet einen inneren Monolog aus Dennis' Perspektive. Der innere Monolog soll Dennis' Gedanken und Gefühle zum Ausdruck bringen, die ihn Freitagnacht beschäftigen, kurz bevor er den Entschluss fasst, noch einmal zu seiner Schwester zu gehen, nachdem diese Laura verabschiedet hat.

B Gestaltet ein Drehbuch für eine Hörszene, in der Dennis mit seiner Mutter über Miriam redet, nachdem er das Gespräch zwischen Miriam und ihrer Mutter in der Küche mit angehört hat. Nehmt die Hörszene auf.

C Gestaltet einen Tagebucheintrag, den Dennis am Abend des Tages verfasst, an dem er das Gespräch zwischen Miriam und seiner Mutter mit angehört hat.

D Gestaltet einen Chat-Dialog zwischen Dennis und einem Freund am Abend des Tages, an dem Dennis das Gespräch zwischen Miriam und seiner Mutter mit angehört hat.

E Gestaltet einen Videoclip, in dem ihr Werbung für Tamara Bachs Roman macht.

Das könnt ihr jetzt!

Eduardo Galeano: Lob des Misstrauens (1991)

Am ersten Schultag brachte der Lehrer eine große Flasche mit.
„In der Flasche ist Parfüm", sagte er zu Miguel Brun und zu den anderen Schülern.
„Ich will euren Geruchssinn prüfen. Wer etwas riecht, soll sofort aufzeigen."
Er zog den Stöpsel aus der Flasche. Gleich darauf hatten zwei Schüler die Hände oben.
5 Dann zeigten fünf auf, dann zehn, dann alle dreißig.
„Herr Lehrer, darf ich das Fenster öffnen?", fragte ein Mädchen, das schon halb benommen war. Andere Schüler stimmten in diese Bitte ein. Der eindringliche Duft des Parfüms war unerträglich geworden.
Da verriet ihnen der Lehrer sein Geheimnis: Die Flasche enthielt nur Wasser.

aufzeigen: melden

1. Tauscht euch darüber aus, was die Schüler denken und fühlen könnten, nachdem ihnen der Lehrer sein Geheimnis verraten hat.

2. Erläutert die Gründe, welche der Lehrer für dieses Experiment gehabt haben könnte. Bezieht auch den Titel mit ein. Formuliert ausgehend von euren Überlegungen eine Deutungshypothese.

3. Nutzt die folgenden zwei Ausschnitte aus Schülertexten für eine eigene schriftliche Interpretation des Textes „Lob des Misstrauens". Erledigt zunächst folgende Vorarbeiten:
 – Fertigt Stichpunkte für eine knappe Zusammenfassung des Inhalts an.
 – Ergänzt weitere Beobachtungen zur Sprache und Form der Erzählung sowie eure Deutungen.
 – Notiert stichpunktartig, wie ihr die Lehre der Erzählung bewertet.

---

1 *Ausschnitt aus einer Interpretation zu „Lob des Misstrauens"*

(...)
Die Reaktionen der Schüler werden allmählich gesteigert: Zunächst haben „zwei Schüler die Hände oben", dann „fünf", dann „zehn" und schließlich „alle dreißig" (Z. 4f.). Auch durch den Einsatz der wörtlichen Rede steigt der Spannungsbogen weiter (Z. 6).
(...)

2 *Ausschnitt aus einer Interpretation zu „Lob des Misstrauens"*

(...)
Durch den Einsatz ausdrucksstarker Prädikative und eines Adjektivattributs wird die Wirkung des vermeintlichen Parfüms veranschaulicht: Ein Mädchen sei „schon halb benommen", „der eindringliche Duft des Parfüms" erscheint den Schülern „unerträglich" (Z. 6 ff.).
(...)

| Lerninseln: Schreiben S. 243 ff. | Umgang mit erzählenden Texten S. 266 ff. | Diagnosebogen Interpretation pp8u22 | Training interaktiv Interpretation zd87e6 |

4. Gebt einander Feedback zu euren Interpretationen zu Eduardo Galeanos Text.

5. Überarbeitet eure Interpretationen auf der Grundlage des Feedbacks eurer Mitschüler.

6. Sammelt Ideen, wie ihr eure Interpretation des Textes mit Hilfe produktiver Schreibaufträge zum Ausdruck bringen könnt. Stellt euch dazu gegenseitig Schreibaufgaben, die dazu geeignet sind, Leerstellen zu füllen und Fragen zu klären, die der Text aufwirft, aber nicht direkt beantwortet.

7. Gestaltet einen Paralleltext zu Eduardo Galeanos Text.
Wählt dazu einen Begriff, den ihr statt „Misstrauens" in der Überschrift einsetzt und den es in eurem Paralleltext zu loben gilt.

Lerninsel: Feedback geben S. 232

Schicksalhafte Wendepunkte
Erzählende Texte untersuchen und deuten

 Das könnt ihr schon!
- erzählende Texte untersuchen
- typische Merkmale von erzählenden Textsorten erkennen
- Handlung und Figuren in einem Jugendbuch verstehen

Feindschaft zweier Familien führt zu Liebestragödie

Aberglaube und Vorurteile verhindern Deichbau – junger Deichgraf verliert Familie

mittelloser Schneider gibt sich als Graf aus und heiratet reich

Sühne für Mord nach 28 Jahren – Mörder erhängt sich am Tatort

1. Stellt anhand der Cover Vermutungen zum Inhalt der Bücher an. Begründet eure Meinung und nutzt dazu auch die Kapitelüberschrift.

2. Ordnet die Kurzbeschreibungen den entsprechenden Büchern zu.

3. Entscheidet euch für ein Buch und entwickelt in Partnerarbeit Handlungsskizzen für eine spannende Geschichte. Bestimmt ein besonderes Ereignis, das im Mittelpunkt der Handlung steht. Vergleicht eure Ideen.

Anne-Laure Bondoux: Die Zeit der Wunder (Ausschnitt)

Der zehnjährige Koumaïl ist mit Gloria auf der Flucht vor dem Krieg. Um Geld zum Überleben zu verdienen, sucht er mit anderen Kindern tagsüber Wertstoffe auf der Müllhalde einer alten Glühbirnenfabrik. Eines Tages fällt er in den nahe gelegenen See, der von giftigen Abwässern verschmutzt ist.

Plötzlich sieht Monsieur Betov mich schief an, als hätte ich selbst keinen Kopf oder als würde mir ein dritter Arm aus dem Rücken wachsen. Ich fühle mich auf einmal ganz elend. „Tut mir leid, Koumaïl
5 […] ", sagt er, „aber du bist in das vergiftete Wasser gefallen. Mit so was muss man aufpassen. Solange wir nicht wissen, was los ist, dürfen Suki und Maya dich nicht mehr besuchen. Und arbeite bitte möglichst weit weg von uns, verstanden?" So aus-
10 geschlossen zu werden ist das Schlimmste, was mir je passiert ist. Ich weine lange in Glorias Armen und klage, das sei ungerecht, ich sei nicht mehr krank und wenn ich nicht in den See gefallen wäre, hätten wir alle Fisch gegessen und dann wären wir
15 tatsächlich verseucht!

Zu spät, das Unglück ist geschehen.

Suki und Maya gehen mir aus dem Weg. Sie schauen zu Boden und laufen schnell weiter, wenn sie mich sehen. Stambek setzt zwar eine Trauer-
20 miene auf, aber er gehorcht ebenfalls.

Auf dem Glasgebirge habe ich meinen gewohnten Platz aufgegeben. Ich bin eine verlorene Seele, allein mit meinem Haken und meinem Unglück. Um mich zu trösten, suche ich im Müll nach Saiten für Olegs Geige und unbenutzten Batterien […], 25 statt abends mit den anderen Karten zu spielen, repariere ich die wertvollen Dinge. Schließlich gibt die Geige ein grauenvolles Quietschen von sich, und das Radio rauscht. »Besser als nichts!«, ermutigt mich Gloria. Aber ich sehe genau, dass 30 ihr das Lächeln schwerfällt. […]

Ich streife durch die Straßen, während Gloria ihren halb gefüllten Lkw fährt. Sie will so lange wie möglich weiterarbeiten, denn jede verdiente Münze, versichert sie mir, sei ein Schritt in die 35 Zukunft.

„Welche Zukunft?", seufze ich.

---

4. „Welche Zukunft?" (Z. 37), seufzt der Junge. Erläutert seine Situation.

5. Beschreibt anhand des Ausschnitts, wie sich Koumaïl fühlt. Nennt Textsignale, die das verdeutlichen, und erläutert die Wirkung der Erzählweise.

6. Suki und Maya möchten weiter mit ihrem Freund zusammen sein. Sie diskutieren mit dem Vater. Spielt diese Szene nach und begründet eure Darstellung.

Das lernt ihr jetzt!

- den Aufbau der Handlung und das Erzählverhalten in einem Jugendbuch untersuchen
- die Lenkung des Lesers durch den Erzähler erkennen
- Novellen untersuchen und ihre Merkmale erkennen

Schicksalhafte Wendepunkte · Erzählende Texte untersuchen und deuten

Neuen Horizonten entgegen
Ein Jugendbuch verstehen

Handlungsaufbau und Zeitgestaltung untersuchen

Hörverstehen
Die Zeit der Wunder
9ys6mt

Anne-Laure Bondoux: Die Zeit der Wunder (Anfang)

Ich heiße Blaise Fortune und ich bin Bürger der Französischen Republik. Das ist die reine Wahrheit.

An dem Tag, als die Zollbeamten mich hinten im Lastwagen fanden, war ich zwölf Jahre alt. Ich roch so schlecht wie Abdelmaliks Müllhäuschen, und ich konnte nur immer wieder diesen einen Satz sagen: „Ichheißebläsfortünuntichbinbürgaderfranzöschenrepublikdasidiereinewaheit."

Ich hatte fast all meine wertvollen Dinge unterwegs verloren. Zum Glück war mein Reisepass noch da. Gloria hatte ihn an der Tankstelle tief in meine Jackentasche gesteckt. Die Angaben darin besagten, dass ich am 28. Dezember 1985 in Mont-Saint-Michel geboren wurde, direkt am Ärmelkanal, Seite 16 im grünen Atlas. Da stand es, schwarz auf weiß. Das Problem war mein Foto: Es war herausgerissen und später wieder eingeklebt worden. Obwohl Monsieur Ha sich alle Mühe gegeben hatte, den offiziellen Stempel auf dem Foto wiederherzustellen, glaubten die Zollbeamten nicht, dass ich ein echter kleiner Franzose war. Ich hätte ihnen gerne alles erklärt, aber dafür war mein Französisch zu schlecht. Also zogen sie mich am Kragen meines Pullovers aus dem Lastwagen und nahmen mich mit.

So endete meine Kindheit: plötzlich und unerwartet, an der Autobahn A4, als mir klar wurde, dass Gloria verschwunden war und ich im Land der Menschenrechte und Charles Baudelaires ohne sie würde zurechtkommen müssen.

Danach verbrachte ich einige Zeit in einem Durchgangslager und dann in einem Erstaufnahmezentrum. Frankreich war nichts als eine Folge von Mauern, Gittern und Türen. [...] Ich konnte weder vom schrecklichen Unglück berichten noch von den Widrigkeiten des Lebens, die mich hierhergeführt hatten. Und nicht davon erzählen zu können fühlte sich an, als würde ich ersticken.

Heute ist das anders. Im Lauf der Jahre habe ich die Namen der Dinge gelernt und kann mit Verben, Adjektiven, Konjunktionen und Konjugationen umgehen. In meiner Tasche steckt ein neuer Reisepass, der den Gesetzen dieser Welt entspricht.

Vor kurzem habe ich einen Brief von der französischen Botschaft in Tiflis bekommen. Darin stand, sie hätten vielleicht Glorias Spur gefunden. Darum sitze ich jetzt hier in der Abflughalle des Flughafens Roissy-Charles-de-Gaulle mit einem Koffer, einem schweren Herzen und der verrückten Hoffnung, sie endlich wiederzusehen. Aber zuerst muss ich meine Gedanken ordnen.

Also: Ich heiße Blaise Fortune. Ich bin Bürger der Französischen Republik, habe jedoch die ersten zwölf Jahre meines Lebens im Kaukasus verbracht, zwischen dem Schwarzen und dem Kaspischen Meer, Seite 78 in meinem grünen Atlas. Damals sprach ich russisch und die Leute nannten mich Koumaïl. Das klingt vielleicht merkwürdig, aber eigentlich ist es ganz einfach. Ich muss nur meine Geschichte erzählen. Die ganze Geschichte. Und zwar der Reihe nach.

Tiflis: Hauptstadt Georgiens

Monsieur Ha: Er gibt ihnen gefälschte Pässe, damit sie nach Frankreich einreisen können.

Charles Baudelaire: französischer Dichter

1. Sprecht über eure ersten Eindrücke vom Anfang dieses Jugendbuchs.
– Welche Informationen könnt ihr erschließen?
– Welche Fragen bleiben offen? Äußert Vermutungen zu möglichen Antworten.

die Erzählstruktur verstehen

2. Benennt Auffälligkeiten in der Gestaltung des Jugendbuchanfangs (S. 108). Berücksichtigt die Erzählform und die Tempora.

3. Untersucht in dem Ausschnitt (S. 108), in welcher Reihenfolge der Erzähler die einzelnen Stationen seines Lebens erzählt. Nummeriert die jeweiligen Stationen auf einer Zeitleiste in der Reihenfolge des Erzählerberichts.

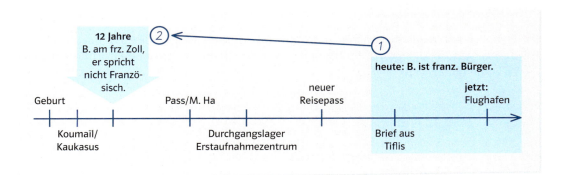

4. Erklärt die Wirkung der Handlungsdarstellung auf den Leser. Fasst die Lebensstationen bis zum Abflug nach Tiflis zusammen.

Anne-Laure Bondoux: Die Zeit der Wunder (Ausschnitt)

Der Junge weiß, dass Gloria nicht seine Mutter ist. Sie erzählt Blaise, dass sie ihre Jugend mit ihrem Mann, ZemZem, im Kaukasus verbracht und eine Zugexplosion erlebt hat. Eine tödlich verletzte Frau, Jeanne Fortune, vertraute ihr ihr Baby, Blaise, an. Gloria flüchtet mit dem Kind vor dem Krieg. Sie will mit dem Schiff nach Frankreich.

Die nächtlichen Bombardements werden immer heftiger. Der Hafen ist angeblich total verwüstet, und Monsieur Ha stößt einen tiefen Seufzer aus, als er uns unsere Pässe gibt.
5 „Sie sind sehr gelungen, nach allen Regeln der Kunst, aber momentan kann man nicht an Bord gehen, mein Junge! Zu gefährlich! Es fährt kein Schiff. Wir müssen abwarten."
„Nur Geduld", sagt Gloria, als sie mein
10 enttäuschtes Gesicht sieht. „Das sind die Widrigkeiten des Lebens. Damit muss man sich abfinden."
Wir bleiben also auf dem Speicher des *Matachine*, beobachten durch das Dach-
15 fenster die Flugzeuge und hoffen auf eine Gefechtspause.
Zum Glück langweile ich mich nicht, da ich ja meinen französischen Reisekatalog auswendig lernen muss. Ich gehe Gloria mit
20 den Römern, Vercingetorix und Karl dem Großen auf die Nerven. Das Heft ist natürlich auf Russisch, bis auf die letzten Seiten, wo in Lautschrift einige gängige französische Sätze und Redewendungen stehen.
„Sprich mir nach", sage ich. „*Dankekei-*
25 *neuasache …*"
„*Dankekeineuasache.*"
„Nicht schlecht. *Einenkaffebitte.*"
„*Einenkaffebitte.*"
„Gut. *Enschuldigungwogeteshierbittezumeif-*
30 *felturm.*"
„*Enschuldigungwo* … Du nervst, Koumaïl. Das ist zu schwer."
„O. k., dann lerne ich eben allein weiter. Aber beschwer dich nicht, wenn du dich in
35 den Straßen von Montmartre verläufst."

Krieg zwischen Abchasien und Georgien 1992–1994

Vercingetorix: gallisch-keltischer Fürst, der gegen die Römer kämpfte

Matachine: Name einer Bar

Montmartre: Stadtteil von Paris

109

Schicksalhafte Wendepunkte · Erzählende Texte untersuchen und deuten

5. Beschreibt, wie der Erzähler den Verlauf der Zeit im Ausschnitt auf Seite 109 von Zeile 1–16 und Zeile 25–36 darstellt und wie dadurch seine Gefühle deutlich werden.
   – Wie lang ist jeweils die Zeitspanne, die erzählt wird?
   – Wie viel Zeit braucht ihr jeweils zum Lesen?
   – Begründet die jeweilige Wirkung der Darstellung.

Wissen und Können

Lerninsel:
Aufbau einer Handlung
S. 267
Zeitgestaltung
S. 270

Die Erzählstruktur erkennen

Der Erzähler kann die Informationen in einem Text unterschiedlich aufbauen.
– Die einzelnen Handlungsschritte können in zeitlicher Reihenfolge **(chronologisch)** erzählt werden.

Erzähler → Handlung 1 → Handlung 2 → Handlung 3

– Die Handlung kann von einem späteren Zeitpunkt der Entwicklung **im Rückblick** in einer Reihenfolge erzählt werden, die dem Erzähler wichtig ist.

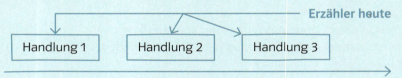

Der Erzähler kann durch die unterschiedliche Gestaltungsweise der Zeit **einzelne Ereignisse** besonders **hervorheben**, andere **aussparen** oder nur **knapp darstellen**. Ihr erkennt diese Gestaltungsweise an dem **Verhältnis** zwischen der **erzählten Zeit** und der **Erzählzeit**.

Erzählte Zeit: die Zeitspanne der erzählten Handlung, z. B. viele Jahre
Erzählzeit: die Dauer des Erzählens oder Lesens, z. B. 3–4 Stunden

Bei der **Zeitdehnung** ist die Erzählzeit länger als die erzählte Zeitspanne:
„Im Dorf haben die Leute feindselige Blicke, sie verriegeln die Türen, wenden sich ab."
→ Der Leser erfährt ein Geschehen besonders intensiv.

Bei der **Zeitraffung** ist die Erzählzeit kürzer als die erzählte Zeitspanne:
„Schneefelder, Geröllfelder, kahle Wälder, in denen unsichtbare Eulen rufen, ich laufe unermüdlich."
→ Der Leser gewinnt den Überblick über Ereignisse einer längeren Zeitspanne.

Differenzieren
Erzählstruktur
ri4d6k

6. **Zum Differenzieren** ▪ ▪ ▪ ▪

   A Sucht eine Textstelle aus dem Anfang des Jugendbuchs (S. 108), in der das Mittel der Zeitraffung deutlich wird. Erklärt die Wirkung.

   B „… aber momentan kann man nicht an Bord gehen, mein Junge! Zu gefährlich! Es fährt kein Schiff. Wir müssen abwarten." (S. 109, Z. 6 ff.) Erzählt diese Situation aus der Sicht des Jungen und benutzt das Mittel der Zeitdehnung.

110 · die Erzählstruktur und die Erzählzeit verstehen

Das Erzählverhalten untersuchen

Anne-Laure Bondoux: Die Zeit der Wunder (Ausschnitt)

Manchmal, wenn wir mit unserer Kraft am Ende sind, müssen wir etwas zu essen stehlen: ein warmes Brot auf einer Fensterbank, getrocknetes Fleisch […] Gloria lächelt mir zu und sagt nichts mehr. Wenn es sehr kalt ist, schmerzen nach einer Weile die Lippen beim Sprechen. Dann muss man still an etwas Schönes denken. Und wenn die Füße weh tun, stellt man sich einfach vor, sie gehören jemand anders, und beachtet sie gar nicht. Denn die Füße eines anderen können einem schließlich nicht wehtun, o. k.? […]

Mit leerem Blick sage ich zu Gloria, dass ich genug von den Widrigkeiten des Lebens habe. Ich bin fast elf und habe nichts als überstürzte Aufbrüche, schnelle Abschiede und großen Kummer erlebt. Wenn das so weitergeht, springe ich vom Laster und warte darauf, dass die Soldaten auf mich schießen, jawohl!

„Ach ja?", sagt Gloria. „Und dann?"

„Dann bin ich tot."

„Das bringt dich in der Tat sehr viel weiter."

Ein Lastwagenfahrer nimmt beide mit. Gloria sitzt vorn, Blaise steigt hinten ein.

Es ist so dunkel, dass ich nicht die Hand vor Augen sehen kann. Ich habe keine Ahnung, mit was für Tieren ich es zu tun habe. Ich höre Knirschen, Grunzen, Atmen. Tastend bewege ich mich vorwärts und stoße gegen die Pfosten der Absperrung. Als ich gerade die Rückwand erreicht habe, wird der Motor angelassen.

Ich stelle das Marschgepäck ab und setze mich auf den vibrierenden Boden. Es ist so weit, wir fahren los! Ich wickle mich in die Decke aus Schafsfell, dann öffne ich die Kekspackung, und endlich kommt mein knurrender Magen auf seine Kosten. Ich genieße jeden Bissen. Wenn man allein in der Dunkelheit sitzt und einen fürchterlichen Gestank in der Nase hat, muss man aus den kleinsten Dingen Kraft schöpfen, sonst geht man unter und versinkt in der Verzweiflung.

Das Schlingern des Lasters wiegt mich, und ich sage mir, dass Gloria Recht hat: Man muss immer Vertrauen haben und seinen Weg gehen wie die Zigeuner, ohne sich vor den Grenzen zu fürchten.

Ich sage mir, dass wir in vierundzwanzig Stunden in Frankreich sind. Unser letzter Zufluchtsort! […]

In vierundzwanzig Stunden ist unsere Reise zu Ende und ein besseres Leben beginnt. In vierundzwanzig Stunden führe ich Gloria durch die beschaulichen Gassen von Montmartre. Wir werden die Champs-Élysées entlangspazieren und uns den Bauch mit Croissants vollschlagen. Und dann sind wir endlich wirklich frei und glücklich.

Aber ihr wisst ja, Träume bleiben oft

Champs-Élysées: breite Prachtstraße in Paris

Zigeuner: Bezeichnung wird von vielen Sinti und Roma als diskriminierend empfunden und abgelehnt

das Erzählverhalten untersuchen 111

Schicksalhafte Wendepunkte · Erzählende Texte untersuchen und deuten

Träume, und meine Reise ging nicht zum Montmartre. Ich habe Gloria nicht durch das Labyrinth der schmalen Gassen geführt. Wir sind nicht die Champs-Élysées entlangspaziert, und kein einziges Croissant erwartete uns bei unserer Ankunft.

Ich wurde am 13. Dezember 1997 zwischen einer Ladung Schweine gefunden, von einer Zoll-Patrouille, die die Lastwagen auf der Autobahn A4 bei Sarreguemines im Département de la Moselle kontrollierte. [...]

Ich landete auf französischem Boden und suchte nach Gloria.

Sie war nicht da.

Ich stürzte mich auf den Fahrer und flehte ihn an mir zu sagen, wo sie war, aber er verstand kein Wort. Ich stank so sehr, dass er zurückwich und sich die Nase zuhielt. Dann führten ihn die Zollbeamten zu einem Auto.

Ich schrie „Gloria! Gloria!", aber es kam keine Antwort. Nur der Verkehrslärm von der Autobahn und der Wind.

Die Zollbeamten schleiften mich zu einem Einsatzwagen. Ich rief weiter nach Gloria und schlug so heftig um mich, dass sie mir Handschellen anlegten. So ist das, wenn man sich mit der Obrigkeit anlegt. [...]

Gloria war verschwunden. Vielleicht war sie vom Laster gefallen? Vielleicht versteckte sie sich? Vielleicht war etwas Schreckliches passiert, während ich zwischen den Schweinen schlief?

Ich war zwölf Jahre alt, das Marschgepäck lag noch im Viehtransporter und ich musste ohne Gloria im Land der Menschenrechte und Charles Baudelaires zurechtkommen.

In meinem ganzen Leben hatte ich noch nie solche Angst gehabt.

Sarreguemines: in der frz. Region Lothringen, an der Grenze zum deutschen Bundesland Saarland

1. Beschreibt die Sicht des Jungen auf die Welt. Beurteilt seine Beziehung zu Gloria.

2. Der Erzähler kann dem Leser das Geschehen auf unterschiedliche Weise vermitteln. Ordnet die drei folgenden Textstellen den verschiedenen Arten des Erzählverhaltens zu. Orientiert euch an der blauen Box auf Seite 114.

Lerninsel: Erzählweise S. 270

> a) „Aber ihr wisst ja, Träume bleiben oft Träume [...]" (Z. 62 f.)
> b) „Ach ja?", sagt Gloria. „Und dann?" „Dann bin ich tot." (Z. 21 f.)
> c) „Ich habe keine Ahnung, mit was für Tieren ich es zu tun habe." (Z. 26 f.)

3. Vergleicht die beiden folgenden Textstellen.
   – Nennt jeweils Textsignale für das personale und das auktoriale Erzählverhalten.
   – Entscheidet, welche Variante euch besser gefällt, und begründet.

> Gloria war verschwunden. Vielleicht war sie vom Laster gefallen? Vielleicht versteckte sie sich? Vielleicht war etwas Schreckliches passiert, während ich zwischen den Schweinen schlief?

> Später hat sich das Rätsel um Glorias Verschwinden aufgelöst. Aber damals, als Junge von zwölf Jahren, überlegte ich verzweifelt, ob sie vom Laster gefallen sein könnte oder sich versteckt haben könnte. Ich hatte große Angst.

4. Sucht ähnliche Stellen in den Textausschnitten (S. 111 f.) und beschreibt ihre Wirkung.

112 das Erzählverhalten untersuchen

Anne-Laure Bondoux: Die Zeit der Wunder (Ausschnitt)

Blaise geht zur Schule und studiert. Nach Jahren der Suche findet er Gloria in Georgien.

Eine Gestalt sitzt am Fenster. Mit dem Rücken zur Tür. Ich gehe hinein. Das Sonnenlicht ist so grell … Ich blinzle, dann gehe ich ums Bett herum und trete näher. Ihre schwarzen Haare sind zu einem Knoten aufgesteckt, aus dem sich ein paar Strähnen gelöst haben und auf ihre Schläfen fallen. Ich gehe noch näher heran. Jetzt sehe ich ihr Profil, die Form ihrer Nase, den Bogen ihrer Wangenknochen. Eine Bombe explodiert in meiner Brust. Eine Bombe, die jedes meiner Organe zerstört und mich in eine Million kleiner Stücke zerfetzt.

Sie ist es. Sie ist es wirklich. *Meine* Gloria. […]

Gloria erzählt Koumaïls Geschichte, wie sie wirklich war. Er notiert sie als Liste:

1. Mein richtiger Name ist Koumaïl Dabaïev.
2. Ich bin am 28. Dezember 1985 auf einer Obstplantage in Abchasien geboren. […]
3. Meine Mutter ist Gloria Vassilievna Dabaïeva.
4. Mein Vater ist ZemZem Dabaïev.
5. Ich bin Russe mütterlicherseits und Tschetschene väterlicherseits. Ich bin auf Grund einer Lüge Bürger der Französischen Republik geworden.
6. Jeanne Fortune gibt es nicht.
7. Blaise ist der Vorname eines Dichters. Fortune ist eine Zigarettenmarke.
8. Eine Frau und ein Baby sind im Schnellzug gestorben, getötet von einer Bombe. Die Bombe wurde von meiner Mutter gebaut und von meinem Vater gelegt.
9. Ich bin der Sohn von zwei Kriminellen.
[…]
12. Gloria hat mich angelogen.
13. Gloria hat mich im Viehtransporter zurückgelassen.
14. Warum? […]

Tschetschenen: Bevölkerungsgruppe im Nordkaukasus, seit 1991 autonome Republik

Abchasien: an das Schwarze Meer grenzende Region im Süden des Kaukasus

5. Beurteilt, was Gloria getan hat.

6. Vergleicht die beiden Textabschnitte Zeile 1–14 und Zeile 18–42.
   – Bestimmt das Erzählverhalten.
   – Erklärt die Zeitgestaltung.
   – Sucht Gründe, warum der Erzähler den letzten Teil so sachlich darstellt.

Schicksalhafte Wendepunkte · Erzählende Texte untersuchen und deuten

Wissen und Können

Das Erzählverhalten untersuchen

Das Geschehen in einem erzählenden Text kann in der **Ich-** oder der **Er-/Sie-Erzählform** dargestellt werden. Der Er-/Sie- und der Ich-Erzähler können eine **unterschiedliche Position zum Geschehen** einnehmen und dadurch die Wahrnehmung des Lesers lenken. Das bezeichnet man als **Erzählverhalten.**

Lerninsel: Erzählweise S. 270

– **auktoriales Erzählverhalten:**
  Der Erzähler ist allwissend. Er hat einen Überblick über die Handlung (Anfang und Ende) und das Innere der Figuren. Er steht außerhalb des Geschehens und kommentiert oder bewertet Ereignisse oder Figuren.
  „So endete meine Kindheit: plötzlich [...]." (S. 108, Z. 30)

Er-/Sie-Erzähler

– **personales Erzählverhalten:**
  Der Leser erfährt das Geschehen aus der Sicht einer Figur (Perspektivfigur). Die Wahrnehmung des Lesers ist auf die Sicht dieser Figur beschränkt.
  „[...] hatte ich noch nie solche Angst gehabt." (S. 112, Z. 103 f.)

Ich-Erzähler

– **neutrales Erzählverhalten:**
  Der Erzähler ist nicht fassbar. Der Leser erfährt die Handlung unmittelbar. z. B. Dialog der Figuren

auktorial
Der Erzähler hat den Überblick über die Handlung und kann das Geschehen bewerten.
Als **Er-/Sie-Erzähler** ist er nicht Teil des Geschehens.
Als **Ich-Erzähler** ist oder war er Teil des Geschehens und blickt erinnernd oder reflektierend zurück.

HANDLUNG

personal
Der Erzähler gehört zum Geschehen und hat eine subjektive Sicht auf die Figuren und das Geschehen.

neutral
Der Erzähler ist nicht erkennbar.

🌐 **Differenzieren**
Erzähl-
verhalten
e3dh38

7. Zum Differenzieren ▪ ▪ ▪ ▪

A Untersucht, wie das Geschehen im Textausschnitt auf Seite 113, Zeile 1–14 dargestellt wird, und erklärt die Wirkung.

Lerninsel: Aus Sicht einer anderen Figur schreiben S. 271

B „Ich bin der Sohn von zwei Kriminellen." (S. 113, Z. 37)
Schlüpft in die Rolle eines Ich-Erzählers und schreibt diese Textstelle so um, dass der Leser die Gedanken und Gefühle des Erzählers erfährt.

C Verfasst die Textstelle auf Seite 113 als Erzähltext in neutralem Erzählverhalten:
Gloria beantwortet die Fragen des jungen Mannes und erklärt die Gründe für ihr Handeln.

114   Erzählverhalten untersuchen

Gewissensfragen
Novellen untersuchen

Handlungsaufbau und Figurenentwicklung untersuchen

Annette von Droste-Hülshoff: Die Judenbuche (Ausschnitt)

Friedrich Mergel, geboren 1738, war der einzige Sohn eines sogenannten Halbmeiers oder Grundeigentümers geringerer Klasse im Dorfe B., […]

5 *Der Junge wächst in Armut auf. Sein Vater Hermann gilt als Säufer, der den kleinen Hof heruntergewirtschaftet hat. Die Mutter Margret hat resigniert. Als Friedrich acht Jahre alt ist, findet man seinen Vater tot in einem* 10 *Waldgebiet, dem Brederholz.*

Friedrich hatte seinen Vater auf dem Stroh gesehen, wo er, wie man sagt, blau und fürchterlich ausgesehen haben soll. Aber davon erzählte er nie und schien ungern daran 15 zu denken. […] Es war ihm äußerst empfindlich, wenn, solange er Kind war, jemand des Verstorbenen nicht allzu löblich gedachte; ein Kummer, den ihm das Zartgefühl der Nachbarn nicht ersparte. Es ist gewöhn- 20 lich in jenen Gegenden, den Verunglückten die Ruhe im Grabe abzusprechen. Der alte Mergel war das Gespenst des Brederholzes geworden; einen Betrunkenen führte er als Irrlicht bei einem Haar in den Zellerkolk; 25 die Hirtenknaben, wenn sie nachts bei ihren Feuern kauerten und die Eulen in den Gründen schrieen, hörten zuweilen in abgebrochenen Tönen ganz deutlich dazwischen sein: „Hör mal an, feins Liseken", und ein 30 unprivilegierter Holzhauer, der unter der breiten Eiche eingeschlafen und dem es darüber Nacht geworden war, hatte beim Erwachen sein geschwollenes blaues Gesicht durch die Zweige lauschen sehen. Friedrich 35 musste von andern Knaben vieles darüber hören; dann heulte er, schlug um sich, stach auch einmal mit seinem Messerchen und wurde bei dieser Gelegenheit jämmerlich geprügelt. Seitdem trieb er seiner Mutter 40 Kühe allein an das andere Ende des Tales, wo man ihn oft stundenlang in derselben Stellung im Grase liegen und den Thymian aus dem Boden rupfen sah.

Friedrich zieht mit zwölf Jahren zu seinem Onkel und arbeitet für ihn. Dieser ist der An- 45 *führer der Blaukittel-Bande, einer Gruppe dreister Holzdiebe, die weite Waldflächen für den eigenen Profit fällt. Der Junge hütet Kühe und hält Wache. Eines Tages kommt der Förster Brandis mit anderen Förstern vorbei.* 50

„Hast du nichts im Walde gehört?" – „Im Walde?" – Der Knabe warf einen raschen Blick auf des Försters Gesicht. – „Eure Holzfäller, sonst nichts." – „Meine Holzfäller!"

Die ohnehin dunkle Gesichtsfarbe des 55 Försters ging in tiefes Braunrot über. „Wie viele sind ihrer, und wo treiben sie ihr Wesen?" – „Wohin Ihr sie geschickt habt; ich weiß es nicht." – Brandis wandte sich zu seinen Gefährten: „Geht voran; ich komme 60 gleich nach."

[…] „Friedrich", sagte er mit dem Ton unterdrückter Wut, „meine Geduld ist zu Ende; ich möchte dich prügeln wie einen Hund, und mehr seid ihr auch nicht wert. 65 Ihr Lumpenpack, dem kein Ziegel auf dem Dach gehört! Bis zum Betteln habt ihr es, gottlob, bald gebracht, und an meiner Tür soll deine Mutter, die alte Hexe, keine verschimmelte Brotrinde bekommen. Aber 70 vorher sollt ihr mir noch beide ins Hundeloch!"

Friedrich griff krampfhaft nach einem Aste. Er war totenbleich und seine Augen schienen wie Kristallkugeln aus dem Kop- 75 fe schießen zu wollen. […] „Herr", sagte

Halbmeier:
kleinerer Bauer

Es war ihm empfindlich:
Er war leicht zu beleidigen, zu verletzen.

Irrlicht:
Lichterscheinung wie eine kleine Flamme über einem Sumpf

Zellerkolk:
ein Teich

unprivilegiert:
ein nicht Berechtigter, also eigentlich ein Holzdieb

Hundeloch:
Gefängnis

Novellenmerkmale: Spannungsaufbau, Figuren

Schicksalhafte Wendepunkte · Erzählende Texte untersuchen und deuten

er fest, […] „wenn ihr die Holzfäller nicht selbst bestellt habt, so müssen es die Blaukittel sein; denn aus dem Dorfe ist kein Wagen gekommen; ich habe den Weg ja vor mir, und vier Wagen sind es. Ich habe sie nicht gesehen, aber den Hohlweg hinauffahren hören." Er stockte einen Augenblick. – […]

[Der Förster] schritt dem Gebüsche zu. – „Nein, Herr", rief Friedrich, „wenn Ihr zu den andern Förstern wollt, die sind dort an der Buche hinaufgegangen." – „An der Buche?", sagte Brandis zweifelhaft. „Nein, dort hinüber, nach dem Mastergrunde." – „Ich sage Euch, an der Buche; des langen Heinrich Flintenriemen blieb noch am krummen Ast dort hängen; ich hab's ja gesehen!"

Der Förster schlug den bezeichneten Weg ein. […] Friedrichs Gesicht hatte während dieses allmählichen Verschwindens den Ausdruck seiner Kälte verloren und seine Züge schienen zuletzt unruhig bewegt. Gereute es ihn vielleicht, den Förster nicht um Verschweigung seiner Angaben gebeten zu haben? Er ging einige Schritte voran, blieb dann stehen. „Es ist zu spät", sagte er vor sich hin und griff nach seinem Hute. Ein leises Picken im Gebüsche, nicht zwanzig Schritte von ihm. Es war der Förster, der den Flintenstein schärfte. Friedrich horchte. – „Nein!", sagte er dann mit entschlossenem Tone, […]

Später wird der Förster Brandis tot aufgefunden. Friedrich hat ihn den Blaukitteln in die Arme getrieben, als er ihm den falschen Weg wies.

---

1. „Friedrich musste von andern Knaben vieles darüber hören; dann heulte er […]" (S. 115, Z. 34 ff.). Schildert die Gedanken des Jungen.

2. Legt eine Tabelle an, in der ihr notiert, wie sich die Handlung entwickelt. Tragt die entscheidenden Ereignisse und Friedrichs Entwicklung ein.

Friedrichs Alter	8 Jahre	12 Jahre	…	…
äußere Handlung	Tod des Vaters	zieht zum Onkel	…	…
Friedrichs Entwicklung	→ tiefer Eindruck → …	→ …	…	…

3. Erstellt anhand der Textausschnitte (S. 115 f.) ein Figurenporträt von Friedrich. Nutzt dazu Textbelege, beachtet seine Situation im Dorf und sein Verhalten.

4. Gestaltet zum zweiten Textausschnitt (Z. 51–107) innere Monologe aus der Sicht von Friedrich und dem Förster Brandis. Ihr könnt in Gruppen arbeiten. Tragt eure Ergebnisse vor und diskutiert die Konfliktsituation.

5. Untersucht Friedrichs Verhalten im Gespräch mit dem Förster (S. 115 f., Z. 51–107). Notiert die verschiedenen Stationen des Gesprächsablaufs und beschreibt, was jeweils in dem Jungen vorgeht.

6. „‚Es ist zu spät', sagte er vor sich hin." (Z. 101 f.). Erklärt, was Friedrich meint. Erläutert die Bedeutung der Begegnung mit Brandis und beurteilt sein Verhalten.

Novellenmerkmale: Spannungsaufbau, Wendepunkte

Annette von Droste-Hülshoff: Die Judenbuche (Ausschnitt)

Seine Natur war nicht unedel, aber er gewöhnte sich, die innere Schande der äußern vorzuziehen. […]

Diese unglückliche Wendung seines Charakters war indessen das Werk mehrerer Jahre […]. Friedrich […] versäumte keine Kirchweih oder Hochzeit, und da ein sehr empfindliches Ehrgefühl ihn die geheime Missbilligung mancher nicht übersehen ließ, war er gleichsam immer unter Waffen, der öffentlichen Meinung nicht sowohl Trotz zu bieten, als sie den Weg zu leiten, der ihm gefiel. Er war äußerlich ordentlich, nüchtern, anscheinend treuherzig, aber listig, prahlerisch und oft roh, ein Mensch, an dem niemand Freude haben konnte, am wenigsten seine Mutter, und der dennoch durch seine gefürchtete Kühnheit und noch mehr gefürchtete Tücke ein gewisses Übergewicht im Dorfe erlangt hatte, das umso mehr anerkannt wurde, je mehr man sich bewusst war, ihn nicht zu kennen und nicht berechnen zu können, wessen er am Ende fähig sei. Nur ein Bursch im Dorfe, Wilm Hülsmeyer, wagte im Bewusstsein seiner Kraft und guter Verhältnisse ihm die Spitze zu bieten; und da er gewandter in Worten war als Friedrich, und immer, wenn der Stachel saß, einen Scherz daraus zu machen wusste, so war dies der Einzige, mit dem Friedrich ungern zusammentraf.

Bei einer Hochzeit wird Friedrich von Johannes, seinem treuen Gefährten, begleitet.

[…] kurz, es war ein köstliches Fest. Friedrich stolzierte umher wie ein Hahn, im neuen himmelblauen Rock, und machte sein Recht als erster Elegant geltend. Als auch die Gutsherrschaft anlangte, saß er gerade hinter der Bassgeige und strich die tiefste Saite mit großer Kraft und vielem Anstand. […]

„Nun lustig, Musikanten: den Papen van Istrup!" – Der beliebte Tanz ward gespielt und Friedrich machte Sätze vor den Augen seiner Herrschaft, dass die Kühe an der Tenne die Hörner zurückzogen und Kettengeklirr und Gebrumm an ihren Ständern herlief. Fußhoch über die andern tauchte sein blonder Kopf auf und nieder, wie ein Hecht, der sich im Wasser überschlägt; an allen Enden schrieen Mädchen auf, denen er zum Zeichen der Huldigung mit einer raschen Kopfbewegung sein langes Flachshaar ins Gesicht schleuderte.

„Jetzt ist es gut!", sagte er endlich und trat schweißtriefend an den Kredenztisch; „Die gnädigen Herrschaften sollen leben und alle die hochadeligen Prinzen und Prinzessinnen, und wer's nicht mittrinkt, den will ich an die Ohren schlagen, dass er die Engel singen hört!" – Ein lautes Vivat beantwortete den galanten Toast. – Friedrich machte seinen Bückling. – „Nichts für ungut, gnädige Herrschaften; wir sind nur ungelehrte Bauersleute!" – In diesem Augenblick erhob sich ein Getümmel am Ende der Tenne, Geschrei, Schelten, Gelächter, alles durcheinander. „Butterdieb, Butterdieb!", riefen ein paar Kinder, und heran drängte sich, oder vielmehr ward geschoben, Johannes Niemand, den Kopf zwischen die Schultern ziehend und mit aller Macht nach dem Ausgange strebend. – „Was ist's? Was habt ihr mit unserem Johannes?", rief Friedrich gebieterisch.

„Das sollt Ihr früh genug gewahr werden", keuchte ein altes Weib mit der Küchenschürze und einem Wischhader in der Hand. – Schande! Johannes, der arme Teufel, dem zu Hause das Schlechteste gut genug sein musste, hatte versucht, sich ein halbes Pfündchen Butter für die kommende Dürre zu sichern, und ohne daran zu denken, dass er es, sauber in sein Schnupftuch gewickelt, in der Tasche geborgen, war er ans Küchenfeuer getreten und nun rann das Fett schmählich die Rockschöße entlang. Allgemeiner Aufruhr; die Mädchen sprangen zurück, aus Furcht, sich zu be-

---

Tenne:
Platz in der Scheune

Kirchweih:
Kirmes

Kredenztisch:
Tisch, an dem Speisen und Getränke bereitstehen

Vivat:
Hochruf: Er lebe hoch!

Bückling:
Verbeugung

ein Elegant:
auffälliger, modisch gekleideter Mann

Wischhader:
Putzlappen

Pape:
Pfaffe

Istrup:
kleiner Ort östlich von Bielefeld

Schicksalhafte Wendepunkte · Erzählende Texte untersuchen und deuten

Delinquent:
Übeltäter, Verbrecher

Maulschelle:
Ohrfeige

Schwein:
tiefe Kränkung, da ein Schwein bei den Juden als unreines Tier gilt; Ausdruck antisemitischer Einstellung

Brautmenuett:
franz. Tanz mit kleinen Schritten

Nebenbuhler:
Mitbewerber um die Gunst eines Mädchens

Schlächter:
Metzger; ein Gewerbe, das auch Juden ausüben durften

Althändler:
Händler, der alte Kleider oder Gebrauchsgegenstände verkauft

schmutzen, oder stießen den Delinquenten vorwärts. Andere machten Platz, sowohl aus Mitleid als Vorsicht. Aber Friedrich trat vor: „Lumpenhund!", rief er; ein paar derbe
95 Maulschellen trafen den geduldigen Schützling; dann stieß er ihn an die Tür und gab ihm einen tüchtigen Fußtritt mit auf den Weg.
Er kehrte niedergeschlagen zurück; seine
100 Würde war verletzt, […], doch zuvor noch ein Knalleffekt: er zog seine silberne Taschenuhr hervor, zu jener Zeit ein seltener und kostbarer Schmuck. „Es ist bald zehn", sagte er. „Jetzt den Brautmenuett! Ich will
105 Musik machen."
„Eine prächtige Uhr!", sagte der Schweinehirt und schob sein Gesicht in ehrfurchtsvoller Neugier vor. – „Was hat sie gekostet?", rief Wilm Hülsmeyer, Friedrichs
110 Nebenbuhler. – „Willst du sie bezahlen?", fragte Friedrich. – „Hast du sie bezahlt?", antwortete Wilm. Friedrich warf einen stolzen Blick auf ihn und griff in schweigender Majestät zum Fidelbogen. –
115 […] man drängte sich wieder der Tenne zu, von wo unauslöschliches Gelächter und Lärm herüberschallte. Friedrich war nicht mehr dort. Eine große, unerträgliche Schmach hatte ihn getroffen, da der Jude
120 Aaron, ein Schlächter und gelegentlicher Althändler aus dem nächsten Städtchen, plötzlich erschienen war und nach einem kurzen, unbefriedigenden Zwiegespräch ihn laut vor allen Leuten um den Betrag
125 von zehn Talern für eine schon um Ostern gelieferte Uhr gemahnt hatte. Friedrich war wie vernichtet fortgegangen und der Jude

ihm gefolgt, immer schreiend: „O weh mir! Warum hab ich nicht gehört auf vernünftige Leute! Haben sie mir nicht hundertmal 130 gesagt, Ihr hättet all Eu'r Gut am Leibe und kein Brot im Schranke!" – Die Tenne tobte von Gelächter; manche hatten sich auf den Hof nachgedrängt. – „Packt den Juden! Wiegt ihn gegen ein Schwein!", riefen einige; andere waren ernst geworden. – „Der 135 Friedrich sah so blass aus wie ein Tuch", sagte eine alte Frau, und die Menge teilte sich, wie der Wagen des Gutsherrn in den Hof lenkte. 140

7. Erklärt, warum Friedrich die Hochzeit verlässt.

8. Untersucht die Veränderungen, die in Friedrich vorgehen.
- Verfolgt, wie der Erzähler den Jungen darstellt (z. B. äußere Merkmale, Verhalten), und benennt sprachliche Mittel, die eingesetzt werden.
- Sucht Stellen, an denen der Erzähler bewertet, z. B. *„unglückliche Wendung seines Charakters"* (Z. 4 f.).
- Das Hochzeitsfest ist der entscheidende Wendepunkt der Entwicklung. Sucht Gründe für diese Aussage.

Novellenmerkmale

Annette von Droste-Hülshoff: Die Judenbuche (Ausschnitt)

Der Händler Aaron wird später ermordet im Brederholz gefunden. Friedrich ist mit seinem „Schützling" Johannes verschwunden, er kann nicht des Mordes überführt werden. Die jüdische Gemeinde kauft die Buche im Brederholz, unter der der Händler vermutlich erschlagen wurde, und lässt einen Spruch in die Rinde schneiden.

ילּ תישע תתא רשאכ דב עגפי תות סוקמב דומעת סא

Wenn du dich diesem Orte nahest, so wird es dir ergehen, wie du mir getan hast.

28 Jahre später taucht ein kranker und verkrüppelter Mann im Dorf auf, in dem man den Begleiter Friedrichs, Johannes, zu erkennen glaubt. Man gibt ihm einfache Arbeiten. Auffallend ist, dass er das Brederholz mit der Judenbuche meidet. Dann findet man seine Leiche in der Judenbuche, erkennt aber, dass es in Wahrheit die Friedrichs ist, der sich erhängt hat.

9. Ergänzt eure Tabelle (S. 116, Aufgabe 2) und diskutiert die Aussage, Friedrichs Kindheit und Jugend seien schuld daran, dass er zum Mörder wurde.

10. Erläutert den jüdischen Spruch und erklärt seine Bedeutung.

Merkmale einer Novelle erkennen

Novellen (ital. Novella: kleine Neuigkeit; von lat. novus, novellus: neu) sind längere Erzählungen von Geschehnissen, die sich **tatsächlich ereignet** haben oder **real vorstellbar** sind.
Meist wird das **Schicksal von Menschen** in einer **Krisensituation** dargestellt, die eine **plötzliche Wendung** nimmt.

In der Novelle wird wie im Drama ein **zentraler Konflikt** entfaltet, der auf dem Gegensatz zwischen Ungewöhnlichem oder Neuartigem und dem Gewohnten und Traditionellen beruht.
Höhe- und Wendepunkte bringen einen Umschlag der Handlung, die meist linear verläuft. Auch durch ihre **Geschlossenheit im Aufbau** ähnelt die Novelle der Bauform des Dramas.

Wissen und Können

Lerninsel:
Textsorten
S. 269

---

11. **Zum Differenzieren** ■ ■ ■ ■

A Sucht drei Textstellen, die typische Eigenschaften Friedrichs zeigen. Beschreibt seine Charakterzüge.

B Versetzt euch in folgende Situation: Die Dorfjugend redet über Friedrichs Blamage auf der Hochzeit. Verfasst diese Szene und vergleicht eure Texte.

C Stellt Friedrichs Entwicklung grafisch dar. Nutzt Textstellen. Begründet die Zuordnung des Textes zur Textsorte Novelle.

Differenzieren
Novellen-merkmale
wm6h2a

Schicksalhafte Wendepunkte • Erzählende Texte untersuchen und deuten

Ein Dingsymbol erkennen und seine Bedeutung verstehen

Giovanni Boccaccio: Federigo Degli Alberighi und sein Falke (Decamerone V. 9)

Zwischen 1348 und 1353 schrieb der italienische Dichter Giovanni Boccaccio das „Decamerone", ein Buch, das seinen Weltruhm begründet hat. Die Handlung spielt 1348, dem Jahr, in dem in Florenz die Pest herrschte. Sieben Frauen und drei Männer flüchten vor ihr auf ein Landgut und erzählen sich zum Zeitvertreib zehn Tage lang Geschichten, sodass sich schließlich, in die Rahmenhandlung eingebettet, hundert Novellen ergeben, deren gemeinsames Thema die Liebe ist. Die Falkennovelle wird am fünften Tag erzählt:

Der junge Ritter Federigo verschwendet all seinen Reichtum im vergeblichen Bemühen um die Liebe der schönen, verheirateten Edelfrau Giovanna. Verarmt zieht er sich aufs Land zurück; nur ein edler Jagdfalke ist ihm geblieben, den er sehr liebt. Der Sohn der edlen Dame freundet sich mit dem Ritter an und bewundert die Künste des Falken. Eines Tages erkrankt er und glaubt, nur der Besitz des Falken werde ihn retten. Aus Liebe zu ihrem Sohn sucht Giovanna den Ritter auf, um den Vogel zu erbitten. Vorher will sie mit dem Ritter Mittag essen.

Linnen: Leinen

So groß seine Armut auch war, hatte er es bis zur Stunde durchaus nicht bitter empfunden, dass er nicht mehr in der Lage war, Reichtümer zu verschwenden; an diesem 5 Vormittag jedoch fühlte er heiße Reue, weil er gar nichts fand, womit er die Dame hätte ehren können, um derentwillen er einst unzähligen Menschen Ehren erwiesen hatte. Verzweifelt, sich und sein Schicksal ver-10 wünschend, lief er umher, als habe er den Verstand verloren, doch fand er weder Geld noch irgendetwas Versetzbares. Darüber war es schon spät geworden, aber wenn er auch die Dame herzlich gerne mit irgendei-15 ner Gabe bewirtet hätte, brachte er es nicht über sich, Fremde oder seinen eigenen Arbeiter um Hilfe zu bitten.

Da fiel sein Auge auf seinen guten Falken, der in dem kleinen Zimmer auf der Stange 20 saß, und weil ihm keine Zeit mehr verblieb, weiterzusuchen, ergriff er den Vogel, fand ihn wohlgenährt und hielt ihn für würdig, der Dame als Leckerbissen vorgesetzt zu werden. Ohne lange nachzudenken, drehte 25 er ihm den Hals um, ließ ihn schnell von einer Magd rupfen, zurechtmachen und am Spieße sorglich braten. Dann breitete er schneeweißes Linnen, von dem er noch einiges besaß, über den Tisch und eilte mit heiterer Miene zu seiner Dame in den Gar-30 ten, um ihr zu melden, dass das Essen, so gut es in seiner Macht stehe, angerichtet sei. Darauf erhoben sich die Dame und ihre Begleiterin und setzten sich zu Tisch, und ohne zu wissen, was sie aßen, verspeisten sie zu-35 sammen mit Federigo, der sie aufmerksam bediente, den kostbaren Falken. […].

1. Besprecht, welche Geschichten ihr euch in zehn Tagen erzählen würdet. Begründet.

Novellenmerkmale: Dingsymbol

2. Erklärt, warum Federigo seinen geliebten Falken tötet. Worin liegt das Besondere seiner Entscheidung? Beurteilt sein Verhalten aus eurer heutigen Sicht.

3. Bestimmt den entscheidenden Punkt der Handlung. Untersucht, welche Bedeutung der Falke für die Handlung hat. Begründet.
   – An welchen Stellen wird er erwähnt?
   – Welche Hinweise auf die Figuren und ihr Handeln sind mit ihm verbunden?
   – Bezieht auch die Inhaltsangabe mit ein.

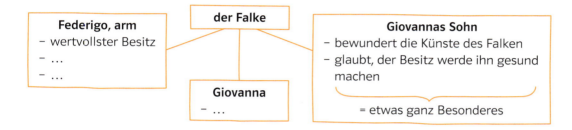

Ein Dingsymbol erkennen und seine Bedeutung verstehen

Im Mittelpunkt des Geschehens steht ein Gegenstand (oder Lebewesen), der eine **zentrale Rolle** spielt.
In Boccaccios Novelle taucht der Falke wie ein **Leitmotiv** an **entscheidenden Stellen** auf und **bestimmt** dadurch den **Aufbau**. Weil er den **zentralen Konflikt spiegelt**, bezeichnet man ihn als Dingsymbol.

Beim **Erkennen von Dingsymbolen** helfen euch folgende Fragen:
– Welcher Gegenstand ist für den **Verlauf der Handlung** und den **Aufbau** der Erzählung besonders wichtig?
– Welche **Rolle** spielt dieser Gegenstand für eine oder mehrere **Figuren**?
– Welche **Konflikte** oder **Probleme** der Figuren spiegeln sich symbolisch in diesem Gegenstand?

Wissen und Können

Lerninsel:
Novelle
S. 269

4. Zum Differenzieren ▪ ▪ ▪ ▪

   A Erklärt in einem Kurzreferat, warum Boccaccios Falkennovelle als typische Novelle bezeichnet werden kann. Orientiert euch an der blauen Box auf Seite 119.

   B Wie hätte Federigo auch handeln können, als die Dame ihn besuchte? Schreibt den Text um und vergleicht mit Boccaccios Novelle.

   C „Jede Novelle braucht ihren Falken." (Paul Heyse) Überlegt, ob es in der „Judenbuche" ein Dingsymbol gibt. Berücksichtigt die Informationen aus der blauen Box.

Differenzieren
Novelle
ii79gh

5. Extra

   Informiert euch über die Textsorte „Urban Legends" und vergleicht sie mit Novellen. Tragt eure Ergebnisse in der Klasse vor.

Das könnt ihr jetzt!

Frank Göhre: Unter der alten Eiche (frei nach: Die Judenbuche)

[…] Es war eine fröhliche Gesellschaft, zu der er stieß. Bleche mit ofenwarmen Kuchen wurden herumgetragen, man trank aus dampfenden Bechern und über der bei dem Brautvater stehenden Gruppe Grünberockter schwebten bläuliche Tabakwolken.

„Oh ha!", wurde Friedrich sodann vom Oberförster Brandis begrüßt, einem gedrungenen Mann mit wettergegerbtem Gesicht und einem dichten Lippenbart, „welch Glanz erstrahlt! Ein wahrer Elegant gibt uns die Ehre." Er lachte in die Runde. „Was glaubt ihr wohl, was ihn das feine Tuch gekostet hat? Wie viel Fuder Holz werden's gewesen sein?" – „Ich verdien es mir auf ehrliche Art!" – „Warum wirst dann rot bis hoch zur Stirn?" Der Förster trat dicht an ihn heran und senkte die Stimme. „Wir wissen beide, wem du es verdankst. Nimm dich in Acht, sonst ergeht's dir noch wie deinem Vater." – Friedrich zwang sich, nicht gleich aufzubrausen. Der Vater. Erst der Schmied, und nun auch der Brandis. Was war das nur für ein Tag, an dem er selbst schon beim Aufwachen auf der Wiese den geliebten Vater vor Augen gehabt hatte? – „Wollt Ihr schlecht über ihn reden? Das würd' mir nicht gefallen!" – „I wo! Immer lustig war's, mit ihm zu feiern. Aber dein Onkel hat wohl befürchtet, er könne sich beim Branntwein doch einmal verplappern. Drum kam ihm das Schneetreiben in jener Winternacht grad recht." – Friedrich war es, als presse eine stählerne Faust seine Gedärme zusammen. Der Brandis sog an seiner Pfeife, fasste ihn am Arm und nahm ihn sacht beiseite. „Höre, Friedrich, du bist im Grunde deines Herzens doch ein anständiger Kerl. Ich hätte es sogar gern gesehen, wenn du mit meiner Tochter zusammen gekommen wärst. Ja, ja, ich weiß sehr wohl, dass du sie im Blick hattest, und gepasst hätte es allemal besser, sie einem Christen anstatt einem Jud zur Frau zu geben. Aber gut, ich will's nicht groß beklagen. Schmerzen allerdings tut es mich, dass du dich von deinem Onkel in seine dunklen Geschäfte hineinziehen lässt, zumal er, und mit der Meinung stehe ich wahrlich nicht allein, deinen Vater auf dem Gewissen hat." […] Er wollte nicht glauben, was er soeben gehört hatte und konnte es doch nicht aus dem Hirn bannen, wie pures Gift durchströmte es all seine Glieder. Schließlich stakste er zurück zu einem der Tische und ließ sich Schnaps einschenken, ein großes Glas voll und noch eins, und er lachte ein böses Lachen und trank weiter und weiter, bis sich alles um ihn herum drehte und er sich hoch emporgeschleudert fühlte, direkt auf die blutrot untergehende Sonne zu. […]

Die Zeit verrann. Schließlich konnte Friedrich den Aufbruch nicht länger hinausschieben. Er streifte den dunklen Kittel über und nahm den hinter dem Elternhaus zur Schlucht hin führenden Weg. Keine Menschenseele schien sonst noch unterwegs zu sein. Der Mond war von Wolken verhangen, er gab kaum Licht, und nur hin und wieder erklang der Ruf einer Eule. Friedrich näherte sich dem Waldrand, als er es plötzlich im Gebüsch rascheln hörte. Die Zweige wurden beiseite geschoben, und der Forstaufseher Brandis, im grünen Jagdrock, den silbernen Wappenschild am Arm und die gespannte Büchse in der Hand, trat heraus. „Friedrich, ich glaubte, dich gewarnt zu haben." – Friedrich blickte zu Boden. – „Ich hab nichts Unrechtes im Sinn." – Er sprach derart leise, dass der Förster ihm das Kinn hob und es fest presste. – „Dann sag mir, in

---

Fuder:
Wagenladung unterschiedlicher Größe

| | Lerninsel: Umgang mit erzählenden Texten S. 266 ff. | Diagnosebogen Erzählende Texte bd67rr | Training interaktiv Erzählende Texte ap49v3 |

welchem Stück des Waldes dein Onkel in dieser Nacht zu schlagen gedenkt." – „Davon weiß ich nichts." – Brandis verstärkte seinen Griff. – „Willst du, dass der Mord an deinem Vater auf ewig ungesühnt bleibt? Wie ist's dir denn dabei, dieser Canaille weiterhin zur Hand zu gehen?" Er brachte sein Gesicht nah an Friedrichs bleich gewordenes Antlitz. „Hör, Friedrich, sobald ich deinen Onkel der Gerichtsbarkeit überführt hab, nehm ich dich zu mir in den Dienst, das gelob ich dir, bei allem, was mir heilig ist. Du wirst bei mir in anständiger Gesellschaft sein, und auch um das Wohl deiner Mutter wird man sich kümmern. Aber jetzt halt mich nicht länger hin." – Friedrich entzog sich mit einem heftigen Ruck der Hand des Grünberockten und stapfte zornig mit dem Fuße auf. – „Was quält ihr mich?!" – Er merkte, dass ihm der Hals eng ward. – „Wie soll ich denn wissen, ob es wahr ist, was mit meinem Vater geschah? Ihr könnt es Euch ebenso gut zusammengesponnen haben, um mich zum Verrat und zur Rache anzustiften!" – Just in diesem Moment knackte ein Ast und Brandis drehte sich überrascht um. Wie aus dem Nichts stand Simon vor ihm, und Friedrichs Augen weiteten sich vor Entsetzen. Der Onkel schwang die scharfe Axt und spaltete mit einem gewaltigen Hieb den Schädel des Försters. Blut und eine glibberige Masse spritzten, Brandis fiel rücklings zu Boden, und Friedrich glaubte, ohnmächtig zu werden.

1. Der Text ist eine literarische Adaption. Vergleicht die Figurencharakterisierung und die Handlung dieser Textstelle mit dem Original (S. 115 ff.).

2. Untersucht das Erzählverhalten im Text. Beschreibt, wie der Erzähler den Leser lenkt, und belegt mit Textstellen.

3. Diskutiert, ob die Novellenmerkmale auch auf die literarische Adaption zutreffen.

4. Die Novelle „Die Judenbuche" gibt es auch als Hörbuch.
   – Gestaltet in kleinen Gruppen die Textausschnitte (S. 115 ff.) für ein Hörbuch und sucht passende Musik.
   – Stellt eure Ergebnisse vor und begründet eure Gestaltungsweise.

5. Vergleicht Blaises Schicksal (S. 108 ff.) mit dem von Friedrich nach selbst gewählten Kriterien. Diskutiert, ob das Jugendbuch auch als Novelle denkbar wäre.

6. Schreibt einen Jugendbuchausschnitt als literarische Adaption um. Begründet eure Veränderungen.

7. Extra

   Sucht im Internet unterschiedliche Covergestaltungen zur Novelle „Die Judenbuche". Wählt eine geeignete aus oder zeichnet selbst ein Cover. Begründet eure Entscheidung.

Literarische Adaption: literarische Bearbeitung

123

Unzertrennlich
Autobiografien, Filme und Jugendbücher untersuchen

Das könnt ihr schon!

- Jugendbücher verstehen, Sachbücher nutzen
- Möglichkeiten der Kamera und der Montage im Film untersuchen

Driss und Philippe, aus dem Film: „Ziemlich beste Freunde"

1. Besprecht, ob eure Vorstellungen von Freundschaft in dem Text und auf dem Filmbild zum Ausdruck kommen.

2. Untersucht in dem Textausschnitt, welchen Eindruck der Mann auf den Ich-Erzähler macht. Besprecht, wie ihr euch diesen Mann vorstellt.

3. Beschreibt die Stimmung, die das Filmbild vermittelt. Klärt, wie diese Wirkung mit der Kameraeinstellung und der Perspektive zusammenhängt.

4. Skizziert Darstellungen der Szene mit anderen Möglichkeiten der Kameraeinstellung und Perspektive.

5. Entwickelt Ideen für Nachfolgebilder. Überlegt, welche Montagetechniken ihr anwenden könnt.

Abdel Sellou: Einfach Freunde (Ausschnitt)

Dieser Mann hier ist der Einzige, der nicht zittert. Er hat bereits alles verloren. Er kann sich alles leisten, das ist offensichtlich, nur das Wichtigste nicht: die Freiheit. Und trotzdem lächelt er. Ich spüre etwas Merkwürdiges in mir aufsteigen. Etwas Neues. Etwas, das mich stutzen lässt. Mich am Boden festnagelt. Mir die Sprache
5 verschlägt. […] Na los, was riskier ich denn, wenn ich ihm meine Arme leihe? Ein, zwei Tage, nur so lange, bis ich weiß, mit wem ich es zu tun hab …
Ich bin zehn Jahre geblieben. Ich bin gegangen, zurückgekommen, es gab auch Zeiten des Zweifels, in denen ich weder wirklich weg noch wirklich da war, aber alles in allem bin ich zehn Jahre geblieben.

Lerninsel:
Umgang mit
Medien
S. 283 ff.

Tschick

Startseite | Autor | **Kreatives** | Roadmovies | Theaterinszenierungen | Einfach Tschick? | Impressum

Schnipsel – Aussagen des Autors zusammengestellt
Never ending story
Trailer
Tagebuchaufzeichnungen
Fotoroman
Präsentationen

Sie sind hier: ❯ Starseite

Einfach Tschick? Wolfgang Herrndorfs Reise bewegt

Eine Reise mit Herrndorfs Jugendbuch Tschick

Da waren wir schon am Springpfuhl vorbei. Tschick parkte diesmal nicht direkt vor unserem Haus, sondern in einer kleinen Seitenstraße, einer Sackgasse, wo uns keiner beim Aussteigen sah, und als wir endlich eben bei mir waren und Tschick mich immer noch anguckte, als hätte er wer weiß was über mich rausgefunden, wortantwortlich für das, was du jetzt …enn du lachst – …"

Impressum Kontakt

Felicitas von Lovenberg: Rezension zu „Tschick"

[…] Langsam fernsehen geht nun einmal nicht, langsam lesen schon. Und hier ist ein Roman, den man ganz besonders langsam lesen möchte, damit er nie zu Ende geht. Denn er versetzt einen buchstäblich zurück in die Gegenwart, die zugleich ganz neu und seltsam vertraut ist: in diesen Sommer, als wir vierzehn waren.
„Tschick" erzählt von einem Aufbruch, einer Freundschaft und einer Rückkehr, es ist ein Roadmovie und eine Coming-of-Age-Story, ein Abenteuer- und ein Heimatroman. Vor allem aber ist es ein großartiges Buch, egal, ob man nun dreizehn, dreißig oder gefühlte dreihundert ist. Das liegt natürlich am Autor Wolfgang Herrndorf, aber das vergisst man beim Lesen ziemlich schnell, weil man völlig damit beschäftigt ist, Maik zuzuhören, der die Geschichte erzählt. […]

6. Besprecht, welche Erwartungen die Rezension bei euch weckt. Begründet.

7. Beschreibt die Struktur und Funktion der Website zum Jugendbuch. Sammelt Ideen für weitere Gliederungspunkte.

Das lernt ihr jetzt!

- typische Merkmale von Autobiografien kennenlernen
- einen Trailer untersuchen
- eine Filmkritik untersuchen und schreiben
- Jugendbücher medial präsentieren

Roadmovie: Handlung spielt unterwegs, oft auf einer Fahrt mit dem Auto

Coming-of-Age-Story: Geschichte über Jugendliche und ihre Probleme

Rezension: kritische Besprechung von Büchern, Filmen, Theateraufführungen

125

Unzertrennlich · Autobiografien, Filme und Jugendbücher untersuchen

Dichtung und/oder Wahrheit
Autobiografien untersuchen

Philippe Pozzo di Borgo: Ziemlich beste Freunde (Ausschnitt)

Philippe ist seit einem Unfall mit einem Gleitschirmflieger Tetraplegiker. Auf Hilfe angewiesen, stellt er Abdel – einen kleinkriminellen Araber – als Pfleger ein. Dieser hilft ihm ins Leben zurück. In seiner Autobiografie blickt Philippe auf seine Kindheit, seine Ehe, die Krankheit und seinen Pfleger Abdel zurück.

Tetraplegiker: vom Hals ab unbeweglich, gleichzeitige Lähmung aller vier Gliedmaßen

meditiert: sinnt nach, denkt nach

Soutane: Gewand eines Geistlichen

Flipper: Spielautomat, bei dem man Hebel bewegt und an Knöpfen zieht, damit eine Kugel möglichst lange auf einer schrägen Fläche bleibt

Messdiener: assistiert dem Priester beim Gottesdienst, bringt u.a. Wein, Wasser und Brot zum Altar

Hostie: Oblate, die als Abendmahlsbrot verwendet wird; Oblate: sehr dünne Scheibe aus einem Teig aus Mehl und Wasser

Eucharistie: Abendmahl, Mittelpunkt des Gottesdienstes

Von meinem Zimmer aus schaue ich hinüber auf das des Kindermädchens, das für meinen Onkel Cecco, den jüngeren Bruder meines Vaters, und seine Frau Tania arbei-
5 tet. Drei Jahre lang ist die Erzieherin für mich die schönste Frau der Welt. Ich erahne ihre Gestalt hinter der Milchglasscheibe des Badezimmers. Nachts träume ich von ihr. Eines Abends schleiche ich, erfüllt von wil-
10 dem Verlangen, auf Zehenspitzen die zwei Stockwerke hinunter, die uns voneinander trennen. Am Ende des Gangs betrete ich ihr Zimmer. Sie geht gerade schlafen. Ihr Körper schimmert durch den dünnen Stoff
15 des Nachthemds. Verwirrt stehe ich da und stammle: „Ich habe Kopfschmerzen". Sie gibt mir ein Aspirin. Mit eingezogenem Schwanz trolle ich mich wieder nach oben.
    Unter der Woche wohne ich in der *École*
20 *Bossuet*, einem von schwarzgekleideten Mönchen geführten Pensionat. Morgens gehen wir zur Messe, die Mahlzeiten gibt es in der Kantine und abends machen wir unter Aufsicht unsere Schulaufgaben. Der
25 Unterricht findet erst im Lycée Montaigne, dann im Lycée Louis-le-Grand statt. Gelegentlich betätige ich mich als Messdiener – ohne große Begeisterung. Eines Morgens klaue ich zusammen mit einigen Klassen-
30 kameraden die noch ungeweihten Hostien. Auf dem Weg zum Klassenzimmer essen wir sie auf. Was für ein Erfolg, als der alte Geistliche die Eucharistie feiern will – und gemeinschaftliches Nachsitzen! Der Schul-
35 leiter von Bossuet, Domherr Garand, ist über achtzig Jahre alt. Er hat schon meinen Großvater unterrichtet, zu Zeiten meines Vaters war er dann Direktor.
    Im Kreis meiner Freunde stehe ich mit
40 einer Wasserbombe in der Hand an einem Fenster im siebten Stock und ziele auf unseren Schulleiter. Er geht über den Hof. Vielleicht meditiert er ja gerade über die Unwägbarkeiten des Lebens. Zisch …
45 Platsch!!! Das Projektil beschreibt eine perfekte Kurve und zerplatzt auf seiner Soutane. Anschlag gelungen! Als mein Vater von meiner „Heldentat" erfährt, stimmt er dem Schulverweis zu. Er hat ohnehin beschlos-
50 sen, mich von der *École Bossuet* zu nehmen, weil man ihm zugetragen hat, ich verbrächte die meiste Zeit in einem Café, wo man mich den „Flipperkönig" nenne.

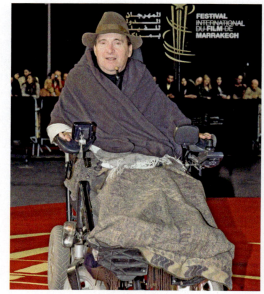

Philippe Pozzo di Borgo, 2011

---

126 · autobiografische Texte untersuchen

1. Tragt zusammen, von welchen Ereignissen und Erlebnissen seines Lebens der Autor erzählt. Diskutiert, weshalb solche Erinnerungen geschrieben und gelesen werden.

2. Untersucht, wie der Autor seinen Erlebnissen gegenübersteht. Begründet durch Textstellen. Sprecht über die Glaubwürdigkeit des Erzählten.

3. Klärt, aus welcher Perspektive der Autor erzählt, und untersucht, mit welchen sprachlichen Mitteln er seine Erinnerungen darstellt. Achtet besonders auf das Tempus, die Wortwahl und den Satzbau.

Lerninsel:
Erzählweise
S. 270

Philippe Pozzo di Borgo: Ziemlich beste Freunde (Ausschnitt)

Abdel ist der Erste, der sich auf meine Anzeige beim Arbeitsamt hin vorstellt. Es sind 90 Bewerber, darunter ein einziger Franzose; ich gehe nach dem Ausschlussprinzip
5 vor, und am Ende bleiben nur noch Abdel und der Franzose übrig. Jeder bekommt eine Woche Probezeit. Ich spüre bei Abdel eine Persönlichkeit, eine situative Intelligenz und etwas fast Mütterliches. Außerdem kann er
10 gut kochen, auch wenn er hinterher nie aufräumt. […]

Er ist der ganzen Welt böse. Seine ein Meter siebzig kompensiert er mit einer außergewöhnlichen Kraft. Er verprügelt
15 jeden, der es ihm gegenüber „an Respekt fehlen lässt", egal ob Mann oder Frau. „Man schlägt keine Frauen", sage ich ihm. „Dann hätte sie mich nicht dreckiger Araber nennen sollen." Was er natürlich nicht dazusagt,
20 ist, dass er Gas gegeben hat, als sie gerade den Zebrastreifen überquerte, dass er ihr die Vorfahrt genommen hat oder dass sie nicht auf seine Anmache eingegangen ist. […]

Eines Tages sind wir unterwegs nach Dan-
25 gu, wo ich ein Gebäude aus dem 18. Jahrhundert renovieren lasse. Wir wollen uns den Stand der Arbeiten ansehen. Abdel hat die „Bauleitung" übernommen. Der Rolls Royce gleitet mit 200 Stundenkilometern über die Autobahn. „Er kann noch schnel-
30 ler, ich bin noch nicht ganz unten mit dem Gaspedal." „Abdel, fahren Sie nicht so dicht auf und behalten Sie bitte die Augen offen!" „Mist, an der Mautstelle stehen die Bullen. Machen wir die Nummer mit den Ret-
35 tungssanitätern?", sagt er und kippt meine elektrische Rückenlehne nach hinten. Der Polizist bittet Abdel, rechts ranzufahren. Ich schließe die Augen und bereite mich auf meine Vorstellung vor. „Sie sind 205 Stun-
40 denkilometer gefahren." „Es ist ein Notfall, Monsieur hat eine Bluthochdruckkrise." Ich stöhne laut. Abdel hebt meine Hand hoch und lässt sie wieder fallen, um zu zeigen, dass ich gelähmt bin. „Wenn wir nicht in einer
45 Minute die Schläuche freibekommen, explodiert ihm der Kopf", sagt er und hält dem Polizisten meinen Schwerbehindertenausweis vor die Nase. Zögernd geht der zu seinem Kollegen, um sich mit ihm zu beraten.
50 Dann kommen beide auf ihren Motorrädern zurück und bahnen uns mit Blaulicht und Sirene den Weg zum Krankenhaus von Vernon. „Mann, was für ein Spaß!", feixt Abdel.

Dangu:
kleiner Ort in Nordfrankreich

Vernon:
größere Stadt in Nordfrankreich (Normandie)

4. Stellt zusammen, was ihr in dem Textausschnitt über Abdel erfahrt. Untersucht dabei auch die Sprache Abdels.

5. Sucht Stellen, an denen deutlich wird, dass es sich um eine Freundschaft handelt.

127

Unzertrennlich · Autobiografien, Filme und Jugendbücher untersuchen

Abdel Sellou: Einfach Freunde (Ausschnitt)

„Da sind zwei Bullen, die werden uns gleich anhalten." „Ach ... Abdel! Wir werden uns verspäten." „Nicht unbedingt, Monsieur Pozzo. Setzen Sie doch mal Ihre Leidensmiene auf!" Die Polizisten nähern sich bedrohlich. „Was meinst du damit?" Ich ziehe eine Grimasse, und er lacht laut auf. „Aber nein, Monsieur Pozzo, nicht lachen, jetzt muss gelitten werden. Los, ich zähl auf Sie."
„Abdel, nein, wirklich! Abdel!" Ich drossle deutlich ab, setze den Blinker, fahre an den Straßenrand und lasse die Scheibe runter. „Abdel!" „Drei, zwei, eins ... Leiden Sie!" Ich schaue ihn nicht an, ich habe Angst loszuprusten. Ich beuge mich zum Bullen, der sich vorsichtig nähert. Ich spiele den braven Kerl in Panik. „Er hat einen Anfall! Das ist mein Chef! Er ist Tetraplegiker. Es ist sein Blutdruck, ich bringe ihn nach Garches, wir können nicht warten, sonst geht er drauf!"

„Machen Sie den Motor aus, Monsieur." Ich gehorche widerwillig, schlage mit der Faust aufs Lenkrad. „Wir haben keine Zeit, sag ich!" Der zweite Polizist ist mittlerweile auch näher gekommen, geht misstrauisch um den Wagen herum. Er richtet sich an meinen Beifahrer. „Monsieur, lassen Sie bitte die Scheibe herunter. Monsieur, Monsieur!" „Wie soll er denn die Scheibe herunterlassen? Wissen Sie, was das ist, ein Tetraplegiker? Ein Te-tra-ple-gi-ker!" „Ist er gelähmt?" „Na bravo, die haben's kapiert!" Sie schauen mich beide an, genervt, überfordert und beleidigt, alles auf einmal. Ich riskiere einen Blick auf Monsieur Pozzo.

Er ist großartig. Er lässt den Kopf auf die Schulter fallen, drückt die Stirn an die Türscheibe, verdreht die Augen und obendrein röche-che-chelt er ... Das ist nicht seine Leidensmiene, aber ich bin der Einzige, der das weiß. „Hören Sie", fragt der erste nervös, „wohin soll's denn gehen in diesem Tempo?" „Nach Garches, ins Raymond-Poincaré-Krankenhaus, das sagte ich Ihnen doch. Und es eilt!" [...] Monsieur Pozzo hebt vorsichtig den Kopf und fragt: „Und wenn wir da sind, Abdel, was dann?" „Tja, dann tun wir genau das, was wir vorgehabt haben! Sollten Sie nicht einen Vortrag vor Behinderten halten?" [...] Der Boss lacht, wie er seit Wochen nicht mehr gelacht hat. „Na, wer ist der Beste?" „Der bist du, Abdel, du allein!" „Im Gegensatz zu Ihnen, das soll ein Anfall gewesen sein, also wirklich! Was war denn das für eine Grimasse?"

Garches: Ort in Nordfrankreich

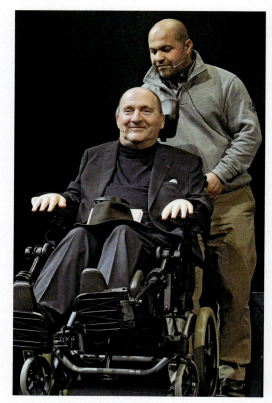

Philippe Pozzo di Borgo und Abdel Sellou, 2013

Lerninsel: Erzählweise S. 270

6. Vergleicht, wie Pozzo di Borgo (S. 127) und Sellou (S. 128) von der Polizeikontrolle erzählen.
– Stellt die Unterschiede im Inhalt und in der Erzählweise gegenüber.
– Nennt mögliche Gründe für die Unterschiede.

128   autobiografische Texte untersuchen

7. Sellou sagt in einem Interview über die Darstellung seines Gefängnisaufenthalts in seinem Buch: „*Ich habe das ein bisschen geschönt, natürlich war das schlimm.*" Sucht mögliche Gründe dafür.

Wissen und Können

Autobiografien untersuchen

Autobiografien (griech.: *autos*, selbst; *bios*, Leben; *graphein*, schreiben) sind Texte, in denen der Autor **sein Leben aus der Erinnerung heraus** und mit **Anspruch auf Glaubwürdigkeit** darstellt. Sie vermitteln meist einen **subjektiven Einblick** in das Leben und das Innere des Autors sowie in seine Entwicklung.
Die **Qualität der Autobiografie** ist abhängig von der **Aufrichtigkeit**, der Fähigkeit zur **Selbstkritik** und von der **Sprache**.

Wenn ihr einen autobiografischen Text untersucht, stellt euch folgende Fragen:

8. **Zum Differenzieren** ■ ■ ■ ■

    A Ordnet die folgenden Aussagen den entsprechenden Texten
    (S. 126, 127, 128) zu und begründet.
    a) Der Text zeigt ein eher distanziertes Verhältnis zu dem Geschehen.
    b) Die Beschreibung von Gefühlen und Gedanken geschieht sehr emotional.
    c) Der Autor wertet das Geschehen mit treffenden Worten.

    B Formuliert mithilfe der drei Textausschnitte (S. 126, 127, 128)
    Fragen für ein Radiointerview mit beiden Autoren.

    C Beschreibt aus eurer heutigen Sicht ein Erlebnis aus eurer Kindheit.

9. **Extra**

    Erstellt eine Bestsellerliste mit bekannten Autobiografien.
    Wertet die Ergebnisse aus und diskutiert sie.

Differenzieren
Autobiografie
9ic526

Unzertrennlich · Autobiografien, Filme und Jugendbücher untersuchen

Ein ungleiches Paar
Trailer untersuchen, Filme bewerten

Die Wirkung von Trailern untersuchen

Der vermutlich lustigste Film des neuen Jahres!

Der erfolgreichste französische Film aller Zeiten!

Eine wunderbar unverschämte Lust am Leben!

Trailer werden zur Vorankündigung eines Films erstellt. Der Name bedeutet so viel wie „Anhänger" (engl. to trail = hinter sich herziehen). Sie bestehen aus einzelnen Szenen des fertigen Films und verraten bereits einzelne Gags und Ereignisse des Films. Sie werden im Kino vor dem Hauptfilm gezeigt sowie in Werbepausen im Fernsehen, auf DVDs oder im Internet. Ihre Länge beträgt etwa eine bis drei Minuten.

Drehbuch: Eric Toledano
Regie: Olivier Nakache

Lerninsel:
Trailer
untersuchen
S. 285

1. Beantwortet euch in Partnerarbeit gegenseitig folgende Fragen. Wertet die Ergebnisse anschließend an der Tafel aus.
- Wie viel Einfluss hat ein Trailer auf deine Entscheidung, einen Film anzusehen?
- Siehst du dir regelmäßig Trailer an, bevor du dich für einen Film entscheidest?
- Wie viel von der Filmhandlung willst du aus einem Trailer erfahren?
- Beeinflusst dich bei der Wahl der Filme, welche Schauspieler mitwirken?
- Welche Erwartungen hast du an einen Trailer?
- Kennst du Trailer, über die du dich geärgert hast? Warum?

Trailer und ihre Wirkung untersuchen

2. Schaut euch den deutschen Trailer zu „Ziemlich beste Freunde" an
(z. B. auf „Filmstarts.de").

3. Berichtet, welche Vorstellungen über Inhalt und Stil des Films geweckt werden.
Würdet ihr euch den Film gerne ansehen?

4. Überprüft euch gegenseitig: An welche Momente aus dem Trailer erinnert ihr euch?
Könnt ihr einzelne Gespräche noch genau wiedergeben?
Schaut euch anschließend den Trailer noch einmal an und vergleicht eure Ergebnisse.

5. Überlegt gemeinsam, welchen Zweck ein Trailer erfüllen soll. Sucht dabei
unter den folgenden Verben die passenden heraus und begründet eure Auswahl.
Sucht nach weiteren Begriffen, die den Zweck benennen.

6. Haltet die Eigenschaften eines Trailers fest. Achtet dabei auf
- die Länge
- die Anzahl der Schnitte
- den Anfang und das Finale
- die Anzahl der Hauptfiguren
- Atmosphäre und emotionale Stimmung
  des Films
- die Vorhersehbarkeit der Handlung
- die Anlehnung an Filmgenres
  (z. B. Abenteuerfilm, Melodrama, Krimi)
- das Zusammenspiel von Text und Bild
- die Aufteilung des Bildschirms
- die Funktion der Musik

7. „Zwei unterschiedliche Menschen – eine außergewöhnliche Freundschaft".
Ordnet die fünf Standbilder auf den Seiten 130 und 133 den beiden Titeln
aus dem Trailer zu. Geht anschließend diesen beiden Überschriften im Trailer nach
und beschreibt genau
- die Verschiedenheit der beiden Figuren Driss und Philippe und
- in welchen Szenen die Freundschaft der beiden deutlich wird.

8. Untersucht, wie im Internet Werbung für Filme gemacht wird. Wählt euch einen
noch nicht angelaufenen Film aus, der euch anspricht und geht folgenden Fragen nach:
- Welche Informationen lassen sich zu dem Film finden?
- Welche Fotografien, Teaser und Trailer lassen sich finden?
- Auf welche Weise wird von der Produktionsfirma Aufmerksamkeit für den Film erzeugt?
- Wer sind die Urheber von Informationen, die nicht von der Produktionsfirma ausgehen?
- Welche Diskussionen sind zu dem Film im Internet entstanden?
- Welche Emotionen hat der angekündigte Film bei Internetnutzern ausgelöst?
- Welche Angaben gibt es zu den Kosten des Films?
- Welche Angaben lassen sich zu den Kosten der Marketingkampagne finden?

131

Unzertrennlich · Autobiografien, Filme und Jugendbücher untersuchen

Wissen und Können

Lerninsel:
Trailer
untersuchen
S. 285

Einen Trailer auswerten

Ein **Trailer** ist ein Videoclip, der aus verschiedenen Szenen eines Films zusammengesetzt ist. Er wird zu Werbezwecken eingesetzt und vermittelt einen ersten Eindruck von dem Film. Dadurch kann er die Entscheidung beeinflussen, ob man einen Film tatsächlich sehen will.

Im **Fernsehen** sowie im **Kino** werden Trailer meistens nach der Werbung gezeigt. Auf **DVD**s laufen Trailer häufig vor dem eigentlichen Film. Millionen von Menschen schauen sich Trailer außerdem im **Internet** an.

In **Trailern** spielen folgende **Merkmale** eine bedeutende Rolle:
- **Stars**: Schauspieler/innen und Regisseure bzw. Regisseurinnen werden mit Sätzen wie „Ein Film von den Machern von …" oder „von Kultregisseur …" oder „mit Oscarpreisträger …" hervorgehoben.
- Neben Stars werden im Werbetrailer **Genres** in den Vordergrund gerückt: Handelt es sich bei dem Film um einen Actionfilm, eine Komödie oder ein Drama? Wird es in dem Film spektakuläre Aktionen, witzige Momente oder viel Gefühl geben?
- Außerdem werben Trailer gern mit den **Auszeichnungen**, die ein Film erhalten hat: Oscar (Hollywood), Goldene Palme (Cannes), Goldener Bär (Berlin) usw.
- Bei der Produktion von Trailern muss genau überlegt werden, wie viel von der Geschichte verraten werden soll. Häufig werden in einem Trailer **Gags** aus dem Film oder **spannende Aktionen** bereits gezeigt. Auch erhält man in vielen Trailern schon zahlreiche Informationen über die Geschichte. Gelegentlich enthalten Trailer sogar sogenannte **Spoiler**. Darunter sind Informationen zu verstehen, die für den Spannungsaufbau wesentliche Handlungselemente verraten.

Wenn ihr einen **Trailer untersuchen** wollt, könnt ihr euch folgende Fragen stellen:
- Mit welchen hervorstechenden **Merkmalen** wird der Film beworben?
- Welches **Publikum** spricht der Film an (weiblich/männlich, jung/alt usw.) und welche Genrevorlieben des Publikums werden bedient (Action/ Humor/ Melodrama usw.)?
- Wieviel von der **Geschichte** wird bereits vorweggenommen?
- Welche **Stimmung** vermittelt der Trailer – und mit welchen Mitteln erreicht er diese Wirkung?
- Welche **Texte** werden neben den Bildern gesprochen oder eingeblendet und welche Funktion haben sie?
- Wird **Musik** eingesetzt? Zu welchem Zweck?

9. Zum Differenzieren ■ ■ ■ ■

A Wählt aus den Bildern (S. 124, 130, 133) zwei aus, die für die Filmwerbung genutzt werden sollen. Gestaltet ein Plakat und fügt den Bildern werbewirksame Sätze hinzu. Begründet euren Entwurf.

B Sucht nach weiteren Trailern zu „Ziemlich beste Freunde". Haltet fest, worin sich die Wirkung der einzelnen Trailer unterscheidet. Begründet abschließend, welcher Trailer euch am besten gefällt.

Trailer und ihre Wirkung untersuchen

C Der Filmwissenschaftler James Monaco hat den Satz geprägt: „Ein Bild ist bisweilen tausend Worte wert." Überlegt anhand von euch bekannten Beispielen, ob die Behauptung zutrifft. Verschriftlicht eure Ergebnisse in einem kurzen Aufsatz.

D Besorgt euch die DVD eines eurer Lieblingsfilme. Erstellt daraus zehn Standbilder, die ihr für einen Trailer verwenden wollt. Bringt die Bilder in eine sinnvolle Reihenfolge und verfasst Zwischentitel.

10. Extra

Seht euch den Film und das Bonusmaterial der DVD an. Haltet mithilfe des Materials ein Kurzreferat über den Film und seine Entstehung.

Lerninsel:
Referat
S. 241f.

133

Unzertrennlich · Autobiografien, Filme und Jugendbücher untersuchen

Einen Film bewerten

Anne Facompre: „Ziemlich beste Freunde" – riesiger Überraschungserfolg!

Protagonisten:
Hauptdarsteller

Das Regieduo Olivier Nakache und Eric Toledano [...] erzählt die auf wahren Begebenheiten beruhende Geschichte der ungewöhnlichen Freundschaft zwischen einem
5 Sozialhilfeempfänger und einem reichen Querschnittsgelähmten. Herausgekommen ist ein schön inszeniertes und überaus berührendes Drama mit tragikomischen Untertönen.
10 Der junge Schwarze Driss (Omar Sy) ist arm, arbeitslos und in einem Plattenbau zu Hause. Der gut 30 Jahre ältere Weiße Philippe (François Cluzet) dagegen ist reich und wohnt in einer Villa voller Angestellter,
15 die den Querschnittsgelähmten umsorgen. Auf den ersten Blick verbindet die beiden nichts. [...] Trotz ihrer grundlegenden Verschiedenheit finden die beiden Männer einen Draht zueinander: Philippe lehrt Driss
20 Verantwortung und der hilft dem zurückgezogen lebenden Älteren seinerseits, sich wieder aktiv für die Außenwelt zu interessieren. Doch immer wieder wird die neue Freundschaft auf die Probe gestellt …
25 „Ziemlich beste Freunde" überzeugt in erster Linie durch seine Darsteller. Jungstar Omar Sy und François Cluzet brillieren gleichermaßen in ihren Rollen, wobei Letzterer ausschließlich mit seinem Mienenspiel
30 und seiner Stimme ein überaus vielschichtiges Porträt zeichnet, ohne die Behinderung Philippes zu sehr zu betonen. Die vielen Nahaufnahmen verstärken diesen Eindruck beim Zuschauer eindrucksvoll. Der erfahrene
35 Darsteller profitiert zudem von der Frische und Unbekümmertheit seines jüngeren Partners, die dem Zusammenspiel eine besondere Dynamik verleihen: [...] Die Beziehung der beiden prächtig harmonierenden Protagonisten ist eindeutig das 40 Herzstück des gefühlvollen Films. [...]

Nakache und Toledano beschönigen nichts – und die Schauspieler folgen ihnen auf diesem Weg: Philippes Reichtum verschafft ihm zwar gewisse Annehmlich- 45 keiten, aber die können die enormen Einschränkungen, die seine Lähmung mit sich bringt, nicht vergessen machen. Und hinter Driss' großer Klappe offenbart sich eine tiefe Unsicherheit, denn er kennt weder Ge- 50 borgenheit noch Sicherheit. Die Geschichte der ungleichen Freunde ist durchweg einfühlsam und glaubwürdig inszeniert, die vielfältigen Probleme der beiden Hauptfiguren werden unverblümt dargestellt und 55 auch Unangenehmes wie die Tatsache, dass Philippe die Toilette nicht besuchen kann und hierzu auf Driss angewiesen ist, kehren die Filmemacher nicht unter den Tisch. Wenn Philippe von Driss schließlich zum 60 Haschisch-Rauchen angeregt wird und ihm das dort hilft, wo die Schulmedizin versagt, und wenn der Jüngere durch den Älteren seine künstlerische Ader entdeckt, dann entfalten diese Wendungen zum Positiven 65 gerade durch die großen Widerstände, die es zuvor zu überwinden galt, eine besonders intensive Wirkung.

Fazit: Der französische Überraschungshit ist ein berührender Film über Freundschaft 70 und Hoffnung, in dem ein schwieriges Thema mit angemessenem Ernst und dennoch mit jeder Menge Leichtigkeit angegangen wird.

Rezension:
kritische Besprechung von Büchern, Filmen, Theateraufführungen, die im Internet oder in Zeitungen und Zeitschriften veröffentlicht werden

1. Fasst mit eigenen Worten zusammen, wie der Film beurteilt wird.
Belegt eure Aussage mit Textstellen.

2. Klärt den Inhalt und den Aufbau der Rezension.
Teilt dazu den Text in Abschnitte und gebt ihnen Zwischenüberschriften.

134   sich zu Medienprodukten positionieren: eine Filmkritik schreiben

3. Untersucht die markierte Textstelle genauer.
 – Stellt die Aspekte zusammen, auf welche die Verfasserin bei ihrer Beurteilung eingeht.
 – Klärt, durch welche sprachlichen Mittel die Bewertung besonders deutlich wird.
 – Formuliert eure Erkenntnisse in Form von Tipps für das Schreiben von Filmkritiken.

4. Bildet Gruppen und schreibt den Anfang für eine Filmkritik zu „Ziemlich beste Freunde", die anregen soll, sich den Film anzusehen. Ihr könnt die Pressestimmen (S. 130) oder Bild 3 (S. 132) nutzen. Stellt eure besten Gruppenergebnisse vor.

Beispiellösung
Aufgabe 4
fu7s2j

Eine Filmkritik schreiben

Wissen und Können

Filmrezensionen sind **subjektive** journalistische Texte, die meist aktuelle Filme **vorstellen** und **kritisch beurteilen**. Sie dienen der Information und Meinungsbildung.

Inhalt und Aufbau:
- Informiert über den **Filmtitel**, den **Regisseur** und das **Genre** (zum Beispiel: *Western, Krimi, Komödie, …*).
- Fasst kurz den **Inhalt** des Films zusammen. Geht auf das **Thema** des Films und die **Problemstellungen** ein. (Aber Achtung: Verratet nicht zu viel, vielleicht will der Adressat den Film selbst anschauen.)
- Beschreibt und charakterisiert kurz die **Hauptpersonen**.
- **Bewertet** die
    - **filmischen Mittel** in ihrer Funktion und Wirkung (zum Beispiel: *Kameraführung, Montage, Mise en Scène …*),
    - **Schauspieler**,
    - **Bedeutung des Films**.
- Formuliert ein **Gesamturteil** (persönliche Bewertung).

Mise en Scène: räumliche Anordnung der Figuren und Dinge im Filmbild

Gestaltung:
- Überlegt, wer der **Adressat** der Rezension ist. Das Ziel der Filmkritik bestimmt den Inhalt, den Aufbau und die Gestaltung des Textes.
- Verwendet eine treffende **Überschrift**.
- Verfasst eine **interessante Einleitung** (zum Beispiel: *Zitat, Detailbeschreibung, prägnante Aussage zum Film, …*).
- Schreibt locker, unterhaltsam und anschaulich.
- Ihr könnt Zwischenüberschriften nutzen.

---

5. Zum Differenzieren ■ ■ ■ ■

A Formuliert für den markierten Abschnitt der Rezension (S. 134) eine eigene Bewertung der Schauspieler, der filmischen Mittel und der Bedeutung des Films.

B Schreibt eine eigene Filmrezension zu „Ziemlich beste Freunde". Nutzt die Vorarbeiten aus Aufgabe 4.

C Schreibt eine Rezension zu einem selbst gewählten Film und stellt diese vor.

Differenzieren
Filmkritiken
cy9t4f

135

Unzertrennlich • Autobiografien, Filme und Jugendbücher untersuchen

Einfach Tschick?!
Jugendbücher medial präsentieren

1. Sprecht über die Sehnsucht von Jugendlichen, aus dem Alltag auszubrechen. Sammelt dazu Texte, Lieder oder Bildmaterial. Vergleicht die Aspekte und Darstellungsweisen des Themas.

Hörverstehen
Tschick
87t5bp

Wolfgang Herrndorf: Tschick (drei Ausschnitte)

Der Ich-Erzähler Maik ist in den Ferien allein, weil die Eltern keine Zeit für ihn haben. Der Vater ist mit seiner Freundin unterwegs, die Mutter in einer Entziehungsklinik. Tschick ist ein neuer Mitschüler, der von allen gemieden wird.

Wolfgang Herrndorf, 2007

Ich konnte Tschick von Anfang an nicht leiden. Keiner konnte ihn leiden. Tschick war ein Asi, und genau so sah er auch aus. Wagenbach *schleppte* ihn nach Ostern in die
5 Klasse, und wenn ich sage, er schleppte ihn in die Klasse, dann meine ich das auch so. Erste Stunde nach den Osterferien: Geschichte. [...]
   Wagenbach kam also rein in dem schlech-
10 ten Anzug und mit der braunen Kacktasche unterm Arm wie immer, und hinter ihm her schleppte sich dieser Junge, der wirkte, als wäre er kurz vorm Koma oder so. Wagenbach knallte seine Tasche aufs Pult
15 und drehte sich um. Er wartete mit zusammengezogenen Augenbrauen, bis der Junge langsam herangeschlurrt war, und sagte dann: „Wir haben hier einen neuen Mitschüler. Sein Name ist Andrej –" Und
20 dann schaute er auf seinen Notizzettel, und dann schaute er wieder den Jungen an. Offenbar sollte der seinen Nachnamen selber sagen. Aber der Junge guckte mit seinen zwei Schlitzaugen durch den Mittelgang ins
25 Nichts und sagte auch nichts. Und vielleicht ist es nicht wichtig zu erwähnen, was ich dachte in diesem Moment, als ich Tschick zum ersten Mal sah, aber ich will es trotzdem mal dazusagen. Ich hatte nämlich ei-
30 nen extrem unguten Eindruck, wie der da neben Wagenbach auftauchte. Zwei Arschlöcher auf einem Haufen, dachte ich, obwohl ich ihn ja gar nicht kannte und nicht wusste, ob er ein Arschloch war. Er war ein
35 Russe, wie sich dann rausstellte. Er war so mittelgroß, trug ein schmuddeliges weißes Hemd, an dem ein Knopf fehlte, 10-Euro-Jeans von KiK und braune, unförmige Schuhe, die aussahen wie tote Ratten. Außerdem hatte er extrem hohe Wangenkno-
40 chen und statt Augen Schlitze. Diese Schlitze waren das Erste, was einem auffiel. Sah aus wie ein Mongole, und man wusste nie, wo er damit hinguckte. Den Mund hatte er auf einer Seite leicht geöffnet, es sah aus, als
45 würde in dieser Öffnung eine unsichtbare Zigarette stecken. Seine Unterarme waren kräftig, auf dem einen hatte er eine große Narbe. Die Beine relativ dünn, der Schädel kantig. Niemand kicherte. Bei Wagenbach
50 kicherte sowieso niemand. Aber ich hatte den Eindruck, dass auch ohne Wagenbach keiner gekichert hätte. Der Russe stand einfach da und sah aus seinen Mongolenaugen irgendwohin. Und er ignorierte Wa-
55 genbach komplett. Das war auch schon eine Leistung, Wagenbach zu ignorieren. Das war praktisch unmöglich.
   „Andrej", sagte Wagenbach, starrte auf seinen Zettel und bewegte lautlos die Lip-
60 pen. „Andrej Tsch... Tschicha... tschoroff." Der Russe nuschelte irgendwas. „Bitte?" „Tschichatschow", sagte der Russe, ohne Wagenbach anzusehen. [...]

136 · sich zu Inhalten eines aktuellen Jugendbuchs positionieren

Tschick überredet Maik zu einer Autofahrt in die Walachei, wo seine Großmutter lebt. Obwohl sie erst 15 sind, fahren sie einfach los. Sie freunden sich trotz anfänglicher Skepsis an.

Walachei: rumänische Landschaft

65 Wir lagen auf dem Rücken, und zwischen den kleinen Sternen tauchten kleinere auf und zwischen den kleineren noch kleinere, und das Schwarz sackte immer weiter weg. „Das ist Wahnsinn", sagte Tschick. „Ja", sagte ich,
70 „das ist Wahnsinn." „Das ist noch viel besser als Fernsehen. Obwohl Fernsehen auch gut ist. Kennst du *Krieg der Welten*?" „Logisch." „Kennst du *Starship Troopers*?" „Mit den Affen?" „Mit Insekten." „Und am Ende so ein
75 Gehirn? Der riesige Gehirnkäfer mit so – mit so schleimigen Dingern?" „Ja!" „Der ist Wahnsinn." „Ja, der ist der Wahnsinn." „Und kannst du dir vorstellen, irgendwo da oben, auf einem dieser Sterne, ist es jetzt genau so!
80 Da leben wirklich Insekten, die sich gerade in dieser Sekunde eine Riesenschlacht um die Vorherrschaft im Weltall liefern – und keiner weiß davon." „Außer uns", sagte ich. „Außer uns, genau." „Aber wir sind die Einzigen, die
85 das wissen. Auch die Insekten wissen nicht, dass wir das wissen." „Mal im Ernst, glaubst du das?" Tschick stützte sich auf den Ellenbogen und sah mich an. „Glaubst du, da ist noch *irgendwas*? Ich mein jetzt nicht unbedingt In-
90 sekten. Aber irgendwas?" „Ich weiß nicht. Ich hab mal gehört, dass man das ausrechnen kann. Es ist total unwahrscheinlich, dass es was gibt, aber alles ist eben auch unendlich groß, und total unwahrscheinlich mal un-
95 endlich gibt dann eben doch eine Zahl, also eine Zahl von Planeten, wo's was gibt. Weil, bei uns hat's ja auch geklappt. Und irgendwo sind garantiert auch Rieseninsekten da oben." „Das ist genau meine Meinung, genau mei-

ne Meinung!" Tschick legte sich wieder auf 100 den Rücken und schaute angestrengt hoch. „Wahnsinn, oder?", sagte er. „Ja, Wahnsinn." „Mich reißt's gerade voll." „Und kannst du dir das vorstellen: Die Insekten haben natürlich auch ein Insektenkino! Die drehen Filme 105 auf ihrem Planeten, und irgendwo im Insektenkino schauen sie sich gerade einen Film an, der auf der Erde spielt und von zwei Jungen handelt, die ein Auto klauen."

„Und es ist der totale Horrorfilm!", sagte 110 Tschick. „Die Insekten ekeln sich vor uns, weil wir überhaupt nicht schleimig sind." „Aber alle denken, es ist nur Science-Fiction, und in Wirklichkeit gibt's uns gar nicht. Menschen und Autos – das ist für die tota- 115 ler Quatsch. Das glaubt bei denen keiner." „Außer zwei jungen Insekten! Die glauben das. Zwei Junginsekten in der Ausbildung, die haben gerade einen Armeehelikopter entführt und fliegen über dem Insektenpla- 120 neten rum und denken genau das Gleiche. Die denken, dass es uns gibt, weil wir ja auch denken, dass es sie gibt." „Wahnsinn!" „Ja, Wahnsinn." Ich schaute in die Sterne mit ihrer unbegreiflichen Unendlichkeit, und ich 125 war irgendwie erschrocken. Ich war gerührt und erschrocken gleichzeitig. Ich dachte über die Insekten nach, die jetzt fast sichtbar wurden auf ihrer kleinen, flimmernden Galaxie, und dann drehte ich mich zu Tschick, und er 130 guckte mich an und guckte mir in die Augen und sagte, dass das alles ein Wahnsinn wäre, und das stimmte auch. Es war wirklich ein Wahnsinn. [...]

Krieg der Welten: Science-Fiction-Film (USA, Steven Spielberg, 2005)

Starship Troopers: Science-Fiction-Film (USA, Paul Verhoeven, 1997)

Am Ende des Romans feiert Maik mit seiner Mutter eine Party. Wegen des Lärms kommen zwei Polizisten. Maik und seine Mutter springen einfach in den Pool.

135 Ich dachte, dass ich das alles ohne Tschick nie erlebt hätte in diesem Sommer und dass es ein toller Sommer gewesen war, der beste Sommer von allen, und an all das dachte ich, während wir da die Luft anhielten und durch
140 das silberne Schillern und die Blasen hindurch

nach oben guckten, wo sich zwei Uniformen ratlos über die Wasseroberfläche beugten und in einer stummen, fernen Sprache miteinander redeten, in einer anderen Welt – und ich freute mich wahnsinnig. 145

Unzertrennlich · Autobiografien, Filme und Jugendbücher untersuchen

2. Lest die drei Textausschnitte (S. 136 f.) und notiert Fragen, die ihr Maik und Tschick stellen würdet. Verfasst Interviews und stellt sie der Klasse vor.

Lerninsel:
Standbild
S. 282

3. Erläutert mithilfe der drei Textausschnitte (S. 136 f.), wie sich die Beziehung zwischen Maik und Tschick verändert.
   – Stellt das Verhältnis zwischen beiden in drei Standbildern dar.
   – Fotografiert die Standbilder mit dem Handy. Ihr könnt sie für die Website verwenden (Aufgabe 8).

4. Lest den zweiten Ausschnitt (S. 137, Z. 65–134) mit verteilten Rollen. Diskutiert die Vortragsweise. Nehmt anschließend die szenische Lesung auf.

Deutungs-
hypothese:
die Annahme,
worin die Kern-
aussage eines
literarischen
Textes besteht

5. Untersucht den zweiten Ausschnitt (S. 137, Z. 65–134) genauer und formuliert eine Deutungshypothese. Vergleicht eure Ergebnisse.

Jugendbücher kann man auch auf einer Website wie hier vorstellen:

6. Ordnet die folgenden Stichpunkte den Links auf der Website zu und begründet. Ergänzt weitere Links, falls Zuordnungen nicht möglich sind.

> Außenseiter ☆ Roadmovie im Film ☆ Roadmovie in der Literatur ☆ Jugendbücher von Herrndorf ☆ Ein Blog bewegt ☆ Wohlstand ☆ Migration ☆ Herrndorf im Interview ☆ Covergestaltung ☆ Buchtrailer ☆ Videoclip ☆ Computerpräsentation ☆ Gästebuch ☆ Inhalt ☆ Figuren ☆ Interpretationen ☆ Pressestimmen ☆ Backstories ☆ Kreativ in Szene gesetzt

7. Bildet Gruppen und gestaltet Beiträge für eine Website zu „Tschick". Orientiert euch an Aufgabe 6 und an der blauen Box. Ihr könnt auch die Seite 125 nutzen. Präsentiert eure Ergebnisse.

8. Erstellt aus euren Einzelarbeiten eine eigene Website zu „Tschick".

Jugendbücher auf einer Website präsentieren

Wissen und Können

Auf einer Website könnt ihr eure Einzelarbeiten zu einem Jugendbuch präsentieren. Ausgehend von einer **Startseite** ordnet und verknüpft ihr verschiedene Gliederungspunkte mithilfe einer **Hyperstruktur**. Durch einen Mausklick auf einen **Link (Querverweis)** könnt ihr an eine andere Stelle der Website springen.

1. Festlegen der Themen und Struktur der Website

- Themen überlegen, Gliederungspunkte der Website festlegen
- Umfang und Art der Einzelarbeiten besprechen und Aufgaben verteilen
  Möglichkeiten sind:
  – Informationen zu Autor, zeitgeschichtlichem Hintergrund, …
  – Verstehensweisen und Interpretationen (Handlung, Figuren
    und Figurenkonstellation, Konflikte, Sprache, …)
  – Vergleichstexte und passende Filme oder Musik,
    die eure Verstehensweise verdeutlichen
  – eigene Coverideen, Fotoromane, Rezensionen, …
  – eigene Bild- oder Videodarstellungen, Lesungen, …

2. Erarbeiten der Beiträge für die Website

- Konzepte für die Einzelarbeiten erstellen
- Musikmaterial suchen oder erstellen
- Produktion des Bild- oder Videomaterials
- **Achtung:** bei fremdem Bild-, Musik- oder Textmaterial Urheberrechte beachten!
- Layout für die Website entwerfen
- nach Korrektur Zusammenfügen der Einzelarbeiten

3. Erstellen und Hochladen der Website

- Software nutzen (zum Beispiel kostenlose Websiteprogramme wie „Word Press")
- Impressum erstellen

9. Zum Differenzieren ■ ■ ■ ■

A Sucht im Internet nach Websites zu Autoren und tragt Gestaltungsideen zusammen.

B Erstellt eine Websitestruktur für ein Jugendbuch eurer Wahl.
Arbeitet in Gruppen.

C Gestaltet eine Website zu einem Jugendbuch eurer Wahl. Arbeitet in Gruppen.

10. Extra

Erstellt einen Flyer oder einen Trailer als Werbung für „Tschick".

⭐ Das könnt ihr jetzt!

Wolfgang Herrndorf: Tschick (Ausschnitt)

Maik und Tschick lernen auf ihrer Tour Isa kennen, eine junge, etwas verwahrloste Tramperin, die sich ihnen für kurze Zeit anschließt, auch wenn beide das erst nicht wollen.

„Ich weiß nicht, wie es euch geht", sagte ich, „aber die ganzen Leute hier, die Zeit – ich meine, der Tod." Ich kratzte mich hinterm Ohr und wusste nicht, was ich sagen wollte. „Ich wollte sagen", sagte ich, „ich finde es toll, dass wir jetzt hier sind, und ich bin froh, dass ich mit euch hier bin. Und dass wir befreundet sind. Aber man weiß ja nie, wie lange – ich meine, ich weiß nicht, wie lange es Facebook noch gibt – und eigentlich würde ich gern wissen, was aus euch mal wird, in fünfzig Jahren."

„Dann googelst du einfach", sagte Isa.

„Und Isa Schmidt kann man googeln?", sagte Tschick. „Gibt's da nicht hunderttausend?"

„Ich wollte eigentlich auch was anderes vorschlagen", sagte ich. „Wie wär's, wenn wir uns einfach in fünfzig Jahren wiedertreffen? Genau hier, in fünfzig Jahren. Am 17. Juli, um fünf Uhr nachmittags, 2060. Auch wenn wir vorher dreißig Jahre nichts mehr voneinander gehört haben. Dass wir alle wieder hierherkommen, egal, wo wir dann gerade sind, ob wir Siemens-Manager sind oder in Australien. Wir schwören uns das, und dann reden wir nie wieder drüber. Oder ist das blöd?" Nein, fanden sie gar nicht blöd. Wir standen um diese Schnitzerei rum und schworen, und ich glaube, wir dachten alle drüber nach, ob das sein könnte, dass wir in fünfzig Jahren noch immer am Leben wären und wieder hier. Und dass wir dann alles mickrige Greise wären, was ich unvorstellbar fand. Dass wir wahrscheinlich nur mit Mühe den Berg raufkommen würden, dass wir alle eigene blöde Autos hätten, dass wir im Innern wahrscheinlich noch genau dieselben geblieben wären und dass der Gedanke an Anselm Wail mich noch immer genauso fertigmachen würde wie heute.

„Machen wir", sagte Isa, und Tschick wollte dann noch, dass wir alle unsere Finger ritzen und einen Tropfen Blut auf die Buchstaben gießen, aber Isa meinte, wir wären doch nicht Winnetou und dieser andere Indianer, und da haben wir's dann nicht gemacht.

Als wir abstiegen, sahen wir weit unter uns zwei Soldaten. Auf dem Pass, wo der Lada parkte, standen jetzt ein paar Reisebusse. Isa lief sofort zu einem hin, auf dem in unlesbarer Schrift irgendwelche Dinge standen, und redete auf den Fahrer ein. Tschick und ich sahen uns das vom Lada aus an, und dann kam Isa plötzlich zurückgesprintet und rief: „Habt ihr mal dreißig Euro? Ich kann euch das nicht wiedergeben jetzt, aber später, ich schwör! Meine Halbschwester hat Geld, die schuldet mir

Anselm Wail: Bergwanderer

Lada: Markenname von Pkw eines russischen Automobilherstellers

2011: Deutsches Theater, Berlin

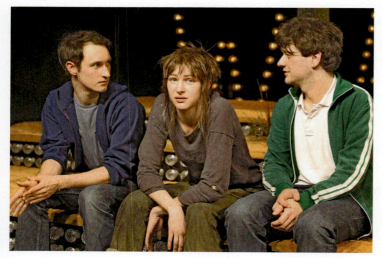

Lerninsel: Umgang mit Medien S. 283 ff. | Diagnosebogen Filme 58vx5b | Training interaktiv Filme 78bt9z

noch – und ich muss jetzt da lang." Ich war sprachlos. Isa holte ihr Holzkästchen aus dem Lada, sah mich und Tschick schief an und sagte: „Mit euch schaff ich's nie. Tut mir leid." Sie umarmte Tschick, dann sah sie mich einen Moment lang an und umarmte mich auch und küsste mich auf den Mund. Sie sah sich nach dem Reisebus um. Der Fahrer winkte. Ich riss dreißig Euro aus der Tasche und hielt sie ihr wortlos hin. Isa umarmte mich nochmal und rannte davon. „Ich meld mich!", rief sie. „Kriegst du wieder!" Und ich wusste, dass ich sie nie wiedersehen würde. Oder frühestens in fünfzig Jahren.

„Du hast dich nicht schon wieder verliebt?", fragte Tschick, als er mich vom Asphalt aufsammelte. „Im Ernst, du hast ja echt ein glückliches Händchen mit Frauen, oder wie sagt man so?"

1. Das Buch „Tschick" soll verfilmt werden. Gestaltet für diesen Textausschnitt ein Drehbuch nach folgendem Muster. Arbeitet in Gruppen.

Zeit	Was ist zu sehen? Was passiert?	Ort, Effekte, Ton, Montagetechnik	Visualisierung Skizze im Stil eines Storyboard (Kameraeinstellungen beachten)
0:00–0:15	Maik, Isa, Tschick auf Berggipfel, Wolken, Isa sitzt auf Stein, Maik spricht	Berg, Himmel, Wolken-Sonne-Mix, sanfte Hintergrundmusik, Maik spricht zu den Sitzenden, abwechselnd Maik und Himmel zu sehen, Isa im Gegenschussverfahren	*Skizze: 1. Totale, 2. Halbnah, 3. Groß*
0:15–0:20	…	…	…

2. Wählt zwei Bilder aus dem Drehbuch aus und skizziert sie. Beschreibt die Mise en Scène und erläutert die Wirkung, die ihr erzielen möchtet. Vergleicht eure Entwürfe.

3. Schreibt aus der Sicht einer Figur das Erlebte als autobiografischen Text. Charakterisiert dabei auch die anderen Figuren.

4. Gestaltet zu diesem Textausschnitt einen Beitrag für eine Website zum Jugendbuch „Tschick". Stellt ihn der Klasse vor und erläutert, warum ihr diesen Beitrag angefertigt habt und an welcher Stelle der Website er stehen soll.

Mise en Scène: räumliche Anordnung der Figuren und Dinge im Filmbild

141

Der Vogel, scheint mir, hat Humor
Komische Gedichte untersuchen und deuten

Differenzieren
Natur
im Spiegel
der Lyrik
75ga8w

☆ **Das könnt ihr schon!**
- den Zusammenhang zwischen Inhalt und Form erkennen
- die Wirkung sprachlicher Mittel untersuchen
- Merkmale von Balladen erkennen
- mit Balladen und Gedichten produktiv umgehen und sie rezitieren

Wilhelm Busch: Es sitzt ein Vogel auf dem Leim ... (1874)

Es sitzt ein Vogel auf dem Leim,
Er flattert sehr und kann nicht heim.
Ein schwarzer Kater schleicht herzu,
Die Krallen scharf, die Augen gluh.
5 Am Baum hinauf und immer höher
Kommt er dem armen Vogel näher.
Der Vogel denkt: Weil das so ist
Und weil mich doch der Kater frißt,
So will ich keine Zeit verlieren,
10 Will noch ein wenig quinquilieren
Und lustig pfeifen wie zuvor.
Der Vogel, scheint mir, hat Humor

Joachim Ringelnatz: Der Komiker (1928)

Ein Komiker von erstem Rang
Ging eine Straße links entlang.
Die Leute sagten rings umher
Hindeutend: „Das ist der und der!"
5 Der Komiker fuhr aus der Haut
Nach Haus und würgte seine Braut.
Nicht etwa, wie von ungefähr,
Nein ernst, als ob das komisch wär.

**de mortuis
nil nisi bene**
(lat.):
von den Toten nur
gut (sprechen)

Heinz Erhardt: Der Brummer (1970)

Der Brummer, der mich so geplagt
und den ich hundertmal gejagt,
und den ich niemals kriegen konnte,
weil er ja leider fliegen konnte,
5 und der mir manchen Schlaf verdorben,
der Brummer ist, gottlob, verstorben.
Er starb an Bauchweh und Migräne –
De mortuis nil nisi bene!

Lerninsel:
Umgang mit
Gedichten
S. 273 ff.

Eingangstest
Gedichte
4p5n7d

Erich Fried: Humorlos (1967)

Die Jungen werfen zum Spaß mit Steinen nach Fröschen Die Frösche sterben im Ernst

Text
Fried
ws29ti

1. Lest euch die lyrischen Texte auf dieser Doppelseite gegenseitig laut vor.
   – Welcher Text spricht euch am meisten an? Begründet.
   – Was fällt euch bei manchen Reimen auf, wenn ihr laut und deutlich die Verse vortragt?

2. Das Gedicht von Erich Fried ist fortlaufend abgedruckt.
   – Formt es in Verse um.
   – Erläutert eure Entscheidung.
   – Vergleicht mit dem Originaltext.

3. In den gereimten Gedichten wird Ernstes und Tragisches lustig formuliert.
   – Überlegt, welche Bedeutung die Begriffe „komisch", „Humor" und „Spaß" in den Gedichten haben.
   – Untersucht genauer die Machart der Gedichte: Wodurch wird die komische Wirkung erreicht?
   – Tauscht euch aus: Kennt ihr Wörter oder Begebenheiten, in denen Komisches und Tragisches zusammenkommt?
   – Diskutiert in der Klasse die Redensart „mit Entsetzen Scherz treiben".

Das lernt ihr jetzt!

- bildliche, sprachliche und klangliche Besonderheiten untersuchen und deuten
- den Aufbau untersuchen und deuten
- Gedichte in ihrem historischen und biografischen Bezug erschließen
- Gedichte produktiv umgestalten und eigene Gedichte schreiben

143

Der Vogel, scheint mir, hat Humor · Komische Gedichte untersuchen und deuten

Die wilden Meere hupfen
Den Zusammenhang von Inhalt, Sprache und Form untersuchen

Bildliche, sprachliche und klangliche Mittel untersuchen und deuten

Jakob van Hoddis: Weltende (1911)

Dem Bürger fliegt vom spitzen Kopf der Hut,
in allen Lüften hallt es wie Geschrei,
Dachdecker stürzen ab und gehn entzwei
und an den Küsten – liest man – steigt die Flut.

5 Der Sturm ist da, die wilden Meere hupfen
An Land, um dicke Dämme zu zerdrücken.
Die meisten Menschen haben einen Schnupfen.
Die Eisenbahnen fallen von den Brücken.

1. Beschreibt, wie das Gedicht beim ersten Lesen auf euch wirkt.

2. Untersucht Sprache und Form im Gedicht „Weltende". Achtet dabei auf folgende Aspekte:
– Aufbau (Vers, Strophe, Enjambement, Metrum)
– klangliche Mittel (Reimordnung, Alliteration, Anapher)
– sprachliche Bilder (Personifikation, Vergleich, Metapher)

3. Überprüft die Stimmigkeit der Bilder: Welche leuchten euch ein – welche wirken ungewöhnlich oder humorvoll auf euch?

4. Geht den Reimen nach: An welchen Stellen entsteht eine komische Wirkung?

5. Lest das Gedicht mehrmals laut vor: Welchen Zusammenhang zwischen Klang und Inhalt könnt ihr feststellen?

6. Formuliert eure Ergebnisse zusammenfassend in wenigen Sätzen.

Jakob van Hoddis
(1887–1942)

Dieses Gedicht wurde bald zum bekanntesten lyrischen Text des Jahrhundertanfangs und hat seinen Verfasser auf einen Schlag berühmt gemacht. Vermutlich hat es der damals 23-jährige Hans Davidson, der sich Jakob van Hoddis (1887–1942) nannte, auf die gerade grassierende Furcht vor dem Halleyschen Kometen geschrieben. Andere glauben, dass er den bevorstehenden Zusammenbruch der europäischen Ordnung im Ersten Weltkrieg (1914–1918) vorhergesehen hat.

„Diese acht Zeilen entführten uns. Immer neue Schönheiten entdeckten wir in diesen acht Zeilen, wir sangen sie, wir summten sie, wir murmelten sie, wir pfiffen sie vor uns hin … Wir riefen sie uns gegenseitig über die Straße hinweg zu wie Losungen …"
(Johannes R. Becher)

bildliche, sprachliche und klangliche Mittel

7. Überlegt, was die besondere Wirkung des Gedichts von Jakob van Hoddis damals ausmachte. – Könnt ihr die außergewöhnliche Reaktion heute noch nachvollziehen?

Dem Gedicht „Weltende" von Jakob van Hoddis geschah genau das, was heute vielen berühmten Hits passiert: Andere Künstler versuchten den Erfolg zu wiederholen, indem sie den „Sound" nachahmten:

Alfred Lichtenstein: Prophezeiung (letzte Strophe) (1913)

[…]
Rissig werden Häuserwände.
Fische faulen in dem Flusse.
Alles nimmt sein ekles Ende.
Krächzend kippen Omnibusse.

⊕
Text
Lichtenstein
t68ju9

8. Erläutert, woran man merkt, dass Alfred Lichtenstein von dem Lyriker van Hoddis beeinflusst wurde.

9. Schreibt eigene vierzeilige Strophen, in denen ihr knapp, treffend und schnörkellos wie van Hoddis und Lichtenstein verschiedene Ereignisse nebeneinanderstellt. Verwendet dabei die euch bekannten Gestaltungsmittel (Aufbau, Klang, sprachliche Bilder). Geht von Titeln aus wie

> **Freitag, der 13.**

> **Das verlorene Spiel**

> **Der Dreißigjährige Krieg**

Wissen und Können

Die komische Wirkung in Gedichten analysieren

Die komische Wirkung von Gedichten wird häufig durch auffällige **bildliche**, **sprachliche** und **klangliche Mittel** hervorgerufen. Einige Beispiele:
– **Nomen** und **Verb** stammen **aus verschiedenen Bereichen** (oft überraschende Personifikation):
Dachdecker stürzen ab und gehn entzwei
(Mensch – Sache)
Krächzend kippen Omnibusse
(Sache – Tier)
Die wilden Meere hupfen
(Naturereignis – Mensch)
Er starb an Bauchweh und Migräne
(Tier – Mensch)
der Brummer ist … verstorben
(Tier – Mensch)

– Ereignisse oder Handlungen werden **vertauscht** oder **übertrieben**:
fliegt vom spitzen Kopf der Hut
und würgte seine Braut
– Unpassende Ereignisse werden **unvermittelt nebeneinandergestellt**:
Weltende – Schnupfen
– **Doppeldeutige Ausdrücke** werden verwendet:
Der Komiker fuhr aus der Haut / nach Haus
– **Ungewöhnliche Reime**:
verlieren – quinquilieren
herzu – gluh
hupfen – Schnupfen
Migräne – bene

Gedichte mit vorgegebener Form untersuchen und nachahmen

Manche Gedichte, wie zum Beispiel Elfchen und Haikus, haben eine fest vorgeschriebene Gestalt. Im Folgenden findet ihr einige spezielle Gedichtarten, die besonders gern für komische Zwecke genutzt werden und dabei sehr kunstvoll gestaltet sind.

Günter Nehm: Selbstbefreiung (1996)

Mußt du dich vergeblich plagen,
Ist die Wut nicht zu ertragen,
Schimpfe laut. Das rechte Wort
Treibt den ganzen Ärger fort.

Günter Nehm: Mißton (1996)

Als Beim Chor Das Edle Fis
Ganz Hübsch Irre Jäh Krepierte,
Litt Man Neben Ohrenriß
Peinvoll Qualen, Resignierte:
5 Statt Tournee Um Volle Welt
Xanten, Ypern, Zellerfeld.

Günter Nehm: Was sagt die Frau … (1996)

Was sagt die Frau zu ihrem Mann,
damit das Essen garen kann?
DREH MAL AM HERD

Günter Nehm: Entschuldigung (1996)

Als ich heute früh erfuhr,
daß der Zug schon früher fuhr,
hab ich das zu spät erfahren,
und ich mußte später fahren.
5 Wenn ich auch zu spät erfuhr,
daß der Zug heut später fuhr,
hab ich doch heut früh erfahren:
Morgen mußt du früher fahren.

Heinz Erhardt: Ich kann nichts dafür … (1970)

Ich kann nichts dafür, dass der Mond schon scheint,
und dass nicht der Mond seinen Mondschein schont,
und dass Frau Adele im Wohnheim weint,
weil sie nicht wie früher in Weinheim wohnt

Michael Schönen: Aller Anfang ist schwer (2004)

Text
Schönen
tv2v6h

Zeilen, die sich hinten reimen,
nennt man darum ein Gedicht.
Feilen muß man da nicht lange.
Kennt man eine andre Form?
5 […]
Würden wir am Anfang reimen,
Schranken wären weggefegt,
Hürden wären längst gefallen,
danken würd' dem Dichter man!

1. Erstellt Kompositionsregeln für die hier abgedruckten Gedichte.

2. Teilt den Texten die passenden Bezeichnungen zu.

ABC-Vers

Akrostichon
(griechisch: Versanfang)

Anfangsreim

Palindrom
(griechisch: rückwärts laufend)

Schüttelreim

Zwillingsreim

3. Versucht ein oder zwei der Regelgedichte nachzuahmen.

4. Manche Regelgedichte geben nicht nur den Aufbau, sondern auch die Anzahl der Verse und Hebungen vor. Überlegt euch für die folgenden Beispiele zunächst einen geeigneten Vortrag.

Cosmo Monkhouse (1840–1901): Limerick

There was a young lady of Niger,
Who smiled as she rode on a tiger.
    They returned from the ride
    With the lady inside
5 And the smile on the face of the tiger.

**Deutsche Übertragung von
Heinz Hermann Michels:**

Ein blutjunges Mädchen aus Niger
Ritt lächelnd mal auf einem Tiger
    Zurück kam sie auch
    Doch in seinem Bauch
5 Der Lächelnde war nun der Tiger

Ror Wolf: Fußball-Sonett Nr. 4 (1971)

Das ist doch nein die schlafen doch im Stehen.
Das ist doch ist das denn die Möglichkeit.
Das sind doch Krücken. Ach du liebe Zeit.
Das gibts doch nicht. Das kann doch gar nicht gehen.

5 Die treten sich doch selber auf die Zehen.
Die spielen viel zu eng und viel zu breit.
Das sind doch nein das tut mir wirklich leid.
Das sind doch Krüppel. Habt ihr das gesehen?

Na los geh hin! Das hat doch keinen Zweck.
10 Seht euch das an, der kippt gleich aus den Schuhn.
Ach leck mich fett mit deinem Winterspeck.

Jetzt knickt der auch noch um, na und was nun?
Was soll denn das oh Mann ach geh doch weg.
Das hat mit Fußball wirklich nichts zu tun.

147

Der Vogel, scheint mir, hat Humor · Komische Gedichte untersuchen und deuten

Weitere
Anregungen
unter: deutsche-
limericks.de

5. Findet anhand der Beispiele (S. 147, 148) die Regeln für Limericks heraus. Versucht eigene Limericks zu schreiben. Wer wagt sich an die Übersetzung des folgenden Limericks?

> There was a young lady called Lynn
> who was so uncommonly thin
>   that when she essayed
>   to drink lemonade
> ⁵ she slipped through the straw and fell in.

6. Bestimmt den lyrischen Sprecher im Fußball-Sonett von Ror Wolf (S. 147).
 – Wer spricht bei welcher Gelegenheit?
 – In welcher Stimmung befindet er sich?
 – Wodurch wird sein emotionaler Zustand sprachlich verdeutlicht?

7. Untersucht den Aufbau und die sprachliche Gestaltung des Sonetts von Ror Wolf.
 – Erklärt die Anordnung der Strophen.
 – Macht euch die Reimordnung bewusst.
 – Klopft die Hebungen auf den Tisch und zählt die Anzahl der Hebungen pro Strophe mit.
 – Sucht nach folgenden lyrischen Gestaltungsmitteln:
  · Klangfiguren (z. B. Alliteration, Anapher)
  · Satzfiguren (z. B. parallel gebaute Sätze oder abgebrochene Sätze)
  · Sprachliche Bilder (z. B. Vergleich, Metapher)

Wissen und Können

Lerninsel:
Gestaltung
eines Gedichts
S. 275 f.

Die äußere Form von Gedichten erkennen

Den Gleichklang zweier oder mehrerer Wörter von ihrem letzten betonten Vokal an nennt man **Reim**. Nach der Stellung des Reims im Vers unterscheidet man **Anfangsreim, Binnenreim** und **Endreim**.
Für den Endreim gibt es mehrere Gestaltungsmöglichkeiten (sog. Reimschemata)
1. Paarreim (= aa bb)   *plagen/ertragen/Wort/fort*
2. Kreuzreim (= abab)   *scheint/schont/weint/wohnt*
3. umarmender Reim (= abba)   *Hut/Geschrei/entzwei/Flut*

Es gibt **reine Reime** *(Niger/Tiger)* und sog. **unreine Reime** *(höher, näher)*.

Der **Limerick** geht auf ein irisches Gesellschaftslied des 19. Jahrhunderts zurück, in dem Abenteuer von Einwohnern irischer Städte besungen werden. Deshalb beginnen sie meist mit Versen wie „There was a young man …" oder „There was a young lady …". Der Aufbau ist immer gleich: Ein Limerick besteht aus **5 Versen** mit dem gleichbleibenden **Reimschema** aabba. Auf den 1., 2. und 5. Vers entfallen dabei drei **Hebungen** und auf den 3. und 4. Vers zwei Hebungen.

Das **Sonett** besteht aus **zwei Quartetten** und **zwei Terzetten**. Als Reimschema findet sich in den Quartetten meist ein umarmender Reim (abba), in den Terzetten ein Kreuzreim über sechs Verse (cdcdcd). Hierzu gibt es zahlreiche Varianten. Sehr häufig findet man z. B. folgendes Reimschema: abba abba cde cde.

Limerick, Sonett

Christian Morgenstern: Palmström (1908)

Palmström steht an einem Teiche
und entfaltet groß ein rotes Taschentuch:
Auf dem Tuch ist eine Eiche
dargestellt sowie ein Mensch mit einem Buch.

5 Palmström wagt nicht, sich hineinzuschneuzen.
Er gehört zu jenen Käuzen,
die oft unvermittelt-nackt
Ehrfurcht vor dem Schönen packt.

Zärtlich faltet er zusammen,
10 was er eben erst entbreitet.
Und kein Fühlender wird ihn verdammen,
weil er ungeschneuzt entschreitet.

8. Zum Differenzieren ▪ ▪ ▪ ▪

A Lest euch das Gedicht gegenseitig laut vor. Überlegt, wie man Palmströms Handeln im Vortrag anschaulich umsetzen könnte.

B Untersucht den Zusammenhang von Inhalt und Form. Geht so vor:
– Gebt den Inhalt mit eigenen Worten wieder.
– Untersucht die Versgestaltung nach Reim und Rhythmus.
– Erschließt die Entwicklung und den Aufbau.
– Beachtet die unterschiedlichen Verslängen und findet heraus, wie dadurch die Gesamtaussage des Gedichts unterstützt wird. Notiert Stichpunkte.
– Gestaltet aus euren Stichpunkten einen zusammenhängenden Text.

Differenzieren
Zusammenhang Inhalt, Sprache und Form
78mt92

Der Vogel, scheint mir, hat Humor · Komische Gedichte untersuchen und deuten

Der Traum vom deutschen Brutus
Biografische und historische Aspekte zur Deutung nutzen

Text
Heine
yd2d4u

Heinrich Heine: Zur Beruhigung (1844)

Wir schlafen ganz, wie Brutus schlief –
Doch jener erwachte und bohrte tief
In Cäsars Brust das kalte Messer!
Die Römer waren Tyrannenfresser.

5 Wir sind keine Römer, wir rauchen Tabak.
Ein jedes Volk hat seinen Geschmack,
Ein jedes Volk hat seine Größe;
In Schwaben kocht man die besten Klöße.

Wir sind Germanen, gemütlich und brav,
10 Wir schlafen gesunden Pflanzenschlaf,
Und wenn wir erwachen, pflegt uns zu dürsten,
Doch nicht nach dem Blute unserer Fürsten.

Wir sind so treu wie Eichenholz,
Auch Lindenholz, drauf sind wir stolz;
15 Im Land der Eichen und der Linden
Wird niemals sich ein Brutus finden.

Und wenn auch ein Brutus unter uns wär,
Den Cäsar fänd er nimmermehr,
Vergeblich würd er den Cäsar suchen;
20 Wir haben gute Pfefferkuchen.
[…]

1. Tragt das Gedicht laut vor und teilt euch eure ersten Eindrücke mit.

2. Klärt, wer mit „wir" gemeint ist und tragt alles zusammen, was das „Wir" kennzeichnet.

3. Überprüft, welche Haltung der lyrische Sprecher gegenüber dem „Wir" einnimmt.

4. Erläutert, welche Rolle Brutus und der Mord an Caesar in diesen Versen spielen. Setzt die Ergebnisse in Bezug zur Rolle des „Wir".

Als **Satire** bezeichnet man Texte, die sich auf spöttische Art über Personen, Zustände oder Ereignisse lustig machen, um diese damit zu kritisieren

5. Weist nach, dass Heines Gedicht als Satire gemeint ist.

6. Ergänzt die Tabelle:

Wie die Deutschen sind	Wie sich Heine die Deutschen wünscht
– befinden sich im Tiefschlaf – verschlafen die Chance zum Widerstand	– sollen erwachen – sollen wie Brutus handeln

150 biografische und historische Aspekte

7. Lest die biografischen Notizen. Überlegt, welche Hinweise für das Verständnis des Gedichts hilfreich sein können.

> **Biografische Notizen zu Heinrich Heine**
>
> Zu Heines Lebzeiten (1797–1856) bestimmten in Deutschland die Fürsten und der Adel die Politik. Nach dem Sieg gegen das Napoleonische Frankreich (1815) hatte sich ein autoritärer Herrschaftsstil durchgesetzt, der dafür sorgte, dass dem Volk so gut wie keine politischen Freiheiten zugestanden wurden. Jede Form der Rebellion wurde unterdrückt (vgl. Wartburgfest, Hambacher Fest, Göttinger Sieben).
>
> Obwohl es eine strenge Zensur gab, ließ sich Heine nicht das Wort verbieten. Er griff in seinen Schriften scharf die Aristokratie und die Kirche an. Da einzelne seiner Schriften zensiert oder verboten wurden und ihm selbst Verhaftung drohte, siedelte er 1831 ins freiheitlichere Paris über. Hier bemühte sich Heine in seinen Schriften um eine Verständigung zwischen Frankreich und Deutschland. Die Trennung von der Heimat fiel ihm dennoch nicht leicht.

Erich Kästner: Kennst du das Land … (1928)

Text
Kästner
i4un2d

Kennst Du das Land, wo die Kanonen blühn?
Du kennst es nicht? Du wirst es kennenlernen!
Dort stehn die Prokuristen stolz und kühn
in den Büros, als wären es Kasernen.

5 Dort wachsen unterm Schlips Gefreitenknöpfe.
Und unsichtbare Helme trägt man dort.
Gesichter hat man dort, doch keine Köpfe,
und wer zu Bett geht, pflanzt sich auch schon fort!
[…]
10 Die Kinder kommen dort mit kleinen Sporen
und mit gezognem Scheitel auf die Welt.
Dort wird man nicht als Zivilist geboren.
Dort wird befördert, wer die Schnauze hält.

Kennst Du das Land? Es könnte glücklich sein.
15 Es könnte glücklich sein und glücklich machen!
Dort gibt es Äcker, Kohle, Stahl und Stein
und Fleiß und Kraft und andre schöne Sachen.
[…]
Dort reift die Freiheit nicht. Dort bleibt sie grün.
20 Was man auch baut – es werden stets Kasernen.
Kennst Du das Land, wo die Kanonen blühn?
Du kennst es nicht? Du wirst es kennenlernen!

8. Lest einander das Gedicht laut vor und versucht, mit eigenen Worten das Thema zu benennen.

9. Ähnlich wie Heine kritisiert Kästner – über 80 Jahre später – die Deutschen seiner Zeit. Tragt zusammen, welche Eigenschaften und Verhaltensweisen er missbilligt.

Der Vogel, scheint mir, hat Humor · Komische Gedichte untersuchen und deuten

10. Überlegt, wer in Kästners Gedicht (S. 151) mit „du" gemeint ist. Diskutiert, wie die letzte Zeile gedeutet werden könnte.

11. Vergleicht die beiden Gedichte von Heine und Kästner. Nennt neben den inhaltlichen auch formale Gemeinsamkeiten und Unterschiede. Vervollständigt dazu die folgende Gegenüberstellung:

Gemeinsamkeiten	Unterschiede	
	Heine	**Kästner**
vierzeilige Strophen	*vierhebig*	*fünfhebig*

Wissen und Können

Biografische und historische Aspekte zur Deutung nutzen

Ihr könnt eure Deutung eines Gedichts überprüfen und erweitern, wenn ihr **Informationen über den Autor** und die **Entstehungszeit des Gedichts** nutzt. Fragt euch:

Lerninsel: Biografien und historische Aspekte einbeziehen S. 274

Haben Thema, Situation oder Stimmung einen Bezug zu persönlichen Erlebnissen, Erfahrungen und Einstellungen des Autors?
→ **biografischer Hintergrund**

Welche Denkweisen, Gefühle und Einstellungen der Zeit, in der das Gedicht entstand, spiegelt der Text wider (zum Beispiel die Auffassung zur Politik)?
→ **historischer Kontext**

Wie geht der Autor/die Autorin mit eigenen Erlebnissen bzw. Ansichten um, z. B. distanziert, unmittelbarer Gefühlsausdruck oder Verallgemeinerung?

Text
Kästner und seine Zeit
p5ek86

12. **Extra**

Kästner wandelte für sein Gedicht einen damals sehr bekannten Text von Goethe mit dem Titel „Mignon" von 1795 ab, in dem die Italiensehnsucht des 18. Jahrhunderts zum Ausdruck kommt.
– Überprüft, wie Kästner das Gedicht verändert.
– Findet ein eigenes Thema und verwendet Goethes Gedicht als Vorlage.

Text
Goethe
k5p2vg

Kennst du das Land, wo die Zitronen blühn,
Im dunklen Laub die Goldorangen glühn,
Ein sanfter Wind vom blauen Himmel weht,
Die Myrte still und hoch der Lorbeer steht,
5 Kennst du es wohl?
Dahin! Dahin
Möcht' ich mit dir, o mein Geliebter, ziehn!
[…]

152 biografische und historische Aspekte

Sammansatz mit . . .
Gedichte produktiv gestalten

KARAWANE

jolifanto bambla ô falli bambla
grossiga m'pfa·habla horem
égiga goramen
higo bloiko russula huju
hollaka hollala
anlogo bung
blago bung
blago bung
bosso fataka
ü üü ü

**Christian Morgenstern:
Die Trichter (1932)**

Zwei Trichter wandeln durch die Nacht.
Durch ihres Rumpfs verengten Schacht
fließt weißes Mondlicht
still und heiter
auf ihren
Waldweg
u.s.
w.

**Gotthold Ephraim Lessing:
Lob der Faulheit (1751)**

Faulheit, jetzo will ich dir
Auch ein kleines Loblied bringen. -
O — – wie — – sau — – er — – wird es mir, — –
Dich — – nach Würden — – zu besingen!
5 Doch, ich will mein bestes tun,
Nach der Arbeit ist gut ruhn.
Höchstes Gut! wer dich nur hat,
Dessen ungestörtes Leben – –
Ach! — – ich — – gähn' — – ich — – werde matt — –
10 Nun — – so — – magst du — – mirs vergeben,
Dass ich dich nicht singen kann;
Du verhinderst mich ja dran.

Gestaltung eigener Gedichte

Der Vogel, scheint mir, hat Humor · Komische Gedichte untersuchen und deuten

Anonym: O hängt ihn auf!

O hängt ihn auf! O hängt ihn auf!
O hängt ihn auf, den Kranz voll Lorbeerbeeren!
Ihn, unsern Fürst, ihn, unsern Fürst,
ihn, unsern Fürst, den wollen wir verehren.
5 O hängt ihn auf! Ihn, unsern Fürst!
O hängt ihn auf! Ihn, unsern Fürst,
ihn, unsern Fürst, den wollen wir verehren.

Wir treten, dich, wir treten, dich,
wir treten, dich zu ehren, heut zusammen.
10 wohl in den Leib, wohl in den Leib,
wohl in den Leibern lodern helle Flammen.
Wir treten, dich! Wohl in den Leib!
Wir treten, dich! Wohl in den Leib!
Wohl in den Leibern lodern helle Flammen.

15 Du bist ein vie-, du bist ein vie-,
du bist ein vielgeliebter Fürst auf Erden.
Und auch ein hund-, und auch ein hund-,
Und auch einhundert Jahre sollst du werden.
Du bist ein vie-! Und auch ein hund-!
20 Du bist ein vie-! Und auch ein hund-!
Und auch einhundert Jahre sollst du werden.

1. Bildet Gruppen und untersucht die Gedichte auf S. 153 und 154. Geht so vor:
   – Erschließt Aufbau und formale Gestaltung.
   – Benennt das Thema.
   – Beschreibt, inwiefern sich Inhalt und Form ergänzen.

Lerninsel: Parallelgedicht schreiben S. 278

2. Verfasst selbst ein Parallelgedicht zu einem der vier Gedichte auf S. 153 und 154.

3. Das komische Gedicht lebt häufig vom treffenden Reim. Darüber hat Christian Morgenstern (1871–1914) ein Gedicht geschrieben. Setzt es so in Versform, dass es sich an den richtigen Stellen reimt.
(Tipp: Ihr müsst vier verschiedene Endreime verwenden)

Text Morgenstern 9ut72p

Christian Morgenstern: Das ästhetische Wiesel (1905)

Ein Wiesel saß auf einem Kiesel inmitten Bachgeriesel. Wißt ihr, weshalb? Das Mondkalb verriet es mir im Stillen: Das raffinierte Tier tats um des Reimes willen.

154   Parallelgedichte schreiben

4. Dichter haben noch viele weitere Spielmodelle erfunden, um die vielfältigen
Möglichkeiten der deutschen Sprache zu nutzen.
– Gestaltet die Gedichte beim Vortrag.
– Erarbeitet die besondere Bauweise der jeweiligen Gedichte.
– Erschließt die inhaltliche Entwicklung in „ottos mops".
– Versucht nach einem der Vorbilder selbst ein heiteres Gedicht zu verfassen.
  Das Lügengedicht könnt ihr auch fortsetzen.

Differenzieren
Gedichte
produktiv
gestalten
it97ip

Sprechgedicht

**Ernst Jandl: ottos mops
(1963)**

ottos mops trotzt
otto: fort mops fort
ottos mops hopst fort
otto: soso
5 otto holt koks
otto holt obst
otto horcht
otto: mops mops
otto hofft
10 ottos mops klopft
otto: komm mops komm
ottos mops kommt
ottos mops kotzt
otto: ogottogott

Sprachspiel

Henning Venske: Je – desto

Je nuller die Uhr, desto mitter die Nacht
Je stimmer der Bruch, desto pickel die Haut
Je hilfer die Schule, desto sitzer die Bleibe
Je sparer das Fernsehen, desto kino die Leute

Lügendichtung

**Anonym: Vorigen Handschuh verlor
ich meinen Herbst**

Vorigen Handschuh verlor ich meinen Herbst,
Da ging ich drei Tage finden,
Eh' ich ihn suchte.
Da kam ich an ein Guck
5 Und lochte hinein.
Da saßen drei Stühle auf drei Herren,
Die aßen Kaffee und tranken Kuchen.
Da nahm ich meinen Tag ab
Und sagte: „Guten Hut, meine Herrn!" […]

Permutation

Adelbert von Chamisso: Kanon

Das ist die Not der schweren Zeit!
Das ist die schwere Zeit der Not!
Das ist die schwere Not der Zeit!
Das ist die Zeit der schweren Not!

Bilden Sie mal einen Satz mit …

Günter Nehm: … *Los Angeles*

Das Ungeheuer von Loch Ness
ist wieder da, LOS ANGELES.

Robert Gernhardt: … *pervers*

Ja, meine Reime sind recht teuer:
per Vers bekomm' ich tausend Eier.

⭐ Das könnt ihr jetzt!

Erich Kästner: Die Entwicklung der Menschheit (1932)

Einst haben die Kerls auf den Bäumen gehockt,
behaart und mit böser Visage.
Dann hat man sie aus dem Urwald gelockt
und die Welt asphaltiert und aufgestockt,
5 bis zur dreißigsten Etage.

Da saßen sie nun, den Flöhen entflohn,
in zentralgeheizten Räumen.
Da sitzen sie nun am Telefon.
Und es herrscht noch genau derselbe Ton
10 wie seinerzeit auf den Bäumen.

Sie hören weit. Sie sehen fern.
Sie sind mit dem Weltall in Fühlung.
Sie putzen die Zähne. Sie atmen modern.
Die Erde ist ein gebildeter Stern
15 mit sehr viel Wasserspülung.

Sie schießen die Briefschaften durch ein Rohr.
Sie jagen und züchten Mikroben.
Sie versehn die Natur mit allem Komfort.
Sie fliegen steil in den Himmel empor
20 und bleiben zwei Wochen oben.

Was ihre Verdauung übrig lässt,
das verarbeiten sie zu Watte.
Sie spalten Atome. Sie heilen Inzest.
Und sie stellen durch Stiluntersuchungen fest,
25 dass Cäsar Plattfüße hatte.

So haben sie mit dem Kopf und dem Mund
Den Fortschritt der Menschheit geschaffen.
Doch davon mal abgesehen und
bei Lichte betrachtet sind sie im Grund
30 noch immer die alten Affen.

| Lerninseln: Umgang mit Gedichten S. 273 ff. | Diagnosebogen Gedichte 3d89fw | Training interaktiv Gedichte 47sg8b |

---

1. Formuliert die inhaltliche Aussage des Gedichts.

2. Löst die Aufgaben auf den Kärtchen, indem ihr die korrekten Antworten auswählt. Begründet jeweils mündlich.

   1. **Das Thema des Gedichts ist:**
      A: Evolution
      B: Biologie
      C: Gott
      D: Weltall

   2. **Im Gedicht spricht ein:**
      A: lyrisches Ich
      B: Ich-Erzähler
      C: lyrischer Sprecher
      D: auktorialer Erzähler

   3. **Das Gedicht macht sich lustig über:**
      A: Fortschrittsglaube
      B: Wissenschaft
      C: Affen
      D: Menschen

   4. **Im Gedicht sind folgende sprachliche Bilder enthalten:**
      A: Vergleich
      B: Metapher
      C: Symbol
      D: Personifikation

   5. **Im Gedicht wurden folgende sprachliche Mittel verwendet:**
      A: Enjambement
      B: Anapher
      C: Alliteration
      D: Parallelismus

3. Findet heraus, wie die komische Wirkung des Gedichts erreicht wird. Unterscheidet dabei inhaltliche und formale Komik. Achtet dabei auf Reimwörter, Satzbau, Enjambements usw.

4. Überlegt euch eine geeignete Vortragsweise für das Gedicht und bereitet es für eine Rezitation vor.

Jung und Alt im Clinch
Dramatische Texte untersuchen

 Das könnt ihr schon!
- die Figuren und den Konflikt untersuchen
- Szenen durch Standbilder verstehen
- Mimik, Gestik und Körperhaltung beim Spielen bewusst einsetzen

1. Welche Chancen und Probleme ergeben sich, wenn junge und alte Menschen auf engem Raum aufeinandertreffen? Fertigt dazu ein Cluster an.

Lutz Hübner: Das Herz eines Boxers (Ausschnitt)

Jojo, Leo.
JOJO: Also wenn du Spaß dran hast, bringe ich dir auch gerne Sprechen bei. So die Grundbegriffe: ja, nein, bitte, danke, cool, kult, ätzend. Das kann wahre
5 Wunder wirken, kommt man locker mit durch.
Naja, hier im Heim wahrscheinlich besser ‚Hose voll' und ‚Schmerzen'.
So, Meister, jetzt geht's los!
10 *Er steigt auf die Leiter, nimmt einen Pinsel voll Farbe und streicht eine Ecke.*
Na? Wirkt doch gleich viel freundlicher.
Ja, hast du alles meinem Jugendrichter zu verdanken.
15 Ein geklautes Mofa, und schon geht für einen Rentner die Sonne auf.

Lutz Hübner: Das Herz eines Boxers (Ausschnitt)

Jojo, Leo.
JOJO: Na ja, genug gelabert, der Berg ruft.
Jojo nimmt den Pinsel, steigt auf die Leiter.
Oh Scheiße, die Farbe.
Sag mal, Kumpel, kannst du mir mal
5 eben den Eimer hochgeben?
So ein Mann in meinem Alter geht nicht gern zweimal 'ne Leiter hoch.
*Leo erhebt sich langsam, Jojo streckt die Hand aus, Leo gibt Jojo den Farbeimer hoch, schrägt ihn
10 dabei immer mehr an.*
Hey pass auf, der kippt gleich.
Die Farbe läuft Jojo über die Füße.
Sag mal, bist du bescheuert?

2. Tragt zusammen, was ihr in den beiden Ausschnitten über die Figuren Jojo und Leo erfahrt.

3. Sucht in beiden Ausschnitten Textstellen, an denen sich ein Konflikt andeutet. Begründet.

4. Vergleicht diesen Konflikt mit euren eigenen Erfahrungen über Anlässe von Streitigkeiten zwischen verschiedenen Generationen.

5. Spielt einen Ausschnitt szenisch vor. Achtet darauf, dass Mimik, Gestik und Körperhaltung der Figur zusammenpassen.

Lerninsel: Umgang mit szenischen Texten S. 279 ff.

🌐 Eingangstest Szenische Texte x3vt7n

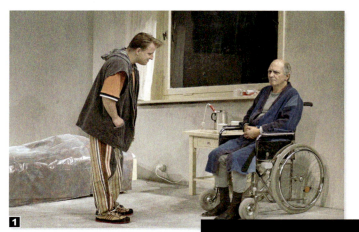

1 Grips Theater Berlin (1996)

6. Besprecht, welches Inszenierungsfoto eurer Meinung nach den entstehenden Konflikt besonders deutlich zeigt. Begründet.

7. Stellt in einem Standbild die Beziehung zwischen Jojo und Leo dar.

Junges Theater Basel (2013)

2

Theater Chemnitz (2013)

3

Das lernt ihr jetzt! ☆

- die Funktion der Exposition erkennen
- die Entwicklung des Konflikts untersuchen
- Konflikte szenisch darstellen

159

Ein Herz für Senioren?
Die Funktion der Exposition erkennen

Lutz Hübner: Das Herz eines Boxers (1996) (1. Szene, Ausschnitt)

Leo kommt herein, auf einem Tisch liegen ein frisches Handtuch und eine kleine Schale mit Tabletten. Leo hängt sich das Handtuch um, schüttet sich die Tabletten in die Hand, geht zum Fenster, öffnet es, sieht sich um, dann schmeißt er die Tabletten in hohem Bogen nach draußen, er schließt das Fenster. Er markiert ein paar Boxschläge, ein Geräusch ist von draußen zu hören. Leo setzt sich schnell in den Sessel, zieht sich eine Decke über die Füße, rückt den Sessel Richtung Fenster, sieht nach draußen. Die Tür geht auf, Jojo kommt herein, er hat Folie, einen Eimer weiße Wandfarbe und Pinsel dabei.

JOJO: Schönen Tag, die Knackibrigade Schöner Wohnen soll aus der Butze hier wieder eine menschliche Behausung machen. Glückwunsch, dass es ausgerechnet dich erwischt hat, lass die Korken knallen, die nächste Kolonne kommt frühestens in hundert Jahren, und wer weiß, ob wir das noch erleben, was?
Er stellt die Sachen ab.
Also, die nächsten Tage geht hier die Post ab.
Da hilft nur eins, Ruhe bewahren, keine Panik. Die Pantoffeln und die Strickweste bleiben sauber, du wirst gleich hübsch in Folie verpackt, ich hab sogar durchsichtige mitgebracht, damit du mir schwer beeindruckt beim Streichen zusehen kannst. Kommt ja schließlich nicht alle Tage vor, dass hier im Heim einer arbeitet, was? Klar, Strohsterne und so'n Tinnef is ja auch 'ne Schweinearbeit. Okay, das war der Showteil. Wo fang ich denn an?
Er sieht sich um.
Die Wand hier ist ganz gut.
Leo dreht sich um, sieht Jojo an.
Was glotzt du denn so? Der erste Besuch seit dem Krieg, was? Glaub bloß nicht, dass ich das hier aus Menschenfreude mache. Seh ich aus wie jemand, der ein Herz für Senioren hat? Eben.

Grips Theater Berlin (1996)

Exposition: Hinweise zu Figuren, Handlung, Ort und Zeit, Regieanweisungen

1. Überlegt, aus welchem Anlass Jojo und Leo zusammentreffen.

2. Stellt Vermutungen an über Ort und Zeit der Handlung.

3. Beschreibt Eigenschaften und Charakter der beiden Hauptfiguren.

4. Gestaltet den Text szenisch. Bringt durch Sprechweise, Mimik und Gestik die Beziehung der Figuren zum Ausdruck.

5. Lest euch die Regieanweisungen durch und erklärt, was man als Leser schon vor Beginn der ersten Szene über die Figurenkonstellation und einen möglichen Konflikt erfährt.

6. Stellt Vermutungen darüber an, warum sich Jojo so herablassend witzig gegenüber Leo verhält.

7. Wie könnte sich Leo in dieser Situation fühlen? – Wie würdet ihr an seiner Stelle reagieren?

Die Exposition in einem Drama untersuchen

Den Beginn eines dramatischen Textes nennt man **Exposition**. Sie zeigt die Situation und die Verhältnisse, aus denen sich ein Konflikt entwickelt. **Dialog** und **Regieanweisungen** geben euch Hinweise zu den **Figuren**, der **Handlung**, dem **Ort** und der **Zeit** des Dramas.

Figuren

- Wer sind die **Hauptfiguren**? Was erfahrt ihr über ihre **Eigenschaften** und ihren **Charakter**?
- Welche **soziale Rolle** und welche **Position** haben die Figuren (z. B. *Beruf, soziale Schicht, leitende Funktion*)?
- Welche **Figurenkonstellation** liegt vor (z. B. *familiäre Beziehungen, Freundschaften, Vertreter unterschiedlicher Gruppen*)?

Exposition

Ort und Zeit

- An welchem **Ort** spielt die Handlung? Welchen **Bezug** hat dieser Ort zu den Figuren und zu der Handlung?
- Was erfahrt ihr über die **Zeit**, in der die Handlung spielt?

Handlung

- Gibt es Hinweise auf einen **zentralen Handlungsstrang**?
- Werden **mögliche Konflikte** angedeutet?
- Welche **Eigenschaften** oder **Interessen** der Figuren können zu Konflikten führen?

Wissen und Können

Lerninsel:
Handlung,
Figuren
S. 280 f.

Jung und Alt im Clinch · Dramatische Texte untersuchen

Feinde
Die Entwicklung des Konflikts untersuchen

Lutz Hübner: Das Herz eines Boxers (1996) (2. Szene, Ausschnitt)

Der nächste Tag. Jojo kommt völlig durchnässt herein, Leo sitzt wieder im Sessel, sieht nach draußen, Jojo flucht.
JOJO: […] Du hälst mich halt für 'nen Gangster. […] Also, dann halt jetzt mal dein Gebiss fest, ich hab das Mofa gar nicht geklaut. Da staunst du, was?
5 Ich bin genauso ein Trottel wie du, ich hab's für 'nen anderen auf mich genommen, weil der mit seinen Vorstrafen sonst direkt in den Bau gegangen wär. Echt edel von mir, was? So richtig Robin
10 Hood.
Er streicht.
Und jetzt gibt er überall an, dass er einen Idioten gefunden hat, der für ihn die Strafe reißt; einfach, weil ich ihn so toll
15 finde und mich bei ihm einscheißen will, da hab ich mir echt Ruhm eingehandelt, was? Ein Idiot, der einem Idioten kostenlos bei Regen die Bude pinselt, dolle Welt. […]
20 *Er streicht, Leo dreht sich um, sieht Jojo an.*
LEO: Du hast ja richtig Charakter.
Jojo lässt den Pinsel sinken, sieht Leo an.
JOJO: Hast du grade was gesagt, oder bilde ich mir das ein?
25 LEO: Du hast ja richtig Charakter.
JOJO: Sag mal, kriegst du etwa alles mit, was ich da labere?
Leo steht auf, gibt dem völlig verdatterten Jojo ein Handtuch, der beginnt sich die Haare trocken zu
30 *reiben. Leo lässt eine Tasse Tee aus dem Samowar, Jojo steigt die Leiter herunter, Leo gibt ihm die Tasse.*
JOJO: Ich glaub, mein Schwein pfeift.

Jojo trinkt einen Schluck.
JOJO: Sag mal, was ist denn das für 'ne Sorte?
Leo lächelt. 35
LEO: Russischer Tee mit Wodka.
JOJO: Besonders viel Tee ist da aber nicht drin.
LEO: Tee macht den Kopf klar und Wodka das Herz. 40
JOJO: Warum hast du denn die Schnauze gehalten?
LEO: Ich hatte vor zwei Wochen einen Schlaganfall, seitdem kann ich nicht mehr sprechen. 45
Ich bin völlig hilflos, keiner weiß, wie viel ich überhaupt noch mitkriege, der arme alte Mann.
Jojo starrt Leo an.
JOJO: Klar doch Schlaganfall, du sprichst 50
doch ganz normal, verarschen kann ich mich alleine.
Leo lächelt.
LEO: Ein Wunder, mein Kind, Gott hat ein Wunder geschickt. 55
Leo setzt sich wieder in den Sessel, sieht nach draußen.
JOJO: Mann, du bist ja wirklich bekloppt, du hast ja original einen Sprung in der Schüssel. 60
Jojo geht die Leiter wieder hoch, streicht, wirft zuweilen beunruhigende Blicke auf Leo.
JOJO: Was soll das heißen, ich hab Charakter, soll das 'ne Beleidigung sein?
LEO: Du hast für einen anderen eine Strafe 65
auf dich genommen, das ist Charakter. Das ist, was man tut für einen Freund.

1. Lest den Text zunächst leise und dann laut mit verteilten Rollen.
 – Bringt dabei zum Ausdruck, wie sich der Konflikt weiterentwickelt.
 – Beurteilt in der Klasse eure Vorträge.

2. Erläutert, wie Leo mit Jojo umgeht und wie er mit ihm spricht.

Entwicklung des Konflikts untersuchen

Lutz Hübner: Das Herz eines Boxers (1996) (4. Szene, Ausschnitt)

[…]

Jojo, Leo.

LEO: Das ist ein schönes Messer.

JOJO: Gib's her.

LEO: Warum hast du ein Messer dabei?

5 **JOJO:** Ich hab immer eins dabei.

LEO: Nein, hast du nicht, es ist ganz neu.

JOJO: Ich hab mein altes verloren.

LEO: Einem Mann, der immer ein Messer in der Tasche hat, fällt es nicht einfach
10 so heraus.

JOJO: Gib es mir wieder.

LEO: Nein.

JOJO: Ich werd dich nicht ausrauben […]

Leo gibt ihm das Messer.

15 **LEO:** Also los, mach ihn fertig, er hat deine Ehre beleidigt, er hat dich vor allen zum Gespött gemacht, räch dich. Ehre kann man nur mit Blut reinwaschen.

Jojo nimmt das Messer.

20 **JOJO:** Verarsch mich nicht.

LEO: Das würde ich nie tun, schließlich hast du jetzt ja begriffen, wo es lang geht, du hast dich lang genug zum Trottel gemacht.

25 *Jojo rammt das Messer in die Wand.*

JOJO: Halt die Schnauze!

LEO: Wieso, stimmt es nicht, was ich sage?

JOJO: Ich mach ihn fertig.

LEO: Du willst ihn am Boden sehen.

JOJO: Der soll kapieren, dass er mich nicht zum Arsch machen kann. 30

LEO: Er wird's kapieren, wenn er das Messer im Bauch hat, und wenn er durchkommt, kann er immer denken: Durch dich, Jojo, hab ich was kapiert. Der geht für acht Jahre ins Gefängnis, 35 damit ich was kapiere. Was hat Jojo nicht alles für mich getan, und dann wird er dir mit der Krücke zuwinken, wenn du gerade an deinem Zellenfenster stehst, um frische Luft zu schnappen. 40

JOJO: Schnauze.

LEO: Und wenn du rauskommst und eine Arbeit suchst und der Chef fragt dich, was du die letzten Jahre gemacht hast und du sagst, ich habe für meine männ- 45 liche Ehre Tüten geklebt, dann wird er aufstehen, dir auf die Schulter klopfen und sagen: Sie sind ein ganzer Kerl. Einer, der für ein blaues Auge einen absticht, ist viel zu schade für meinen Betrieb. Hier arbeiten nur Leute, die 50 mit dem Kopf denken, das ist nichts für Sie.

Stille. […]

---

3. Versucht eine Erklärung dafür zu finden, warum Jojo ein Messer bei sich trägt.

4. Beschreibt mithilfe von Textstellen, was Leo im vorliegenden Gespräch bezweckt. – Hat Jojo Recht, wenn er Leo vorwirft, er „verarsche" ihn?

5. Obwohl sich Leo und Jojo in dieser Szene streiten, wird doch deutlich, dass der Generationenkonflikt zwischen beiden anders verläuft, als er sich zu Anfang darstellte. Beschreibt die Veränderung des Konflikts in eigenen Worten.

6. Sucht aus den bisherigen Szenen (Seite 160–163) für jede Figur ein bis zwei Sätze heraus, die die Veränderung der Beziehung zwischen Leo und Jojo besonders deutlich zeigen. Überlegt euch, wie die Figur diese Sätze sprechen könnte, und übt die Sprechweise ein.

7. Stellt die Entwicklung der Beziehung mithilfe der Arbeitstechnik auf Seite 164 szenisch dar. Gebt einander Rückmeldung zu euren erweiterten Standbildern.

Jung und Alt im Clinch · Dramatische Texte untersuchen

**Lerninsel:
Erweitertes
Standbild
S. 282**

> *Arbeitstechnik*
>
> ### Ein erweitertes Standbild bauen
>
> Ein erweitertes Standbild hilft dabei, einen **Konflikt** zu **verdeutlichen**.
> Zum normalen Standbild kommen hier noch **einzelne gesprochene Sätze** hinzu.
>
> Geht so vor:
> – Entscheidet euch für eine **Anordnung/ Gruppierung** der Figuren.
> – Legt **Gestik**, **Mimik**, **Blickrichtung** und **Körperhaltung** fest.
>
> – Wählt für jede Figur ein bis zwei **besonders wichtige Sätze** aus.
> – Entscheidet über die **Reihenfolge der Äußerungen**. (Sie muss nicht mit der Reihenfolge im Originaltext übereinstimmen.)
> – Achtet auf eine passende **Sprechweise** der einzelnen Figuren.
>
> Wichtig ist, dass die **verschiedenen Einstellungen** und **Interessen der Figuren** zum Ausdruck kommen.

Lutz Hübner: Das Herz eines Boxers (1996) (4. Szene, Ausschnitt)

JOJO: Mir ging's so richtig gut.
Da dachte ich mir, der Tag ist richtig, da bringst du alles ins Reine und bin zum Bauwagen.
5 Waren auch alle ganz nett zu mir, dass ich das gemacht hab und so, kommt der Arsch an.
Ich frage ihn, was für Scheiße er über mich erzählt, er stellt sich doof, hört mir
10 gar nicht zu, was ich denn wolle, einen Heiligenschein oder was.
Da hab ich ihn angeschrien, was für ein Arschloch er ist, er hört das und reicht mir voll eine rein.
15 LEO: Und die anderen?
JOJO: Von denen traut sich doch keiner das Maul aufzumachen. Die fanden das bestimmt alle nicht richtig, aber wenn der Meister spricht.
20 LEO: Aber wenn du ihn fertiggemacht hast, bist du der Meister, dann sagst du, wo es langgeht.
JOJO: Quatsch, ich will mit den feigen Schweinen nichts mehr zu tun haben.
25 LEO: Was willst du denn?
JOJO: Ich will mich rächen. Scheiße, jetzt kommt's mir irgendwie auch blöde vor.
LEO: Und was ist mit deiner Ehre?
JOJO: Jetzt komm mir doch nicht so. Ich will mit denen sowieso nichts mehr zu 30 tun haben.
LEO: Dann ist es vielleicht ein bisschen aufwendig, zum Abschied noch einen abzuschlachten.
Jojo lacht. 35
JOJO: Ja, irgendwie lohnt sich das nicht, obwohl man's ja eigentlich machen müsste.
LEO: Ich musste mal im Krieg alleine auf Patrouille.
Ich sollte rausfinden, wo im Wald die ers- 40 ten feindlichen Stellungen sind. Ich krieche da angstschlotternd durch den Wald und sehe plötzlich vor mir einen feindlichen Soldaten sitzen, das Gewehr liegt neben ihm und er isst eine große, saftige 45 Wassermelone. Da bemerkt er mich, sieht mich starr an. Ich hab mein Gewehr im Anschlag und ich hab Hunger.
JOJO: Und?
LEO: Ich hab mein Gewehr auch weggelegt 50 und er gab mir die halbe Melone. Wir haben gegessen, zusammen eine Zigarette geraucht und dann bin ich wieder zurückgekrochen. Bin ich ein Held?
JOJO: Du bist'n Schnorrer. 55
LEO: Morgen zeig ich dir, wie ein Boxer sich vor Schlägen schützt.
Jetzt geh, ich streich heute für dich.

8. Beschreibt mit eigenen Worten, in welchem Konflikt sich Jojo befindet und wie Leo ihm dabei hilft, diesen Konflikt zu meistern. Achtet dabei auf
   – Leos Argumentation
   – Jojos Reaktion
   – Ausdrucksweise und Wortwahl der beiden.

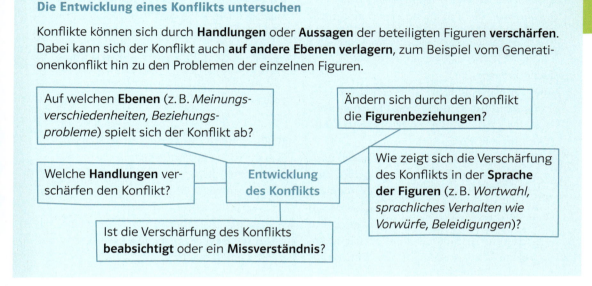

Die Entwicklung eines Konflikts untersuchen

Konflikte können sich durch **Handlungen** oder **Aussagen** der beteiligten Figuren **verschärfen**. Dabei kann sich der Konflikt auch **auf andere Ebenen verlagern**, zum Beispiel vom Generationenkonflikt hin zu den Problemen der einzelnen Figuren.

Wissen und Können

Lerninsel:
Konflikt
S. 280

9. **Zum Differenzieren** ▪ ▪ ▪ ▪

   A Spielt mit einer Partnerin/einem Partner die Kriegsszene, die Leo erzählt (S. 164, Z. 38 ff.), pantomimisch nach. Benutzt nur Mimik und Gestik und achtet genau auf den Ausdruck der verschiedenen Emotionen. – Spielt anschließend glaubwürdige Variationen der Szene und verdeutlicht dabei, in welchen Momenten sich entscheidet, wie die Begegnung ausgeht.

   B Jojo erzählt, dass keiner sich wehrt, „wenn der Meister spricht" (S. 164, Z. 16 ff.). Ein solcher Konflikt mit einem übermächtigen Anführer könnte auch einen anderen Verlauf nehmen. Schreibt einen alternativen Dialog. Spielt den Dialog vor.

   C Denkt an eine Konfliktsituation aus eurem eigenen Leben. Schreibt den Dialog so auf, wie ihr ihn in Erinnerung habt. Macht euch klar, an welcher Stelle der Konflikt hätte vermieden oder gelöst werden können und schreibt den Dialog entsprechend um.

Differenzieren
Entwicklung
des Konflikts
mv78f7

10. **Extra**

    Versetzt euch in Leos Situation.
    Schreibt in Form eines Tagebucheintrags auf, was er über Jojo denkt.
    Stellt euch eure Einträge gegenseitig in Kleingruppen vor und
    gebt einander Rückmeldung.

165

Jung und Alt im Clinch · Dramatische Texte untersuchen

Das ging schief!
Den Höhepunkt des Dramas untersuchen

Lutz Hübner: Das Herz eines Boxers (5. und 6. Szene, Ausschnitte)

Jojo hat herausgefunden, dass Leo früher ein berühmter Boxer war. Leo erteilt Jojo daraufhin Boxunterricht und verrät ihm, dass er aus dem Altersheim fliehen will und dafür bereits einen geheimen Plan entwickelt hat.

(Ende 5. Szene)

LEO: Von zwölf Uhr fünf bis zwölf Uhr zwanzig machen die Stationsschwestern Kaffeepause, in der Zeit komme ich unten bis zur Tür.

5 Zwischen zehn nach und Viertel nach zwölf kommt der Wagen, der das Essen bringt. Ein junger Mann fährt mit einem Auto vor und geht mit drei Behältern in den hinteren Trakt. Dazu braucht er fünf
10 Minuten, manchmal acht, je nachdem, welche Schwester er auf dem Flur trifft. In dieser Zeit lässt er den Motor laufen. Ich brauche mich also nur hinters Steuer zu setzen und loszufahren.

15 Die Schranke an der Pforte wird offen sein, weil der Pförtner sie für die kurze Zeit nicht schließt.

Ich fahre bis zur nächsten U-Bahn-Station, dort lasse ich den Wagen stehen,
20 steige um und fahre zum Bahnhof.

Ein Zug fährt um zwölf nach eins. Ist dir das genau genug geplant?

Jojo nickt.

JOJO: Ich weiß wirklich nicht, ob du ver-
25 rückt bist oder nicht.

LEO: Wenn ich's noch nicht bin, würde ich's hier werden, also gehe ich. […]

Man hört draußen ein Auto vorfahren.

LEO: Der Wagen kommt, ich muss mich
30 beeilen.

Leo geht. Jojo geht zum Fenster, öffnet es, ein anfahrendes Auto ist zu hören, kurz danach ein lautes Klirren.

JOJO: Scheiße!

(Beginn 6. Szene) 35
Leo sitzt im Sessel, der wieder Richtung Fenster gedreht ist. Es klopft an der Tür. Leo reagiert nicht, Jojo öffnet die Tür.

JOJO: Schläfst du, Leo?

Leo reagiert nicht, Jojo kommt herein. 40

JOJO: Stell dir vor, die wollten mich unten erst gar nicht reinlassen, die wollten mir sogar die Stunde erlassen.

Da hab ich aber Krawall gemacht, das ginge gegen meine Malerehre, ich will 45 das fertig machen.

Die waren richtig beeindruckt von meiner Arbeitsmoral. Keine schlechte Nummer, was?

Leo reagiert nicht. 50

Die haben sogar vorgeschlagen, dass sie dich rausbringen, solange ich arbeite.

Als wärst du King Kong oder so was.

Biste ja irgendwie auch.

Leo reagiert nicht. 55

Hör mal, Alter, das Spielchen hatten wir schon mal.

Ist irgendwas? Bist du verletzt?

Jojo wedelt mit der Hand vor Leos Augen herum.

Kuckuck. 60

Gong, nächste Runde.

Aufwachen, Frühstück, Mama hat röstfrischen Japskotzmeisterkrönungskaffee gekocht.

1. Das Drama enthält mehrere Konflikte, die sich nacheinander ablösen. Benennt die einzelnen Konfliktmomente und ihre Entwicklung bzw. Lösung.

2. Stellt mithilfe der blauen Box fest, wo sich der Höhepunkt der Dramenhandlung befinden könnte.

3. Lest noch einmal die Exposition des Stückes (S. 160). Vergleicht diese mit dem Beginn der 6. Szene. Benennt Gemeinsamkeiten und Unterschiede.

4. Stellt Überlegungen darüber an, was zwischen Szene 5 und Szene 6 geschehen sein könnte.

5. Überlegt, wie die Handlung weitergehen könnte.
   – Notiert einen möglichen Handlungsverlauf in Stichpunkten.
   – Vergleicht eure Ideen und diskutiert, welche Fortsetzungen am besten zum Originaltext passen. Begründet.

Grips Theater Berlin (1996)

Den Höhepunkt eines Dramas untersuchen

In den meisten dramatischen Texten gibt es einen Höhepunkt. Dieser ergibt sich aus dem **Handlungszusammenhang** des **gesamten Dramas**.
Ihr könnt den Höhepunkt untersuchen, wenn ihr auf Folgendes achtet:
– Welche **Folgen** hat die Szene, zum Beispiel *Beilegung des Konflikts, Katastrophe, neue Konflikte?*
– Wie verändern sich die **Beziehungen der Figuren** am Höhepunkt?
– Wie wird der Höhepunkt in **Aussagen** und **Handlungen** deutlich? Werden entscheidende Aussagen **sprachlich drastisch** gestaltet?
– Werden in den **Regieanweisungen** besonders starke Gefühle der Figuren deutlich?
– Welche **Charaktereigenschaften der Figuren** zeigen sich am Höhepunkt?

Wissen und Können

6. Zum Differenzieren ■ ■ ■ ■

   A Untersucht die Sprache beider Figuren und zeigt, an welchen Stellen der Autor beim Publikum Lacher erzielen will. – Beschreibt dabei auch, wie humorvolle Momente entstehen.

   B Schreibt die Szene, die auf den Höhepunkt folgen könnte. Achtet darauf, dass im Dialog und in den Regieanweisungen die Gefühle der Figuren deutlich werden.

Differenzieren
Höhepunkt des Konflikts
423y76

167

⭐ Das könnt ihr jetzt!

1. Bringt die Standbilder in eine sinnvolle Reihenfolge. Begründet eure Entscheidung.

2. Ordnet die Standbilder konkreten Szenen aus dem Drama zu.
   - Erweitert diese Standbilder durch entscheidende Sätze aus der jeweiligen Szene.
   - Gebt einander Rückmeldungen, ob die Sätze und die Sprechweise der Figuren den Konflikt verdeutlichen.

	Lerninsel:	Diagnose-	Training
	Umgang mit szenischen Texten S. 279 ff.	bogen Dramatische Texte bm53fn	interaktiv Dramatische Texte hg9h6m

Lutz Hübner: Das Herz eines Boxers (1996) (7. Szene, Ausschnitt)

Jojo reißt sich wütend die Klamotten runter.
JOJO: Ich hab die Schnauze voll.
Weißt du, was mich das an Überwindung gekostet hat, hier so aufzutauchen?
Glaub bloß nicht, dass ich jeden Tag wie Charleys Tante durch Berlin fetze.
Ich hab eine Schweineangst gehabt, [...] und bis ich raus hatte, wie man die Plörren anzieht, sich schminkt, das Geeier auf den Schuhen [...].
In der U-Bahn haben sie mir einen Platz angeboten, [...] ich bin ständig angerempelt worden, weil ich so langsam auf den Hacken bin, es war absolut zum Kotzen!
LEO: Gar nicht so einfach, wenn man alt ist.
JOJO: Darum geht's doch gar nicht. Unten beim Pförtner hab ich extra ein bisschen getrödelt, damit er sich eine dicke Alte merkt, die hier zu Besuch ist.
Es kann nichts schiefgehen.
Das ist ein Plan der oberen Spitzenklasse und du stellst dich an.
LEO: Und wenn sie mich erkennen?
JOJO: Dann kommst du halt auf die geschlossene Frauenstation, ist doch auch mal was anderes.
Ach, mach doch, was du willst, spring aus dem Fenster, lass mich in Ruhe.
Stille. Jojo zündet sich eine Zigarette an.
LEO: Aber ich mach es doch ...

3. Überlegt, wie sich die Handlung nach der letzten Szene weiterentwickelt.

4. Beschreibt Jojos Veränderung im Verlauf des Stückes.

5. Schreibt die Szene zu Ende. Einmal mit Happy End und einmal mit negativem Ende.

6. Denkt euch eine kurze Geschichte aus, in der ein Konflikt zwischen einem jungen und einem alten Menschen dargestellt wird. Stellt die Entwicklung des Konflikts in fünf aufeinander folgenden Standbildern dar.

Blätter, die die Welt bedeuten?
Zeitungen untersuchen

 Das könnt ihr schon!
- Jugendzeitschriften untersuchen
- euch in Fernsehen und Internet orientieren
- Werbung untersuchen

Boulevardzeitung: sensationsorientierte Aufmachung, eingeschränkte Glaubwürdigkeit, hohe Auflage

NSA: National Security Agency, größter Auslandsgeheimdienst der USA

1. Nennt Tageszeitungen, die ihr kennt. Klärt, ob sie nur in einer Region oder deutschlandweit verbreitet sind.

2. Nennt Aspekte, in denen sich Boulevardzeitungen (z. B. „Bild", „Express") von anderen Tageszeitungen unterscheiden.

Deutsche Geheimdienste zu dämlich? (Bild)

Bundestag soll NSA-Affäre aufklären (sz)

Merkel bis zum Sommer abgehört – NSA-Ausschuss wahrscheinlich (LVZ)

USA räumen Bespitzelung Merkels ein (KStA)

Wo die Amis uns bespitzeln – Obamas Lausch-Netzwerk (Express)

3. Vergleicht die Schlagzeilen und Bilder zum Abhörskandal. Begründet, welches Bild und welche Schlagzeilen ihr in einer Boulevardzeitung erwarten würdet.

170   Vorwissen aktivieren

Eingangstest
Werbung
wr7e9k

NSA stoppte Spähaktionen gegen Merkel im Sommer

28.10.2013 • Angeblich gesteht die amerikanische Regierung jetzt ein, dass die NSA Kanzlerin Merkel und Dutzende weitere internationale Politiker bespitzelt hat. Als Präsident Obama davon erfahren habe, seien die Abhöraktionen im Sommer gestoppt worden.

Amerikanische Regierungsvertreter haben einem Medienbericht zufolge eingestanden, dass Bundeskanzlerin Angela Merkel bis vor kurzem vom amerikanischen Geheimdienst NSA bespitzelt wurde. Präsident Barack Obama soll davon erst vor wenigen Wochen erfahren haben, wie das „Wall Street Journal" am Sonntag unter Berufung auf amerikanische Regierungsvertreter berichtete. Die Abhöraktion sei nach einer von der Regierung in Washington im Sommer in Auftrag gegebenen internen Untersuchung eingestellt worden, hieß es in dem Zeitungsbericht. Dabei sei herausgekommen, dass die NSA rund 35 internationale Spitzenpolitiker überwache. […]

(FAZ-net)

[…] Als in den vergangenen Wochen kritische Fragen nach der Arbeit von US-Diensten in Deutschland gestellt wurden, wiegelten ausgerechnet die Gefahrenabwehrer ab: Die Amerikaner seien alliierte Partner, Freunde. Die Zusammenarbeit sei vertrauensvoll. Wenn US-Dienste spionieren wollten, bräuchten sie die Zustimmung der Deutschen. […] In dem fischigen Gewerbe wird gern schöngetan, und Partnerschaft wird beschworen, wo Misstrauen herrschen müsste. Aber so überraschend ist es nicht, dass sich eine Organisation wie die NSA in Deutschland so aufführt wie in ihrem Hinterhof. Das hat Tradition. Das hat sie immer schon so gemacht. […]

(sz, 28.10.13, S. 2)

Interview mit Dalia Grybauskaite – 2013 Ratspräsidentin der EU (Ausschnitt, sz, 28.10.13, S.2)

Die Gefahren des Abhörens waren den Staats- und Regierungschefs also durchaus bewusst?
Wir hatten doch schon überlegt, welche Lehren wir daraus ziehen. Das es absolut notwendig ist, sehr schnell die Daten unserer Bürger und auch der Unternehmen besser zu schützen. Separat davon müssen wir über unsere Beziehung zu den amerikanischen Partnern nachdenken, wie unsere Gemeindienste arbeiten sollen, wie Informationen im Kampf gegen Terrorismus und Kriminalität beschafft werden. Das ist ein sehr heikles, sensibles Thema.

4. Benennt die Funktion der verschiedenen Teile eines Artikels: Body (Text), Lead (Vorspann), Schlagzeile.

5. Zeitungsartikel haben meist einen Untertitel, Online-Artikel oft einen Vorspann. Stellt Vermutungen an, warum selten beides zusammen verwendet wird.

6. Teilt die Artikelausschnitte auf dieser Seite danach ein, ob sie Informationen vermitteln oder eine Meinung zum Ausdruck bringen. Begründet eure Zuordnung mithilfe konkreter Textstellen.

Das lernt ihr jetzt!

- den Aufbau einer Tageszeitung erkennen
- verschiedene Textsorten in der Zeitung unterscheiden
- informierende und meinungsbildende Textsorten untersuchen

Blätter, die die Welt bedeuten? · Zeitungen untersuchen

Ordnung im Blätterwald
Den Aufbau einer Tageszeitung untersuchen

Aufbau einer Tageszeitung untersuchen

1. Betrachtet die Titelseite der Zeitung und lest die vergrößerten Ausschnitte. Erklärt, inwiefern die Titelseite bei der Orientierung in der Zeitung hilft. Geht auf die einzelnen Bestandteile ein.

2. Ordnet für dieses Beispiel (S. 172) „Die Seite Drei" und „Meinung" einem Ressort (Lokales, Wirtschaft, Feuilleton/Kultur, Sport, Politik) zu.

3. Überlegt, welche Reihenfolge der Ressorts ihr als Herausgeber/innen einer Zeitung wählen würdet.
   – Stellt euer Ergebnis vor und begründet eure Entscheidung.
   – Vergleicht mit einer Tageszeitung eurer Region.

4. Untersucht eine Tageszeitung aus eurer Region und beschreibt mithilfe der folgenden Fragen die Ausrichtung dieser Zeitung:
   – Wie viele Seiten entfallen auf jedes der fünf klassischen Ressorts?
   – Welche zusätzlichen Seiten findet ihr?

5. Erfragt bei Verwandten und Bekannten, welche Ressorts sie vor allem lesen. Tragt die Ergebnisse zusammen und stellt sie als Diagramm dar.

Ressort:
Teil einer Zeitung zu einem bestimmten Themengebiet

Feuilleton:
(frz.) Blättchen – bezeichnet den Kulturteil einer Zeitung

Wissen und Können

Den Aufbau einer Tageszeitung untersuchen

In Zeitungen bietet euch die **Titelseite** eine erste Orientierung über die Inhalte der jeweiligen Ausgabe. Außerdem könnt ihr euch an den Ressorts orientieren. So findet ihr schnell Artikel zu Themen, die euch interessieren.

Die **fünf klassischen Zeitungsressorts** sind:
   – Politik
   – Wirtschaft
   – Sport
   – Feuilleton/Kultur
   – Lokales

NEWS

weitere Elemente:
   – Rätsel
   – Wetter
   – Comics
   – …

zusätzliche Ressorts (je nach Zeitung und Tagesgeschehen):
   – Medien
   – Technik
   – Wissenschaft
   – Finanzmarkt
   – Panorama/Gesellschaft
   – …

Anhand der unterschiedlichen Seitenzahlen für die klassischen und zusätzlichen Ressorts kann man das **Profil einer Zeitung** erkennen. So ist z. B. eine Zeitung mit großem Wirtschaftsteil und zusätzlichem Finanzteil vor allem für Geschäftsleute interessant.

---

6. Extra

Im Internet könnt ihr euch die Titelseiten von hunderten von Zeitungen aus vielen verschiedenen Ländern ansehen. Stellt ausgewählte Titelseiten in der Klasse vor. Beachtet dabei: Was verrät die Titelseite über das Profil der Zeitung?

Blätter, die die Welt bedeuten? · Zeitungen untersuchen

Marsmenschen?
Textsorten in Zeitungen unterscheiden

Informierende Textsorten untersuchen

> Schon seit Kindestagen habe ich das tiefe Verlangen, das Universum zu erkunden.
>
> *Peter Geaves, Familienvater, drei Kinder*

> Das ist ein großes wissenschaftliches Projekt.
>
> *Denis Newiak, Student*

> Ich kann gut mit Werkzeugen umgehen und Dinge reparieren. Ich habe schon eine Solaranlage und drei Häuser gebaut. Außerdem bin ich ziemlich vernünftig und habe eine gefestigte Persönlichkeit.
>
> *Pasha Rostov, Programmierer*

1. Bei allen Planungen für Marsmissionen wird davon ausgegangen, dass die Astronauten nicht zur Erde zurückkehren.
   – Was haltet ihr von einer solchen Mission? Begründet eure Meinung.
   – Beurteilt die Begründungen der drei „Bewerber".

NASA: Wasser auf dem Mars entdeckt

Wissenschaftler haben erstmals bestätigt, dass es Wasser auf dem Mars gibt. Das teilten Forscher der US-Weltraumbehörde NASA nach der Untersuchung von Bodenproben im Labor der Marssonde „Phoenix" mit.

Astronaut auf dem Mars (Fotomontage)

Informierende Textsorten

Milliarden für Marsmission – Überleben ungewiss

Die NASA will alle verfügbaren Mittel für einen bemannten Flug zum Mars mobilisieren: Doch fraglich ist immer noch, ob Astronauten dem jahrelangen Aufenthalt im All überhaupt gewachsen sind.

Die US-Weltraumbehörde Nasa will in den kommenden Jahren alle verfügbaren Mittel für bemannte Missionen zum Mars mobilisieren. „Eine bemannte Mission zum Mars ist für die Menschheit derzeit das Fernziel in unserem Sonnensystem", sagt Nasa-Chef Charles Bolden zum Auftakt einer dreitägigen Konferenz zum Thema an der Universität von Washington. Für die Nasa habe eine solche Mission bis zum Jahr 2030 daher „Priorität". [...]
Als weiteres zentrales Ziel nennt Bolden die Entwicklung eines Raumschiffs, das es Menschen überhaupt erlaubt, die Strecke bis zum Mars zurückzulegen. Die Nasa wolle nun aber zuerst testen, wie sich die Schwerelosigkeit auf längere Dauer auf den menschlichen Körper auswirke.
Bisher bleiben Astronauten aus aller Welt bis zu sechs Monate auf der Internationalen Raumstation. Doch allein der Hinflug zum Mars dauert 500 bis 600 Tage. Zwei Veteranen sollen nun herausfinden, wie der menschliche Körper auf Dauer Schwerelosigkeit erträgt. [...]
Eine Untersuchung von 27 Astronauten, die durchschnittlich 108 Tage an Bord der ISS oder eines Spaceshuttles verbracht hatten, hat indessen bereits gezeigt, dass längere Aufenthalte in der Schwerelosigkeit bei Raumfahrern Veränderungen an Augen und Gehirn verursachen können. [...]
Bisher war bereits bekannt, dass Aufenthalte im Weltraum die Knochendichte und die Muskelmasse schwinden lassen. Nun untersuchten Forscher Gehirn und Augen von Raumfahrern per Magnetresonanztomografie (MRT). Auffällige Befunde fanden sie vor allem bei jenen Astronauten, die mehr als 30 Tage hintereinander in Schwerelosigkeit verbrachten.
Bei jedem Dritten hatte sich die Hirnflüssigkeit im Bereich der Sehnerven ausgedehnt, bei gut jedem Fünften war die Rückseite des Augapfels abgeflacht und bei etwa jedem Siebten war der Sehnerv ausgewölbt. [...]
Ob der Mensch physisch und psychisch stark genug ist, um zum Mars zu fliegen, muss sich also erst noch herausstellen. Die bisherigen Befunde lassen Zweifel aufkommen. Bisher wurden lediglich unbemannte Roboterfahrzeuge zum Mars geschickt. Zuletzt landete im August 2012 der NASA-Forschungsroboter „Curiosity" auf dem Roten Planeten. Er soll dort nach Spuren von Leben und somit vor allem von Wasser suchen.

Curiosity: (engl.) Neugier – ist der Name der US-Marsmission

2. Gebt an, welche wichtigen Informationen in Bezug auf eine mögliche Besiedlung des Mars die beiden Artikel geben.

3. Benennt Textstellen, an denen deutlich wird, dass in den Artikeln sachlich informiert werden soll.

4. Untersucht, ob die beiden Artikel dem Aufbauprinzip der umgekehrten Pyramide entsprechen:
   – Beantwortet die W-Fragen für beide Artikel.
   – Achtet auf die Reihenfolge der Informationen.

5. Bestimmt mithilfe der blauen Box auf S. 178, um welche journalistischen Textsorten es sich bei den beiden Artikeln handelt. Begründet mithilfe von Textstellen.

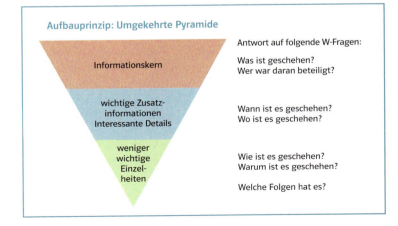

Blätter, die die Welt bedeuten? · Zeitungen untersuchen

Spektakulärer Test: Marsmann in der Eishöhle

Glitzernder Raumanzug, ausgefeilte Analysegeräte: Bei einem aufwendigen Feldversuch wird in Österreich die Ausrüstung für bemannte Marsmissionen ausprobiert. Noch machen simple Dinge Probleme – doch die Tester sind überzeugt, dass Menschen zum Roten Planeten fliegen werden. Irgendwann.

Die Rufe aus dem Missionskontrollzentrum verhallen ungehört – und schuld ist schon wieder dieser verflixte Kopfhörer! Weil der schon wieder verrutscht ist, steht
5 Astronaut Daniel Schildhammer auf seiner Erkundungsmission reichlich hilflos da. Wohin sich als nächstes wenden? Welche Probe nehmen? Wann zur Basis zurückkehren? Der 28 Jahre alte Materialwissen-
10 schaftsstudent aus Innsbruck hat ein ernsthaftes Problem: Sein bulliger Plexiglashelm verhindert, dass er die Ohrhörer wieder in Position bringen kann. Deshalb kann er keine Anweisungen empfangen. Punkt.
15 Ein echter Außeneinsatz auf dem Mars wäre spätestens an dieser Stelle zu Ende. Doch Schildhammer – er hat mit einer Körpergröße von 178 Zentimetern und Schuhgröße 43 die perfekten Raumanzug-
20 Maße - ist kein echter Astronaut. Also darf er sich ausnahmsweise helfen lassen. Denn statt über den Roten Planeten schlurft er gerade durch eine Höhle im Salzkammergut. Zwei Assistenten können gefahrlos
25 seinen Kopfschutz abnehmen und das Malheur beheben.
„Für jedes Problem, das wir hier haben, müssen wir dankbar sein", sagt Gernot Grömer. „Denn wir haben es hier – und
30 nicht auf dem Mars." In der Dachstein-Rieseneishöhle testet das Österreichische Weltraum Forum (ÖWF) gerade die Ausrüstung für eine mögliche bemannte Marsmission. Und Grömer, normalerweise
35 Astrophysiker an der Universität Innsbruck, leitet das Projekt des eingetragenen Vereins ÖWF, der Astroprofis und -Enthusiasten zusammenbringt.
Ein Dutzend Experimente finden gleichzeitig in der Höhle statt. So zuckelt gerade 40 der in Polen entwickelte Marsrover „Magma" über eine Eisfläche. An Bord hat er das Radarsystem „Wisdom", das auf der nächsten europäischen Marsmission das Gestein bis zu drei Meter tief durchleuchten soll. 45
„Hier im Eis können wir sogar zehn Meter tief schauen", sagt Projektmitarbeiter Stephen Clifford vom Lunar and Planetary Institute im texanischen Houston. […]
Während Schildhammer sich durch die 50 Höhle kämpft, überwacht die Missionskontrolle jeden seiner Schritte. Die Daten gehen über eine klobige Antenne und das extra installierte Funknetz zur simulierten Bodenstation. Die ist ein paar Minu- 55 ten Fußmarsch bergab untergebracht, im Nebenraum eines Ausflugsrestaurants. Die vielen Computerschirme passen nicht so recht zum urigen Holzdekor und den karierten Vorhängen. […] 60
Immerhin, Grömer sieht die Rolle seines Projekts durchaus realistisch: Der erste Marsbesucher wird – wenn er denn jemals fliegt – wohl kaum einen Anzug made in Austria tragen. Aber vielleicht schaffen es ja 65 ein paar Erkenntnisse aus der Höhle auf den Roten Planeten, hofft der Astrophysiker in aller Bescheidenheit: Als Rentner wolle er einmal „vor dem 3-D-Fernseher sitzen, die Fast-Liveschaltung auf den Mars miter- 70 leben und meinen Enkelkindern sagen: ‚Die Schraube habe ich entworfen.'"

6. Lest den Text und erklärt, was die Forschungen in der österreichischen Höhle mit den Plänen einer Marsbesiedlung zu tun haben.

7. Beschreibt mithilfe konkreter Textstellen, wie der Autor dem Leser das Gefühl vermittelt, live vor Ort zu sein. Achtet auf Inhalt und Sprache. Nutzt die blaue Box auf S. 178.

Meinungsäußernde Textsorten untersuchen

Die teure Neugier (von Dirk Hautkapp)

Marserkundungen gehören zur nationalen Seelenmassage. Vor allem in der Mondfahrernation Amerika, die nach dem Ende des Space-Shuttle-Programms nach neuen Zielen sucht. Der Nationalstolz ist angegriffen, seit die USA für eine Mitfahrgelegenheit ins All auf den früheren Erzfeind Russland angewiesen sind. Sollte ab heute die Mission „Neugier" die Bedürfnisse der NASA befriedigen, heißt das aber noch nicht viel. Geld für bemannte Marsmissionen ist in den hochverschuldeten Etats der Supermacht nirgends vorhanden. Auch in Amerika, wo das Streben nach den „new frontiers" zur kollektiven DNA gehört, rückt eine Frage immer stärker in den Mittelpunkt: Gibt es mit Klimawandel, Hunger, Armut und Terror nicht kostspielige Aufgaben, die dringlicher zu lösen wären als die Feststellung der chemischen Konsistenz von Geröll auf dem Mars? Kritiker halten dem entgegen, dass allein schon der menschliche Pioniergeist solche Missionen rechtfertige. Mag sein. Reisen bildet. Und mit jedem Stück des Universums, das wir erforschen, lernen wir uns selbst besser kennen. Nur eine neugierige Frage: Wer bezahlt's?

new frontiers: (engl.) neue Grenzen

Konsistenz: Beschaffenheit

Extrasüße Aliens (von Günther Paul)

Die amerikanische Raumfahrtbehörde NASA hört die Flöhe husten, außerirdische Flöhe zumal. Und allein schon aus diesem Husten zieht sie Rückschlüsse auf die mögliche Existenz anderer Zivilisationen. Diesen Eindruck jedenfalls können die jüngsten Erfolgsmeldungen über den Marsrover „Curiosity" vermitteln. Kaum findet dieser im Gestein des Roten Planeten chemische Elemente wie Schwefel, Stickstoff, Wasserstoff, Sauerstoff, Phosphor und Kohlenstoff, die als wichtige Bestandteile von Organismen gelten, schon wird – zum gefühlten dreitausendsechshundertvierzehnten Mal – auf die mögliche Existenz von Mikroleben in der Vergangenheit unseres kosmischen Nachbarn hingewiesen.
Als hätten die Forscher der NASA in der Schule nicht gelernt, dass überall im Universum dieselben chemischen Elemente zu Hause sind. Man müsste also überrascht sein, wenn man diese Bestandteile nicht auch in der totesten Umwelt fände. […]

Curiosity: (engl.) Neugier – ist der Name der US-Marsmission

---

1. Gebt in eigenen Worten die Meinung der beiden Autoren zur Marsmission „Curiosity" wieder.

2. Sucht Textstellen heraus, an denen besonders deutlich wird, dass der jeweilige Autor seine Meinung zum Thema äußert. Nennt auffällige sprachliche Mittel.

3. Untersucht, in welchem Text die Kritik schärfer geäußert wird.
   - Begründet mit konkreten Textstellen.
   - Prüft mithilfe der blauen Box (S. 178), welchen Textsorten sich die beiden Artikel zuordnen lassen.

Blätter, die die Welt bedeuten? · Zeitungen untersuchen

Wissen und Können

Textsorten in Zeitungen erkennen

Die verschiedenen **Textsorten** der Zeitung bieten kurze Sachinformationen, Hintergrundwissen, Eindrücke vom Geschehen vor Ort, Meinungen der Autorinnen/der Autoren. Ihr könnt die Textsorten an ihren **zentralen inhaltlichen und sprachlichen** Merkmalen erkennen. Es kommen aber auch Mischformen vor, die man nicht eindeutig zuordnen kann.
Informierende Textsorten sind **sachlich und objektiv**. Achtung: Durch die Auswahl der Informationen und Zitate kann indirekt dennoch Stellung bezogen werden.
In **meinungsäußernden Textsorten** wird dagegen ganz bewusst die **Meinung** des jeweiligen Journalisten bzw. der Journalistin veröffentlicht.

Nachricht
Inhalt: allgemein interessierender aktueller Sachverhalt (= *Neuigkeitswert*); beantwortet die *W-Fragen*
Prinzip der *umgekehrten Pyramide*
Sprache: sachliche Darstellung direkte oder indirekte Wiedergabe von Äußerungen bedeutender Personen

Kurzform: **Meldung**
nur wenige Sätze, nur die wichtigsten Informationen, oft im Wortlaut von Presseagenturen übernommen

Langform: **Bericht**
Informationen einer Meldung, zusätzlich: Zitate von Augenzeugen, Hintergrundinformationen zu den Ursachen eines Geschehens, Details zu den Folgen, …

Reportage
Inhalt: lebendig und konkret, Wahrnehmungen vor Ort, verschiedene Sinneseindrücke, oft einzelne Personen im Mittelpunkt, Hintergrundinformationen an verschiedenen Stellen eingestreut
Sprache: beschreibende Adjektive, anschauliche Formulierungen, zum Teil perspektivische Darstellung

informierende Textsorten

Interview
Abdruck eines Gesprächs

Glosse
Inhalt: kurze, witzige Meinungsäußerung
Sprache: bildhaft, polemisch, satirisch, erzählende Elemente, …

Kommentar
Inhalt: Meinung der Journalistin/des Journalisten bzw. der Redaktion zu einem Ereignis
Sprache: rhetorische Fragen, Ironie, wertende Adjektive, Appelle, Irreales im Konjunktiv, …

meinungsäußernde Textsorten

Rezension/Kritik
Besprechung eines kulturellen Gegenstandes (Buch, Film, Theaterinszenierung, Kunstausstellung, …),
inhaltliche Informationen werden mit Wertung verknüpft

polemisch: überspitzt, scharf, bewusst unsachlich

Filmkritik S. 135

178 Textsorten in Zeitungen untersuchen

4. Zum Differenzieren ■ ■ ■ ■

A Bestimmt die Textsorten der Textausschnitte auf S. 171. Begründet mit Bezug
auf den Inhalt und die Sprache.

B Untersucht den folgenden Text. Prüft, welchen Textsorten er sich zuordnen lässt.
Begründet mithilfe konkreter Textbelege.

Wasser auf dem Mars entdeckt

Wissenschaftler haben erstmals bestätigt, dass es Wasser auf dem Mars gibt. Das teilten Forscher der US-Weltraumbehörde NASA nach der Untersuchung von Bodenproben im Labor der Marssonde „Phoenix" mit.

„Wir haben Wasser", sagte Prof. William Boynton von der Universität Arizona am Donnerstag bei einer NASA-Pressekonferenz. Der Roboterarm von „Phoenix" hatte die gefrorene Bodenprobe am Nordpol des Roten Planeten gesammelt. Sie sei dann am Mittwoch im Ofen des Labors erhitzt worden. Dabei sei Wasserdampf entstanden, sagten die US-Wissenschaftler der NASA. Wasser gilt als eine Voraussetzung für einfachste Formen organischen Lebens.

Bereits vor einem Monat waren sich die Forscher sicher, Hinweise auf die Existenz von Wasser auf dem Mars zu haben, sagte Boyton. „Aber dies ist das erste Mal, dass wir Wasser auf dem Mars berührt und geschmeckt haben", fügte er hinzu. Wissenschaftler gehen seit Jahren von der Existenz gefrorenen Wassers auf dem Mars aus, bisher stand der endgültige Beweis jedoch aus.

C Die Glosse auf S. 177 unten wurde gekürzt. Ergänzt an der gekürzten Stelle (Z. 23)
einen Abschnitt, der inhaltlich und sprachlich zum Rest des Textes passt.

5. Extra

Beschreibt den Weg einer Nachricht in die Tageszeitung. Prüft für eine Ausgabe
einer Zeitung eurer Wahl, wie viele Meldungen eins zu eins von der Nachrichten-
agentur (z. B. dpa, Reuters, sid, AFP) übernommen wurden.
Achtet dafür auf die Abkürzung unter den Artikeln.

Nachrichtenquelle:
Recherchen vor Ort,
Hintergrundrecher-
chen, Zeugenaus-
sagen, Kommentare
von offizieller Seite,
Presseerklärungen,
…

→

**Nachrichten-
agenturen:**
Meldungen
werden in den
Nachrichten-
agenturen
erstellt

→

Redaktion/Zeitung:
- Meldung verwerfen
- Meldung übernehmen
- zusätzlich eigene
  Recherchen durchführen,
  Meldung ergänzen
- Artikel zu selbst recher-
  chiertem Thema schreiben

→

Artikel

Differenzieren
Textsorten in
Zeitungen
pk5f5s

dpa:
Deutsche
Presse-Agentur

sid:
Sport-
Informations-
Dienst

AFP:
Agence France
Presse

Das könnt ihr jetzt!

Der folgende Text basiert auf zwei Meldungen: Einerseits wurden zwei Friedenstauben des Papstes von anderen Vögeln angegriffen. Andererseits wurde bekannt, dass Geheimdienste mithilfe des Spiels „Angry Birds" Informationen über Handynutzer gesammelt haben.

Das Streiflicht

Es begab sich auf dem Petersplatz zu Rom, da hieß der Papst einige Kinder zwei weiße Tauben in die Lüfte steigen zu lassen als Zeichen des Friedens in unserer Zeit. Diese Tiere gelten von alters her als Symbol der Gewaltlosigkeit. [...] So will es die weiße Taube, angeblich. Wehruntüchtig, wie sie aus grundsätzlichen Erwägungen heraus ist, bleibt sie, wenn jemand Stress macht, auf die Kraft des Wortes angewiesen. Das half den weißen Tauben vom Petersplatz allerdings nicht weiter. Noch in Sichtweite des Heiligen Vaters wurden die Tiere von einer Möwe attackiert sowie einer Krähe, der schwarzen Sendbotin der Finsternis. Das Gute ist für den Luftkampf nun einmal nicht geschaffen und ließ ordentlich Federn.

So ist unsere Welt. Eine Krähe mag der anderen kein Auge aushacken, gern aber rupft sie eine Friedenstaube. Das Zeitalter der bösen Vögel ist gekommen oder zumindest der wütenden, jederzeit zum Kampf bereiten Vögel. Bald zwei Milliarden Mal haben die Leute deshalb die App „Angry Birds" heruntergeladen. In dem Spiel geht es darum, dass grüne Schweine die Eier der Vögel geklaut haben, um nun von einem Trupp mordlustiger Federgetiers über die ganze Welt verfolgt zu werden. Der Erfolg von „Angry Birds" kommt daher, dass die Leute das Spiel dazu nutzen, während der Arbeitszeiten mental den gebotenen Abstand zu den Belastungen der Bürowelt zu gewinnen. Der Spieler darf die Vögel mit einer Schleuder auf die Säue abfeuern, das geht auch während des Meetings. Die „Piggies" sind dabei übel dran. Nichts will den mal treuherzig, mal boshaft grunzenden Schweinchen recht gelingen. Führungskräfte alter Schule sehen hierin eine Parabel auf die eigene Belegschaft und ihre Fehlleistungen. Der Arbeitnehmer hingegen weiß, auf wen er eigentlich zielt, wenn er die Schweine abschießt. Es ist eben ein Spiel für alle. Jetzt heißt es, die NSA verschaffe sich über „Angry Birds" Zugang zu den Daten von Abermillionen Usern, nutze also eine Art trojanischen Vogel. Es kann der Friedlichste nicht mehr in Ruhe mit seinem Smartphone spielen, wenn es den bösen Mächten nicht gefällt.

1. Ordnet den Artikel einer Textsorte zu. Begründet mithilfe von inhaltlichen und sprachlichen Elementen.

🌐 **Diagnose-bogen**
Zeitung
7dd7c4

🌐 **Training interaktiv**
Zeitung
pq636g

---

2. Beurteilt, welchen Einfluss ein solcher Artikel auf die öffentliche Meinung hat, wenn er in der Süddeutschen Zeitung erscheint.

3. Sucht euch eine der folgenden Meldungen aus und recherchiert weitere Informationen zum Thema. Ihr könnt auch eine aktuelle Meldung aus einer Tageszeitung als Grundlage wählen.

Geheimdienste spionieren Daten über Spiele-Apps aus

Die NSA und ihr britischer Partnerdienst GCHQ haben auch Daten im Visier, die von Apps über die Nutzer gesammelt werden, das berichtete die
5 „New York Times" mit Bezug auf Dokumente des britischen Geheimdienstes. Als ein Beispiel nannte die „New York Times" am Montag das populäre Spiel „Angry Birds". Die beiden Ge-
10 heimdienste lauerten im Hintergrund, um auf Informationen wie Aufenthaltsort, Alter oder Geschlecht der Spieler zuzugreifen, hieß es. Das Blatt bezog sich bei seinem Bericht auf Unterlagen
15 aus dem Fundus des Informanten Edward Snowden.

Schwedisches Ehepaar trank mit Einbrecher Kaffee

In Schweden sind die Menschen noch nett zueinander. Nachdem ein Ehepaar im nordschwedischen Kvarnasen einen Einbrecher ertappte, warteten sie zu dritt bei einem Kaffee auf die
5 Polizei.
Die Eheleute hatten den 21-jährigen Einbrecher auf frischer Tat ertappt, als er sie ausrauben wollte. Weil er so traurig und durchfroren wirkte, machten ihm die Hausbesitzer einen
10 heißen Kaffee, während alle drei zusammen auf das Eintreffen der Polizei warteten.

Betrunkener tritt versehentlich Tür des Nachbarn ein

Der Mann war in der falschen Etage gelandet: Statt die eigene Wohnungstür einzutreten, hat ein betrunkener Thüringer den Eingang seines Nach-
5 barn demoliert. Es war nicht der erste derartige Fauxpas des 53-Jährigen. Wie die Polizei in Gotha mitteilte, hatte der Mann am Samstag vergeblich versucht, die Tür mit seinem Schlüssel
10 zu öffnen. Weil er nicht aufschließen konnte, trat er die Tür ein. […]

Fauxpas: peinlicher Fehler

4. Schreibt zu der Meldung eurer Wahl mithilfe eurer Rechercheergebnisse eine Glosse für eine Tageszeitung oder für die Schülerzeitung. Beachtet beim Schreiben, welche Art von Leserinnen und Leser die von euch gewählte Zeitungsform hat.

181

Wir können alles. Auch Hochdeutsch.
Sprachvarietäten untersuchen

Das könnt ihr schon!
- Wortbedeutungen umschreiben
- Definitionen formulieren
- historische Texte lesen und verstehen

1

Navigation auf Kölsch – Stracks noh Huus

Dem orientierungssuchenden Kölner steht jetzt ein Navigationsgerät in kölscher Mundart zur Verfügung, das ihn mit rheinischer Gemüthaftigkeit durch den Verkehr lenkt.
5 Die „Akademie för uns kölsche Sproch" hat Navistimmen in Mundart entwickelt, die man sich für gängige Systeme kostenlos herunterladen kann. „Hür op zo dräume!", raunzt es da dem Sonntagsfahrer entgegen.
10 Fortan kann man also auch in der Ferne „üvverall nur kölsche Tön" vernehmen.

2

Verbinden Sie Ihr Navigationsgerät per Sync-Kabel (USB) mit dem PC und warten Sie, bis das Gerät vom PC erkannt wurde. Laden Sie durch Betätigen des Buttons
5 „Download" die gewünschte Stimmdatei herunter und speichern Sie diese auf dem Desktop. Öffnen Sie den heruntergeladenen ZIP-Ordner und extrahieren Sie die darin befindlichen Dateien. Öffnen Sie
10 unter Arbeitsplatz den Link Ihres Navigationsgeräts, kopieren Sie die Dateien in den Ordner VOICES.

1. Benennt das Thema der Sachtexte.
   - Überlegt, welche Funktion sie jeweils haben.
   - Woran habt ihr das erkannt?

2. Erklärt, inwiefern das Verstehen der beiden Texte Schwierigkeiten bereiten könnte. Besprecht, um welche Arten von Verstehensschwierigkeiten es sich handelt.

3. Versucht die „kölschen" Sätze ins Hochdeutsche zu übertragen ( ). Erläutert einige Fachbegriffe aus Text und umschreibt diese.

4. Definiert den Begriff „Plattdeutsch". Nutzt dazu die Informationen aus dem folgenden Text (3).

Funktionen
von Sachtexten
S. 11

Do vürre kumme se nit richtig us de Fööss.

3

Plattdeutsch nicht mit „platt" verwechseln

Die Bedeutung von *Platt* oder *Plattdeutsch* als Bezeichnung für die Dialekte nördlich der sogenannten „Benrather Linie", einer Sprachgrenze, die von Benrath am Rhein über Göttingen bis Frankfurt/Oder verläuft, wird zuweilen mit dem platten Land oder mit sprachlich-sozialer Tieflage in Verbindung gebracht. Doch beides ist falsch. Platt bedeutete ursprünglich so viel wie „verständlich", „vertraut". Plattdeutsch (auch: Niederdeutsch) unterscheidet sich stark von den mitteldeutschen und oberdeutschen Dialekten südlich der „Benrather Linie".

|4|

De fofftig Penns: Platt (2010)

[…]
Wi sünd de Mallbüddels ut Bremen-Noord
Riemelt up Platt, jo dat is use Oort […]
Sünd bloots Jungs vun de Straat
Dick an'n Start, in de Maak,
5 So geiht dat to
Use Straat, us Tohuus, us Block
Rap gifft dat nich bloots in'n MV
man ok up Plattdüütsch […]
Platt dat is de Spraak, de wi af un an snackt
10 Platt is de Koh ehr Schiet, wenn se kackt
Platt sünd use Leder, Platt is use ne'e Plaat
Platt dat sünd de Dööntjes, de wi jümmers hebbt praat
[…]

De fofftig Penns

De fofftig Penns: Bremer Band, gilt als Begründer des plattdeutschen Electro-Hip-Hops

MV: Märkisches Viertel in Berlin

Diphthongierung: Lautwandel; aus einfachem Vokal wird doppelter Vokal
min niuwes hus → *mein neues Haus*

|5|

[…]
Wir sind die kranken Typen aus Bremen-Nord
Reimen auf Platt, ja, das ist unsere Art […]
Sind bloß Jungs von der Straße
Dick am Start, in der Mache
5 So geht das zu
Unsere Straße, unser Zuhause, unser Block
Rap gibt es nicht bloß im MV,
sondern auch auf Platt […]
Platt, das ist die Sprache,
10 die wir ab und zu sprechen
Platt ist der Fladen der Kuh, wenn sie kackt
Platt sind unsere Lieder, Platt ist unsere neue Platte
Platt, das sind die Sprüche,
die wir immer am Start haben
[…]

5. Überlegt, warum Bands wie „De fofftig Penns" oder die Kölner Band „BAP" im Dialekt singen.

6. Dialekte bewahren oft ältere Sprachstufen. Sucht aus dem plattdeutschen Song (|4|) die Wörter heraus, bei denen im Neuhochdeutschen eine Diphthongierung stattgefunden hat. *Beispiel: ut → aus*

7. Die Songs der Band „De fofftig Penns" zeigen, dass Dialekt auch jugendlich sein kann. Überprüft das mithilfe der hochdeutschen Übersetzung (|5|).

Das lernt ihr jetzt!

- regionale, soziale und fachsprachliche Varietäten der Sprache kennen lernen
- die Verwendung von Dialekt, Jugendsprache und Fachsprache beurteilen
- Wortbedeutungen erschließen

Wir können alles. Auch Hochdeutsch. · Sprachvarietäten untersuchen

Mund(art)gerecht
Dialekte kennenlernen und beurteilen

Dialekte unterscheiden

1. Fügt die passenden Wortpaare zu jeweils einem Dialektwort zusammen.

2. Klingt *Gitspömmel* netter als *Geizhals*? Diskutiert die Wirkung von Dialekt-Wörtern.

3. Nennt die in der Karte verzeichneten drei großen Dialektlandschaften.
   – Ordnet ihnen die entsprechenden Bundesländer zu.
   – Verwendet einen Atlas.

4. Vergleicht, wie die Wörter *machen, ich, das, Dorf, Pfund* und *Apfel* in den drei Dialektlandschaften ausgesprochen werden. Nennt die Laute, die sich jeweils unterscheiden.

5. Erklärt die Bedeutung der Sätze auf Seite 185 oben. Ordnet sie mithilfe der Karte je einer Dialektlandschaft zu und begründet.

184   Dialekte kennen lernen

a) Mach d'Tür zua oder host' dahoam an Pfannakuacha vor da Tür?
b) Ik hau di platt as 'n Pannkoken, wenn du neet maakst, dat du de Dreih kriggst.
c) Geh los, mit dir will ich kään Appel esse, du loscht eem doch nix wie die Schal und de Grutze iwwrich.

de Dreih kriggst: verschwindest

Grutze: Kerngehäuse

6. Übernehmt die folgende Tabelle und vervollständigt sie. Nutzt auch die Karte auf Seite 184. Vergleicht die niederdeutschen Formen mit den niederländischen und englischen.

Hochdeutsch	Niederdeutsch	Englisch	Niederländisch
ma<u>ch</u>en			ma<u>k</u>en
		p<u>a</u>nc<u>a</u>k<u>e</u>	p<u>a</u>nnekoe<u>k</u>
Wa<u>ss</u>er	Wa<u>t</u>er		wa<u>t</u>er
Sal<u>z</u>	Sal<u>t</u>		zou<u>t</u>
	<u>P</u>e<u>pp</u>er	<u>p</u>e<u>pp</u>er	<u>p</u>e<u>p</u>er

7. Prüft anhand der Wortkarte, wie man das Brötchen in Rostock, Berlin, Hamburg, Köln, München und Stuttgart bezeichnet. Tragt weitere Begriffe zusammen, für die innerhalb des deutschen Sprachraums unterschiedliche Bezeichnungen existieren, z. B. *Kartoffel, Schlagsahne, Pfannkuchen*.

8. Schreibt die folgenden Dialektwörter zusammen mit ihrer hochdeutschen Entsprechung auf.
– Welche Dialektwörter kennt ihr?
– Gestaltet ein Dialektwort-Memory.

Tablett, *Plättglocke* (sächsisch), *Taschentuch*, *Hitrabrettl* (sächsisch), *Fixfeuerhölzche* (moselfränkisch), *Bügeleisen*, *Raziehglas* (sächsisch), *Kaninchen*, *Fernglas*, *Hasenkuh* (thüringisch), *Streichholz*, *Sacktüchel* (bairisch)

9. „Here doch uff ze grinsen!" Umschreibt die Bedeutung des Verbs „grinsen" im Hochdeutschen.
– Vergleicht anschließend mit dem Auszug aus dem sächsischen Wörterbuch.
– Überlegt, wie sich Missverständnisse hier vermeiden lassen.

grinsen [...] (grundlos) weinen, heulen, häufig auch *Gegrinse, Grinserei*

Wir können alles. Auch Hochdeutsch. · Sprachvarietäten untersuchen

Unterschiedliche Bewertungen von Dialekten verstehen

Laut einer aktuellen Umfrage ist Sächsisch der unbeliebteste Dialekt. Ein Sprachforscher erklärt, woher das schlechte Image kommt:

DIE WELT: Kaum einer mag Sächsisch. Überrascht Sie das?

BEAT SIEBENHAAR: Nein, negative Bewertungen dieses Dialekts gibt es schon seit dem späten 18. Jahrhundert. Dabei galt das Sächsische einmal als der angesehenste deutsche Dialekt überhaupt. Luther schrieb nach der sächsischen Kanzleisprache und Goethe ging nach Leipzig, weil seine Eltern der Meinung waren, dass man dort das beste Hochdeutsch spreche. Erst mit dem Machtverlust Sachsens im Deutschen Reich sank auch das Ansehen des Dialekts. Anfang des 19. Jahrhunderts wurde die norddeutsche Art, Hochdeutsch zu sprechen, zur gesellschaftlichen Norm. […]

DIE WELT: Ist Sächsisch denn besonders misstönend oder warum ist es so unbeliebt?

BEAT SIEBENHAAR: Ich glaube, das hat wenig mit der Sprache an sich, sondern mit sehr hartnäckigen Stereotypen zu tun. Wie etwa, dass Rheinländer gemütlich sind oder Norddeutsche wortkarg. Sächsisch hat einfach ein schlechtes Image. […]

DIE WELT: Brechen wir also eine Lanze für das Sächsische.

BEAT SIEBENHAAR: Gerne! […] Sächsisch ist der Dialekt, der dem Standarddeutschen am nächsten ist.

DIE WELT: Wie bitte?

BEAT SIEBENHAAR: […] Vermutlich sind die Sachsen deshalb diejenigen, die am schlechtesten Hochdeutsch sprechen. Da der Dialekt so ähnlich ist, fällt es schwer, bewusst zu trennen. Es sind nur wenige Stellen, die sich […] vom Standard unterscheiden, aber die fallen dann eben besonders auf – Außenstehenden eventuell auch besonders unangenehm. […]

DIE WELT: Wird das Sächsische überleben?

BEAT SIEBENHAAR: Ich hoffe es! Jede Sprache, die uns Heimat vermittelt, ist doch schön. Sie bietet Möglichkeiten zum Differenzieren, die das Standarddeutsche nicht hat.

Stereotype: Vorurteile

1. Nennt Ursachen, die nach Auffassung des Sprachforschers dazu beitragen, dass das Sächsische derzeit so unbeliebt ist.

2. Besprecht, welche Vorteile eurer Meinung nach Dialekte gegenüber dem Hochdeutschen haben.

3. Nennt Kommunikationssituationen, in denen ihr selbst lieber euren Dialekt verwendet. Begründet. Besprecht Möglichkeiten, Dialekte zu erhalten.

4. Diskutiert, ob im Deutschunterricht dialektfrei gesprochen werden sollte.

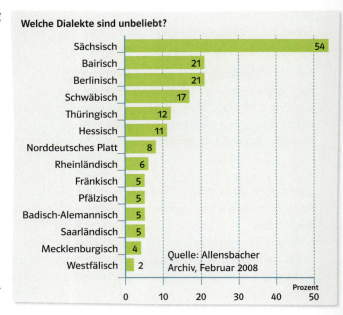

angemessene Verwendung von Dialekten

Dialekte unterscheiden und beurteilen

Die deutschen Dialekte lassen sich drei großen Dialektlandschaften zuordnen: **Niederdeutsch**, **Mitteldeutsch** und **Oberdeutsch**.
Das Niederdeutsche ähnelt – vor allem
hinsichtlich der Konsonanten – eher dem
Englischen oder Niederländischen.
Achtet bei der Unterscheidung der einzelnen Dialekte auf:
– die **Lautgestalt**, z. B. *maken (machen),
Appel (Apfel), tohuus (zuhause)*
– den **Wortschatz**, z. B. *Brötchen, Rundstück,
Schrippe, Semmel, Weck*

Bei der Bewertung von Dialekten spielen
Vorurteile gegenüber Dialektsprechern eine
große Rolle.
In **privaten Kommunikationssituationen** ist
die Wahl des **Dialekts angemessen**, Dialekte
stiften hier Identität und Gemeinschafts-
gefühl.
In **öffentlichen Kommunikationssituationen**
und im **schriftlichen Sprachgebrauch** dient
die **Standardsprache** als überregionales Verständigungsmittel.

Wissen und Können

Lerninsel:
Sprach-
varietäten
S. 288

---

5. Zum Differenzieren ▪ ▪ ▪ ▪

A Dialektwitze thematisieren oft Missverständnisse und Kommunikationsstörungen.
– Belegt diese Behauptung am folgenden Beispiel.
– Beurteilt den Gebrauch des Dialekts in dieser Gesprächssituation.
– Sucht weitere Beispiele für Dialektwitze und erzählt sie euch.

🌐 Differenzieren
Dialekt
t6p93i

> Ein Norddeutscher, ein Schwabe und ein Schweizer sitzen im Zug von Zürich nach
> Stuttgart. Nach einer Weile fragt der Schweizer den Norddeutschen freundlich: „Sind
> Si au z' Züri gsi?" Der Norddeutsche schaut ihn nur verständnislos an. Der Schweizer
> wiederholt immer noch freundlich: „Sind Si au z' Züri gsi?" Darauf der Norddeutsche
> verwirrt: „Äh … also ich versteh nicht so recht … was meinen Sie mit ‚gsi'?"
> Da schaltet sich der Schwabe hilfreich ein und souffliert: „Er moint ‚gwä'!"

Züri: Zürich
gsi: gewesen

souffliert:
flüstert zu

gwä: gewesen

B Von dem folgenden Dialektwitz existieren unterschiedliche Varianten.
– Erklärt, warum es von diesem Witz mehrere Varianten gibt.
– Schreibt den Witz für den in eurer Gegend gesprochenen Dialekt um.

> Am achten Tag erschuf Gott die Dialekte. Alle Völkchen waren glücklich.
> „Icke hab nen Wahnsinnsdialekt, wa?", sagte der Berliner.
> „De Spraak is man bannig good!", sagte der Norddeutsche.
> „Ja, nu freilisch is äs Säggsch rischdsch glosse, newwor?", sagte der Sachse.
> „Jo mei, is des a schöner Dialekt!", sagte der Bayer […]

bannig good:
sehr gut

> […] Nur für den Hessen war kein Dialekt
> übrig. Der Hesse wurde traurig.
> Da sagte Gott: „Reeesch disch net uff,
> dann babbelste halt wie isch un feddisch!"

> […] Nur für den Schwaben war kein
> Dialekt übrig. Der Schwabe wurde
> traurig. Da sagte Gott: „Was solls, do
> schwädscht hald wi i, Kerle!"

Wir können alles. Auch Hochdeutsch. · Sprachvarietäten untersuchen

Voll korrektes Deutsch, Alter
Jugendsprache angemessen verwenden

Turm zu Babel:
Turmbau, der nach einer biblischen Erzählung des Alten Testaments bis in den Himmel reichen sollte, dessen Fertigstellung Gott aber durch die babylonische Sprachverwirrung vereitelt: die Menschen, die zuvor eine gemeinsame Sprache hatten, verstehen einander nicht mehr; der Turm bleibt unvollendet

1. Betrachtet den Cartoon und erklärt, was hier als „tragische Sprachverwirrung" bezeichnet wird. Teilt ihr diese Auffassung? Begründet.

2. Besprecht, worin sich eurer Erfahrung nach Jugendsprache von der Standardsprache unterscheidet. Belegt die einzelnen Merkmale durch Beispiele.
   Haltet eure Ergebnisse in einer Mindmap fest.

Glossar:
Wörterverzeichnis mit Erklärungen

3. Erstellt ein Glossar eurer Jugendsprache. Tragt jugendsprachliche Wörter, Wortgruppen oder Sätze zusammen, die ihr häufig verwendet, und erklärt sie.

4. Sprecht über eure Erfahrungen zu folgenden Fragen:
   – In welchen Situationen verwendet ihr Jugendsprache und in welchen nicht?
   – Wie reagieren andere, zum Beispiel Freunde, Eltern, Großeltern, Lehrer darauf, wenn ihr Jugendsprache verwendet?
   Diskutiert, warum Jugendliche ihre „eigene" Sprache haben.

5. Überlegt, ob man an der Sprachverwendung erkennen kann, zu welcher Szene oder zu welcher Gruppe jemand gehört.
   – Besprecht, was die folgenden Äußerungen über den jeweiligen Sprecher verraten.
   – Diskutiert, inwiefern die Sprachverwendung solche Rückschlüsse zulässt.

> Ich hab mich beim Grinden fast gebailt! Erstmal Kühlwasser auffüllen und dann weiter schredden.

> Fahr morgn nach Berlin. Kommste mit *ganzliebschau*? Ruf an! ASAP. HDGDL

> Alter, ick brauch ma janz schnell die Nummer von Matze. 3 years ago!!!

> Ey lan, bin isch grad Richard Wagner. Fahr Kino.

Jugendsprache: Merkmale, angemessene Verwendung

6. Untersucht die Beispiele aus Aufgabe 5 (S. 188) nach gemeinsamen jugendsprachlichen Merkmalen. Übernehmt die Tabelle und ergänzt sie.

Merkmale jugendlichen Sprechens	Beispiele
– Ellipsen – Übernahmen aus anderen Sprachen – …	*Fahr Kino, erstmal Kühlwasser auffüllen,* … …

7. Überlegt, was die folgenden Ausdrücke bedeuten. Beurteilt die Wortbildungen unter dem Aspekt des kreativen Umgangs mit der Sprache. Ergänzt ähnliche Beispiele.

FLATRATELABERN   GEHIRNPROTHESE

AFFENBIFI   HOPFENBLÜTENTEE

8. Extra

Erstellt in eurem Freundeskreis eine Tonaufnahme zu einem aktuellen Thema. Denkt daran, alle Gesprächsteilnehmer vorher um ihre Zustimmung zu bitten. Hört euch die Tonaufnahme an und untersucht, welche Merkmale die von euch verwendete Sprache aufweist. Ergänzt die Tabelle aus Aufgabe 6.

Jugendsprache untersuchen und verwenden

Unter dem Begriff „Jugendsprache" werden **verschiedene Sprechstile** zusammengefasst, die **Jugendliche** in der **Kommunikation untereinander** verwenden.
Die Jugendsprache im Sinne einer einheitlichen jugendlichen Sprache gibt es nicht. Die jeweilige Sprechweise Jugendlicher ist unter anderem gebunden an:
– das **Alter**
– die (regionale) **Herkunft**
– die **Lebensumstände** (z. B. Gruppenzugehörigkeit, Hobbys)
– die **Gesprächssituation**
Gemeinsame Merkmale der verschiedenen jugendlichen Sprechstile sind **Vereinfachung, Direktheit, Spontanität** und **Kreativität**.
Wenn ihr Jugendsprache untersucht, achtet auf den **Wortschatz**, die **Grammatik** sowie den **Situations-** und **Adressatenbezug**.

Wissen und Können

Lerninsel:
Sprachvarietäten
S. 288

Differenzieren
Jugendsprache
6q2b7r

---

9. Zum Differenzieren ▪ ▪ ▪ ▪

A Verfasst einen Chatbeitrag für einen Jugendchat zum Thema „Soll Jugendsprache ein Thema im Deutschunterricht sein?"
Verwendet eine der Situation angemessene Sprache.

B Verfasst einen Chatbeitrag für einen Expertenchat zum Thema „Soll Jugendsprache ein Thema im Deutschunterricht sein?"
Verwendet eine der Situation angemessene Sprache.

Wir können alles. Auch Hochdeutsch. · Sprachvarietäten untersuchen

Zu hoch?
Fachsprachliche Texte verstehen, Wortbedeutungen erschließen

1. *Hochdeutsch, Hochdruck, Hochdruckgebiet, Hochgebirge, Hochrechnung, Hochspannung, Hochsprung, Hochverrat, …*
   – Welche dieser Fachwörter kennt ihr?
   – Erläutert ihre Bedeutung und nennt die jeweiligen Fachbereiche, denen ihr sie zuordnen könnt.

Hochdruckgebiet

1 (Syn. Hoch, Antizyklone) Gebiet, bezogen auf die Umgebung, mit relativ hohem Luftdruck, wobei das Zentrum des H., der Hochdruckkern, den höchsten Luftdruck
5 besitzt. Das H. […] wird in der Bodenwetterkarte von einer oder mehreren Isobaren […] umschlossen. […]

2 Man unterscheidet im Wesentlichen zwei verschiedene Typen von Hochdruckgebie-
10 ten: das warme Hoch und das kalte Hoch. Das warme Hoch ist durch einen Überschuss an Luft in den höheren Schichten gekennzeichnet. Die Luft wird beim Absteigen komprimiert und dadurch erwärmt, wodurch der
15 Druck und die Temperatur am Boden steigen. Warme Hochs bilden sich meist in niederen Breiten. Ein typisches Beispiel für ein warmes Hoch ist das Azorenhoch. Das kalte Hoch ist durch hohe Luftdichte und tiefe
20 Temperaturen am Boden gekennzeichnet. Sie bilden sich im Polargebiet und in oberen Breiten. Ein typisches Beispiel für ein kaltes Hoch ist das sibirische Hoch im Winter. […]

25 **3** Ein Hochdruckgebiet bringt während des Sommers meist warme und trockene Luft mit sich, da die ursprünglich kalte Höhenluft durch die starke Sonneneinstrahlung erwärmt wird. Neue Luft kommt aus höheren Luftschichten nach, die absinkende
30 Luftbewegung bewirkt ebenfalls Temperaturzunahme und Abnahme der relativen Feuchtigkeit, verbunden mit Wolkenauflösung. Kräftige Sonneneinstrahlung führt zu vorübergehender Quellwolkenbildung
35 (Schönwetter-Cumuli). […]

komprimieren: zusammenpressen, verdichten

Azoren: Inselgruppe im Atlantischen Ozean

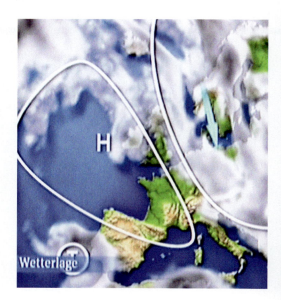

2. Erläutert anhand der drei Texte, woran ihr Fachtexte erkennt.
   – Untersucht Wortschatz und Satzbau.
   – Achtet auch auf die grammatische Form der Verben und die Bildung der Substantive.

3. Erklärt die Bedeutung der gelb markierten Wörter mithilfe des Textzusammenhangs.

Merkmale von Fachsprache, Erschließung von Wortbedeutungen

4. Das Wort „Isobare" (S. 190, Z. 6) lässt sich aus seinen Wortbestandteilen erschließen: *iso = gleich und Bar = Einheit des (Luft)drucks. Eine Isobare ist eine Verbindungslinie zwischen Orten, an denen der gleiche Luftdruck herrscht.* Erklärt auf diese Weise die Wörter: Barometer, isotherm, isorhythmisch, antibakteriell.

Kino im Wohnzimmer: High Definition Television (HDTV)

HDTV zeichnet sich gegenüber dem herkömmlichen Standard Definition Television (SDTV) durch eine größere sichtbare Zeilenzahl und eine höhere Auflösung aus. Dies ermöglicht einen geringen Betrachtungsabstand, der in der Wirkung dem breitwandigen Kinobild entspricht.

Der Betrachtungsabstand wird beim Fernsehen intuitiv so gewählt, dass nicht die einzelnen Bildpunkte wahrgenommen werden, sondern das Auge den Eindruck eines scharfen, kohärenten Bildes hat. Dieser Abstand besteht bei herkömmlichen SDTV-Geräten im Sechsfachen der Bildschirmhöhe. Bei HDTV-Geräten wird die dreifache Bildschirmhöhe empfohlen, sodass der Bildschirm einen größeren Teil des Blickfeldes einnimmt. HDTV-Geräte arbeiten darüber hinaus nicht mit einem Seitenverhältnis von 4:3, sondern mit dem 16:9-Format. Da das natürliche menschliche Gesichtsfeld wesentlich breiter als hoch ist, entsteht auf diese Weise – wie beim Breitwandformat im Kino – ein besonders eindrucksvolles Seherlebnis.

5. Schreibt unbekannte Wörter aus dem Text heraus.
– Prüft, welche Wörter sich erschließen lassen, und erklärt ihre Bedeutung.
– Schlagt die übrigen Wörter in einem Wörterbuch oder Lexikon nach.

6. Weist mithilfe der blauen Box nach, dass es sich um einen fachsprachlichen Text handelt.

7. *Hochdeutsch, Hochdruck, Hochgebirge, Hochrechnung, Hochspannung, Hochsprung, Hochverrat.*
– Schreibt zu einem dieser Begriffe einen Artikel für ein Internetlexikon. Beachtet dabei die Merkmale eines Fachtextes.
– Nutzt entsprechende Fachbücher.

Fachsprachliche Texte verstehen, Wortbedeutungen erschließen

Wenn ihr fachsprachliche Texte untersucht, achtet zum Beispiel auf folgende Merkmale:
– **unpersönliche Ausdrucksweise** (Passiv, man)
– **komplexer Satzbau**
– zahlreiche **Substantivierungen**
– **Fachwortschatz (Fachtermini)**

Die Bedeutung unbekannter Wörter könnt ihr oft mithilfe des Textzusammenhangs klären (Begriffe aus dem Kontext erklären). Viele Fremdwörter könnt ihr auch über ihre **Wortbestandteile erschließen** (z. B. *multifunktional: multi* = viel und *Funktion* = Aufgabe).
Wenn ihr die Bedeutung nicht durch den Textzusammenhang oder die Wortbestandteile erschließen könnt, müsst ihr ein **Wörterbuch** (z. B. Fremdwörterbuch) oder ein **Lexikon** benutzen.

Wissen und Können

Lerninsel: Fachsprache S. 287

⭐ Das könnt ihr jetzt!

Weich ausgesprochen – hart gelandet

Eine Sächsin buchte aus Versehen einen Flug nach Bordeaux – dabei wollte sie doch nach Porto.

CHEMNITZ. Die Schwaben warben einst mit
5 dem Sprüchle: „Wir können alles, außer Hochdeutsch." Dem widersprach die Mitarbeiterin eines Stuttgarter Reiseunternehmens. Hochdeutsch sei kein Problem. Nur ostdeutsch kann sie nicht, was zu einem Missverständnis mit
10 einer Kundin aus Sachsen führte, das letztlich vor Gericht landete. Die Sächsin hatte am Telefon einen Flug nach Porto gebucht. Dachte sie zumindest. Die Mitarbeiterin verstand nämlich Bordeaux. Nun liegt das eine Bordo in Bordu-
15 gal und das andere in Frankreich, weshalb die Sächsin die Reise wieder absagte. Das Gericht entschied, dass sie den Flug dennoch bezahlen muss. Der Kunde ist dafür verantwortlich, dass der Mitarbeiter ihn richtig versteht, urteilte das Amtsgericht Stuttgart-Bad Cannstatt. [...]
20 Hoffentlich hat die Sächsin noch was in der Portokasse!

1. Erklärt, wie es zu dem Missverständnis kommen konnte.
Beurteilt die Verwendung des Dialekts in dieser Gesprächssituation.

Aus dem Urteil des Amtsgerichts Stuttgart-Bad Cannstatt

1) Die Beklagte wird verurteilt, an die Klägerin 294,00 Euro nebst Zinsen hieraus in Höhe von 5 Prozentpunkten über dem Basiszinssatz seit 23.10.2011 zu bezahlen.
2) Die Beklagte hat die Kosten des Rechtsstreits zu tragen. [...]

Der Streitwert wird auf 294,00 Euro festgesetzt. [...] Die Beklagte hat ausgeführt, dass sie
5 einen Flug nach Porto und nicht nach Bordeaux buchen wollte. Der Vortrag der Klägerseite, die [...] Beklagte habe den Zielort so undeutlich genannt, man habe vor verbindlicher Einbuchung des Fluges in korrekter hochdeutscher Sprache zweimal die Flugroute, insbesondere Abflug- und Zielort genannt, die Beklagte habe die Flugstrecke daraufhin bestätigt und die Buchung verbindlich getätigt, wurde von Beklagtenseite nicht bestritten.
10 Zwischen den Parteien kam insoweit ein wirksamer Reisevermittlungsvertrag mit dem Flugziel Bordeaux zustande. Dass die Klägerin das Reiseziel falsch verstanden hat, geht zulasten der Beklagten. Versteht der Empfänger eine undeutlich gesprochene Erklärung falsch, so geht dies grundsätzlich zulasten des Erklärenden, der das Risiko dafür trägt, dass der Empfänger seine Worte auch erfassen kann. [...]
15 Der Anspruch wurde auch der Höhe nach schlüssig dargelegt, sodass die Beklagte antragsgemäß zu verurteilen war. [...]
Die Streitwertfestsetzung beruht auf §§ 3 ZPO, 63 Abs. 2 GKG. [...]

| Lerninsel: Sprache betrachten S. 286 ff. | Diagnose-bogen Sprache betrachten 7gh6q9 | Training interaktiv Sprache betrachten 4gv4ig |

Basiszinssatz von der Deutschen Bundesbank gemäß § 247 BGB berechneter, wechselnder Zinssatz, der die Basis für die Berechnung von Verzugszinsen (z. B. bei Zahlungsklagen) bildet.

Partei […] **1. a)** *politische Organisation mit einem bestimmten Programm, in der sich Menschen mit gleichen politischen Überzeugungen zusammengeschlossen haben, um bestimmte Ziele zu verwirklichen:* die politischen -en […]
2. *einer der beiden Gegner in einem Rechtsstreit, einer von zwei Vertragspartnern:* die streitenden -en.
[…] **3.** *kurz für Mietpartei* **4.** *Gruppe von Gleichgesinnten* […]

2. Weist die Merkmale eines Fachtextes an dem Auszug aus dem Urteil des Amtsgerichts Stuttgart-Bad Cannstatt nach.

3. Erklärt, was die gelb markierten Wörter im Text bedeuten.

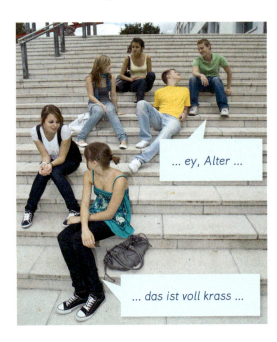

… ey, Alter …

… das ist voll krass …

… das ist in diesem Zusammenhang sicher interessant …

… wissen Sie, ich habe gerade etwas gelesen …

4. Versetzt euch in die Situationen auf den beiden Fotos.
   – Schreibt je einen Gesprächsbeitrag, in dem sich ein Jugendlicher zu dem auf Seite 192 dargestellten Fall äußert.
   – Achtet auf eine der Situation angemessene Sprache.

5. Besprecht, welche sprachlichen Mittel für welche Situation typisch sind.

193

Gefährliche Tiere – gefährdete Tiere
Wortarten und grammatische Formen verwenden

Das könnt ihr schon!
- Wortarten an der Bedeutung, Form und Funktion der Wörter erkennen
- Wissen über Wortarten für die Textverbesserung einsetzen
- Aussagen im Konjunktiv I und Konjunktiv II formulieren

Gefährliche Haustiere: Tierliebe hin – Sicherheit her?

Im New Yorker Stadtteil Manhattan wurde gestern Abend ein 31 Jahre alter Mann mit Bisswunden in ein Krankenhaus eingeliefert, nachdem sein Haustier ihn angegriffen hatte. Als Polizisten daraufhin die Wohnung im fünften
5 Stock öffneten, fanden sie einen 1,5 Meter langen Alligator und einen ausgewachsenen ? . „Ich war schockiert, keine Frage", sagte Polizeichef Ray Kelly auf einer Pressekonferenz. „Das war ganz klar eine große Herausforderung." Die Staatsanwaltschaft erhob Anklage wegen des Verdachts auf
10 Gefährdung der Allgemeinheit.

1. Besprecht, welche Tiere hier abgebildet sind und ob ihr diese als Haustiere halten würdet. Tauscht euch über eure eigenen Erfahrungen mit gefährlichen Haustieren aus.

Welches „Haustier" hielt der Mann in seiner Wohnung?

a) Zu welcher Wortart gehört das Wort *alter*? Notiert auf einen Zettel den vorletzten Buchstaben.
b) Zu welcher Wortart gehört das Wort *ihn*? Notiert auf einen Zettel den vorletzten Buchstaben.
c) Zu welcher Wortart gehört das Wort *als*? Notiert auf einen Zettel den viertletzten Buchstaben.
d) Zu welcher Wortart gehört das Wort *auf*? Notiert auf einen Zettel den zweiten Buchstaben.
e) Welchen Fall verlangt die Präposition *wegen*? Notiert auf einen Zettel den ersten Buchstaben.

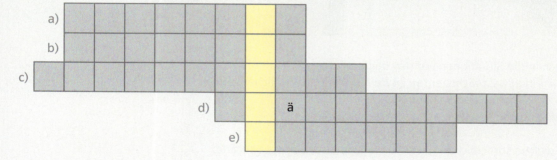

Lerninsel:
Grammatik
S. 289 ff.

🌐 Eingangstest
Wortarten
s6h7e2

3. Sucht aus dem Text (S. 194) weitere Beispiele für die im Rätsel gesuchten Wortarten (a–d). Beschreibt, welche Funktionen Wörter dieser Wortarten im Text übernehmen.

4. Formt die unterstrichenen Sätze (S. 194) so um, dass die Aussage des Polizeichefs indirekt wiedergegeben wird. Verwendet dabei den Konjunktiv I. Vergleicht anschließend euren Text mit dem Abschnitt des Originaltextes und beschreibt jeweils die Wirkung.

5. Überlegt, was bei dem Polizeieinsatz in Manhattan alles hätte passieren können. Schreibt drei Sätze auf und verwendet den Konjunktiv II.

2. Löst das Rätsel (S. 194), indem ihr die Buchstaben in die richtige Reihenfolge bringt.

Rettet die letzten Tiger!

100.000 Tiger beherrschten einst die asiatischen Wälder. Doch der Mensch zerstört ihren Lebensraum. Wilderer machen gnadenlos Jagd auf sie.
Die aktuellen Zahlen sind alarmierend: Nur 3.200 Tiger streifen noch durch Asiens Wälder.
Der WWF hat sich ein ehrgeiziges Ziel gesetzt: Bis 2022 soll sich die Zahl der Tiger verdoppeln!

Die Zeit läuft für die letzten 3.200 Tiger! Hilf mit!
Werde Fan und unterstütze unsere Sache, indem du diesen Link teilst!

WWF:
World Wide Fund For Nature; eine der größten internationalen Naturschutzorganisationen

6. Bestimmt die Funktion dieses Textes und erklärt, woran ihr das erkannt habt. Achtet dabei auf die grammatischen Formen der Verben.

Das lernt ihr jetzt!

- die Wirkung grammatischer Formen in Texten beurteilen
- grammatische Formen textsortenspezifisch verwenden
- Wissen über Wortarten systematisieren

Funktionen von Sachtexten
S. 11 ff.

195

Gefährliche Tiere – gefährdete Tiere · Wortarten und grammatische Formen verwenden

Rettung in letzter Sekunde
Die Wirkung grammatischer Formen in Texten beurteilen

Tier-Drama in Kanada

Orcas unterm Eis gefangen

Montreal – *Immer wieder stoßen die tonnenschweren Meeressäuger aus dem kleinen Eisloch empor, schnappen verzweifelt nach Luft. Seit Tagen ist die Hudson Bay im Nordosten Kanadas von einer dicken Eisschicht bedeckt. Zwölf Orcas kämpfen unterm Eis ums Überleben.*

Orca (auch **Schwertwal** genannt): Wal aus der Familie der Delfine

Inuit: Volksgruppe im arktischen Zentral- und Nordostkanada und auf Grönland

Am Dienstag entdeckten Inuit-Jäger die verzweifelten Tiere, nun schlagen die Bewohner des kleinen Ortes Inukjuak (Provinz Quebec) Alarm, bitten Kanadas Regierung um Hilfe! „Es scheint, als würden sie von Zeit zu Zeit in Panik geraten", beschreibt Peter Inukpuk, der Bürgermeister von Inukjuak, laut BBC das Tier-Drama. „Manchmal verschwinden sie für längere Zeit, offenbar auf der Suche nach weiteren Eislöchern, die sie aber nicht finden."

Schwertwale gehören zur Familie der Delfine, es sind Säugetiere, die immer wieder an die Meeresoberfläche kommen müssen, weil sie Luft zum Atmen brauchen. Maximal 25 Minuten halten sie es ohne Sauerstoff aus. Im Winter gibt es eigentlich keine Orcas in der Gegend, sagen die Dorfbewohner von Inukjuak. Möglicherweise wurden die Wale von einem plötzlichen Temperaturabfall überrascht und wurden deshalb unter dem Meereis eingeschlossen. Einige Dorfbewohner sagen, das Eisloch wird immer kleiner! Bürgermeister Inukpuk forderte die Regierung nun auf, mit einem Eisbrecher eine rund 25 Kilometer lange Fahrrinne freizumachen, damit die Orcas wieder ins offene Meer schwimmen können. Doch die Behörden zögern. Die Entsendung eines Eisbrechers wäre teuer und es sei unklar, ob er rechtzeitig dort sein werde, schrieb die Zeitung „Montreal Gazette".

196 indirekte Rede, Konjunktiv, Tempusformen wiederholen

1. Diskutiert, ob für die Rettung der Orcas ein Eisbrecher eingesetzt werden sollte. Verwendet Konjunktionen wie *wenn*, *obwohl* und Adverbien wie *trotzdem*, …

2. Schreibt aus dem Text (S. 196) alle Sätze heraus, in denen Äußerungen indirekt wiedergegeben werden. Bestimmt jeweils den Modus der Verben.
   – Beurteilt die Verwendung des Modus in der indirekten Rede.
   – Beschreibt, was der Gebrauch des Indikativs in einigen Sätzen bewirkt.

3. Stellt euch vor, ihr wärt Redakteur einer Zeitung. Überarbeitet in dem folgenden Text den markierten Abschnitt. Achtet auf die korrekte Verwendung des Konjunktivs.

Lerninsel: Konjunktiv S. 291

Gefangene Schwertwale: Vom Eise befreit

Die in der kanadischen Hudson Bay unter dem Eis gefangenen Schwertwale konnten sich mit der Hilfe des Mondes aus ihrer misslichen Lage befreien.

Vom Eise befreit: Beginn einer berühmten Textstelle aus Goethes „Faust"

Fast hätte ihnen nur noch ein Eisbrecher helfen können, doch dann schaffte Mutter Natur einen Weg: Gefangen unter einer fast ganz geschlossenen Eisdecke vor Kanadas Ostküste, waren ein Dutzend Schwertwale in höchste Lebensgefahr geraten. Auf Aufnahmen des kanadischen Senders CBC vom Mittwoch war zu sehen, wie sich die riesigen Meeressäuger in der Hudson Bay wanden, um über ein kleines Loch im Eis Luft zu holen. Und das Loch wurde immer kleiner, wie Bewohner des nahe gelegenen Inuit-Dorfs Inukjuak berichteten. Dann aber sei glücklicherweise durch den Neumond eine Meeresströmung aktiviert worden, die das Packeis öffnete und eine Rinne bis zu den eisfreien Gewässern freilegte, berichtete der Bürgermeister des Ortes, Peter Inukpuk, am Donnerstag.

Die kanadische Regierung hatte zuvor ein Expertenteam geschickt, um zu prüfen, ob und wie den Walen geholfen werden könne. Inukpuk rief die Regierung sogar auf, einen Eisbrecher zu schicken, um den Walen den Weg ins offene Meer freizuräumen. Dies sei möglich, weil die Hudson Bay erst seit zwei Tagen zugefroren und das Eis nicht so dick wie in den vorangegangenen Jahren sei, sagte er auf CBC. Das Fischereiministerium teilte jedoch mit, der Einsatz eines Eisbrechers wäre kostspielig und kompliziert, da in der Nähe keiner verfügbar sei. Angeblich war das nächste Schiff so weit entfernt, dass eine Anreise zehn Tage gedauert hätte. […]

4. Vergleicht die Wirkung der beiden Texte (S. 196 und S. 197) und überlegt, welcher Textsorte ihr sie zuordnen könnt.

5. Erklärt die Verwendung der Tempusformen in beiden Texten. Beachtet dabei die Textsorte.

6. Nennt weitere sprachliche Mittel, durch die die unterschiedliche Wirkung der beiden Texte hervorgerufen wird. Untersucht die Satzarten und die Wortwahl.

7. **Extra**

   Begründet, inwiefern das Layout die Wirkung der beiden Texte unterstützt.

Layout: Text- und Bildgestaltung

Gefährliche Tiere – gefährdete Tiere · Wortarten und grammatische Formen verwenden

Hochgiftige Schlange in Mülheim an der Ruhr
30 Zentimeter langes Jungtier aus heimischem Terrarium entkommen

Monokelkobra auf der Flucht

Suche nach Schlange bislang erfolglos

Möbel, Wände und Dielen entfernt – Mehrfamilienhaus evakuiert
Dachgeschosswohnung des 19-jährigen Besitzers komplett entkernt

Reptilienexperte der Feuerwehr:
„Der Biss der Schlange ist tödlich"

Stadtsprecher Volker Wiebels:
„Einsatz kostet inzwischen 100.000 Euro"
Besitzer muss für Schaden aufkommen

Reportage
S. 28

8. Verfasst mithilfe der Schlagzeilen einen Bericht oder eine Reportage für eine Zeitung oder Zeitschrift eurer Wahl.
– Wiederholt die Textsortenmerkmale des Berichts und der Reportage.
– Entscheidet euch für eine Textsorte und fertigt einen Schreibplan an.
– Nutzt beim Schreiben gezielt die Möglichkeiten der sprachlichen Gestaltung, welche für die Textsorte typisch sind.

9. Tauscht euren Text aus Aufgabe 8 mit einem Partner und lasst ihn die Textsorte und Wirkung bestimmen. Besprecht, woran man die Textsorte erkennen kann.

Gesetze und Verordnungen des Landes Niedersachsen, Verordnung über das Halten gefährlicher Tiere

Dispholidus:
afrikanische Baumschlange (eine Giftnatter)

Thelotornis:
Gattung der giftigen Vogelnattern

In der Anlage der Verordnung werden z.B. Bären, Großkatzen oder Krokodile aufgeführt.

§1 Es ist verboten, nicht gewerblich Giftschlangen einschließlich der Nattern der Gattungen Dispholidus und Thelotornis, Giftechsen, tropische Giftspinnen und giftige Skorpione zu halten. Der Landkreis oder die kreisfreie Stadt kann Ausnahmen von dem Verbot des Absatzes 1 genehmigen, wenn
5 1. durch die Haltung des gefährlichen Tieres im Einzelfall keine Gefahr für Dritte entsteht und
  2. gewährleistet ist, dass die Tierhalterin oder der Tierhalter von dem Landkreis oder der kreisfreien Stadt festgelegte Gegenmittel und Behandlungsempfehlungen bereithält. Ausnahmen nach Absatz 2 sind zu befristen und unter dem Vorbehalt des jederzeitigen
10 Widerrufs zu erteilen.

§2 Die nicht gewerbliche Haltung eines in der Anlage aufgeführten Tieres bedarf der Genehmigung. Die Genehmigung ist zu erteilen, wenn durch die Tierhaltung im Einzelfall die öffentliche Sicherheit nicht gefährdet wird. […]

10. Untersucht die Verwendung der Wortarten und des Satzbaus in dem Ausschnitt aus der Verordnung. Beschreibt die Wirkung, die dadurch erreicht wird.

  Verbalstil und Nominalstil unterscheiden

11. Untersucht mithilfe der blauen Box, ob der Ausschnitt aus der Verordnung (S. 198 unten) im Verbal- oder im Nominalstil geschrieben ist. Begründet.

> ... wenn ich nur aber gern ein Krokodil als Haustier halten möchte?

> Wenn du ein Krokodil als Haustier halten möchtest, muss das genehmigt werden. Eine Genehmigung kannst du bekommen, wenn du das Tier so hältst, dass die öffentliche Sicherheit nicht gefährdet wird.

12. Vergleicht den Text in der rechten Sprechblase mit § 2 der Verordnung über das Halten gefährlicher Tiere (S. 198 unten) und erklärt die Unterschiede. Begründet, warum der Text der Sprechblase als Gesetzestext ungeeignet ist.

Grammatische Formen beurteilen und bewusst verwenden

Der **Stil** eines Textes wird auch durch die Verwendung **grammatischer Formen** bestimmt. Ihr Gebrauch hängt vor allem von der **Textsorte** und der **Wirkungsabsicht** ab. Textsorten unterscheiden sich unter anderem durch das Tempus, das in der Regel verwendet werden muss:
– **Präsens** (z. B. Beschreibung, Inhaltszusammenfassung),
– **Präteritum** (z. B. Bericht, Erzählung),
– **Tempuswechsel** (z. B. Reportage, Schilderung).

Unterschiede in der Wirkungsabsicht und in der Funktion von Texten zeigen sich in der **Wortwahl** und im **Satzbau**.
Ein übersichtlicher Satzbau und aussagekräftige Verben sind kennzeichnend für den **Verbalstil**. Er wird vor allem in **erzählenden Texten**, aber auch in **Sachbüchern** oder **journalistischen Sachtexten** verwendet.

Der **Nominalstil** ist typisch für **amtssprachliche Texte**. Er ist gekennzeichnet durch:
– zahlreiche Substantivierungen
   (das <u>Prüfen</u> der <u>Voraussetzungen</u>)
– bedeutungsschwache Verben
   (zur Anzeige <u>bringen</u> statt <u>anzeigen</u>)
– viele Attribute, vor allem Genitivattribute
   (das Inkrafttreten <u>des Gesetzes</u>)
– Verdichtung der Informationen und Knappheit durch komplexe Satzgefüge
Durch **übermäßigen Gebrauch** des Nominalstils werden Texte **schwer verständlich**.

Wissen und Können

Fachsprachliche Texte
S. 191

---

13. Zum Differenzieren ■ ■ ■ ■

A Schreibt den Text „Gefangene Schwertwale: Vom Eise befreit" (S. 197) so um, dass möglichst viele Verben im Präsens stehen.
– Beachtet, dass ihr dazu einige Temporaladverbien (z. B. *dann*) ersetzen müsst.
– Verwendet wörtliche Rede. Vergleicht anschließend euren Text mit dem Originaltext.

B Formt den Text „Tierdrama in Kanada: Orcas unterm Eis gefangen" (S. 196) in einen Bericht um. Beachtet, dass sich Wortwahl und Satzbau verändern.

C Schreibt einen Bericht über den Polizeieinsatz in Manhattan (S. 194). Verwendet grammatische Formen, welche für diese Textsorte charakteristisch sind.

Differenzieren
Wirkung grammatischer Formen in Texten
rb6yc9

Gefährliche Tiere – gefährdete Tiere • Wortarten und grammatische Formen verwenden

Rettung mit System
Wissen über Wortarten ordnen

Wale im Mittelmeer: Neues Rettungssystem

Experten aus Italien und Frankreich wollen mit einem neuartigen System die Wale im Mittelmeer retten: Mithilfe von hoch technisierten Instrumenten, darunter ein mit
5 Sonnenenergie betriebenes Flugzeug und mit Sensoren ausgestattete Bojen, sollen tödliche Zusammenstöße der Meeressäuger mit Schiffen verhindert werden. Ein Forscherteam der Universitäten Genua, Turin
10 und Montpellier will mit dieser Methode künftig genau bestimmen, wo sich Wale und Delfine befinden und welche Routen sie einschlagen. Die Informationen sollen dann sowohl an die Küstenwacht als auch
15 an Reedereien geschickt werden, um Kollisionen zu vermeiden, berichtete die Zeitung „La Stampa". Das futuristische Flugzeug zur Datenübertragung, das in 18 Kilometern Höhe das Walschutzgebiet vor der Küste Liguriens überwachen soll, werde voraussicht- 20 lich 1,5 Millionen Euro kosten, hieß es. Die Experten hoffen, dass sich die Europäische Union an der Finanzierung beteiligen wird.

Das erste Walschutzgebiet des Mittelmeers befindet sich zwischen Ligurien, 25 Korsika und der Provence. Hier leben unter anderem Pott- und Schnabelwale […]. Das Gebiet, das alljährlich von 2.000 Fähren und 1.500 Frachtschiffen sowie 300 Tankern befahren wird, ist 87.000 Quadratkilometer 30 groß. Immer wieder kommen bei plötzlichen Kollisionen zahlreiche unter Schutz stehende Meeressäuger ums Leben. […]

1. Nennt alle Wortarten, die ihr kennt. Sucht zu jeder Wortart Beispiele aus dem Text.

2. Tragt Merkmale zusammen, an denen ihr die einzelnen Wortarten erkennen könnt.
Artikel: vorangestellter Begleiter eines Substantivs, deklinierbar, hat ein grammatikalisches Geschlecht, hat den gleichen Numerus und Kasus wie das Substantiv

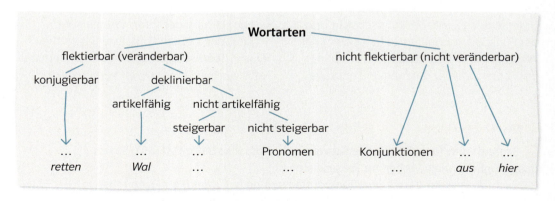

Vorlage
Wortarten systematisieren
2v87n8

3. Übernehmt die Darstellung. Ergänzt die fehlenden Wortarten und Beispiele.

4. Erläutert die Funktion jeder Wortart. Belegt eure Aussagen am Text.
Adjektiv: informiert über Merkmale und Eigenschaften von Personen, Gegenständen, Ereignissen; kann ein Attribut, eine Adverbialbestimmung oder ein Prädikativ bilden

200   Wörter nach Wortarten klassifizieren

Morten Søndergaard: Wortapotheke (Ausschnitt)

Lesen Sie die gesamte Packungsbeilage sorgfältig durch, denn sie enthält sehr wichtige Informationen für Sie.
Um einen bestmöglichen Erfolg zu erzielen, müssen Adjektive® […] vorschriftsmäßig angewandt werden. […] Konsultieren Sie einen Dichter, wenn sich Ihr Zustand verschlechtert oder wenn sich Ihr Zustand nicht verbessert.

Erste Hilfe bei Sprachschmerzen – Rettung aus der Wortapotheke!

5. Erstellt eure eigene Wortapotheke. Arbeitet in Gruppen. Jede Gruppe entwirft einen Beipackzettel für eine Wortart und erstellt eine Liste mit Wörtern, die zu dieser Wortart gehören. Orientiert euch an Original-Beipackzetteln und/oder nutzt folgende Teilüberschriften:
   – Was sollten Sie vor der Anwendung über Verben® wissen?
   – Wie oft sollten Sie Pronomen® anwenden?
   – Welche Nebenwirkungen sind bekannt?

6. **Extra**

   Kein System ohne Ausnahme! Einige Farbadjektive werden in der Standardsprache nicht flektiert.
   – Schlagt in einer Grammatik nach, welche Adjektive das sind.
   – Sucht mithilfe der Wortbildung eine Möglichkeit, sie zu flektieren.

Wortarten klassifizieren

flektierbare Wortarten	**nicht flektierbare** Wortarten
Substantiv, Adjektiv, Pronomen, Verb	*Adverb, Konjunktion, Präposition*

Achtung: Einige Adjektive werden nur nicht flektiert gebraucht, z. B. *lila, rosa*.

Wissen und Können

Lerninsel:
Grammatik
S. 289

Differenzieren
Wortarten systematisieren
5pr8xq

7. **Zum Differenzieren** ■ ■ ■ ■

    Schreibt den folgenden Text auf, setzt die Wörter richtig ein und bestimmt ihre Wortart: *die, heute, Horn, ihr, mit, damit, sofort, ungewöhnlich, weit*.

    Bestimmt die Wortart der gelb markierten Wörter. Unterscheidet dabei flektierbare und nicht flektierbare Wörter. Erläutert die Funktion dieser Wörter im Text.

   ### Überwachungssystem für Nashörner?

   Nashörner, … einst über … Teile des afrikanischen Kontinents verbreitet waren, sind … durch Wilderei und die Zerstörung … Lebensraums stark bedroht. Die Zahl der gewilderten Nashörner verdreifachte sich in den letzten Jahren. 2012 wurden allein in Südafrika 668 Nashörner wegen ihres … getötet. Im Wildschutzgebiet Somkhanda sollen nun alle Nashörner … GPS-Sendern, die in das Horn eingepflanzt werden, überwacht werden, … die Parkwächter bei … Vorkommnissen … reagieren können.

⭐ Das könnt ihr jetzt!

Das große Deutsch-Quiz

Der Tiger war einst der König des Dschungels. Heute leben fünf- bis siebenmal mehr Tiger im Zoo oder im Zirkus …

☐ wie in freier Natur.

☐ als in freier Natur.

☐ als wie in freier Natur.

Würden tierische Produkte wie das Horn des Nashorns oder Knochen und Barthaare des Tigers nicht als angebliche medizinische Wundermittel zu Höchstpreisen auf dem Schwarzmarkt gehandelt, dann …

☐ müssen wir uns um den Erhalt dieser Arten weniger Sorgen machen.

☐ mussten wir uns um den Erhalt dieser Arten weniger Sorgen machen.

☐ müssten wir uns um den Erhalt dieser Arten weniger Sorgen machen.

1. Löst die beiden Quizfragen und erstellt nach diesem Muster ein eigenes Grammatik-Quiz.
   – Ihr könnt die folgenden Fragen als Anregung nutzen.
   – Schlagt, falls nötig, in einer Grammatik nach.
   – Lasst die Quizfragen von euren Mitschülerinnen und Mitschülern beantworten.

   Welchen Kasus verlangt die Präposition *während*?
   Heißt es *die rosane Blüte* oder *die rosa Blüte*?
   Lautet die korrekte Steigerung *schnellstmöglich* oder *schnellstmöglichst*?
   Wie wird das Substantiv *Mensch* dekliniert? Heißt es *dem Menschen* oder *dem Mensch*?

2. Bestimmt die Textsorte und beschreibt die Funktion der beiden Textausschnitte (1, 2) auf Seite 203 oben. Zeigt, inwieweit diese durch die Verwendung grammatischer Formen unterstützt wird.

das Gelernte anwenden und überprüfen

 Lerninsel: Grammatik S. 289 ff.

 Diagnose-bogen Wortarten h9d22x

 Training interaktiv Wortarten f8d83a

1 **Gepard im Kölner Zoo ausgebrochen**

Die Raubkatze sprang am Dienstag über ein Gitter ihres Geheges in die Flamingoanlage. Statt sich aus dem Staub zu machen […], versuchte „Nelson" aber sofort wieder, in sein Gefängnis zu gelangen. Herbeigeeiltes Personal geleitete ihn ganz ruhig zurück. Die Zoobesucher zogen sich während des Vorfalls in das Zoo-Restaurant zurück. Der Gepard habe niemanden bedroht. „Nein, sie fressen keine Menschen", sagte Zoosprecher Landsberg …

2 Zoos sind dauerhafte Einrichtungen, in denen lebende Tiere wild lebender Arten zwecks Zurschaustellung während eines Zeitraumes von mindestens sieben Tagen im Jahr gehalten werden. […] Die Errichtung, wesentliche Änderung und der Betrieb von Tiergehegen und Zoos bedürfen der Genehmigung der oberen Naturschutzbehörde. […]

3. Zählt im Nominalstil auf, welche Bedingungen für die Genehmigung eines Zoos erfüllt sein müssen. Bildet dazu Substantive aus den markierten Verben.

Die Tiere dürfen nicht entweichen. Dagegen sind vorbeugende Maßnahmen zu ergreifen.
Ergreifung vorbeugender Maßnahmen gegen ein Entweichen der Tiere

– Die Tiere müssen fachgerecht betreut, artgerecht ernährt und gepflegt werden.
– Die Öffentlichkeit soll darüber aufgeklärt werden, wie die biologische Vielfalt erhalten werden kann. Dies soll durch den Zoo gefördert werden.
– Der Zoo beteiligt sich an Forschungen, die dazu beitragen, dass die Arten erhalten werden.

4. Bestimmt in Textausschnitt 1 die Wortart der markierten Wörter und ordnet sie nach flektierbaren und nicht flektierbaren Wörtern.

5. Die Wortart der folgenden Wörter kann ohne Satz- bzw. Textzusammenhang nicht eindeutig bestimmt werden.
   – Bildet zwei Sätze, in denen das entsprechende Wort unterschiedlich gebraucht wird.
   – Bestimmt dann die Wortart und begründet.

Unser Dank gilt den vielen fleißigen Helfern. → der Dank → Substantiv
Die Tiere wurden dank eurer Hilfe gerettet. → dank + Genitiv → Präposition

6. *Gefahr – gefährlich – Gefährlichkeit – gefährden – Gefährdung – gefahrlos …*
Bestimmt jeweils die Wortart. Sucht fünf Wortfamilien, deren Glieder mindestens drei unterschiedlichen Wortarten angehören.

Außergewöhnliche Persönlichkeiten
Satzglieder verwenden und Satzzeichen setzen

 Das könnt ihr schon!
- Satzglieder und Attribute unterscheiden
- Nebensätze erkennen und ihre Funktion bestimmen
- verschiedene Kommaregeln anwenden
- Satzbilder von komplexen Sätzen zeichnen

1. Nennt Persönlichkeiten, die ihr außergewöhnlich findet. Begründet.

2. Löst das Rätsel „Wer bin ich?". Verfasst ähnliche Texte und lasst die Persönlichkeiten von euren Mitschülerinnen und Mitschülern erraten.

Wer bin ich?

Ich, ein großer Gelehrter, war schon zu Lebzeiten wegen meiner bahnbrechenden physikalischen Theorien zu einer Legende geworden. Obwohl ich zahlreiche Ehrungen erhielt, bin ich eigentlich ein recht be-
5 scheidener Mann geblieben, der sich bei allem Ruhm seinen freundlichen, fast kindlichen Humor bewahrt hat. Das Foto – ich strecke einem wartenden sensationsgierigen Journalisten die Zunge heraus – ging an meinem 72. Geburtstag um die ganze Welt.

1879 – 1955

Vincent van Gogh, Selbstporträt, 1889

Sophie Mereau-Brentano, Porträt um 1800

Vincent van Gogh ein holländischer Maler des 19. Jahrhunderts erlangte traurige Berühmtheit als er sich in einem Zustand geistiger Verwirrung
5 einen Teil des Ohrs abschnitt. Während er zu Lebzeiten kaum ein Bild verkaufte und in bitterer Armut lebte erzielen seine Werke heutzutage auf Kunstauktionen absolute Rekordpreise.
10 Das „Porträt des Dr. Gachet" das 1990 für 82,5 Millionen Dollar verkauft wurde ist ein Beispiel dafür.

In früheren Jahrhunderten wurden Frauen dazu erzogen, sich dem Mann bedingungslos unterzuordnen, ihm den Haushalt zu führen und die Kinder großzuziehen. **Sophie Mereau-Brentano** (1770–1806)
5 brach mit dieser traditionellen Frauenrolle. Sie ließ sich scheiden (wofür sie die Zustimmung des Herzogs brauchte). Es gelang ihr sogar – für die damalige Zeit völlig unvorstellbar –, ihre Tochter bei sich zu behalten. Sophie Mereau-Brentano verdiente fortan ihren
10 Lebensunterhalt selbst. Sie war die erste Schriftstellerin Deutschlands, die vom Schreiben zu leben versuchte.

Lerninsel: Grammatik
S. 289 ff.

🌐 Eingangstest
Satzglieder /
Satzzeichen
my3b72

Milo Barus

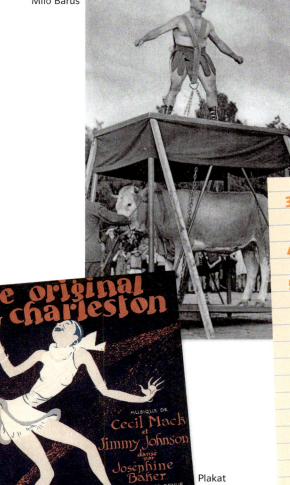

Milo Barus (1906–1977)
- stärkster Mann der Welt
- fünfmaliger Weltmeister im Lastentragen
- 1. Auftritt: Hochstemmen eines Podests (darauf Klavier mit Begleitorchester)
- weltweit unzählige spektakuläre Auftritte

Plakat von 1923

3. Lest und betrachtet alle Materialien. Welche Persönlichkeit findet ihr interessant? Begründet.

4. Begründet die Kommas in dem Rätsel auf Seite 204.

5. Bearbeitet den Text über van Gogh (S. 204).
   - Setzt die fehlenden Kommas.
   - Belegt mithilfe von Textstellen die Aussage, dass Attribute die Textaussage konkretisieren.
   - Bestimmt fünf Attribute genauer.
   - Zeichnet zum letzten Satz das Satzbild und erläutert die Wirkung dieses Satzbaus.

6. Stellt Barus schriftlich vor. Nutzt die Stichpunkte und das Bild (S. 205). Verwendet dabei Attribute, um das Außergewöhnliche seiner Person hervorzuheben.

7. Erklärt die Funktion der Klammerausdrücke und Gedankenstriche in den Texten zu Mereau-Brentano (S. 204) und Baker (S. 205).

Josephine Baker (gebürtig *Freda Josephine McDonald*; ★ 3. Juni 1906 in St. Louis, Missouri; † 12. April 1975 in Paris) war eine US-amerikanisch-französische Tänzerin, Sängerin und Schauspielerin. Sie wurde Europas bestbezahlter Superstar.

Das lernt ihr jetzt!

- Kommaregeln in mehrgliedrigen Sätzen anwenden
- Regeln zur Verwendung von Semikolon, Doppelpunkt, Gedankenstrich und Klammern kennenlernen
- Adverbialbestimmungen und Attribute verwenden, um den Ausdruck zu verbessern

... jeder in seinem Element
Mit Kommas Satzstrukturen verdeutlichen

Vincent van Gogh: Die Sternennacht, 1889

> **Warum finde ich van Gogh außergewöhnlich?**
> Leider bekam van Gogh erst nach seinem Tod die Anerkennung die ihm für sein Schaffen eigentlich gebührt. Von allem was den Menschen seiner Zeit wichtig war wich er ab. Er gründete keine Familie, war zeitweise unfähig, seinen Lebensunterhalt allein zu bestreiten und hatte oft Probleme im Umgang mit seinen Mitmenschen. In der Malerei, fand er aber
> 5 eine Möglichkeit seine Sicht auf die Welt auszudrücken. Mit leuchtenden Farben, von bisherigen Malern so nicht angewendet schuf er einen Malstil der auch nachfolgende Künstler beeinflusste. Die Verwendung bestimmter Farben ist bei ihm nicht nur Ausdruck einer persönlichen Empfindung sondern sie sollte beim Betrachter des Bildes eine ganz eigene Wirkung hervorrufen.
> 10 Van Gogh starb mit 37 Jahren, an den Folgen einer selbst beigebrachten Schussverletzung. Es wird angenommen, dass ihn die damals in vielen Farben enthaltenen Giftstoffe krank machten. Neben seinen Bildern, mehr als 1700 hinterließ er viele Briefe in denen er seine ganz eigene Sichtweise auf das Leben und die Kunst äußerte.

1. Erläutert, worin die Schülerin das Außergewöhnliche in van Goghs Leben und Werk sieht.

2. Besprecht die Verständlichkeit des Schülertextes. Gebt Verbesserungstipps.

3. Korrigiert die Kommasetzung und begründet sie.

4. Betrachtet das Bild auf Seite 206 und gebt eure Eindrücke mündlich wieder.

Vincent van Gogh: Die Sternennacht

Das Bild „Die Sternennacht" ▭ *(mit Öl auf Leinwand gemalt)* entstand im Juni 1889 in Saint-Rémy-de-Provence in Südfrankreich. Es zeigt uns die Grenzen unserer Vorstellung. Während das Dorf ▭ *(auf der rechten Bildseite)* schläft, scheint es vom spitzen Kirchturm und der hohen Zypresse ▭ *(links vorn im Bild)* gleichsam beschützt zu werden. Der nächtliche Himmel ▭ *(gleicht einem Auf und Nieder der stürmischen See)* ist voller Bewegung. Die Hügel im Hintergrund liegen ▭ *(ausgebreitet wie eine blaue Decke da)* und heben sich von dem schmalen Streifen des weißen Himmels mit dem golden leuchtenden Halbmond ab. Van Gogh zeigt uns die Sterne ▭ *(bewegen sich irgendwo im Weltraum in der Unendlichkeit des Universums)*. Mit den Strichen seines Pinsels erzeugt er Wellen ▭ *(gehen von den Sternen aus, wie sie Kiesel erzeugen, die man ins Wasser wirft)*. Van Gogh war der Auffassung, dass Himmel und Erde, Sterne und Bäume ▭ *(alles, was wir sehen können)* voller Leben ist. Alles ist ein Teil von uns und wir sind ein Teil von allem.

5. Vergleicht eure eigenen Eindrücke von dem Bild mit denen, die in diesem Text beschrieben werden, und sprecht darüber.

6. Schreibt den Text ab, baut dabei die kursiv gedruckten Wortgruppen in die Sätze ein und achtet auf die Kommasetzung. Manchmal gibt es mehrere Möglichkeiten.

Mit Kommas Satzstrukturen verdeutlichen

Kommas strukturieren **komplexe Sätze** und erleichtern so deren **Lesbarkeit** und **Verständlichkeit**.

Kommas stehen:
– in einer **Satzverbindung** und trennen **Hauptsätze** voneinander (wenn diese nicht durch „*und*", „*oder*", „*sowie*" verbunden sind)

Hauptsatz 1 , Hauptsatz 2 .

Hauptsatz 1 *und/oder* Hauptsatz 2 .

– in einem **Satzgefüge** und trennen den **Hauptsatz vom Nebensatz** oder **nicht gleichrangige Nebensätze voneinander** ab

Hauptsatz , Nebensatz .

Nebensatz , Hauptsatz .

Hauptsatz 1 , Nebensatz 1 , Nebensatz 2 .

– zur **Abtrennung von Infinitiv- oder Partizipialgruppen**, welche die Funktion von Nebensätzen übernehmen

Hauptsatz , Nebensatz .
(Infinitiv- oder Partizipialgruppe)

Wissen und Können

Lerninsel:
Kommasetzung
S. 295

Video
Kommasetzung
4kt5mw

Albert Einstein – Genie versagt in Prüfung

Als Albert Einstein geboren wurde konnte noch niemand ahnen dass aus ihm einmal ein genialer Wissenschaftler werden würde. Im Gegenteil: Seine Mutter war sogar besorgt darüber dass er geistig beeinträchtigt sein könnte weil seine Kopfform ungewöhnlich war und er nur langsam sprechen lernte. Obwohl Albert kaum Sport trieb wurde er ein kräftiger Junge. Vom Sportunterricht wenig begeistert meinte er sogar ihm würde davon schwindelig und er würde müde.

Seine erste Lehrerin die ihn bereits mit fünf Jahren zu Hause unterrichtete lehnte es ab ihn weiter zu unterweisen nachdem er einen Stuhl nach ihr geworfen hatte. Wenn Albert auch allmählich lernte sein Temperament zu zügeln so wurde aus ihm niemals ein Musterschüler. Da er offensichtlich sehr intelligent war und zudem besonders selbstbewusst auftrat waren seine Lehrer oft irritiert. ==Damit er in die Eidgenössische Technische Hochschule in Zürich aufgenommen werden konnte musste er eine Aufnahmeprüfung ablegen die er nicht beim ersten Mal bestand.== Während er herausragende Leistungen in Physik und Mathematik erbrachte konnten seine Leistungen in den Sprachen und in Biologie nicht überzeugen. Im Nachhinein stellte sich heraus: Auch ein Genie kann mal durch eine Prüfung fallen.

Im Studium lernte er seine spätere Frau kennen. Sie studierte ebenfalls Mathematik und Physik. Beide diskutierten viel über wissenschaftliche Auffassungen. Biografen haben die Briefe der Eheleute genauer untersucht. Sie kamen zu unterschiedlichen Ergebnissen. Einige sind der Meinung: Seine Ehefrau habe Einstein wertvolle Anregungen zu seinen Theorien gegeben. Andere bestreiten das. Der Nobelpreis wurde jedenfalls nur Albert Einstein verliehen.

Albert Einstein in der Schule

---

7. Formuliert zusammenhängend, was das Außergewöhnliche an Einstein war. Verwendet Satzgefüge mit Konjunktionen, zum Beispiel: *Obwohl er … Während er …*

8. Arbeitet mit einem Partner oder einer Partnerin.
– Besprecht, welche Kommas in den ersten beiden Abschnitten (Z. 1–31) gesetzt werden müssen.
– Bestimmt im zweiten Abschnitt (Z. 12–31) die Art und Funktion der Nebensätze.
– Erklärt mithilfe des Satzbildes die Struktur des markierten Satzes und die Funktion der Kommas.

9. Formuliert den letzten Abschnitt (Z. 32–42) um.
– Bildet zusammengesetzte Sätze.
– Vergleicht eure Sätze mit denen im Text und beurteilt beide Textvarianten.

10. Zum Differenzieren ■ ■ ■ ■

Differenzieren
Komma-
setzung
z5wy2j

A Begründet im ersten Abschnitt des folgenden Textes (Z. 1–19),
warum an den gekennzeichneten Stellen ein Komma steht oder nicht.
Nennt die Regeln.

B Setzt im folgenden Text ab Zeile 20 mithilfe einer Folie die fehlenden Kommas.
Erklärt mithilfe der Regeln, ob die Kommas vor der Konjunktion „und"
sowie bei den Infinitivkonstruktionen mit „zu" gesetzt werden müssen
oder nicht.

C Setzt im folgenden Text ab Zeile 20 die fehlenden Kommas.
Begründet alle Kommas. Zeichnet zum unterstrichenen Satz das Satzbild
und erläutert daran die Struktur des Satzes.

Eine neue Sichtweise der Welt

Größte Berühmtheit erlangte Albert Einstein durch eine Theorie, die als Relativitätstheorie bekannt ist. Diese befasst sich mit
dem Wesen von Raum, Zeit ▮ (1) und Erd-
5 anziehungskraft. Einstein gehörte zu einer
besonderen Art von Wissenschaftlern ▮ (2)
und weltbekannt ist er als theoretischer
Physiker geworden. Er war ein Naturwis-
senschaftler, der seine Entdeckungen aber
10 nicht im Laboratorium machte , (3) und er
konnte sie der Menschheit auch nicht anschaulich nachvollziehbar präsentieren. Er
verwandte all seine Fähigkeiten darauf , (4)
Ideen zu finden , (5) zu durchdenken und
15 in mathematischen Formeln zu erfassen. Es
gab immer wieder Zeiten, in denen auch
bedeutende Wissenschaftler Einsteins Ideen
widersprachen , (6) oder sie zweifelten diese
stark an.
20 So bemerkte ein Kollege während eines
Vortrages, bei dem Einstein versucht hatte ▮ (7) seine Theorie zu erläutern ▮ (8)
Folgendes: „Nach meinem gesunden
Menschenverstand kann es nur das geben,
25 was man sehen und überprüfen kann!"
Einstein lächelte ▮ (9) und er antwortete:
„Dann kommen Sie doch bitte mal nach
vorne ▮ (10) und legen Sie Ihren gesunden
Menschenverstand hier auf den Tisch."
30 Einstein schaffte es trotzdem ▮ (11) seine
Gedankengänge nachvollziehbar darzustellen ▮ (12) und einige Wissenschaftler ver-

standen ihn gut. Sie erkannten in Einsteins
Theorie ein wichtiges Werkzeug, das ihnen
dazu diente ▮ (13) die Gesetzmäßigkeiten 35
der Natur noch genauer als jemals zuvor
zu erforschen. Nicht nur Wissenschaftler
wurden durch die Relativitätstheorie angeregt ▮ (14) weiter zu forschen, sondern auch
Science-Fiction-Schriftsteller fühlten sich 40
inspiriert, weil durch Einsteins Erkenntnisse die Idee des Reisens durch die Zeit in der
Theorie erklärt werden konnte.
Einstein hat auch intensiv die Atomkraft
erforscht ▮ (15) und er gilt somit als Weg- 45
bereiter der Atombombe. Später rief er aber
dazu auf ▮ (16) die Atomkraft ausschließlich
für friedliche Zwecke zu nutzen.

„Entschuldigen Sie meine Verspätung.
Aber Sie wissen ja, dass die Zeit
langsamer vergeht, wenn man schneller wird."

MARTIN GUHL   cartoonpress.ch

209

Außergewöhnliche Persönlichkeiten · Satzglieder verwenden und Satzzeichen setzen

Sophie Mereau-Brentano – die erste Frau, die das Schreiben zu ihrem Beruf machte

Sophie Mereau-Brentano war eine bildhübsche junge Frau und Schriftstellerin, nach der sich die Männer gern umschauten. Zeitgenossen berichten: Sie wurde von allen, die
5 Sinn für Schönheit und Geschmack hatten, hoch gefeiert; wo sie erschien, drängte sich ein dichter Schwarm von Bewunderern um sie: sie alle haschten nach einem Wort oder einem Lächeln von ihr.
10 Sophie war in einem wohlhabenden Elternhaus aufgewachsen. Sie hatte eine ausgezeichnete Ausbildung erhalten: Lektionen in den modernen Sprachen Französisch, Englisch, Spanisch, Italienisch; Unterricht
15 in Literatur, Musik und Zeichnen; Unterweisungen im Nähen und Stricken.
Nach dem frühen Tod beider Eltern schloss sie 1793 die Ehe mit Karl Mereau, der an der Jenaer Universität als Bibliothekar
20 tätig war. Warum ging sie diese Zweckehe ein? Sie wollte mehr als den damals üblichen Frauenalltag. Sie wollte mehr Freiheiten genießen; sie wollte schreiben. Sophies Mann hatte Kontakte zu Verlegern und zum literarischen Kreis um Goethe und Schiller und
25 tolerierte ihre Schriftstellerei. So konnte Sophie in Jena regen Anteil am gesellschaftlichen Leben der Stadt nehmen, die sich am Ende des 18. Jahrhunderts zu einem geistigen Zentrum Deutschlands entwickelt hat-
30 te. 1794 erschien ihr erster Roman „Amanda und Eduard", in welchem Selbstentfaltung und Unabhängigkeit der weiblichen Hauptfigur bereits als zentrale Elemente ihrer gesamten Dichtung anklingen. Da Sophie für
35 ihren Mann aber weder Liebe noch Leidenschaft empfand, hatte sie mehrere Liebhaber und ließ sich schließlich sogar scheiden. Um danach für sich und ihre Tochter finanziell ausreichend sorgen zu können, war sie nicht
40 nur als Schriftstellerin tätig, sondern auch als Verlegerin, Zeitschriftenherausgeberin, Redakteurin und Übersetzerin. 1803 heiratete Sophie den Schriftsteller Clemens von Brentano. Sophie liebte ihn; leider starb sie
45 bereits 1806 bei der Geburt eines Kindes.

11. Eine Schule soll den Namen „Sophie-Mereau-Gymnasium" erhalten. Erläutert Gründe für diese Namenswahl.

12. An einigen Stellen im Text steht ein Semikolon (;) anstelle eines Punktes oder Kommas. Überlegt, welche spezielle Funktion die roten und die grünen Semikolons erfüllen.

Wissen und Können

Lerninsel: Zeichensetzung S. 294

Das Semikolon richtig verwenden

Ein **Semikolon** könnt ihr verwenden
- zwischen **gleichrangigen Sätzen**, bei denen der **Punkt zu stark**, aber das **Komma zu schwach** trennen würde.
  Sophie Mereau-Brentano wollte kein kleinbürgerliches Leben führen; sie wollte frei sein.

- bei **Aufzählungen**, um darin **inhaltlich zusammengehörige Gruppen** zu markieren.
  Sophie Mereau-Brentano war Schriftstellerin, Verlegerin, Redakteurin und Übersetzerin; Ehefrau, Hausfrau und Mutter.

Nicht nur ein Superstar
Klammern, Gedankenstrich und Doppelpunkt verwenden

Josephine Baker – Europa huldigt der „Schwarzen Venus"

Ihre ersten Darbietungen als Tänzerin (Anfang der zwanziger Jahre) in verschiedenen Clubs und Theatern in den USA waren nicht spektakulär. Erst ein Auftritt in Paris im „Théatre des Champs-Élysées" brachte ihr den Durchbruch. Als die schöne junge Frau von ihrem Tanzpartner auf die Bühne getragen wurde, herrschte einen Augenblick lang Stille, dann gingen Schreie durch das Publikum: „Toll! Prima! ..."

So wurde in der Nacht zum 2. Oktober 1925 ein Star geboren: Josephine Baker. Das Auftreten der „Schwarzen Venus" löste eine Hysterie aus: Die Zuschauer rasten. Die 19-Jährige zeigte – von tänzerischem Temperament getrieben – einen Charleston. Geschickt spielte sie dabei mit den Vorurteilen, die viele Europäer damals mit ihrer dunklen Hautfarbe verbanden: Dschungel, Exotik und Ritualtanz.

So wurde die junge Frau zum Superstar der zwanziger Jahre – und das quasi über Nacht.

Schon im Herbst 1925 nahm ihre Popularität gigantische Ausmaße an. Bekannte Modehäuser (wie Patou und Poiret) schickten ihr Kleider, die Pariser Damen kleideten und frisierten sich im Stil der Baker und kauften ihren Kindern Josephine-Baker-Puppen. Josephine wurde zum Inbegriff der emanzipierten Frau.

Bald trat sie auch als Sängerin in Erscheinung, wurde von der Plattenfirma Columbia unter Vertrag genommen und spielte die Hauptrolle in mehreren großen Filmen (La Sirène des Tropiques, Zouzou, Tam-Tam). Der Bananenrock (ein Bananengürtel mit 16 künstlichen Früchten) wurde zu ihrem Markenzeichen.

Josephine Baker, 1926

Charleston: schneller Tanz, der im Amerika der zwanziger Jahre modern war

---

1. Tragt zusammen, wodurch man heute über Nacht zum Star werden kann.

2. Untersucht, weshalb im Text Klammern oder Gedankenstriche gesetzt wurden.
– Überlegt, welche anderen Satzzeichen ebenfalls verwendet werden könnten.
– Formuliert eine Regel.

3. Bestimmt die Funktion der Doppelpunkte im Text.
Sprecht darüber, wann ihr Doppelpunkte in euren Texten verwendet.

Verwendung von Klammern, Gedankenstrich und Doppelpunkt

Außergewöhnliche Persönlichkeiten · Satzglieder verwenden und Satzzeichen setzen

Wissen und Können

Lerninsel:
Zeichen-
setzung
S. 294

Klammern, Gedankenstrich und Doppelpunkt angemessen verwenden

Mit **Klammern** oder **Gedankenstrichen** könnt ihr **attributive Zusätze** und **Nachträge** vom übrigen Satz abtrennen. An diesen Stellen könnten auch Kommas stehen.
Ihre ersten Darbietungen als Tänzerin (Anfang der zwanziger Jahre) waren nicht spektakulär.
Ihre ersten Darbietungen als Tänzerin – Anfang der zwanziger Jahre – waren nicht spektakulär.

Durch Verwendung von Klammern und Gedankenstrichen könnt ihr euren **Schreibstil abwechslungsreicher** gestalten.
Aber Achtung: Klammerausdrücke und Aussagen innerhalb von Gedankenstrichen solltet ihr **sparsam** verwenden und **nicht zu lang** gestalten.

Doppelpunkte oder **Gedankenstriche** können stehen vor

– **angekündigten Wörtern** oder **Wortgruppen**, die Aufzählungen, Angaben oder Erläuterungen beinhalten.
Ein Star wurde geboren: Josephine Baker.
Sie wurde zum Superstar – und zwar über Nacht.
– Sätzen, die **vorher Gesagtes zusammenfassen** oder eine **Schlussfolgerung** daraus ziehen.
Ihr Auftreten löste eine Hysterie aus: Die Zuschauer rasten.
– angekündigten **wörtlich wiedergegebenen Äußerungen**, **Gedanken** oder **Textstellen**.
Dann gingen Schreie durch das Publikum: „Toll! Prima! …"

Differenzieren
Klammern, Gedankenstrich, Doppelpunkt
3wb28n

4. Zum Differenzieren ■ ■ ■ ■

A Entscheidet, welche Satzzeichen an den mit ☆ gekennzeichneten Stellen im ersten Abschnitt (Z. 1–26) des folgenden Textes eingesetzt werden können. Achtet dabei auf den inhaltlichen und gedanklichen Zusammenhang in den Sätzen. Begründet.

B Setzt im zweiten Abschnitt (Z. 27–54) des folgenden Textes die fehlenden Satzzeichen. Arbeitet mit einer Folie. Begründet, welche Satzzeichen zur Unterstützung der Gedankenführung geeignet sind.

Weitere Texte
S. 67

Ein Kampf für Freiheit, Gleichheit, Brüderlichkeit

1935 beginnt Josephine Baker eine Tournee durch die USA. Dabei wird sie wieder mit scheinbar längst überwundenen Problemen konfrontiert ☆ Rassenhass gegen Schwarze. „Eines Tages wurde mir bewusst, dass ich in einem Land lebte, in dem ich Angst hatte, eine Schwarze zu sein. Es war ein Land nur für Weiße. Also bin ich gegangen … Aber jetzt kann mich niemand mehr einschüchtern."

Bei einer erneuten US-Tournee im Jahre 1951 kommt es zum Skandal ☆ Man weigert sich in einem Club, sie zu bedienen. Das von ihr bestellte Essen wird nicht serviert ☆ ihr Tisch wird einfach ignoriert. Daraufhin steht Josephine auf, geht zum Telefon, ruft einen schwarzen New Yorker Polizeikommissar und ihren Anwalt an. Die Presse stürzt sich auf den Vorfall ☆ Tiefpunkt im Verhältnis Bakers zu ihrer ursprünglichen Heimat.

Fortan kämpft sie verstärkt gegen Rassenhass und Diskriminierung. Wenig später ☆ im Jahre 1967 ☆ hält sie in Deutschland in der Frankfurter Paulskirche eine bewegende Rede „Gegen Nationalismus und Rassenwahn".

Bereits 1937 nimmt Josephine Baker die französische Staatsbürgerschaft an und lässt sich endgültig in Frankreich nieder. Sie kauft das Schloss „Les Milandes" eine wildromantische Burganlage. Mit ihrem Ehemann Jo Bouillon adoptiert sie nach und nach zwölf Kinder von unterschiedlicher Hautfarbe, Religion und Nationalität ihre „Regenbogenkinder".

1963 will sie zusammen mit dem Bürgerrechtler Martin Luther King am großen „March to Washington" teilnehmen, doch die Behörden verweigern ihr die Einreise. Schließlich setzt der Bruder des amerikanischen Präsidenten Bob Kennedy ihre Einreise durch. Josephine Baker spricht auf der Massenkundgebung vor 250 000 Menschen „Ihr seid kurz vor dem Ziel des Sieges. Es kann nicht mehr viel schiefgehen. Die Welt ist hinter euch!"

Trotz zahlreicher großer Tourneen und ihrer Berühmtheit als Tänzerin Sängerin und Schauspielerin ist sie 1969 finanziell am Ende sie steht vor dem Bankrott. Ihre große Familie, das Schloss und ihr Engagement für gemeinnützige Zwecke fordern ihren Tribut „Les Milandes" wird zwangsversteigert.

1969: Josephine Baker und ihre 12 Kinder

C Überarbeitet den folgenden Text. Wandelt die Klammerausdrücke dort, wo es euch angebracht erscheint, in andere Formulierungen um. Verwendet auch Doppelpunkt, Gedankenstrich und Semikolon.

21 Salutschüsse für eine beeindruckende Frau
1975 (08.04.) ist ihre letzte Galavorstellung (Theater „Bobino" in Paris). Auf der Bühne wird ein Glückwunschtelegramm vom Staatspräsidenten (Valéry Giscard D'Estaing) verlesen. Dreißig Minuten lang feiert Paris noch einmal seine Josephine (und den bevorstehenden 50. Jahrestag der Ankunft der „Schwarzen Venus"). Aber am Tag der zweiten Vorstellung bricht sie bewusstlos zusammen und stirbt (ohne aus dem Koma wieder zu erwachen) am 12. April. In einem großen Staatsakt (mit 21 Salutschüssen) ehrt Paris sie ein letztes Mal (die Botschafterin der Lebensfreude, der Freiheit und die antirassistische Kämpferin und Friedensstifterin).

Außergewöhnliche Persönlichkeiten · Satzglieder verwenden und Satzzeichen setzen

Ein echter Kraftakt
Attribute und Adverbialbestimmungen verwenden

Uwe Träger, Roland Weise: Milo Barus – Der stärkste Mann der Welt

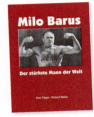

Er gehörte zu den am meisten bewunderten deutschen Kraftathleten seiner Zeit, [er war] ein gefragter Stern der Manegen. Auf welchem Kontinent er auch auftrat – stets löste er Wogen der Begeisterung aus, faszinierte seine Zuschauer, ließ sie ungläubig den Kopf schütteln. Die extreme Vielfalt seiner über sechzig athletischen Glanznummern in einer zweistündigen Show der Superlative war sein Markenzeichen. Die Berufsathleten kürten ihn mehrfach hintereinander zu ihrem Weltmeister.

Ob in Frankfurt am Main, als er zwei kleine Militärflugzeuge am Starten hinderte, oder später in Gera, seine Fans total verblüffend, als er vor ihren Augen die städtische Straßenbahn aus den Gleisen hob; ob er in Sonneberg einen voll besetzten Bus mit der alleinigen Kraft seines Gebisses wegzog oder im Mühltal, angestachelt durch zweifelnde Bemerkungen, seinen alten Gladiatorenwagen balancierte; ob er in jungen Jahren […] 18 Rühreier zu 15 Doppelbrötchen mit 20 Litern Bier ‚verdrückte' oder noch im Alter von 70 Jahren ein Kartenspiel vor seinen staunenden Gästen zerriss oder gar ein Telefonbuch halbierte – stets erwies sich Milo Barus als ein Akrobat der Sonderklasse!

1. Erklärt, durch welche sprachlichen Mittel die Autoren ihre Bewunderung für Barus und dessen Stärke in den markierten Sätzen zum Ausdruck bringen.

2. Untersucht den unterstrichenen Satz genauer:
– Bestimmt mithilfe der Umstellprobe die Anzahl der Satzglieder.
– Prüft, welche der folgenden Satzglieder in diesem Satz enthalten sind:
 Subjekt, Prädikat, Dativobjekt, Akkusativobjekt, Präpositionalobjekt, Kausalbestimmung, Modalbestimmung, Temporalbestimmung, Lokalbestimmung, Finalbestimmung.

3. Beurteilt den Stil des letzten Satzes (Z. 13–29). Begründet eure Meinung.

> *In Frankfurt am Main hinderte er zwei kleine Militärflugzeuge am Starten. In Gera hob er mit bloßer Muskelkraft die städtische Straßenbahn aus den Gleisen. In Sonneberg zog er mit der alleinigen Kraft seines Gebisses einen voll besetzten Bus. Im Eisenberger Mühltal balancierte er seinen alten Gladiatorenwagen.*
> *Noch im Alter von 70 Jahren zerriss er vor seinen staunenden Gästen ein Kartenspiel und halbierte ein Telefonbuch.*

4. Ein Schüler hat den letzten Abschnitt des Textes umformuliert. Vergleicht beide Textvarianten. Untersucht, welche Wirkung beim Leser jeweils erzielt wird.

Verwendung von Attributen und Adverbialbestimmungen

Milo-Barus-Cup

Seit 2003 findet im Eisenberger Mühltal, wo Milo Barus von 1953 bis 1976 gelebt hat, der Milo-Barus-Cup statt. Jährlich am 3. Oktober werden seine berühmten Kraftsportvorführungen zu neuem Leben erweckt.
Mitglieder der Redaktion der Schülerzeitung des Eisenberger Gymnasiums waren beim 13. Milo-Barus-Cup im Mühltal dabei und wollen darüber in der Schülerzeitung berichten. Sie haben sich folgende Notizen gemacht:

13. Milo-Barus-Cup

– 1350 Zuschauer ⟶ gute Stimmung ⟶ „La-Ola-Welle"
– Rahmenprogramm: Schalmeienorchester
– 18 Kraftsportfreunde aus verschiedenen Bundesländern und Tschechien wetteifern
– 4 Disziplinen:
  2 Betonkoffer mit Gesamtgewicht von 230 kg 40 m weit auf Zeit tragen
  Baumstammheben
  5,6 t schweren Traktor so weit wie möglich auf Zeit ziehen
  Heben von 143 kg schweren Steinen
– Gesamtsieger Einzelwertung: Andreas Breu (Bayern)
  Gruppensieger: Team aus Sachsen
  ⟶ auch Hintergrundinfos zur Person Milo Barus geben

5. Schreibt anstelle der Schüler den Artikel für die Schülerzeitung.
  – Recherchiert zusätzliche Informationen im Internet.
  – Nutzt Adverbialbestimmungen und Attribute,
    damit euer Artikel lebendig und anschaulich wird.
  – Verwendet auch die Satzzeichen Klammern, Gedankenstriche,
    Doppelpunkt und Semikolon, wo ihr es für sinnvoll haltet.

Das könnt ihr jetzt!

1. Begründet die verwendeten Kommas in den Sprechblasen der Bilder zwei und drei.

Lucky Luke:
Titelfigur einer belgischen Comicserie

Diese Dame aus dem berühmten Lucky-Luke-Comic gab es wirklich. Ihr Name war Martha Jane Cannary Burke (1852–1903), genannt Calamity Jane. Im folgenden Lexikonartikel erfahrt ihr mehr zu ihrer Biografie:

Calamity Jane war eine US-amerikanische Wildwest-Heldin, die wusste, wie sie sich unter den Männern des Wilden Westens Respekt verschaffen konnte: Sie rauchte, trank, kaute Tabak, spielte Poker und fluchte. Bald wurde sie zur Legende. Bis heute ist unklar, ob die über sie verbreiteten Geschichten und Details aus ihrem Leben wirklich vollständig
5 der Realität entsprechen.
1881 kaufte sie sich in der Nähe des Yellowstone-Nationalparks eine Farm, auf welcher sie für kurze Zeit eine Gastwirtschaft betrieb. Sie heiratete den Texaner Clinton Burke, mit dem sie eine Tochter bekam, die sie aber Freunden zur Adoption gab. Dieser Tochter schrieb Jane bis 1902 Briefe, die sie aber nie abschickte, da sie sich nicht als Mutter zu er-
10 kennen geben durfte. Ab 1893 trat Calamity Jane in Buffalo Bills Wildwest-Show auf; sie war eine gefeierte Reiterin und Kunstschützin.

2. Sucht die Attribute heraus, durch die der Lexikonartikel genauer informiert. Bestimmt ihre verschiedenen Formen.

3. Im Text sind zwei Satzzeichen markiert. Erklärt, warum diese hier verwendet wurden. Schlagt alternative Satzzeichen vor, die ebenfalls möglich wären. Begründet.

216 — das Gelernte anwenden und überprüfen

| Lerninsel: Grammatik S. 289 ff. | ⊕ Diagnose-bogen Satzglieder/ Satzzeichen sc7rm5 | ⊕ Training interaktiv Satzglieder/ Satzzeichen 4si8mq |

Mata Hari – die weibliche 007

Mata Hari – eigentlich Margaretha Geertruida Zelle, auch Marguerite Campbell oder Lady Gretha MacLeod (geboren 1876, gestorben 1917) – war eine bekannte niederländische Tänzerin, die wegen ihrer Agententätigkeit während des Ersten Weltkriegs – schon lange vor James
5 Bond – als berühmteste Spionin der Welt in die Geschichte einging. 1917 – kurz vor Ende des Krieges – sprach sie ein französisches Gericht, ein Militärgericht, des Hochverrats und der Doppelspionage (sie soll gleichzeitig für Frankreich und für Deutschland spioniert haben) schuldig; sie wurde zum Tode verurteilt und hingerichtet.
10 Bis heute ist allerdings ungeklärt ob sie wirklich eine gefährliche Doppelagentin war wie im Gerichtsurteil behauptet wurde oder ob sie nur als Sündenbock herhalten musste um über die militärischen Niederlagen hinwegzutäuschen. Vielleicht wird sich dieser Sachverhalt 2017 klären denn dann dürfen die in Frankreich bis dahin unter Verschluss stehenden
15 Gerichtsakten geöffnet werden. Momentan scheint zumindest gesichert dass die Informationen die Mata Hari im Krieg an Deutschland weitergegeben hat keine wesentlichen Geheimnisse enthielten und somit nicht kriegsentscheidend waren. Vermutlich wollte sie mit ihrer Agententätigkeit nur der Möglichkeit vorbeugen als Künstlerin vergessen zu werden
20 und unter Geldnot zu leiden.
Egal was die französischen Akten ergeben werden die Geschichte von Mata Hari enthält alle Elemente spannender Spionage Täuschung Gefahr Luxusleben Sex Macht Geld und Tapferkeit. Obwohl die Quellenlage recht spärlich ist war ihre Biografie Grundlage für über 250 Bücher
25 und zahlreiche Filme.

Mata Hari

4. Beurteilt den Stil und Satzbau im ersten Absatz (Z. 1–9) des Schülertextes. Überarbeitet ihn.

5. Setzt ab Zeile 10 alle fehlenden Satzzeichen und begründet sie. Arbeitet mit einer Folie. Sucht Textstellen heraus, an denen alternativ Klammern, Gedankenstriche, Doppelpunkt oder Semikolon möglich wären. Begründet eure jeweilige Entscheidung.

6. Verfasst einen informierenden Text zu einer außergewöhnlichen Persönlichkeit eurer Wahl. Führt anschließend Schreibkonferenzen durch und achtet besonders auf
   – den logischen Aufbau des Textes,
   – die angemessene Verwendung von Adverbialbestimmungen und Attributen,
   – die korrekte Zeichensetzung.

Last-Minute-Tipps
Regeln und Verfahren der Rechtschreibung anwenden

 Das könnt ihr schon!

- Regeln der Groß- und Kleinschreibung und der Getrennt- und Zusammenschreibung anwenden
- häufig gebrauchte Fremdwörter richtig schreiben
- Wörterbuch und Rechtschreibprüfung am Computer nutzen
- eigene Texte korrigieren

Seiten 86 und 87 aus „London. Der cool verrückte Reiseführer"

1. Wie sollte euer Wunsch-Reiseführer aussehen? Diskutiert, welche Informationen in einen „cool verrückten" Reiseführer für Jugendliche gehören.

2. Schreibt den Text ab und entscheidet dabei, ob die Wörter groß- oder kleingeschrieben werden. Begründet. Überlegt, warum das Adjektiv in *Ewige Stadt* (Z. 11) großgeschrieben wird.

Cool verrückte Reiseführer

Reiseführer sind was für Spießer? Mitnichten. Die cool verrückten Reiseführer von „National Geographic" und „Lonely Planet" sind alles (a/A)ndere als (n/N)ormale Reiseführer. Sie richten sich an
5 (j/J)ugendliche (r/R)eisende und sind definitiv für Eltern verboten! Ob zu (h/H)ause oder auf (r/R)eisen – der (l/L)eser findet hier jede (m/M)enge coole Informationen, (w/W)issenswertes und (k/K)urioses. Zum Beispiel Paris – vom (l/L)ächeln der Mona Lisa
10 bis zum (g/G)ruseligen (g/G)rinsen der Wasserspeier von Notre-Dame. Oder Rom – die Ewige Stadt als Paradies für (s/S)ieben (m/M)illionen Katzen … Verrückte Geschichten und Fakten, von denen Eltern garantiert noch nie etwas gehört haben.

Vorwissen aktivieren

Lerninsel: Rechtschreibung S. 296 ff.

Eingangstest Rechtschreibung tv52i8

3. Im Koffer sind sieben Dinge versteckt, die auf Reisen nützlich sind.
   – Sucht alle sieben Wörter und schreibt sie auf.
   – Packt eure Siebensachen. Erstellt selbst ein Wortgitter, in dem sieben Fremdwörter versteckt sind, und lasst eure Mitschüler raten. Benutzt ein Wörterbuch.

Sie|ben|sa|chen *Plur.* *(ugs. für* Habseligkeiten); seine Siebensachen packen

Sou|ve|nir [zuvə...], das; -s; -s; <franz.> (Andenken, Erinnerungsstück); **Souvenirladen**

„App in den Urlaub"

E-Book und App sind gerade auf Reisen nicht mehr weg/zu/denken, was nicht zuletzt darauf zurück/zu/führen ist, dass sie helfen im Reisegepäck Platz/zu/sparen.
5 Die elektronischen Reiseführer sind leicht zu hand/haben. Zudem sind sie oft preiswerter und sie bieten mehr als ein Reiseführer in Buchform. So kann man sich seinen ganz persönlichen Stadtrundgang
10 zusammen/stellen und dank GPS und integriertem Stadtplan dürfte man sich in jeder Metropole zurecht/finden.

4. Die Informationen zu den beiden Wörtern stammen aus einem Rechtschreibwörterbuch.
   – Erklärt, worüber ein solches Wörterbuch Auskunft gibt.
   – Schreibt alle Abkürzungen heraus und ergänzt die vollständigen Wörter.
   – Nennt weitere euch bekannte Abkürzungen und erklärt ihre Bedeutung.

5. Diskutiert Vor- und Nachteile elektronischer Reiseführer. Erklärt, was die Abkürzung GPS bedeutet.

6. Schreibt den Text ab und überlegt dabei, ob die markierten Verbverbindungen getrennt oder zusammengeschrieben werden. Begründet.

Das lernt ihr jetzt!

- Eigennamen richtig schreiben
- Fehlerschwerpunkte erkennen und eigene Texte korrigieren
- Abkürzungen und Kurzwörter verstehen und richtig schreiben

219

Last-Minute-Tipps · Regeln und Verfahren der Rechtschreibung anwenden

Abgefahren!
Eigennamen und Ableitungen von Eigennamen richtig schreiben

Keine Lust auf die üblichen Ausflüge?

Ein wirklich phænomenales Museum ist das 2005 eröffnete Phæno in Wolfsburg. Hier können Besucher einen Tornado berühren, einen elektromagnetischen Igel formen und
5 dabei so viel Spannung erleben, dass ihnen die Haare zu Berge stehen. Unterstützt wird die Experimentierlandschaft von Forschungseinrichtungen wie dem Deutschen Klimazentrum oder dem Max-Planck-Ins-
10 titut für Meteorologie.
   Wo? Willy-Brandt-Platz 1; Wolfsburg

Auf Lesehungrige wartet in Mecklenburg-Vorpommern ein ganz spezieller Happen: Deutschlands erstes Bücherhotel in Groß
15 Breesen, südlich von Güstrow. Leseratten finden hier über 100 000 Bücher, von Thomas Mann bis Günter Grass, von Jane Austen bis Henning Mankell. Ein besonderes Extra ist der Büchertausch: Wer zwei Bü-
20 cher mitbringt, kann ein Buch seiner Wahl mit nach Hause nehmen.
   Wo? Dorfstraße 10; Groß Breesen

Phæno in Wolfsburg

1. Stellt ungewöhnliche Reiseziele vor, die ihr kennt.

2. Übernehmt die Tabelle. Sucht aus beiden Texten alle Eigennamen heraus und ordnet sie in die Tabelle ein. Besprecht, welche Schwierigkeiten bei der Schreibung von Eigennamen auftreten können.

Personen-namen	Namen von Institutionen und Organisationen	geografische Namen	Namen von Straßen, Plätzen und Gebäuden
	Phæno		

3. Sammelt interessante Namen von Straßen, Plätzen und Gebäuden in eurem Wohnort.
   – Überlegt, welche geografischen Besonderheiten zu diesen Namen geführt haben könnten oder auf welche historischen Personen oder Ereignisse sie sich beziehen.
   – Ordnet die Namen entsprechend ihren unterschiedlichen Schreibweisen:
      a) Zusammenschreibung b) Getrenntschreibung c) Schreibung mit Bindestrich
   – Formuliert Regeln für die Schreibung von Straßennamen.

Schreibung von Eigennamen und Ableitungen von Eigennamen

Alles Wurst!

Im thüringischen Holzhausen befindet sich Deutschlands einziges Bratwurstmuseum. Dort können sich Besucher über die Bratwurst im Allgemeinen und über die Thüringer Bratwurst im Besonderen informieren. Neben der originalen Thüringer Rostbratwurst werden auch Nürnberger Bratwürste, fränkische, westfälische und schlesische Bratwürste
5   oder Pfälzer Würste präsentiert.

Wer hat's erfunden?

Die Schweizer Bergwelt gibt es nicht nur in der Schweiz – bekannt sind die Böhmische Schweiz, die Fränkische Schweiz, die Holsteinische Schweiz und die Sächsische Schweiz. Der Name Sächsische Schweiz entstand im 18. Jahrhundert durch zwei Schweizer Künst-
10 ler, die sich beim Anblick der Sandsteinfelsen an ihre Schweizer Heimat erinnert fühlten.

4. Übernehmt die Tabelle und ordnet die markierten Bezeichnungen ein.
Formuliert für jede Tabellenspalte eine Regel.

von geografischen Namen abgeleitete Adjektive auf		von geografischen Namen abgeleitete Wörter auf *-er*
-isch (Kleinschreibung)	*-isch* (Großschreibung)	
thüringisch	die Böhmische Schweiz	…

5. Schreibt die folgenden Wortgruppen ab und entscheidet, ob die Adjektive groß- oder kleingeschrieben werden müssen. Überlegt dazu, ob es sich um Eigennamen handelt.

Die Ny Lillebæltsbro – die g/Große Brücke über dem k/Kleinen Belt

Die s/Spanische Treppe – ein beliebter Treffpunkt in der i/Italienischen Hauptstadt

Die Halbinsel Krim – die w/Weiße Insel im s/Schwarzen Meer

6. Extra

Gestaltet einen verrückten Reiseführer zu einer euch vertrauten Region.
– Fragt im Fremdenverkehrsamt oder sucht im Internet nach „abgefahrenen" Reisezielen: die witzigsten Museen, die verrücktesten Übernachtungsmöglichkeiten, die coolsten Strecken für Inline-Skater, …
– Schreibt zu jedem Reiseziel einen kurzen Text. Achtet auf die Schreibung der Eigennamen.
– Sucht Bildmaterial. Ihr könnt auch selbst Fotos oder Illustrationen anfertigen.

Last-Minute-Tipps • Regeln und Verfahren der Rechtschreibung anwenden

Wissen und Können

Lerninsel:
Rechtschreibung
S. 297

Eigennamen und Ableitungen von Eigennamen richtig schreiben

Die Schreibung von Eigennamen unterliegt nicht den allgemeinen Rechtschreibregeln.
Adjektive, die **Bestandteil** eines **Eigennamens** sind, werden **großgeschrieben**:
das Schwarze Meer, der Alte Fritz, Elisabeth die Erste.
In festen Wendungen, die keine Namen sind, schreibt man die Adjektive dagegen klein:
schwarzer Tee, die alten Bundesländer, die erste Geige spielen.

Namen von **Straßen**, **Plätzen** und **Gebäuden** werden

| **zusammengeschrieben**, wenn das **Bestimmungswort** ein **eingliedriger Personenname**, ein **Substantiv** (auch ein zusammengesetztes) oder ein **nichtdekliniertes Adjektiv** ist: *Schillerplatz, Dorfstraße, Neumarkt.* | **getrennt geschrieben**, wenn sie ein **dekliniertes Adjektiv**, eine **Präposition** oder eine **Ableitung auf -er** von einem **Orts- oder Ländernamen** enthalten: *Breite Straße, Am Alten Turm, Dresdener Straße.* | **mit Bindestrich geschrieben**, wenn das **Bestimmungswort** ein **mehrgliedriger Personenname** ist: *Willy-Brandt-Platz.* |

Von geografischen Namen **abgeleitete Wörter auf -er** werden **großgeschrieben**:
das Weimarer Original, eine Wiesbadener Schule. Von Namen **abgeleitete Adjektive auf -isch** schreibt man **klein**, wenn sie nicht Bestandteil eines Eigennamens sind: *eine sächsische Stadt, eine schillersche Ballade* (aber: *die Sächsische Schweiz*).

Differenzieren
Eigennamen und Ableitungen von Eigennamen
jr63qc

7. Zum Differenzieren ■ ■ ■ ■

A Schreibt die folgenden Namen ab. Begründet jeweils die Schreibung.
Martin-Luther-Straße; An den Fischteichen; Altmarkt; Franz-Liszt-Platz; Goethestraße; Berliner Straße; Salzgässchen; Breiter Weg; Im Grünen Winkel

B Rund um das alte Sportstadion ist ein neues Wohngebiet entstanden. Denkt euch sechs Straßennamen aus. Schreibt sie auf und begründet ihre Schreibung. Die Namen sollen einen Bezug zum Sport(stadion) haben, zum Beispiel: *An der Nordkurve.*

C Überlegt, ob die folgenden Straßen nach einem Ort oder nach einer Person benannt wurden. Schreibt die Straßennamen mit ihrem Namensgeber auf:
Schongauerstraße, Haller Straße, Hallerstraße, Schöneberger Straße

Schongau (Stadt in Bayern)   Martin Schongauer (Maler)
Hall (Stadt in Tirol)   Nicolaus Ferdinand Haller (Hamburger Senator)
Schöneberg (Stadtteil von Berlin)   Barbara Schöneberger (Moderatorin)

222 — Schreibung von Eigennamen und Ableitungen von Eigennamen

Lassen Sie Ihr Gebäck nicht unbeaufsichtigt!
Fehlerschwerpunkte erkennen und eigene Texte korrigieren

Lachs in Zitronen-Butter-Sauce
an Grünen Bandnudeln
10,30 EUR

Champingnons mit
Ricotta-Walnuß-Füllung
6,50 EUR

Alle Speisen auch
zum mitnehmen!

Liebe Gäste, Badetücher bitte liegen lassen.
Das Zimmermädchen hängt Sie dann zum
Trocknen auf den Balkon.

Haut-Strafende
Körperlotion

Pfannkuchen mit
Blaubärmarmelade

Grossbaustelle
Zentral emphohlene
Umleitung

Hax'n Alm
Bauern essen aus
dem Holztrog

Piazza Anfiteatro – das Highlight
in Lucca, dass müssen Sie sehen!

Lassen Sie Ihr
Gebäck nicht
unbeaufsichtigt!

1. Sind euch schon ähnliche Texte begegnet? Diskutiert, welche Wirkung
   fehlerhafte Speisekarten, Werbeprospekte und andere „Aushängeschilder" haben.

2. Übernehmt die Tabelle. Korrigiert die Fehler und ordnet die Beispiele in die
   Tabelle ein. Beachtet, dass ihr einige Beispiele mehreren Fehlerschwerpunkten
   zuordnen könnt. Besprecht, wie ihr solche Fehler vermeiden könnt.

> Lerninsel:
> Eigene Fehler
> erkennen und
> beheben
> S. 299

Fehlerschwerpunkte	korrigierte Schreibungen	Möglichkeiten der Fehlervermeidung
Groß- und Kleinschreibung	*grüne Bandnudeln*	
Vokallänge und -kürze		
gleich und ähnlich klingende Laute z. B. *f-v-ph; b-p/d-t/g-k; ä-e*		
s-Laute		
das/dass		*Ersatzprobe*
Getrennt- und Zusammenschreibung		
Fremdwortschreibung		

Erkennen von Fehlerschwerpunkten, Strategien zur Selbstkorrektur

223

Last-Minute-Tipps · Regeln und Verfahren der Rechtschreibung anwenden

Piazza Anfiteatro – das Highlight in Lucca, dass müssen Sie sehen.
Trink Wasser für Hunde!   Alle Speisen auch zum mitnehmen!
Hax'n Alm   Sonja's Imbiss

3. Erläutert anhand der Beispiele die „Tücken" der Rechtschreibprüfung am Computer.

Apostroph:
Auslassungszeichen, z.B. in *Wie geht's?*

4. Prüft mithilfe des Regelteils eures Rechtschreibwörterbuchs, ob der Apostroph bei „Hax'n" und „Sonja's" korrekt ist.

5. Erklärt, wie die Fehler in *„Pfandkuchen"* und *„Waschsahlong"* entstanden sind und mithilfe welcher Strategien sie hätten vermieden werden können.

6. Extra

Sammelt selbst fehlerhafte Schreibungen auf Speisekarten, Straßenschildern oder in Zeitungstexten. Korrigiert die Fehler und ordnet sie nach Fehlerschwerpunkten.

Vorlage
Fehlerprofil
uh48sf

7. Erstellt eine Fehleranalyse eurer eigenen Texte.
– Analysiert die Fehler, die ihr in eurer letzten Klassenarbeit gemacht habt, und ordnet sie nach Fehlerschwerpunkten.
– Überlegt, welche Rechtschreibstrategien ihr gezielt anwenden solltet.

> *Arbeitstechnik*
>
> **Ein individuelles Fehlerprofil ermitteln**
>
> Ein individuelles Fehlerprofil hilft, **Fehlerschwerpunkte zu erkennen** und gezielt **zu beheben**. Anhand eures individuellen Fehlerprofils könnt ihr ermitteln, welche **Rechtschreibstrategien** ihr bei der **Überarbeitung** eurer eigenen Texte einsetzen müsst.

Erkennen von Fehlerschwerpunkten, Strategien zur Selbstkorrektur

8. Zum Differenzieren ■ ■ ■ ■

A Schreibt die unten stehenden Wörter kreuz und quer in eine Bingotabelle mit 5×5 Feldern. Ergänzt Wörter mit langen oder kurzen Vokalen, die ihr in eurer letzten Klassenarbeit falsch geschrieben habt. Schreibt alle Wörter noch einmal auf kleine Kärtchen, mischt diese und legt sie verdeckt ab. Deckt die Kärtchen nacheinander auf und kreuzt die entsprechenden Wörter in der Bingotabelle an. Gewonnen hat, wer als Erster eine Reihe waagerecht, senkrecht oder diagonal vollständig angekreuzt hat.

X Meer	X nämlich	X Fahrrad	X vielleicht	X Fernweh
sie gibt	X früh	Koffer	er bekam	X während

Differenzieren
Fehler-
schwerpunkte
erkennen und
üben
ft7dw3

ähnlich, er bekam, bekommen, bisschen, denn, Fahrrad, Föhn, früh, sie gibt, ich nahm, nämlich, nehmen, spüren, ungefähr, Verkehr, vielleicht, während, ziemlich, …

B Groß oder klein? Schreibt den folgenden Text richtig auf.
Nutzt die entsprechenden Proben (Artikelprobe, Adjektivprobe, Zerlegeprobe).
Was ist Reisen für euch? Setzt den Text mithilfe geeigneter Substantivierungen fort.

REISEN BEDEUTET NEUES ZU ENTDECKEN, REISEN HILFT FREMDES ZU VERSTEHEN, REISEN FÜHRT ZU SELBSTERFAHRUNG UND SELBSTFINDUNG, REISEN IST FLIEHEN AUS ALLTÄGLICHEM, REISEN IST FREIHEIT, REISEN IST LEBEN, REISEN IST GLÜCK, …

C Sucht zu folgenden Wörtern verwandte Wörter oder verlängert die Wörter, damit ihr die gleich oder ähnlich klingenden Laute erkennen könnt. Ergänzt Wörter, die ihr in eurer letzten Klassenarbeit falsch geschrieben habt, und sucht auch zu diesen Wörtern verwandte Wörter.
Schreibt die Wortpaare auf kleine Kärtchen und spielt Memory.

Beweis, bildlich, endgültig, Fähre, gefährlich, höchstens, kläglich, er liest, ich ließ, Nähe, platzieren, Stängel, Tod, tot, unwegsam, weiß, widersprechen, …

D Löst das Rätsel. Erstellt mithilfe eines Wörterbuchs ein eigenes Fremdwort-Rätsel.

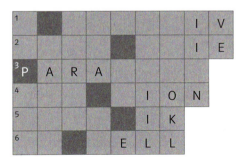

1) Begriff aus der Grammatik: vierter Fall
2) Zuneigung, Wohlgefallen
3) in gleichem Abstand verlaufend
4) Wunschvorstellung
5) Lehre vom Schall
6) zeitgemäß, gegenwärtig

Lösungswort:

Last-Minute-Tipps · Regeln und Verfahren der Rechtschreibung anwenden

cul8er!
Abkürzungen und Kurzwörter verstehen und richtig schreiben

Dungeon: gruselige Liveshow zur Geschichte Hamburgs

1. Sprecht darüber, wann und mit wem ihr über SMS kommuniziert. Welche Abkürzungen verwendet ihr in einer SMS?

2. Klärt die Bedeutung der Abkürzungen und Kurzwörter in der Überschrift und in den beiden Texten.

3. Überlegt, warum in SMS und Anzeigen so viele Kurzformen verwendet werden. Diskutiert, welche Schwierigkeiten Leser beim Verstehen dieser Texte haben könnten.

4. Lest die Texte laut. Vergleicht jeweils den gesprochenen und den geschriebenen Text.

5. Kurzformen, die nur in der Schriftsprache verwendet werden, bezeichnet man als Abkürzungen. Werden Kurzformen auch gesprochen, handelt es sich um Kurzwörter.
   – Übernehmt die Tabelle und ordnet die Kurzformen aus beiden Texten ein.
   – Erklärt, inwiefern sich N8 und CU von den übrigen Kurzformen unterscheiden.

Jugendherberge Hamburg

DZ inkl. Frühst., Dusche/WC, TV; zentr. Lage, 10 min vom Hbf.; U-Bahn/S-Bahn 500 m; NEU: 1 Std. WLAN gratis. Preis: 31,95 € p.P. (mit DJH-Mitgliedskarte).

Abkürzungen (nur schriftsprachlich)	Kurzwörter
DZ (Doppelzimmer)	WC (water closet)

6. Entscheidet, ob es sich um Abkürzungen oder Kurzwörter handelt, und nennt die vollständigen Wörter. Ihr könnt ein Wörterbuch benutzen. Tragt die Kurzformen zusammen mit ihren Vollformen in die Tabelle aus Aufgabe 5 ein.

ARD; Aufl.; Bd.; BGB; bzw.; cm; Demo; DJH; DVD; ebd.; etc.; EU; Hrsg.; kg; Kripo; ml; o. Ä.; PC; Pkw; Reha; S. 96 f.; Tel.; VfB; SMS; Web-Cam; ZDF; z.H.

7. Erklärt anhand der Beispiele aus Aufgabe 6, was ihr bei der Schreibung der Kurzformen beachten müsst.
   – Bei welchen Kurzformen stehen Punkte?
   – Formuliert Regeln zur Schreibung der Kurzformen.

Impressum: in Büchern und Zeitschriften enthaltene Angaben über Autor, Herausgeber, Verleger, Verlagsort; in Büchern meist auf der Rückseite des Titelblatts

8. Schreibt die folgende Angabe unter Verwendung möglicher Kurzformen auf. Ihr könnt das Impressum eines Buches zu Hilfe nehmen.

Dietlind Kreber (Herausgeber): Krimineller Reiseführer Hamburg. 1. Auflage 2012; Internationale Standardbuchnummer 3981396650, 240 Seiten.

226 — Abkürzungen, Kurzwörter (Initialwörter, Silbenwörter)

9. Überlegt, wonach sich das Genus von Kurzwörtern richtet.
- Warum heißt es *die ARD*, *das ZDF* und *der NDR*?
- Vergleicht mit der Vollform.

Genus:
grammatisches
Geschlecht

10. Bildet den Plural zu *CD, DVD, GmbH, Kfz, Lkw, PC, PIN, SMS, Uni*.
- Überprüft eure Lösungen mithilfe eines Wörterbuchs.
- Vergleicht mit dem Plural der Vollform.

11. Extra

Erstellt ein Verzeichnis der häufigsten SMS-Kürzel und ihrer Vollformen.

Abkürzungen und Kurzwörter richtig schreiben

Wissen und Können

Abkürzungen sind **schriftsprachliche** Kurzformen, die Kurzform wird in der Regel **nicht gesprochen**: *Jh.* (gesprochen: *Jahrhundert*).
- Nach Abkürzungen steht meist ein **Punkt**: *z.B., vgl., usw., u.a.*
- Steht eine solche Abkürzung am **Ende eines Aussagesatzes**, ist der Abkürzungspunkt **zugleich der Satzschlusspunkt**.
- Bei Abkürzungen für **Maßeinheiten, Himmelsrichtungen** und **Währungseinheiten** setzt man im Allgemeinen **keinen Punkt**: *min, s, km; N; USD (United States Dollars)*.

Kurzwörter werden auch in der **gesprochenen Sprache** verwendet: *Uni, Kripo, Bus*. **Initialkurzwörter** bestehen aus den **Anfangsbuchstaben** (Initialen) der Vollform: *TÜV (Technischer Überwachungsverein), BGB (Bürgerliches Gesetzbuch)*.
- Bei Kurzwörtern setzt man meist **keinen Punkt**.
- Im **Plural** erhalten Kurzwörter oft die **Endung -s**, auch wenn die Vollform den Plural nicht auf -s bildet (*die Unis – die Universitäten*).
- Kurzwörter, die auf **s** oder **z** enden, sind im **Plural endungslos** (*die SMS*).

---

12. Zum Differenzieren ■ ■ ■ ■

🌐 **Differenzieren**
Abkürzungen,
Kurzwörter
a79m7z

A Schreibt die Kurzformen aus der Anzeige heraus und ergänzt die Vollformen. Beurteilt die Verständlichkeit der im Text verwendeten Abkürzungen.

Urlaubsparadies Bad Lauterberg: Gemütl. DZ,
DU/WC, NR, Aufenthaltsr., HD-TV, Kühlschrank,
Radio, Getränke, Terrasse + schöner Garten. […]
Grenzüberschr. (CZ) Rad– und Wandergeb.
ÜF ab 20 € p. P.
Tel. +49(0)3592–502808

B Schreibt selbst eine Anzeige, in der ein Hotelzimmer oder eine Ferienwohnung angeboten wird. Verwendet gebräuchliche Abkürzungen und Kurzwörter.

227

⭐ Das könnt ihr jetzt!

Last minute oder Slow Travel?

Last minute nach Mallorca? Mit ein bisschen Glück fliegt man schon für dreißig Euro auf die spanische Insel. Fast alle Mallorca-Reisenden kommen mit dem Flieger. Doch es geht auch anders. Statt nach Mallorca zu jetten, kann man eine wirkliche Reise dorthin machen – mit dem Zug. Nachts wird im Zug geschlafen. Tagsüber ist in den Städten, die am Weg liegen, Zeit zum Erleben, Staunen, Entdecken, Genießen, etwa in einem Pariser Café oder beim Bummel durch Barcelona, die katalanische Hauptstadt. Der Weg ist das Ziel. Slow Travel heißt diese Form ökologisch verträglichen Reisens. Sie verspricht die Wiederentdeckung der Langsamkeit. Wer vom Berliner Hauptbahnhof

mit dem Zug nach Mallorca reist, braucht drei Züge, eine Fähre und mindestens vierzig Stunden reine Fahrzeit. Doch er kommt auch in direkten Kontakt mit der Natur und mit Einheimischen. Und er schont nebenbei noch die Umwelt. Wer will da noch fliegen!

1. Der Text enthält vier Ableitungen von geografischen Namen. Schreibt sie auf und begründet ihre Schreibung.

2. Diktiert euch den Text als Partnerdiktat. Überprüft anschließend eure Rechtschreibung.

3. Löst das Rätsel. Überlegt, hinter welchen Abkürzungen ein Punkt stehen müsste.

waagerecht:
1. Hektar, *Abk.*
5. frz. Schnellzug, *Kurzw.*
7. dt. Schnellzug, *Kurzw.*
8. Intelligenzquotient, *Kurzw.*
9. Bahnhof, *Abk.*
10. 1000 Millionen, *Abk.*
13. Computer, *Kurzw.*
14. Abonnement, *Kurzw.*
15. Mobilfunkdienst, *Kurzw.*

senkrecht:
2. Abitur, *Kurzw.*
3. Internationaler Fußballverband, *Kurzw.*
4. Protestaktion, *Kurzw.*
6. wichtige Personen, *Kurzw.* Plural
11. rechts, *Abk.*
12. Dezimeter, *Abk.*

Lerninsel: Rechtschreibung S. 296 ff.

 Diagnosebogen Rechtschreibung 4i2ym3

 Training interaktiv Rechtschreibung m3tc26

Stadt-Land-Fluss (Spiel für mindestens zwei Spieler ab 10 J.)

Bei dieser Variante des bekannten Spiels *Stadt-Land-Fluss* kommt es nicht darauf an, wer der Schnellste ist, sondern wer alles richtig geschrieben hat.
Spieldauer: ca. 20 min

Ihr benötigt für jeden Spieler ein Blatt Papier, einen Stift, ggf. ein Wörterbuch.
Nehmt das Papier quer u. legt eine sechsspaltige Tabelle an (vgl. Abb. unten). Wie beim „normalen" Stadt-Land-Fluss-Spiel beginnt ein Spieler, sich das Alphabet lautlos im Kopf aufzusagen. Ein anderer Spieler ruft „Stopp". Zu dem so ermittelten Anfangsbuchstaben schreibt nun jeder Spieler einen Namen, eine Stadt, ein Land usw. auf. Achtet auf die richtige Schreibung, denn nur für richtig geschriebene Wörter gibt es Punkte. Haben mehrere Spieler in einer Kategorie dieselbe richtige Antwort, erhalten sie 5 Punkte. Hat ein Spieler in einer Kategorie eine richtige Antwort, die kein anderer Spieler hat, erhält er 10 Punkte.

Name		Stadt		Land		Fluss		Straße		Pkte.
Saskia	10	Stuttgart	5	Spanien	5	Spree	5	Stuttgarter Str.	10	35

4. Schreibt aus der Spielanleitung alle Abkürzungen heraus. Ergänzt ihre Vollformen.

5. Spielt *Stadt-Land-Fluss*. Achtet auf die richtige Schreibung der Eigennamen.
   Ihr könnt am Ende jeder Runde zur Überprüfung ein Wörterbuch verwenden.

6. Alinas Urlaubskarte enthält 10 Rechtschreibfehler. Findet die Fehler und erstellt ein Fehlerprofil. Besprecht, welche Strategien Alina einsetzen sollte, um ihre Rechtschreibung zu verbessern.

Liebe Oma,

viele grüße aus Palma de Mallorca. Wir sind nach über 40 Stunden Zug Fahrt gut in Palma angekommen. Seid Diestag genießen wir die Spanische Sonne und fühlen uns wohl. Das Wasser ist 24 Grat warm. In denn Nächsten Tagen wollen wir mit dem Mietwagen den Westlichen Teil der Insel erkunden.

Bis bald!
Alina

Ilse Schmidt

Blumen Straße 2

D-29227 Celle

Alemania

229

Lern- und Arbeitstechniken
Lerninsel: Was du wissen und können musst

Lern- und Arbeitstechniken helfen dir dabei, erfolgreich zu lernen. Auf den folgenden Seiten sowie in den anderen Lerninseln kannst du wichtige Lern- und Arbeitstechniken nachschlagen. Übrigens: Viele dieser Arbeitstechniken helfen dir auch in anderen Unterrichtsfächern.

Ein Feedback geben S. 231

Sprechen und zuhören

→ Bus-Stop-Methode S. 232
→ Handout S. 242
→ Interview vorbereiten und führen S. 232
→ Placemat S. 232

Schreiben

→ Automatisches Schreiben S. 233
→ Eigene Texte überprüfen S. 233
→ Mindmap S. 233
→ Schreibkonferenz S. 233
→ Textlupe S. 233
→ Zitieren S. 233

Lesen und Verstehen

→ Beziehungen zwischen Figuren skizzieren S. 234
→ Szene einfrieren S. 234
→ Erweitertes Standbild bauen und auswerten S. 282
→ Rollenbiografie S. 234
→ Lesestrategien und Lesetechniken S. 235–237
→ Fünf-Gang-Lesemethode S. 234
→ Exzerpieren S. 241
→ Flussdiagramm S. 234
→ Informationen darstellen (Tabelle, Zeitleiste, Diagramm) S. 234
→ Diagramme auswerten S. 238

Ein Feedback geben

Ein Feedback kann der **Verständnissicherung**, zum Beispiel durch Rückfragen, oder der **Bewertung** von Referaten oder Texten dienen. So wird **Zustimmung** oder **Ablehnung** in unterschiedlicher Stärke signalisiert. Die große Kunst dabei ist: Ich sage einem Mitschüler, wie ich etwas sehe, ohne ihn dabei zu verletzen.

Beachte folgende Regeln, um ein erfolgreiches Feedback zu geben:
- Formuliere das Feedback **sachlich**. Die Kritik an der Sache soll nicht als persönliche Kritik aufgefasst werden.
- Formuliere das Feedback **konstruktiv**. Gib Tipps, anstatt nur Kritik zu üben. Damit gibst du deinen Mitschülern die Möglichkeit, aus Fehlern zu lernen.
- Wende die **Sandwich-Methode** an. Du beginnst und beendest dein Feedback mit einem positiven Aspekt.
- Verwende **Ich-Botschaften**. Damit verdeutlichst du, dass es sich um deine persönliche Meinung handelt.
- Nutze eine **Checkliste mit genauen Kriterien** für die Rückmeldung und Beurteilung.
- Unterbreite **konkrete Verbesserungsvorschläge**.

Ein mündliches Feedback geben

- **Zielscheibe:** Malt eine große Zielscheibe auf und teilt sie wie einen Kuchen durch Linien auf. Beschriftet jedes Stück mit einem Aspekt, der bewertet werden soll.
  Die einzelnen Kreise der Zielscheibe beschriftet ihr mit 1 bis 6. Die Mitte bedeutet „voll getroffen", der äußerste Kreis bedeutet „ungenügend getroffen". Gebt nun mittels Klebepunkten ein Feedback ab, indem ihr pro Kuchenstück jeweils einen Punkt auf dem entsprechenden Punkte-Kreis platziert.

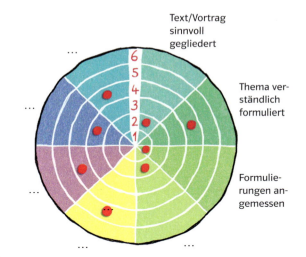

- **Vier Ecken:** Hängt in jeder Ecke des Klassenzimmers Plakate mit verschiedenen Aussagen oder Aspekten zu einem Thema auf. Stellt euch zu dem Plakat, mit dessen Aussagen oder Aspekten ihr euch am besten identifizieren könnt. Diskutiert mit den bei euch stehenden Schülern die Frage: „Warum stehe ich hier?". Anschließend formuliert einer von euch ein Feedback.

Ein schriftliches Feedback geben

- **Fragebogen:** Du beantwortest Fragen zu einem Text schriftlich und anonym. Die Ergebnisse können anschließend diskutiert werden.
- **Kartenabfrage:** Du erhältst eine grüne und eine rote Karte. Notiere auf der grünen Karte Stichworte zu dem Aspekt „Das hat mir gefallen". Notiere auf der roten Karte Punkte zu dem Aspekt „Das wünsche ich mir anders". Die Karten werden anschließend sortiert an die Tafel geheftet und besprochen.

ein Feedback geben

Lern- und Arbeitstechniken · Lerninsel

Sprechen und zuhören

Bus-Stop-Methode

- Arbeitstechnik für einen Wechsel aus Einzelarbeit und Partnerarbeit
- Ihr erhaltet mehrere, aufeinander aufbauende Aufgaben.
- Markiert so viele Punkte, wie es Aufgaben gibt, an verschiedenen Stellen im Klassenraum als „Bus-Stop 1", „Bus-Stop 2" usw.
- Wer die erste Aufgabe in Einzelarbeit beendet hat, geht mit seinen Ergebnissen zu Bus-Stop 1 und vergleicht sie mit einem Partner, der etwa gleich schnell gearbeitet hat und entsprechend dort schon steht oder gleich kommt.
- Korrigiert und ergänzt wechselseitig eure Ergebnisse zu Aufgabe 1.
- Bearbeitet Aufgabe 2 wieder zuerst in Einzelarbeit an euren Plätzen und trefft euch anschließend am Bus-Stop 2 zum Abgleich eurer Ergebnisse mit einem (neuen) Partner, der diesmal etwa im gleichen Tempo gearbeitet hat.
- Verfahrt in diesem Wechsel aus Einzelarbeit und Abgleich auch mit allen weiteren Aufgaben.

Interviews vorbereiten und führen

- Interviews müsst ihr gut vorbereiten. Überlegt euch zuvor:
  - Worüber kann der Interviewte Auskunft geben? Worüber nicht?
  - Was interessiert die Zuhörer oder Leser?
  - Welche Ziele sollen mit dem Interview erreicht werden?
  Notiert Stichpunkte.

- Im Interview könnt ihr verschiedene Fragetechniken einsetzen:
  - **Offene Fragen** bringen den Gesprächspartner dazu, aus seiner Sicht zu antworten. Die Antwort kann Zeit kosten.
    - **Erlebnisfrage:** *Erzählen Sie, wie haben Sie … erlebt?*
    - **Motivationsfrage:** *Sie als erfahrener Trainer, was … ?*
    - **Prognosefrage:** *Angenommen, Sie … ?*
  - **Halbgeschlossene Fragen** führen eher zu präzisen und knappen Antworten.
    - **Bestätigungsfrage:** *Habe ich Sie richtig verstanden, dass … ?*
    - **Konkretisierungsfrage:** *Sehen Sie eher … oder … ?*
    - **Suggestivfrage:** *Ist nicht der Fahrradfahrer an … schuld?*
      (Achtung: Suggestivfragen geben eine Meinung vor.)
  - **Geschlossene Fragen** dürft ihr nur sehr selten einsetzen.
    - **Entscheidungsfrage:** *Sind Sie für das Verbot?*

Placemat

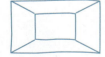

- Arbeitstechnik für Gruppen
- Nehmt ein großes Blatt Papier und teilt es zum Beispiel in vier gleich große Bereiche auf (für eine Vierergruppe). In der Mitte lasst ihr ein Feld frei.
- Jeder schreibt drei Antworten zur gestellten Frage in sein Feld.
- Lest euch die Antworten der anderen durch.
- Diskutiert alle Antworten und notiert das Ergebnis im Zentrum des Placemats.

Schreiben

Automatisches Schreiben

- Ideenfindung für Geschichten und andere Schreibaufgaben
- In einer begrenzten Zeit schreibst du alles so schnell wie möglich auf, was dir gerade durch den Kopf geht.
- Fällt dir nichts Neues ein, schreibst du *llllllll*, bis du einen neuen Gedanken hast.

Eigene Texte überprüfen

- Überprüfe nacheinander Inhalt, Ausdruck, Rechtschreibung und Zeichensetzung.
- Lies deinen Text mit zeitlichem Abstand Korrektur.
- Achte besonders auf deine individuellen Fehlerschwerpunkte.
- Verwende ein Wörterbuch.

Mindmap

So geht's
Mindmap
a7a5r9

- Notiere alle wichtigen Wörter zu einem Thema. Ordne diese dann verschiedenen Bereichen zu und suche weitere Begriffe, die passen.
- Schreibe das Thema in die Mitte. Ziehe davon Äste und beschrifte sie mit Oberbegriffen. Die Äste verzweigen sich dann mit den verschiedenen Unterbegriffen.

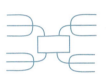

Schreibkonferenz

- Damit könnt ihr in Gruppen selbstgeschriebene Texte besprechen und überarbeiten.
- Nehmt für die Beurteilung Checklisten mit Gesichtspunkten zu Hilfe, zum Beispiel: Inhalt, Aufbau, Ausdruck (Satzanfänge, Satzverknüpfungen, Wortwahl), Rechtschreibung, Zeichensetzung, Grammatik.
- Gebt Tipps für die Überarbeitung und macht Verbesserungsvorschläge.

Textlupe

- Untersuche und verändere deinen Text nacheinander unter einzelnen Gesichtspunkten (z. B. Inhalt, Aufbau, Ausdruck, Grammatik, Rechtschreibung, Zeichensetzung).

Zitieren

- Mit Textzitaten kannst du deine Aussagen belegen und bekräftigen.
- Wörtliche Zitate stehen in Anführungszeichen. Sie werden originalgetreu, d. h. ohne Änderungen übernommen.
- Die Fundstelle wird in Klammern durch genaue Seiten- und Zeilen- bzw. Versangaben nachgewiesen (Abkürzungen: S., Z., V.). Bei Gedichten müssen Versende (/) und Strophenende (//) durch Schrägstriche kenntlich gemacht werden.
- Zitate sollten angemessen (z. B. nicht zu lang) und aussagekräftig sein sowie in den eigenen Text integriert werden.
- Auslassungen müssen durch eckige Klammern kenntlich gemacht werden.
- Grammatische Änderungen müssen in eckige Klammern gesetzt werden.
- Es ist auch möglich, Textpassagen nur sinngemäß wiederzugeben (zu paraphrasieren) und auf die Fundstelle in Klammern zu verweisen.

Lern- und Arbeitstechniken · Lerninsel

Lesen und Verstehen

Beziehungen zwischen Figuren skizzieren

A ⟷ B

- Nutze Pfeile, Linien und andere Zeichen, um Beziehungen zwischen Figuren darzustellen.

Szene einfrieren

- Es wird ein Moment der Szene eingefroren, der besonders viel über die Figuren und ihre Beziehung zueinander aussagt.
- Untersucht, was ihr im eingefrorenen Bild über die Szene erfahrt:
  - Wer steht/sitzt/liegt wo?
  - Welchen Abstand haben die Figuren zueinander?
  - Durch welche Gesten werden die Beziehung der Figuren und die Situation ausgedrückt?
  - Welche Mimik haben die Figuren? Wer sieht wen an?

Rollenbiografie

- Denke dir interessante Fragen an eine Figur aus der jeweiligen Geschichte aus. Die meisten Antworten findest du direkt im Text, manchmal sind aber auch dein Einfühlungsvermögen und deine Fantasie gefragt. Notiere die Antworten in Stichpunkten.
- Schreibe aus deinen Antworten einen Text in der Ich-Form.

Fünf-Gang-Lesemethode

So geht's
Fünf-Gang-Lesemethode
u7e4yv

Die Fünf-Gang-Lesemethode vereint verschiedene Lesetechniken.

Flussdiagramm

- Um eine Kette von Vorgängen und Ereignissen zu veranschaulichen, schreibe sie in der Reihenfolge auf, in der sie ablaufen. Verbinde sie mit Pfeilen.
- Bei gleichzeitigen Ereignissen können sich Flussdiagramme auch verzweigen.

Informationen darstellen (Tabelle, Zeitleiste, Diagramm)

- Eine Zeitleiste sorgt für einen schnellen zeitlichen Überblick über Ereignisse.
- Eine Tabelle ist eine geordnete Zusammenstellung von Daten und Texten. Überlege vor dem Erstellen, wie viele Spalten und Zeilen du benötigst.
- Ein Diagramm ist eine grafische Darstellung von Daten oder Informationen. Du kannst damit Zusammenhänge verdeutlichen. Es gibt zum Beispiel Säulen-, Kurven- und Kreisdiagramme.

Lesestrategien und Lesetechniken
Lerninsel: Was du wissen und können musst

Sachtexte lesen und verstehen – das musst du überall im Leben, zum Beispiel, wenn du dich in einer neuen Situation zurechtfinden musst, beim Lernen oder wenn du im Internet nach Informationen suchst.
Hier bekommst du einen Überblick über verschiedene Lesestrategien und Lesetechniken. Wichtig ist immer, dass du die passende Strategie auswählst. Diese hängt davon ab, welchen Zweck der Text für dich hat und wofür du die Informationen brauchst.
Außerdem wiederholst du, wie du Diagramme auswertest.

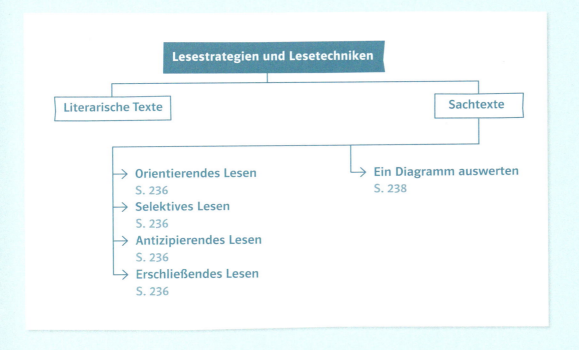

Lesestrategien und Lesetechniken · Lerninsel

Jetzt habe ich für mein Referat so viele Texte. Ich muss sie erst einmal orientierend lesen, um die wirklich geeigneten Texte zu finden.

Orientierendes Lesen

Beim orientierenden oder überfliegenden Lesen willst du dir in kürzester Zeit einen **Überblick über den gesamten Text** verschaffen. Dabei liest du den Text **nicht Wort für Wort**. Vielmehr suchst du nach **Überschriften** sowie nützlich erscheinenden und auffallenden Informationen (zum Beispiel **Name des Autors, Zwischenüberschriften, Hervorhebungen, Abbildungen**). Mithilfe des orientierenden Lesens kannst du entscheiden, ob und wie du dich anschließend näher mit dem Text beschäftigen willst.

🌐
So geht's
Selektives Lesen
r82p49

Selektives Lesen

Selektives Lesen ist eine wichtige Strategie, wenn du **nur nach bestimmten Informationen suchst**. Das heißt, du hast eine ganz bestimmte Frage und suchst Antworten darauf im Text. Denke deshalb beim Lesen immer an deine Frage.

Antizipierendes Lesen

Beim antizipierenden Lesen stellst du mithilfe von Hinweisen aus einem Textabschnitt **Vermutungen** an, worum es im **weiteren Verlauf** gehen könnte. Dazu ist es notwendig, den Text **Abschnitt für Abschnitt** zu lesen.
- Formuliere nach jedem Abschnitt kurz Vermutungen, wie der Text weitergehen könnte.
- Markiere nach der Bearbeitung des gesamten Textes alle Hinweise auf den thematischen und gedanklichen Verlauf im Text.
- Lies deine Vermutungen noch einmal.
- Besprich mit einem Partner, warum ihr bestimmte Hinweise aus dem Text beim ersten Lesen genutzt oder nicht genutzt habt.

Erschließendes Lesen

Beim erschließenden Lesen möchtest du **den gesamten Text lesen und verstehen** und dich mit seinen Einzelheiten auseinandersetzen. Dabei helfen dir verschiedene Lesetechniken:
- unbekannte Wörter klären: ableiten, kontextuieren, nachschlagen
- Fragen an den Text stellen
- Schlüsselwörter markieren
- Überschriften für Textabschnitte formulieren
- Sachverhalte paraphrasieren
- den Sachtext zusammenfassen

🌐
So geht's
Sachtext zusammenfassen
x8i4wf

236   orientierendes, selektives, antizipierendes, erschließendes Lesen

Ein Leben vor der Kamera – Traumberuf Schauspielerin

1 Im Rampenlicht stehen – davon träumen vor allem Mädchen. Dank der vielen Soaps ganz einfach, denkt man. Doch es gibt viel mehr Rollen für Jungen. Und der Beruf ist knallhart: Ein Monat ohne freien Tag ist keine Seltenheit.

5 **2** Die Limousine der Filmfirma holte die Schülerin von der Schule ab. „Das war supercool", sagt Josefine Preuß. „Aber manche haben blöde Bemerkungen gemacht." Mit 14 Jahren fing sie bei der Kinderserie „Schloss Einstein" an, die im Kika zu sehen war. Bekannt geworden ist sie als „Gürkchen" in „Türkisch für Anfänger".

10 **3** Schon als Kind hat die Berlinerin Theater gespielt. Ein Produzent hat sie damals in Potsdam auf der Bühne gesehen und vom Fleck weg für „Schloss Einstein" engagiert. Das hieß: morgens Schule, nachmittags Dreharbeiten. „Ich war eine gute Schülerin, das ging immer super zusammen", sagt die Schauspielerin, die viel jünger aussieht, als sie ist. Die Schulzeugnisse wurden

15 der Produktionsfirma vorgelegt. „Wer stark abgesackt war, musste aufhören."

4 Nach der zehnten Klasse hat sie die Schule verlassen, um sich auf die Schauspielerei zu konzentrieren. „Für mein Alter habe ich schon viele Hotels gesehen", sagt Josefine Preuß. Aus dem Koffer zu leben macht ihr gar

20 nichts aus. Lange Nächte sind während der Dreharbeiten aber nicht drin. „Als Schauspieler muss man früh aufstehen – und viel warten!" Die Berlinerin nimmt deshalb immer ein Buch mit oder Musik. Angebote für Rollen hat sie genug. „Als Schauspieler muss man sich immer bewusst sein, dass es auch Zeiten ohne Job geben kann, in denen man über Monate nichts

25 verdient." Von ihren Gagen hat sie von Anfang an etwas beiseite gelegt.

5 Wie viele Mädchen unbedingt in einem Film oder einer Serie spielen wollen, weiß Hanna Hansen. „Ich habe Schubladen voller Karteikarten", sagt die Casterin. Ihr Beruf ist es, für bestimmte Rollen nach passenden Schauspielern zu suchen. „Wegen der vielen Soaps und Serien denken

30 viele, es sei ganz leicht geworden, irgendwo mitzuspielen – dabei gibt es viel mehr Jungenrollen zu besetzen." Kreuz und quer reist Hanna Hansen durch Deutschland und sucht nach Talenten. „Wer sich als Schauspieler durchsetzt, war meistens vorher am Theater fleißig", sagt sie.

6 Dabei gibt es schon von dem Vorsprechen an Schauspielschulen jede

35 Menge Schauergeschichten. Das sind Einstellungstests. Manche haben Glück. Sophie Köster, die seit einem Jahr an der Otto-Falckenberg-Schule in München lernt, ist gleich beim ersten Anlauf genommen worden. „Die Schauspielausbildung ist viel anstrengender, als man sich das vorstellt", sagt die 19 Jahre alte Oldenburgerin. Körpertraining, Sprechen, Singen,

40 Rollenarbeit – das alles steht in ihrem Stundenplan. Fechten und alte Tänze gehören genauso dazu wie Theatergeschichte und Schauspielaufführungen. Sie ist als Schauspielerin bei einem Regieprojekt dabei und hatte seit einem Monat keinen einzigen Tag mehr frei. Eine Ehre, schließlich gehört sie zum ersten Jahrgang. […]

So geht's

Die gedankliche Struktur des Textes klären:
Informationen der Abschnitte
1. Abschnitt: Einleitung
2., 3., 4. Abschnitt: Vorstellung und Entwicklung von Josefine Preuß, …
5. Abschnitt: Casterin H. Hansen berichtet …
6. Abschnitt: Schauspielausbildung am Beispiel S. Köster

Ziele und Absichten des Textes bestimmen:
Der Text möchte Jugendliche darüber aufklären, dass der Beruf vielseitig und anstrengend ist sowie große Opfer fordert.

Die Zielgruppe bestimmen:
Der Text richtet sich an jugendliche Leserinnen, die sich über ihre berufliche Zukunft Gedanken machen.

Die sprachliche Gestaltung untersuchen:
Der Text ist in Alltagssprache verfasst und enthält leicht verständliche Hauptsätze (parataktischer Stil). Persönliche Beispiele unterstützen die Aussageabsicht des Textes.

Die Kernaussage(n) des Textes zusammenfassen:
Den Traumberuf Schauspielerin können nur wenige Jugendliche verwirklichen.

---

erschließendes Lesen 237

Ein Diagramm auswerten

1. Überblick verschaffen

- Welche Diagrammart wurde gewählt? Woher stammen die Daten?
- Um welches Thema geht es?
- Welche Beschriftungen und Maßeinheiten wurden verwendet?

2. Diagramm beschreiben

- Welche Werte kannst du ablesen? Welche Einzelaussagen kannst du treffen?
- Welche Entwicklungen kannst du ablesen?

3. Diagramm erklären und Schlussfolgerungen ziehen

- Welche Schlussfolgerungen kannst du ableiten?
- Wie sind die Aussagen zu erklären? Welche Fragen lässt das Diagramm offen?
- Wie bewertest du das Diagramm?

Die beliebtesten Branchen bei Schülerinnen und Schülern der Klassen 8 bis 13

Schülerinnen:
- Handel 30,8 %
- Konsumgüter 18,9 %
- Industrie/Automobil/Luftfahrtbranche 16,3 %
- öffentlicher Sektor/Sicherheit/Verteidigung 12,2 %
- Büro/Banken/Versicherungen/Beratung 11,2 %
- Sonstige 10,6 %

Schüler:
- Industrie/Automobil/Luftfahrtbranche 42,4 %
- IT/Software/Elektrotechnik 16,6 %
- öffentlicher Sektor/Sicherheit/Verteidigung 15,3 %
- Sonstige 10,2 %
- Büro/Banken/Versicherungen/Beratung 8,6 %
- Kosumgüter 6,9 %

Quelle: trendence Schülerbarometer 2012

Das Balkendiagramm thematisiert (…). Die Daten stammen aus (…). Die Angaben werden in Prozent dargestellt; es waren keine Mehrfachnennungen möglich.
Zu erkennen ist, dass sich die Traumberufe von Mädchen und Jungen unterscheiden: Während viele Jungen Interesse an technischen Berufen haben, streben Mädchen häufig (…). Auffallend ist aber, dass sich eine ähnliche Anzahl von Mädchen und Jungen vorstellen kann, im (…) zu arbeiten.
Man müsste untersuchen, warum Mädchen und Jungen andere Berufswünsche haben und ob sich das in letzter Zeit verändert hat.
Das Diagramm beantwortet nicht die Frage, welche Branchen sich hinter „Sonstige" verbergen. (…) Ich finde das Diagramm (…).

So geht's

Diagrammart und **Quelle** angeben, **Thema** klären
Einzelaussagen treffen, **Werte** ablesen
Aussagen erklären

Besonderheiten erläutern

Schlussfolgerungen ableiten
offene Fragen angeben,
Bewertung abgeben

Sich und andere informieren
Lerninsel: Was du wissen und können musst

Sicher hast du oft Fragen zu einem bestimmten Thema, das dich interessiert. Oder du möchtest dich auf ein Referat im Unterricht vorbereiten. Dafür musst du wissen, wo und wie du dich informieren und wie du diese Informationen auswerten und weitergeben kannst. Diese Lerninsel hilft dir dabei.

Fragestellungen formulieren S. 240

↓

Informationen sammeln S. 240

↓

Informationen auswerten S. 240–241
→ Ein Exzerpt erstellen S. 241

↓

Informationen weitergeben S. 241–242
→ Ein Referat vorbereiten S. 241
→ Ein Handout erstellen S. 242
→ Einen Stichwortzettel erstellen S. 242
→ Präsentationsfolien gestalten S. 242
→ Ein Referat halten S. 242

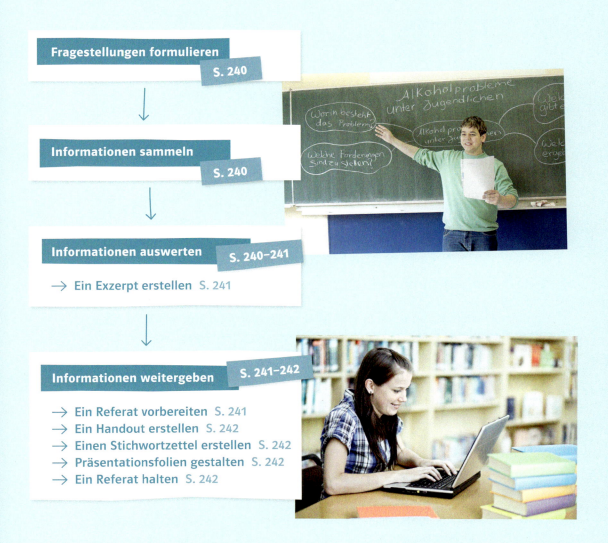

sich und andere informieren

Sich und andere informieren · Lerninsel

Fragestellungen formulieren

Mir muss erst einmal klar werden, was genau ich herausfinden will ...

Grenze als Erstes das Thema deines Referats ein und formuliere genaue Fragestellungen. W-Fragen helfen dir dabei.
Du kannst auch eine Mindmap anfertigen.

🌐 **So geht's**
Fragestellungen formulieren
6dr4um

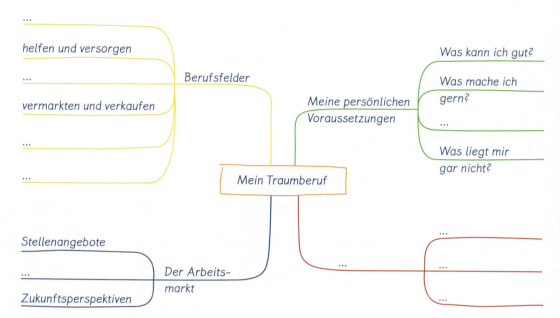

Informationen sammeln

Für deine Recherche kannst du in Bibliotheken gehen oder in Online-Katalogen recherchieren. Hier findest du Informationen zu einem bestimmten Thema in Lexika und Sachbüchern.

Auch im Internet kannst du gezielt nach Informationen suchen.

Notiere zu den gefundenen Informationen immer die Quelle (Autor, Titel, Erscheinungsjahr, Ort, Seitenangabe im Buch beziehungsweise Internetadresse, Datum des Zugriffs).

Informationen auswerten

- Prüfe, ob sich die Materialien eignen. Antworten sie nicht auf deine Fragen, sortierst du sie aus.
- Entscheide dich für Materialien, die verständlich sind.
- Ordne die Materialien nach den verschiedenen Teilfragen.
- Verwende für die Auswertung die Lesestrategien und Lesetechniken auf den Seiten 235 bis 238.

Ein Exzerpt erstellen

Arbeitstechnik S. 19

In einem Exzerpt sammelst du aus einem Buch oder Text wichtige Informationen zu einem bestimmten Untersuchungsaspekt. Beim Lesen musst du deshalb darauf achten, welche Informationen für das Thema wichtig sind.

So geht's

Kostümbildner: Berufsbild, Voraussetzungen, notwendige Interessen, Kenntnisse und Fähigkeiten

— Benenne das **Thema** des Exzerpts.

Merten-Eicher, Riccarda: Kostümbildner in Film, Fernsehen und Theater. Leipzig 2012, S. 19–35; Stadtbücherei Leipzig.

— Notiere, aus welchem **Text** und welcher **Textstelle** du die Informationen gewonnen hast (**Quellenangabe** nicht vergessen).

- *umfassende Allgemeinbildung nötig, um bei der Herstellung eines Films oder einer Theaterinszenierung „mitsprechen" zu können*
- *wichtig = Kenntnis der Kulturgeschichte des betreffenden Landes (Bildung und Erziehung, Hausrat, Gesellschaftsordnung, Literatur, Musik und Kunst)*
- *Tätigkeit von Kostümbildnern erfordert auch Milieu- und Stilkunde: typische sichtbare Merkmale einer gesellschaftlichen Gruppe → Angehörige einer Gesellschaftsklasse (z. B. Arbeiter, Adlige) tragen häufig typische Kopfbedeckungen und Kleider, an denen man sie erkennen kann;*

— Gib eine knappe **Zusammenfassung des Textes**.

- *„Träger von zivilen oder militärischen Uniformen ordnen sich auch heute noch einem klar definierten Gruppenstil unter." (S. 21)*

— Zitiere **besonders treffende Textstellen**.

- *zeichnerisches Talent nötig, um Vorstellungen zu Kostüm zu skizzieren*
- *ganz wichtig = musische Begabung: Fähigkeit, Formen, Farben, Bewegungen und Klänge wahrzunehmen; kann man nicht lernen*
- *organisatorisches Talent = Voraussetzung! (...)*
- *Vorbereitung: Praktikum im Theater am Schulort machen!*

— Verfasse eigene **Anmerkungen und Kommentare** zum Gelesenen.

Informationen weitergeben

Ein Referat vorbereiten

- Ordne die Informationen. Du brauchst für deine Zuhörer eine **nachvollziehbare Reihenfolge** (einen roten Faden).
- Gliedere dein Referat immer in Einleitung, Hauptteil und Schluss.
  - Suche für die **Einleitung** einen interessanten Einstieg, der das Interesse deiner Zuhörer weckt. Nenne das Thema deines Referats und stelle deine Gliederung vor.
  - Im **Hauptteil** trägst du geordnet die Informationen vor. Gliedere nach wichtigen Gesichtspunkten des Themas bzw. nach deinen Teilfragen. Achte auch auf Überleitungen zwischen den einzelnen Teilen.
  - Der **Schluss** enthält eine Zusammenfassung, einen Ausblick oder deine eigene Meinung.
- Überlege, wie du das Referat **interessant gestalten** kannst. Verwende zum Beispiel Bilder, Musik, Filmausschnitte oder ein Tafelbild.

So geht's
Interessanter Einstieg
49v857

Informationen auswerten und weitergeben · 241

Ein Handout erstellen

Als Handout bezeichnet man einen Handzettel mit den wichtigsten Informationen.
Es wird bei Referaten an die Teilnehmer ausgegeben.
- Du kannst ein Handout **begleitend** zu deinem Referat einsetzen.
  Die Reihenfolge des Inhalts muss der Gliederung des Referats folgen.
  Vorteil: Die Zuhörer können sich Notizen machen. Das kann das Verstehen erleichtern.
- Du kannst ein Handout **nachträglich** zu deinem Referat austeilen.
  Die Reihenfolge des Inhalts kann etwas von der Gliederung des Referats abweichen;
  Informationen können zusammengefasst werden.
  Vorteil: Die Zuhörer konzentrieren sich mehr auf den Referenten und die
  Visualisierungen während des Referats. Kündige aber am Anfang deines Referats
  das Handout an.

Achte auf eine **übersichtliche** und **einheitliche Gestaltung**:
- Verwende eine gut lesbare Schrift.
- Gliedere durch Absätze und Teilüberschriften.
- Überfrachte das Handout nicht (nicht zu viele Schriftgrößen,
  Markierungen, Farben, Symbole verwenden).
- Achte darauf, dass auch nach dem Kopieren dein Handout gut lesbar ist
  (helle Farben sind zum Beispiel schlecht erkennbar).

Einen Stichwortzettel erstellen

So geht's
Stichwort-
zettel
re59nb

Der Stichwortzettel dient dir beim Vortragen als **Wegweiser** und **Gedächtnisstütze**.
- Gestalte den Stichwortzettel übersichtlich und gut lesbar.
- Du kannst Karteikarten verwenden, die du nummerierst.
- Notiere Regieanweisungen für dich in einer anderen Farbe.
- Hebe Zusammenhänge und Gelenkstellen mit Unterstreichungen
  oder Markierungen hervor.

Präsentationsfolien gestalten

So geht's
Präsentations-
folien
8kz6fq

Präsentationsfolien fassen wichtige Informationen in übersichtlicher und gut lesbarer Form
zusammen. Sie helfen deinen Zuhörern auch, dem Referat besser zu folgen.
Bekannte Computerprogramme zur Erstellung von Präsentationsfolien sind **PowerPoint**
oder **Prezi**. Du solltest diese Programme überlegt einsetzen und vor dem Referat
ihren Einsatz gründlich üben.

Ein Referat halten

- **Übe** dein Referat zunächst **zu Hause**. Das gibt dir im „Ernstfall" Sicherheit.
- **Sprich** beim Referat **frei**. Ein guter **Stichwortzettel** hilft dir dabei.
  So kannst du auch Blickkontakt zu deinen Zuhörern halten.
- **Sprich laut** und **deutlich**, sodass dich jeder im Raum gut verstehen kann.
- Geh am Ende auf **Rückfragen** und **Diskussionsbeiträge** ein.

Schreiben
Lerninsel: Was du wissen und können musst

Schreiben dient vor allem dazu, anderen etwas mitzuteilen. Es kann dir aber auch dabei helfen, schwierige Texte und Themen besser zu verstehen.

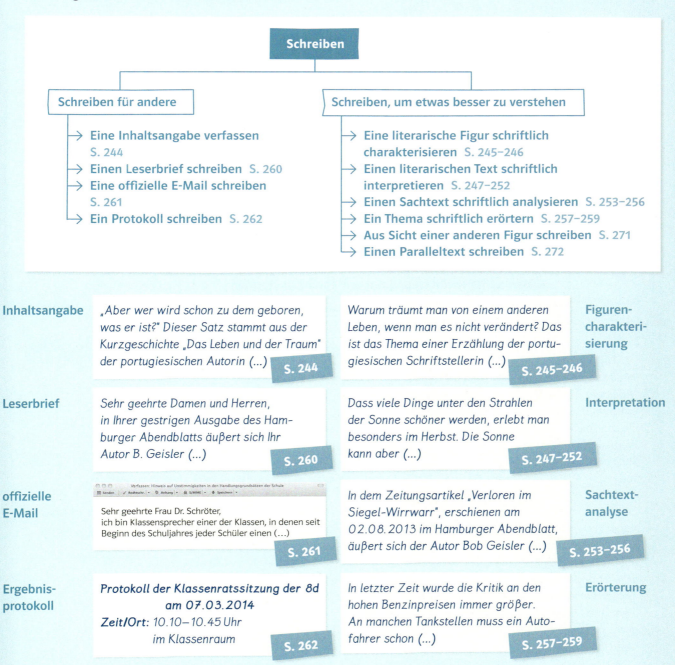

Schreiben · Lerninsel

Eine Inhaltsangabe zu einem literarischen Text verfassen

Beim Überarbeiten kann ich ersetzen, ergänzen, umformulieren oder streichen.

Eine Inhaltsangabe überarbeiten

Checkliste

Überarbeite deinen Text in drei **Kontrollschritten**:

1. Den Inhalt überprüfen
✓ Habe ich einen **Einleitungssatz** geschrieben, der Interesse weckt und Folgendes enthält: **T**extsorte, **A**utor, **T**itel, **T**hema/Kernaussage (**TATT**)?
✓ Habe ich im **Hauptteil** wichtige Schritte der **äußeren** und **inneren Handlung** in der **richtigen Reihenfolge** wiedergegeben?
✓ Habe ich Zusammenhänge mithilfe von **Scharnierwörtern** verdeutlicht?
✓ Habe ich am **Schluss** dargestellt, wie der Text auf mich wirkt?

2. Den Ausdruck überprüfen
✓ Habe ich den Inhalt der **wörtlichen Rede** mit eigenen Worten zusammengefasst oder ihn als **indirekte Rede** wiedergegeben?
✓ Habe ich **sachlich**, **verständlich** und **knapp** geschrieben, ohne Wichtiges zu vergessen?
✓ Habe ich die Sätze sinnvoll verknüpft und die grammatischen Formen richtig verwendet?
✓ Habe ich im **Präsens** geschrieben?

3. Die Rechtschreibung und Zeichensetzung überprüfen

🌐 **So geht's**
Inhaltsangabe vorbereiten, schreiben
79yp5s

🌐 **So geht's**
Äußerungen anderer wiedergeben
37gh45

So geht's

Inhaltsangabe zu „Das Leben und der Traum" von Maria Judite de Carvalho

„Aber wer wird schon zu dem geboren, was er ist?" Dieser Satz stammt aus der Kurzgeschichte „Das Leben und der Traum" der Autorin Maria Judite de Carvalho und verweist auf die zentrale Frage des Textes: Kann man sein Glück selbst in die Hand nehmen?
Die Hauptfigur der Geschichte ist Adérito, der seit seinem dreizehnten Lebensjahr in einer
5 Bank arbeitet und sich nach fernen Ländern in seiner Freizeit sehnt. Er erhält durch seinen Vater eine Anstellung in einer Bank wo er eifrig darauf bedacht ist, „seine Pflicht zu erfüllen" (Z. 10). Nach der Arbeit empfindet er „fast Wollust" (Z. 17 f.) beim Betrachten eines alten Atlas. Adérito arbeitet sich in der Bank hoch, ohne besonders ehrgeizig zu sein, und heiratet. In seiner Freizeit aber geht er heimlich zum Hafen, und wenn er jemand abreisen ~~sah, spürte~~ er
10 einen großen Schmerz „um sich selber, der hierbleiben musste". Sein Direktor bietet ihm an, Leiter einer Bankfiliale zu werden, was einen großen Karrieresprung für ihn bedeuten würde. Er lehnt dieses Angebot aber ab, da er glaubt, dass er zu den Menschen gehört, die gleichzeitig träumen und leben würden, ohne diese Träume auch leben zu können. Am Ende (…)
Beim Lesen habe ich zunächst Mitleid gehabt mit Adérito, weil er nicht so leben kann, wie er
15 gerne möchte. Am Ende wird er aber für mich zu einer komischen Figur. (…)

Bank wo

√ wichtige Informationen ergänzen

sieht, spürt …

244   eine Inhaltsangabe verfassen

Eine literarische Figur schriftlich charakterisieren

Eine Figurencharakterisierung vorbereiten und planen

1. **Direkte** und **indirekte** Charakterisierungen markieren und auswerten

2. **Figurenmerkmale sinnvoll ordnen**
   - Aussehen (Kleidung, Haltung, Mimik, Gestik)
   - soziale Rolle, Lebenswelt, Beziehung zu anderen Figuren
   - Bedeutung für die Handlung (z. B. Haupt- oder Nebenfigur)
   - Verhalten (Gewohnheiten, Vorlieben); Sprache (Ausdrucksweise)
   - innere Haltung (Gefühle, Einstellungen, Wertvorstellungen, Interessen)

3. **Gesamtbild entwickeln und überprüfen**
   - Welche Aussagen über die Charaktereigenschaften (z. B. *ängstlich, mutig, unbedacht*) kannst du aus den Figurenmerkmalen ableiten?
   - Welcher Zusammenhang besteht zwischen den Charaktereigenschaften und den Situationen (z. B. Mangel oder Verlust; drohender Mangel oder Verlust), in denen sich die Figur befindet?

4. **Schreibplan erstellen**
   - Stichpunkte zu Einleitung und Hauptteil notieren
   - Reihenfolge der Aspekte festlegen (z. B. *Bedeutung im Text, soziale Position, Aussehen, Verhalten*)
   - Gesamtaussage über die Figur für den Schluss festhalten
   - Schreibplan auf fehlende Informationen oder Begründungen überprüfen

So geht's
Den Charakter einer Figur erschließen
g2s3xx

Im Erzählerkommentar in Z. 2 f. wird die Situation des Jungen direkt benannt: Fremdbestimmung!

So geht's

Maria Judite de Carvalho: Das Leben und der Traum (Ausschnitt)

Er hätte Handelsreisender, Lokomotivführer oder Matrose werden können. Dennoch war er nichts von alldem, denn wir gestalten uns nicht selbst, sondern werden durch die äußeren Umstände geformt. Seinem Vater war es [...] gelungen, ihn schon im dreizehnten Le-
5 bensjahr in einem bedeutenden Bankhaus unterzubringen, wo man ihm eine graue Uniform und eine zukunftsreiche Stelle gegeben hatte. „Kleiner, was ist mit diesem Scheck?" – „Kleiner, bring diesen Wechsel zu Senhor Silva" – „Nun, Kleiner? – „Klei-ner!" Er mühte sich ab, war sehr eifrig, sehr ernst, begierig darauf bedacht,
10 seine Pflicht zu erfüllen, und verstand noch nicht, dass seine Geschicklichkeit und sein Eifer ihn langsam ganz in dieses Räderwerk verstrickten, aus dem er sich niemals mehr würde befreien können. Abends, zu Hause, verschlang er die Bücher von Emílio Salgari, [...]. Oder er blätterte in einem alten Atlas [...]. Aber was konn-
15 ten die Grenzlinien schon für Adérito bedeuten? Ihm genügten die weiten blauen Flächen, die Städte mit den exotischen Namen, die er laut (und falsch) las, um sich zu hören, wobei er fast Wollust empfand. [...]

Beziehung zu anderen Figuren:
- „Seinem Vater war es gelungen ..." (Z. 4) → wird vom Vater bestimmt
- „Kleiner ..." (Z. 7 f.) → Mitarbeiter behandeln ihn wie ein Kind.

Verhalten:
- „Er mühte sich ab, ..." (Z. 8 f.) → verhält sich angepasst
- „verschlang ..." (Z. 13) → Leidenschaft für Abenteuer, Reisen

innere Haltung:
- „Wollust" beim Betrachten von Landkarten (Z. 17) → Sehnsucht nach fernen Ländern, Freiheit

Erzählerkommentar:
Junge wird „durch die äußeren Umstände geformt" (Z. 3), sehnt sich nach Freiheit

eine Figurencharakterisierung vorbereiten und planen

245

Schreiben · Lerninsel

Eine Figurencharakterisierung schreiben und überarbeiten

1. Die Einleitung schreiben
- Stelle die **Figur** und ihre **Rolle im Gesamttext** vor.
- Nenne alle wichtigen Informationen zum Text
  (**TATT**: **T**extsorte, **A**utor, **T**itel, **T**hema/Kernaussage).
- Verfasse die Einleitung so, dass sie **Interesse weckt** (z. B. *durch ein Zitat*).

2. Den Hauptteil schreiben
- Orientiere dich im Aufbau an deinem **Schreibplan**.
- Beschreibe die Figur unter allen **wichtigen Aspekten** (z. B. *Aussehen, Verhalten, innere Haltung, Beziehungen zu anderen Figuren*).
- Beachte die **Situation** oder den **Konflikt**, in dem sich die Figur befindet.
- Charakterisiere die Figur mit **wesentlichen Eigenschaften**.
- Beachte die Merkmale des Beschreibens (z. B. **sachlich, präzis, Präsens**).
- Schreibe so, dass die Aussagen über den Charakter der Figur **nachvollziehbar** sind (Textbelege, Begründungen, Erläuterungen).

3. Den Schluss schreiben
- Stelle dar, wie die Figur auf dich **wirkt**.
- Stütze dein Gesamtbild der Figur durch wichtige Ergebnisse des Hauptteils.

Beim Überarbeiten muss ich Inhalt, Ausdruck sowie Rechtschreibung und Zeichensetzung überprüfen.

So geht's

Figurencharakterisierung von Adérito aus der Erzählung „Das Leben und der Traum"

Warum träumt man von einem anderen Leben, wenn man es nicht verändert? Das ist das Thema einer Erzählung der portugiesischen Schriftstellerin Maria Judite de Carvalho, das bereits im Titel „Das Leben und der Traum" zum Ausdruck kommt. Die Hauptfigur ist Adérito, der seit sei-
5 nem 13. Lebensjahr in einem „bedeutenden Bankhaus" (Z. 5) arbeiten muss. Auch wenn er diese Arbeit voller Eifer ausfüllt, ahnt man, dass er ~~ein ganz anderes Leben leben will~~.
          von einem ganz anderen Leben träumt.
Gleich in den erste Zeilen werden Berufe genannt, die alle eines gemeinsam haben: Reisen. Wie gerne Adérito „Handelsreisender, Lokomotivführer oder Matrose" (Z. 1) geworden wäre, wird deutlich, als die „Wollust" (Z. 17) beschrieben wird, mit der er sich in seiner Freizeit die Namen fremder Städte laut vorliest. Ähnlich leidenschaftlich liest er „Bücher von Emílio Salgari" (Z. 13),
10 der √... ←

√ Ergänzung: Hier muss ich noch recherchieren, ob Salgari Reiseromane oder Ähnliches geschrieben hat.

Dem gegenüber steht sein angepasstes Verhalten in der Bank. Hier zeigt er sich bei der Arbeit ebenfalls „begierig" (Z. 9), aber sein „Eifer" (Z. 11) zielt nur darauf, „seine Pflicht zu erfül-len" (Z. 10). Wenn es in den Zeilen 10 ff. heißt, „dass seine Geschicklichkeit und sein Eifer ihn langsam ganz in dieses Räderwerk verstrickten, aus dem er sich niemals mehr würde befreien
15 können", dann wird deutlich, ~~das~~ Adérito alles andere als frei ist. (...).
          dass
Insgesamt wirkt Adérito auf mich wie jemand, der die meiste Zeit des Tages das macht, was er machen muss, und nur in seiner Freizeit so sein kann, wie er wirklich ist. Mich erschreckt, dass Adérito dabei nicht unglücklich wirkt. Er scheint es akzeptiert zu haben, „durch die äußeren Umstände geformt" (Z. 3) zu werden.

√ Ergänzung: Ich muss im Haupt-teil noch den Ausdruck „um sich zu hören" (Z. 17) erläutern, sonst wird diese Aussage nicht deutlich!

eine Figurencharakterisierung schreiben und überarbeiten

Einen literarischen Text schriftlich interpretieren

Einen erzählenden Text schriftlich interpretieren

Eine Interpretation vorbereiten

- Verschaffe dir einen **ersten Eindruck** von dem Text (Thema? Inhalt? Auffälligkeiten?).
- Fasse wichtige Schritte der **äußeren** und **inneren Handlung** zusammen.
- Stelle eine **Deutungshypothese** auf.
- Untersuche den **Zusammenhang** zwischen **Inhalt**, **Form** und **Sprache** genauer (Inhalt: Handlung, Figuren/Figurenkonstellation, Ort und Zeit; Form: Textsorte, Erzählweise).
- **Gliedere** deine Untersuchungs- und Deutungsergebnisse (**Schreibplan**), indem du sie in Bezug zu deiner Deutungshypothese setzt. **Überarbeite** ggf. deine **Deutungshypothese**.
- Halte deine **Gedanken** zu **Einleitung** und **Schlussteil** stichpunktartig fest.

> Lerninsel:
> Erzählende Texte (Handlung, Konflikt, Textsorte, Erzählweise)
> S. 266–270

> Respekt, wenn man in solchen Situationen nicht wegläuft!

So geht's

Julia Franck: Streuselschnecke (Ausschnitt)

Der Anruf kam, als ich vierzehn war. Ich wohnte seit einem Jahr nicht mehr bei meiner Mutter und meinen Schwestern, sondern bei Freunden in Berlin. Eine fremde Stimme meldete sich, der Mann nannte seinen Namen, sagte mir, er lebe in Berlin, und fragte, ob ich ihn kennen lernen wolle. Ich zögerte, ich war mir
5 nicht sicher. Zwar hatte ich schon viel über solche Treffen gehört und mir oft vorgestellt, wie so etwas wäre, aber als es so weit war, empfand ich eher Unbehagen. Wir verabredeten uns. Er trug Jeans, Jacke und Hose. Ich hatte mich geschminkt. Er führte mich ins Café Richter am Hindemithplatz und wir gingen ins Kino [...]. Unsympathisch war er nicht, eher schüchtern. [...] Ich fragte mich, ob er mir Geld
10 geben würde, wenn wir uns treffen, aber er gab mir keins und ich traute mich nicht, danach zu fragen. Schlimm war das nicht [...]. Außerdem konnte ich für mich selbst sorgen, ich ging zur Schule und putzen und arbeitete als Kindermädchen. Bald würde ich alt genug sein, um als Kellnerin zu arbeiten, und vielleicht würde ja auch noch eines Tages etwas Richtiges aus mir.
15 Zwei Jahre später, der Mann und ich waren uns noch immer etwas fremd, sagte er mir, er sei krank. Er starb ein Jahr lang, ich besuchte ihn im Krankenhaus und fragte, was er sich wünsche. Er sagte mir, er habe Angst vor dem Tod und wolle es so schnell wie möglich hinter sich bringen. Er fragte mich, ob ich ihm Morphium besorgen könne. [...]
20 Manchmal brachte ich ihm Blumen. Er fragte nach dem Morphium und ich fragte ihn, ob er sich Kuchen wünsche, schließlich wusste ich, wie gerne er Torten aß. Er sagte, die einfachen Dinge seien ihm jetzt die liebsten – er wolle nur Streuselschnecken, nichts sonst. Ich ging nach Hause und buk Streuselschnecken, zwei Bleche voll. Sie waren noch warm, als ich sie ins Krankenhaus brachte. Er sagte,
25 er hätte gerne mit mir gelebt, es zumindest gern versucht, er habe immer gedacht, dafür sei noch Zeit, eines Tages – aber jetzt sei es zu spät. Kurz nach meinem siebzehnten Geburtstag war er tot. Meine kleine Schwester kam nach Berlin, wir gingen gemeinsam zur Beerdigung. Meine Mutter kam nicht. Ich nehme an, sie war mit anderem beschäftigt, außerdem hatte sie meinen Vater zu wenig gekannt
30 und nicht geliebt.

Thema:
Beziehung zwischen Tochter und ihrem fremden Vater

junge Frau/Tochter:
– wirkt selbstständig
– handelt überlegt
– ist mitfühlend

Mann/Vater:
– schüchtern
– Angst vor Tod
– fordert viel von seiner Tochter

Figurenkonstellation:
Vater-Tochter-Beziehung ↔ Liebesbeziehung?

personaler Ich-Erzähler

Kurzgeschichte:
– überraschende Wendung
– offenes Ende

Interpretation eines erzählenden Textes vorbereiten

Schreiben · Lerninsel

Eine Interpretation schreiben

In einer schriftlichen Interpretation beschreibst du den erzählenden Text unter ausgewählten Aspekten und stellst nachvollziehbar dar, wie du den Text deutest.

Die Einleitung schreiben
In der Einleitung informierst du den Leser und weckst bei ihm Interesse.
- Wähle einen möglichst **interessanten Einstieg**.
- Nenne **T**extsorte, **A**utor, **T**itel, **T**hema/Gegenstand (**TATT**) und ggf. Erscheinungsjahr.
- Führe zu deiner **Deutungshypothese** hin.

So geht's

„Respekt, wenn jemand mit 14 Jahren in einer solchen Situation nicht wegläuft!" Dies war mein erster Eindruck nach dem Lesen der Kurzgeschichte „Streuselschnecke". Darin erzählt die Autorin Julia Franck, wie ein 14 Jahre altes Mädchen seinen bis dahin fremden Vater (...)

Den Hauptteil schreiben
Im Hauptteil legst du deine Deutungshypothese dar und begründest sie mit den Ergebnissen deiner Untersuchung des Textes. Du kannst dich dabei am zentralen Konflikt, an der Charakterisierung der Figuren, an vorgegebenen oder selbst gewählten Gesichtspunkten orientieren.
- Informiere kurz über den **Inhalt**.
- Beschreibe **wesentliche inhaltliche** und **gestalterische Merkmale** und begründe damit deine Deutungshypothese.
- Stütze deine Aussagen mit nachvollziehbaren Argumenten und **Textbelegen**.

So geht's

(...) Die Autorin macht den Leser neugierig, weil sie nur von einem Mann spricht und erst im letzten Satz gesagt wird, dass es der Vater der Ich-Erzählerin ist. Erst beim genauen Lesen entdeckt man einige Hinweise, dass es sich um ihren Vater handeln könnte: Er „nannte seinen Namen" (Z. 3), fragt, ob sie ihn „kennen lernen" will (Z. 4), sie überlegt sich, ihn um Geld zu bitten (Z. 4f.).
Mit wenigen Strichen zeichnet die Autorin die Entwicklung einer Vater-Tochter-Beziehung, die durch den Tod jäh abgebrochen wird. Der Mann hat keine Zeit mehr für ein Leben mit seiner Tochter (Z. 25f.). (...)

Den Schluss schreiben
- Fasse **wesentliche Ergebnisse** deiner Deutung zusammen.
- Bewerte den **Bedeutungsgehalt** (z. B. *für das eigene Leseinteresse*).
- Bewerte den erzählenden Text (z. B. *Erzählweise, Leseerlebnis*).

So geht's

Die Tochter in dieser Geschichte hat mich sehr beeindruckt, weil sie trotz ihres jungen Alters so selbstständig und überlegt handelt. Außerdem ist mir durch diese Geschichte (...)

Eine Interpretation überarbeiten

Checkliste

Überarbeite deinen Text in drei **Kontrollschritten**:

1. Inhalt überprüfen
- ✔ Bezieht sich meine Deutung auf das Thema/den Problemgehalt des ganzen Textes oder nur auf einen Teilaspekt?
- ✔ Habe ich meine Deutung mit nachvollziehbaren Textstellen belegt und entsprechend erläutert?
- ✔ Habe ich die wesentlichen inhaltlichen und gestalterischen Auffälligkeiten (z. B. *zentraler Konflikt, Charaktermerkmale der Figuren, Figurenkonstellation, Textsorte, Erzählweise*) berücksichtigt?
- ✔ Endet meine Interpretation in klar formulierten Aussagen zum Bedeutungsgehalt?

2. Ausdruck überprüfen
- ✔ Ist ein roter Faden erkennbar (Überleitungen und Schlussfolgerungen)?
- ✔ Habe ich unnötige Wiederholungen vermieden?
- ✔ Habe ich Fachbegriffe richtig verwendet?
- ✔ Habe ich die Sätze mithilfe von Scharnierwörtern sinnvoll verknüpft?

3. Rechtschreibung und Zeichensetzung überprüfen

Beim Überarbeiten kann ich ersetzen, ergänzen, umformulieren oder streichen.

So geht's
Äußerungen anderer wiedergeben
37gh45

So geht's

„Respekt, wenn jemand mit 14 Jahren in einer solchen Situation nicht wegläuft!" Dies war mein erster Eindruck nach dem Lesen der Kurzgeschichte „Streuselschnecke". Darin erzählt die Autorin Julia Franck, wie ein 14 Jahre altes Mädchen seinen bis dahin fremden Vater kennenlernt und ihm im Sterben beisteht. Macht es das aus Liebe?

5 Diese Frage drängt sich auf, weil beim ersten lesen der Eindruck entsteht, als würde von einer Art Liebesbeziehung zwischen einem Mädchen und einem älteren Mann erzählt. Erst im letzten Satz wird ~~aber~~ deutlich, dass der Mann, mit dem sich das Mädchen trifft, ~~ihr~~ bis dahin unbekannter Vater ist. Dadurch erweist sich diese Geschichte als eine typische Kurzgeschichte, die man zwar vom Anfang an liest, aber erst vom Ende her versteht.

10 Der zentrale Konflikt, in dem sich das Mädchen befindet, ergibt sich, als der Vater schon nach kurzer Zeit sehr krank wird und ihn die Tochter ein Jahr lang während seines Sterbens begleitet, obwohl sie sich „noch immer etwas fremd" (Z. 15) sind. In dieser Zeit bittet der Kranke wiederholt das Mädchen, ihm Morphium zu besorgen. Hier wirkt die Tochter wie eine überlegt vorgehende Erwachsene (vgl. Z. 20), die erkennen muss, dass sie ihm diesen Wunsch nicht erfüllen

15 kann. Stattdessen sucht sie nach anderen Möglichkeiten, ihm eine Freude zu ~~machen und~~ erfüllt ihm seinen Wunsch nach „einfachen Dingen" (Z. 22) und backt ihm Streuselschnecken. Dabei zeigt sie sich fürsorglich und darum bemüht, ihm in seinem Leiden beizustehen. Auch am Ende der Geschichte ~~erweist~~ sie sich als jemand, der vor schwierigen Situationen nicht wegläuft. Sie geht zur Beerdigung ihres Vaters, dem sie bis zum Tod beigestanden hat.

20 Die Tochter in dieser Geschichte hat mich sehr beeindruckt, weil sie ~~trotz ihrem jungen Alter~~ so selbstständig und überlegt handelt. Außerdem ist mir durch diese Geschichte klar geworden, dass es bei der Liebe darauf ankommt, für den anderen da zu sein, besonders in schwierigen Situationen.

Randnotizen:
- beim ersten Lesen
- das Mädchen → sein
- Erzählweise näher ausführen
- zentralen Konflikt näher ausführen
- … machen: Sie …
- erweisen → erweist
- trotz ihres jungen Alters …

Interpretation eines erzählenden Textes überarbeiten 249

Schreiben · Lerninsel

**Lerninsel:
Gedichte
(sprachliche
Bilder, Aufbau,
klangliche
Mittel, Zu-
sammenhang
Inhalt, Form,
Sprache)
S. 273–277**

*Rose Ausländer hat
von 1901 bis 1988
gelebt und wurde
während der Nazizeit
als Jüdin verfolgt.*

Ein Gedicht schriftlich interpretieren

Eine Interpretation vorbereiten

- Verschaffe dir einen **ersten Eindruck** von dem Gedicht.
- Kläre das **Thema** und zentrale Vorgänge, Bilder oder Gedanken des Gedichts.
- Stelle eine **Deutungshypothese** auf.
- Untersuche den **Zusammenhang** zwischen **Inhalt**, **Form** und **Sprache** genauer (Inhalt: Sprecher, Sprechsituation, Grundstimmung; Form: Aufbau, Reim; Sprache: sprachliche Bilder, Klangfiguren, Satzbau). Notiere Stichpunkte.
- **Gliedere** deine Untersuchungs- und Deutungsergebnisse (**Schreibplan**), indem du sie in Bezug zu deiner Deutungshypothese setzt. **Überarbeite** ggf. deine **Deutungshypothese**. Du kannst auch zusätzliche Informationen (z. B. historische oder biografische) einbeziehen.
- Halte deine **Gedanken** zu **Einleitung** und **Schlussteil** stichpunktartig fest (z. B. *Was macht das Gedicht für dich interessant? Wie bewertest du die Gestaltung oder den Bedeutungsgehalt?*).

So geht's

Rose Ausländer: Herbstlicher Ausschnitt

```
    /       /       /       /
Eine schräge Strahlengarbe              a  ⎫ dunkel/düster
schoss vom Himmel wie ein Pfeil,        b  ⎬ vs golden/
zeichnete mit goldner Farbe             a  ⎪   silberklar
auf die Erde neues Heil,                b  ⎭
5  sprang im Jubel auf die Dächer,      c  ⎫ Präteritum
dass sie wogten wie ein See,            d  ⎬
schwang liebkosend einen Fächer         c  ⎪ Verben der
über Dunkelheit und Weh.                d  ⎭   schnellen
    /       /       /       /                  Bewegung
Sieh,/der Himmel scheint gespalten:     e  ⎫
10 Dort ein düstrer Wolkenstrom ←       f  ⎬
geisterhafter Nachtgestalten;           e  ⎪
hier:/ein stolzer Sonnendom. – //       f  ⎭ Präsens
Fluss und Fenster widerblitzen,         g  ⎫ „langsame"
Gassen wiegen sich im Tanz,             h  ⎬   Verben
15 und es lächeln selbst die Pfützen   (g)
silberklar im jähen Glanz.              h  ⎫ augen-
                                            blicklich/
Garbe: Bündel                               unvorhergesehen
```

Thema/Gegenstand:
„Ausschnitt" einer herbstlichen Landschaft während eines plötzlichen Sonneneinfalls

Grundstimmung:
anfangs unruhig, ab V. 7 ruhiger; Freude über das Durchbrechen von Sonnenstrahlen, die über „Dunkelheit und Weh" (V. 8) hinwegtrösten

Klang:
gleichmäßig bewegter Rhythmus (Trochäus), in V. 12: Pause →
Man kann Blick genießen.
Alliterationen

Sprachbilder:
V. 2: „Pfeil" (Vergleich) → gerade, schnell
V. 3 u. a. Personifikationen → lebendiges Licht
V. 12: „Sonnendom" (Metapher) → große Kirche

Aufbau:
- Blickwechsel von oben nach unten (2. Strophe: Blick von unten in den Himmel)
- Tempuswechsel
- Gegensatz „Dunkelheit und Weh" (V. 8) ↔ „Glanz" (V. 16)

Deutungshypothese:
Die Sonne bringt im Herbst Helligkeit in dunkle Zeiten.

250   Interpretation eines Gedichts vorbereiten

Eine Interpretation schreiben

In einer schriftlichen Interpretation beschreibst du das Gedicht unter ausgewählten Aspekten und stellst nachvollziehbar dar, wie du das Gedicht deutest.

Die Einleitung schreiben

In der Einleitung informierst du den Leser und weckst bei ihm Interesse.

- Wähle einen möglichst interessanten Einstieg.
- Nenne Textsorte, Autor, Titel, Thema/Gegenstand (TATT) und ggf. Erscheinungsjahr.
- Führe zu deiner Deutungshypothese hin.

So geht's

Dass viele Dinge unter den Strahlen der Sonne schöner werden, erlebt man besonders im Herbst. Die Sonne kann aber auch auf das Gemüt der Menschen wirken und Stimmungen aufhellen, wie in dem Gedicht „Herbstlicher Ausschnitt" von Rose Ausländer deutlich wird, die als Jüdin in ihrem Leben viel „Dunkelheit und Weh" (V. 8) erleben musste.

Den Hauptteil schreiben

Im Hauptteil legst du deine Deutungshypothese dar und begründest sie durch die Ergebnisse deiner Untersuchung des Textes. Du kannst dich dabei an der Abfolge der Verse, an zentralen Motiven, an vorgegebenen oder selbst gewählten Gesichtspunkten orientieren.

- Informiere kurz über das Thema, die dargestellte Situation, zentrale Vorgänge, Bilder oder Gedanken des Gedichts.
- Beschreibe wesentliche inhaltliche und gestalterische Merkmale und begründe damit deine Deutungshypothese.
- Stütze deine Aussagen durch nachvollziehbare Argumente und Textbelege.

So geht's

In der zweiten Strophe wird der Leser vom lyrischen Ich aufgefordert, sich diesen Moment von unten anzuschauen (V. 9). Der Wechsel vom Präteritum (1. Strophe) ins Präsens (2. Strophe) lässt den Leser diese Stimmung miterleben, in der helle und freundliche Bilder (V. 14–16) eingebettet sind in eine unheimliche Dunkelheit (V. 11: „geisterhafte Nachtgestalten"). (...)

Den Schluss schreiben

- Fasse wesentliche Ergebnisse deiner Deutung zusammen.
- Bewerte den Bedeutungsgehalt (z. B. *für das eigene Leseinteresse*).
- Bewerte das Gedicht (z. B. *Leseerlebnis, persönliche Bedeutung*).

So geht's

Rose Ausländer stellt in ausdrucksstarken Bildern dar, wie ein einzelner Moment der herbstlichen Natur die Stimmung des Betrachters verändern kann. Ich bewundere eine Autorin, die nach schrecklichen Erlebnissen der Nazizeit und des Holocaust sich diesen Glauben an das Schöne bewahrt hat.

Schreiben · Lerninsel

Eine Interpretation überarbeiten

Beim Überarbeiten kann ich ersetzen, ergänzen, umformulieren oder streichen.

Checkliste

Überarbeite deinen Text in drei **Kontrollschritten**:

1. **Inhalt überprüfen**
   ✔ Bezieht sich meine Deutung auf das Thema/den Sinngehalt des ganzen Textes oder nur auf einen Teilaspekt?
   ✔ Habe ich meine Deutung durch nachvollziehbare Textstellen belegt und entsprechend erläutert?
   ✔ Habe ich die wesentlichen inhaltlichen und gestalterischen Auffälligkeiten (z. B. *Sprecher, Vers- und Strophenbau, sprachliche Bilder, Klangfiguren*) berücksichtigt?
   ✔ Endet meine Interpretation in klar formulierten Aussagen zum Bedeutungsgehalt?

2. **Ausdruck überprüfen**
   ✔ Ist ein roter Faden erkennbar (Überleitungen und Schlussfolgerungen)?
   ✔ Habe ich unnötige Wiederholungen vermieden?
   ✔ Habe ich Fachbegriffe richtig verwendet?
   ✔ Habe ich die Sätze mithilfe von Scharnierwörtern sinnvoll verknüpft?

3. **Rechtschreibung und Zeichensetzung überprüfen**

🌐 **So geht's**
Äußerungen anderer wiedergeben
37gh45

So geht's

Dass viele Dinge unter den Strahlen der Sonne schöner werden, erlebt man besonders im Herbst. Die Sonne kann aber auch auf das Gemüt der Menschen wirken und Stimmungen aufhellen, wie in dem Gedicht „Herbstlicher Ausschnitt" von Rose Ausländer deutlich wird, die als Jüdin in ihrem Leben viel „Dunkelheit und Weh" (V. 8) erleben musste.
5 In der ersten √Strophe beschreibt der lyrische Sprecher den Moment, ~~wo~~ *in dem* die Sonne „wie ein Pfeil" (V. 2) durch die dunklen Wolken bricht und die Landschaft und Wohnorte der Menschen mit „goldner Farbe" (V. 3) beleuchtet. Dies geschieht plötzlich, was durch Verben der Bewegung wie „schoss vom Himmel" (V. 2) und „sprang im Jubel" (V. 5) zum Ausdruck kommt.
√In der zweiten Strophe wird der Leser vom lyrischen Ich aufgefordert, sich diesen Moment von
10 unten anzuschauen (V. 9). Der Wechsel vom Präteritum (1. Strophe) ins Präsens (2. Strophe) lässt den Leser diese Stimmung miterleben, in der helle und freundliche Bilder (V. 14–16) eingebettet sind in eine unheimliche Dunkelheit (V. 11: „geisterhafter Nachtgestalten"). Für das Sonnenlicht wählt die Autorin die Metapher von einem stolzen „Sonnendom" (V. 12), durch die das Bild von einer großen Kirche entsteht, die prächtig aus einer Stadt herausragt.
15 Das regelmäßige Metrum (vierhebiger Trochäus) und die Zweiteilung der Strophen durch Kreuzreime unterstützen den Bildaufbau. Die Pause in Vers 12 (Gedankenstrich am Versende) bereitet das abschließende Bild der Freude und Schönheit durch die Sonnenstrahlen vor, die das betrachtende Ich „über Dunkelheit und Weh" hinwegtröstet. (…)
Rose Ausländer stellt in ausdrucksstarken Bildern dar, wie ein einzelner Moment der herbstli-
20 chen Natur die Stimmung des Betrachters verändern kann. Ich bewundere eine Autorin, die nach schrecklichen Erlebnissen der Nazizeit und des Holocaust sich diesen Glauben an das Schöne bewahrt hat.

√Ergänzung: von zwei achtversigen Strophen

√Ergänzung: Die Personifikation „Fächer schwingen" gibt dem Licht etwas Menschliches, zumal es sich um andere zu kümmern scheint (V. 6 f.).

252 Interpretation eines Gedichts überarbeiten

Einen Sachtext schriftlich analysieren

Aussageabsichten in Sachtexten erkennen

Innerhalb eines Sachtextes kann ein Autor unterschiedliche **Aussageabsichten** verfolgen.
Er kann dabei drei Grundfunktionen der Kommunikation wählen.

Funktion	informieren	argumentieren	appellieren
Merkmale	– nennt Fakten – beschreibt Sachverhalte – erklärt Zusammenhänge	– vertritt eine Meinung – bringt Argumente vor – zieht Schlussfolgerungen	– wirbt für etwas – ruft zu etwas auf oder fordert auf
Signale	– Sachaussagen – Fachausdrücke – Nominalstil	– Schlussfolgerung wie *folglich, also,* … – Satzverknüpfungen wie *weil, da, obwohl, dennoch; Dafür spricht, dass* …	– Aufforderungen, Bitten, Empfehlungen (z. B. *Imperative*)

So geht's

Bob Geisler: Verloren im Siegel-Wirrwarr (Hamburger Abendblatt, 2.8.13)

Wer die Zustände in der deutschen Massentierhaltung kennt, dem kann die Lust auf Fleisch schnell vergehen. Da werden Schweine in viel zu kleine Ställe gepfercht und Masthähnchen zu Zigtausenden in großen Hallen gehalten und mit Antibiotika vollgepumpt.

5 Der Deutsche Tierschutzbund hat deswegen das Siegel „Für mehr Tierschutz" herausgegeben, das sich zunächst auf die Aufzucht von Mastschweinen und Masthühnern konzentriert. Durch diese Herstellerverpflichtung soll die Einhaltung von Richtlinien für eine artgerechtere Tierhaltung garantiert werden.

Ein derartiges Siegel scheint sinnvoll zu sein, da dadurch zumindest die übelsten
10 Exzesse der industrialisierten Landwirtschaft ein wenig eingedämmt werden. Doch das Label, das seit Beginn dieses Jahres in Kraft ist, greift zu kurz und steigert in seiner jetzigen Form nur die Verunsicherung des Verbrauchers an der Fleischtheke. Die meisten haben ohnehin schon im Wirrwarr der vielen unverbindlichen Siegel den Überblick verloren und fragen sich, zu was sie angesichts von Regionalfens-
15 tern, QS-Prüfzeichen oder anderen Kennungen greifen sollen. Letztlich kaschiert das Tierschutzlabel nur das Versagen der deutschen und europäischen Agrarpolitik, die es nicht schafft, die Tierhaltung auf dem Kontinent per Gesetz zu verbessern und in Richtung einer ökologischen Landwirtschaft umzusteuern. Wer Orientierung im Supermarkt sucht, sollte deswegen am ehesten zum staatlich
20 kontrollierten Bio-Siegel greifen, weil es nicht nur eine artgerechte Haltung, sondern auch den Verzicht auf Gentechnik und Pestizide garantiert.

Regionalfenster: informieren über Herkunft der Zutaten und Verarbeitungsort
QS: Qualitätssicherung

Text zielt abschließend auf einen Appell.

informierend

argumentierend, schlussfolgernd („Letztlich", „deswegen")

appellierend

Sachtextanalyse: Aussageabsicht erkennen

Schreiben · Lerninsel

Lerninsel:
Fünf-Gang-
Lesemethode
S. 234

🌐
So geht's
Fünf-Gang-
Lesemethode
u7e4yv

Eine Sachtextanalyse vorbereiten

Du kannst die ersten **vier Schritte** der **Fünf-Gang-Lesemethode** anwenden.

1. Schritt: Text überfliegen

Findet der Autor das Tierschutz-Siegel nun gut oder nicht?

2. Schritt: Fragen stellen

- 3. Schritt: **Inhalt verstehen**; **Ziele und Absichten entschlüsseln** (Funktion der einzelnen Abschnitte und Zielgruppe bestimmen); **sprachliche Gestaltung** untersuchen

So geht's

[...] Ein derartiges Siegel scheint sinnvoll zu sein, da dadurch zumindest die übelsten Exzesse der industrialisierten Landwirtschaft ein wenig eingedämmt werden. Doch das Label, das seit Beginn dieses Jahres in Kraft ist, greift zu kurz und steigert in seiner jetzigen Form nur die Verunsicherung des Verbrauchers an der Fleischtheke. Die meisten haben ohnehin schon im Wirrwarr der vielen unverbindlichen Siegel den Überblick verloren und fragen sich, zu was sie angesichts von Regionalfenstern, QS-Prüfzeichen oder anderen Kennungen greifen sollen.

greift Gegenargumentation auf

Siegel = Label
„greift zu kurz"?
eigene Position
+
Erläuterung
„Verunsicherung"

QS = Qualitätssicherung

- 4. Schritt: Fasse die **Kernaussage** knapp zusammen.
  Skizziere die **gedankliche Struktur** des Textes.

So geht's

Einleitung: Problem industrielle Tierhaltung
Information: neues Tierschutz-Siegel eingeführt
Argumentation:
- Argumente für Siegel
- 1. Argument gegen Siegel *(wird nicht gestützt)*
- 2. Argument gegen Siegel: „Verunsicherung"
    Erläuterung: Vielzahl von Siegeln vorhanden
→ Schlussfolgerung *(wird nicht gestützt)*
Fazit/Appell: zum „staatlich kontrollierten Bio-Siegel" greifen

Zielgruppe:
kritische Konsumenten

gedankliche Struktur:
zielt auf abschließenden Appell

Kernaussage:
Lieber Bio-Siegel nutzen
als das neue Siegel!

Eine Sachtextanalyse schreiben

Mit einer Sachtextanalyse informierst du über **wesentliche Aussagen des Textes** (Textzusammenfassung) und legst deine Untersuchungsergebnisse zur **Absicht des Autors/der Autorin** sowie zur **Gestaltungsweise** dar.

Die Einleitung schreiben
In der Einleitung informierst du den Leser und weckst bei ihm Interesse.
Nenne **T**extsorte, **A**utor, **T**itel, **T**hema (**TATT**), Quelle, Funktion und Kernaussage.

So geht's

In dem Zeitungsartikel „Verloren im Siegel-Wirrwarr", erschienen am 02.08.2013 im Hamburger Abendblatt, äußert sich der Autor Bob Geisler kritisch zu dem Verbraucherschutz-Siegel „Für mehr Tierschutz", das zu Jahresbeginn 2013 auf den Markt gekommen ist. Er ist der Meinung, dass das neue Siegel eher zur Verwirrung beim Verbraucher beitrage, und fordert dazu auf, beim Einkaufen von Fleisch lieber auf das schon bekannte Bio-Siegel zu achten.

Den Hauptteil schreiben
- Fasse den **Text abschnittweise zusammen**.
- Beschreibe den **thematischen** und **gedanklichen Aufbau**.
- Zeige die **Absicht** des Autors/der Autorin sowie die Art, wie er/sie diese durch **sprachliche Mittel** umsetzt.
- Stütze deine Aussagen durch **Textbelege**.

So geht's

Der Kommentar thematisiert am Anfang die schlimmen Zustände in der „deutschen Massentierhaltung" (Z. 1) und erreicht so die Zustimmung der Leser. Außerdem leitet er damit zum neuen Verbraucherschutz-Siegel „Für mehr Tierschutz" über, über dessen Besonderheiten er im Folgenden informiert. In dem argumentativen Teil hebt er zunächst hervor, wie sinnvoll dieses Label für den Schutz der Tiere zu sein scheint. Anschließend aber kritisiert er das Siegel: (...)

Den Schluss schreiben
Stelle zusammenfassend dar, wie der Autor/die Autorin seine/ihre Absicht durch Inhalt, Aufbau und sprachliche Gestaltung umsetzt.

So geht's

Geschickt gewinnt der Autor am Anfang die Sympathie der Leser, indem er auf die schlimmen Zustände in der Massentierhaltung hinweist und damit auf die scheinbare Notwendigkeit eines Tierschutz-Siegels. Dadurch ist der Leser bereit, sich auf die Kritik des Autors einzulassen und seinem Rat zu folgen. Diese Bereitschaft des Lesers wird dadurch eingeschränkt, dass (...)

eine Sachtextanalyse schreiben

Schreiben · Lerninsel

Eine Sachtextanalyse überarbeiten

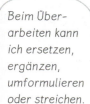

Beim Überarbeiten kann ich ersetzen, ergänzen, umformulieren oder streichen.

Checkliste

Überarbeite deinen Text in drei **Kontrollschritten**:

1. Inhalt überprüfen
- ✔ Bietet meine **Einleitung** alle nötigen Informationen?
- ✔ Werden der Kerngedanke und die Absicht erkannt und klar formuliert?
- ✔ Sind im **Hauptteil** alle wichtigen Informationen sowie Gedankenschritte erfasst?
- ✔ Ist die Wiedergabe des thematischen und gedanklichen Aufbaus nachvollziehbar?
- ✔ Sind meine Aussagen über den Text mit entsprechenden Textbelegen gestützt?
- ✔ Habe ich am **Schluss** zusammenfassend dargestellt, was der Autor/die Autorin mit welcher Absicht wie vermittelt?

2. Ausdruck überprüfen
- ✔ Ist ein roter Faden erkennbar (Überleitungen und Schlussfolgerungen)?
- ✔ Habe ich unnötige Wiederholungen vermieden?
- ✔ Habe ich Fachbegriffe richtig verwendet?
- ✔ Habe ich die Sätze mithilfe von Scharnierwörtern sinnvoll verknüpft?

3. Rechtschreibung und Zeichensetzung überprüfen

So geht's
Äußerungen anderer wiedergeben
37gh45

So geht's

In dem Zeitungsartikel „Verloren im Siegel-Wirrwarr", erschienen am 02.08.2013 im Hamburger Abendblatt, äußert sich der Autor Bob Geisler √zu dem ~~Siegel~~ Verbraucherschutz-Siegel „Für mehr Tierschutz", das zu Jahresbeginn 2013 ~~neu~~ auf den Markt gekommen ist. Er fordert dazu auf, beim Einkaufen von Fleisch lieber auf das schon bekannte Bio-Siegel zu achten.

⁵ Der Kommentar thematisiert am Anfang die schlimmen Zustände in der „deutschen Massentierhaltung" (Z. 1) und erreicht so die Zustimmung der Leser. Außerdem leitet er damit über zum neuen Verbraucherschutz-Siegel „Für mehr Tierschutz", über dessen Besonderheiten er im Folgenden informiert.

In dem argumentativen Teil zunächst hebt er hervor, wie sinnvoll dieses Label für den Schutz der
¹⁰ Tiere zu sein scheint. Anschließend aber kritisiert er das Siegel: Es greife zu kurz, sorge für Verwirrung beim Verbraucher und kaschiere letztlich nur die Fehler der europäischen Agrarpolitik (Z. 11 ff.). Im Gegensatz zu der ersten Behauptung wird die zweite erläutert. Dazu greift der Autor auf die allgemeine Erfahrung zurück, sich im „Wirrwarr" (Z. 13) der vielen schon vorhandenen Siegel nicht mehr auszukennen. Das Wort „letztlich" (Z. 15) weist auf eine Art
¹⁵ Schlussfolgerung nach der das Siegel mit dazu beitrage, dass die Fehler in der europäischen Agrarpolitik nicht wahrgenommen werden könnten. Diese Schlussfolgerung wird ~~blöderweise~~ nicht erläutert. Der Text endet mit dem Appel, sich beim Einkaufen am staatlich kontrollierten Bio-Siegel zu orientieren, da dieses nicht nur eine artgerechte Tierhaltung garantiere, sondern auch den Verzicht auf Gentechnik.

²⁰ Geschickt gewinnt der Autor am Anfang die Sympathie der Leser, indem er auf die schlimmen Zustände in der Massentierhaltung hinweist und damit auf die scheinbare Notwendigkeit eines Tierschutz-Siegels. Dadurch ist der Leser bereit, sich auf die Kritik des Autors einzulassen und seinem Rat zu folgen.√ Diese Bereitschaft des Lesers wird dadurch eingeschränkt, dass mehrere Behauptungen in der Argumentation nicht näher begründet bzw. erläutert werden.

√ Ergänzung: „kritisch", sonst wird die Absicht/Haltung des Autors nicht deutlich

„kaschieren" offenbar im Sinne von „verdecken"

Schlussfolgerung, ... leider
Appell

√ genauer: das staatlich kontrollierte ...

256   eine Sachtextanalyse überarbeiten

Argumentierend schreiben

Wenn du deine Meinung oder eine Forderung zu einem Thema schriftlich formulierst und dabei begründest, schreibst du im argumentativen Stil.

So geht's:
Förmlicher Brief
b8hy2s

| ein Thema schriftlich erörtern | → argumentierend schreiben → | andere schriftlich überzeugen
• Leserbrief   • Brief
• Blogbeitrag   • E-Mail
• Antrag |

Eine gute Argumentation besteht aus
- **Meinung:** Behauptung, Urteil, Forderung
- **Argument:** Begründung
- **Argumentationsstütze:**
  - **Beispiel oder Beleg**
  - **Zitat,** möglichst von einer fachlich anerkannten Person

Argumente leite ich am besten mit Wörtern wie „weil", „denn", „da" ein.

So geht's

Meinung:	Jugendliche sollten die Gelegenheit bekommen, auch ohne Eltern zu verreisen, zum Beispiel mit Sport- oder Jugendgruppen.
Argument:	Durch solche Gruppenreisen lernen sie, selbstständiger zu werden.
Beispiel:	Ich habe das selbst erfahren, als ich beim letzten Sommercamp des Fußballvereins beim Kochen helfen musste. Da habe ich (…) und dabei ist mir klar geworden, dass (…)
Zitat:	Dies bestätigte auch unser Lehrer, der nach den Ferien sagte: „Ihr seid ja alle viel selbstständiger geworden!"

Eine Argumentationskette aufstellen

Überlege dir die Reihenfolge und Verknüpfung der Argumente:
- Ordne die Argumente so, dass sie sich leicht **miteinander verknüpfen** lassen. Du kannst sie zum Beispiel **steigernd vom schwächsten zum stärksten** Argument anordnen.
- Verknüpfe die Argumente mit **Wendungen** wie *Ebenso zu beachten ist, …; Dazu gehört auch, … ; Das wichtigste Argument ist aber …*
- Achte darauf, dass sich deine Argumente **nicht widersprechen**.
- **Stütze** deine Argumente mit einem **Beispiel**, einem **Beleg** oder einem **Zitat**.

Ein starkes Argument geht auf wichtige Werte ein, z. B. Selbstständigkeit, oder auf die Interessen von vielen.

So geht's

Jugendliche sollten die Gelegenheit bekommen, auch ohne Eltern zu verreisen, zum Beispiel mit Sport- oder Jugendgruppen. — Meinung

Dafür spricht zunächst, dass solche Reisen sehr viel Spaß machen, wie man den Katalogen der verschiedenen Anbieter entnehmen kann. (…) — 1. Argument

Ein weiteres Argument für diese Art des Reisens bezieht sich auf die Bedürfnisse der Eltern. Sie können sich während dieser Zeit von ihren Kindern erholen. Meine Eltern zum Beispiel haben schon mehrfach beklagt, dass (…) — 2. Argument

Das wichtigste Argument aber ist für mich die Selbstständigkeit, die man als Jugendlicher auf derartigen Reisen gewinnen kann. Ich habe (…) — 3. Argument

Schreiben · Lerninsel

Ein Thema schriftlich erörtern

Die Erörterung vorbereiten und planen

- Kläre das **Thema** und die **Problemfrage**.
- Erstelle die **Stoffsammlung:**
  - Sichte Material und sammle Argumente und Argumentationsstützen zum Thema.
  - Notiere dir, welche Argumentationsstützen zu welchem Argument passen (siehe Seite 257).
  - Ordne die Argumente den Standpunkten zu.
  - Entscheide, welchen Standpunkt du vertreten willst.
- Erstelle die **Gliederung:**
  - Überlege, wie du in der Einleitung das Interesse deiner Leser wecken willst. Notiere Stichpunkte.
  - Verbinde deine Argumente zu einer Argumentationskette (siehe Seite 257). Notiere Stichpunkte.
  - Verdeutliche im Schlussteil deine eigene Position in Stichpunkten.
- Überprüfe, ob deine Gliederung überzeugend ist.

So geht's

Einleitung:
- Thema/Problemfrage: Ganztagsschule bis 16.00 Uhr/ Soll Schule zukünftig bis 16.00 Uhr dauern?
- interessanter Einstieg: Sportvereine müssen dichtmachen, weil keiner mehr zum Training kommt.
- Überleitung zum Hauptteil: Erörterung des Themas und Standpunkt ankündigen

Hauptteil:
Ich bin gegen eine Ganztagsschule.
1. **erstes Argument**
   - Argument: Ich mag das Essen in der Schulkantine nicht.
   - Argumentationsstütze: Beispiel → donnerstags immer Kohlrouladen, ungenießbar
2. **zweites Argument**
   - Argument: Müdigkeit ab 14.00 Uhr → konzentriertes Arbeiten nicht möglich
   - Argumentationsstütze: Zitat → „Ihr seid nachmittags zu nichts mehr in der Lage!" (Herr Müller)
3. **drittes Argument**
   - Argument: starke Einschränkung bei der Wahl der Hobbys
   - Argumentationsstütze: allgemeine Erfahrung → Probleme bei privatem Musikunterricht, Sportverein

Schluss:
- Ganztagsschule nur dann, wenn: besseres Essen, mehr Pausen, genügend Freizeitangebote in der Schulzeit, Freiwilligkeit

Mein 1. Argument ist schwach, es lässt sich leicht ein Gegenargument finden.

Mein 3. Argument ist stark, weil es um einen wichtigen Wert geht: Freiheit des Einzelnen.

Die Erörterung schreiben und überarbeiten

- **Die Erörterung schreiben**
  - Die **Einleitung** schreiben:
    - Führe zum Thema hin und kläre die Problemfrage.
    - Wecke das Interesse des Lesers, zum Beispiel durch einen aktuellen Bezug oder durch die Darstellung eigener Erlebnisse.
    - Leite zum Hauptteil über.
  - Den **Hauptteil** schreiben:
    - Formuliere deinen Standpunkt. Du kannst den Hauptteil damit beginnen oder ihn damit abschließen.
    - Schreibe deine Argumentationskette (siehe Seite 257) in einem sachlichen Stil auf.
    - Entfalte die Argumente und stütze sie mit passenden Beispielen, Belegen und Zitaten.
  - Den **Schluss** schreiben:
    - Du kannst einen Ausblick auf Künftiges oder auf andere Bereiche des Themas bieten. Außerdem kannst du persönliche Wünsche, Hoffnungen oder Forderungen im Zusammenhang mit dem Thema formulieren.

- **Die Erörterung überarbeiten**
  - Überprüfe die sprachliche Gestaltung: sachlich, Tempusform Präsens und Verknüpfung der Argumente durch Scharnierwörter.
  - Überprüfe den Zusammenhang und die Überzeugungskraft der Argumente.
  - Überprüfe den Text auf korrekte Rechtschreibung und Zeichensetzung.

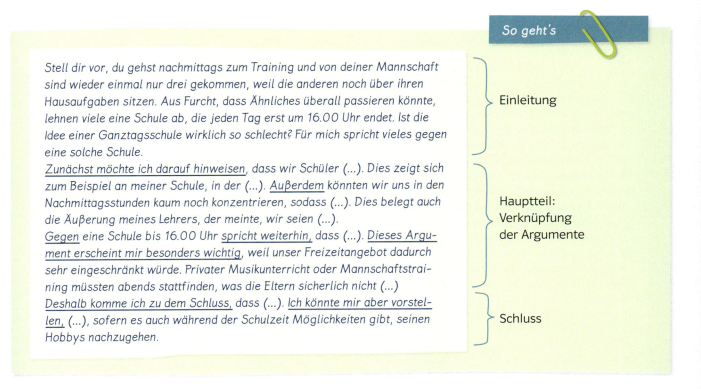

So geht's

Stell dir vor, du gehst nachmittags zum Training und von deiner Mannschaft sind wieder einmal nur drei gekommen, weil die anderen noch über ihren Hausaufgaben sitzen. Aus Furcht, dass Ähnliches überall passieren könnte, lehnen viele eine Schule ab, die jeden Tag erst um 16.00 Uhr endet. Ist die Idee einer Ganztagsschule wirklich so schlecht? Für mich spricht vieles gegen eine solche Schule.
— Einleitung

Zunächst möchte ich darauf hinweisen, dass wir Schüler (...). Dies zeigt sich zum Beispiel an meiner Schule, in der (...). Außerdem könnten wir uns in den Nachmittagsstunden kaum noch konzentrieren, sodass (...). Dies belegt auch die Äußerung meines Lehrers, der meinte, wir seien (...).
Gegen eine Schule bis 16.00 Uhr spricht weiterhin, dass (...). Dieses Argument erscheint mir besonders wichtig, weil unser Freizeitangebot dadurch sehr eingeschränkt würde. Privater Musikunterricht oder Mannschaftstraining müssten abends stattfinden, was die Eltern sicherlich nicht (...)
— Hauptteil: Verknüpfung der Argumente

Deshalb komme ich zu dem Schluss, dass (...). Ich könnte mir aber vorstellen, (...), sofern es auch während der Schulzeit Möglichkeiten gibt, seinen Hobbys nachzugehen.
— Schluss

Schreiben · Lerninsel

So geht's
Leserbrief
zh69pf

Einen Leserbrief schreiben

In Zeitungen und Zeitschriften kannst du zu einem Artikel argumentierend Stellung beziehen. Diese Textform dient dazu, Meinungen öffentlich zum Ausdruck zu bringen. Beachte dabei folgende Tipps:

- Wähle die Briefform.
- Sorge für einen erkennbaren Bezug (zum Beispiel Vorfall, Thema, Artikel).
- Mache deinen Standpunkt deutlich.
- Begründe deinen Standpunkt mit Argumenten und stütze diese mit Beispielen.
- Entkräfte eventuell auch die Gegenposition.
- Beachte das Profil der Zeitung (zum Beispiel Länge des Textes, Sprachstil).
- Schreibe den Text möglichst auf dem Computer.
- Überprüfe Rechtschreibung und Zeichensetzung.

So geht's

Justus Hermsen
Rote Straße 17a
22119 Hamburg   03.08.2013

Hamburger Abendblatt
Redaktion
Brieffach 2110
20350 Hamburg

Leserbrief zum Kommentar von B. Geisler (02.08.13, S. 21)

Sehr geehrte Damen und Herren,

in Ihrer gestrigen Ausgabe des Hamburger Abendblatts äußert sich Ihr Autor B. Geisler in seinem Kommentar kritisch zu der Einführung des neuen Tierschutz-Siegels „Für mehr Tierschutz".

5 Im Deutschunterricht haben wir diesen Kommentar diskutiert und sind der Meinung, dass Herr Geisler zwar grundsätzlich Recht hat, wenn er die Vielzahl der vorhandenen Verbraucherschutz-Siegel als verwirrend kritisiert. Wir meinen aber, dass man dies dem Deutschen Tierschutzbund nicht vorwerfen darf.

10 Die schlimmen Bilder aus der Massentierhaltung rechtfertigen jede Maßnahme, die dazu beiträgt, das Leiden der Tiere zu verringern. Auf der Homepage des Deutschen Tierschutzbundes ist zu lesen, dass zahlreiche große Ladenketten Produkte mit diesem Label verkaufen. Damit haben sie schon jetzt zu einer Verbesserung der

15 Lebensumstände von zahlreichen Masttieren beigetragen. Insofern begrüßen wir die Initiative des Tierschutzbundes und wünschen uns von Ihrer Zeitung eine positive Berichterstattung über dieses Engagement.

Mit freundlichen Grüßen
20 Justus Hermsen

Briefkopf:
mit Absenderadresse (evtl. weitere Kontaktdaten)

Datum:
in der ersten Briefzeile rechts

Adressfeld:
vollständige Adresse

Betreffzeile (ohne „Betreff"):
Kurzinformation über dein Anliegen

Anrede:
respektvoll

Brieftext:
– sachlicher, argumentativer Stil
– Absätze zur Übersichtlichkeit
– Die Höflichkeitsanrede „Sie" sowie die dazugehörigen Pronomen musst du großschreiben.

Grußformel und Unterschrift:
jeweils eine eigene Zeile

evtl. Anlage(n):
Hinweis darauf, dass dem Brief etwas beigelegt ist

Eine offizielle E-Mail schreiben

Für eine E-Mail an Behörden oder Firmen gilt im Wesentlichen das Gleiche wie für offizielle Briefe. Berücksichtige folgende Tipps:
- keine Massen-E-Mails versenden (dies gilt besonders bei Anfragen für Praktika)
- keine sogenannten Emoticons, wie zum Beispiel Smileys verwenden
- am Ende unter den Namen die vollständige Postadresse setzen

So geht's
offizieller Brief
w9ky72

SCHULORDNUNG DER WICHERN-SCHULE (AUSZUG)
Auf dem Schulgelände werden elektronische Geräte, auch Handys, vollständig abgeschaltet und in der Tasche belassen, sofern sie nicht mit Erlaubnis durch eine Lehrerin/einen Lehrer zu Schulzwecken genutzt werden.

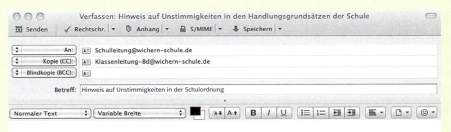

Sehr geehrte Frau Dr. Schröter,

ich bin Klassensprecher einer der Klassen, in denen seit Beginn des Schuljahres jeder Schüler einen eigenen Tablet-Computer für unterrichtliche Zwecke erhalten hat. Bei uns kam nun die Frage auf, wie wir in den Pausen mit diesen Geräten umgehen dürfen. Dies hat dazu geführt, dass wir uns im Klassenrat am 07.03.2014 die Schulordnung unserer Schule genauer angeschaut haben, wobei wir auf problematische Formulierungen gestoßen sind. Meine Klasse hat mich beauftragt, Sie in einer offiziellen E-Mail auf diese Probleme hinzuweisen.

Der entsprechende Abschnitt in der Schulordnung sieht vor, dass elektronische Geräte aller Art auf dem Schulgelände „vollständig abgeschaltet" und die Geräte in den Taschen „belassen" werden. Diese Regelung mag sinnvoll sein, um einen unkontrollierten Umgang mit Handys zu verhindern. Im Umgang mit unseren Tablet-Computern ist diese Regelung aber wenig hilfreich.

Ein wesentlicher Vorteil von Tablet-Computern im Vergleich zu anderen Computern besteht darin, dass man mit ihnen sofort nach dem Öffnen arbeiten kann. Würden wir vor jeder Pause unsere Geräte vollständig abschalten müssen, ginge sowohl am Anfang als auch am Ende einer Unterrichtsstunde wertvolle Unterrichtszeit verloren.

Wir haben die Hoffnung, dass diese Hinweise mit dazu beitragen können, dass es zu einer entsprechenden Änderung in unserer Schulordnung kommt. Gerne sind wir bereit, Ihnen bei der Umformulierung zu helfen.

Mit freundlichen Grüßen
Philipp Reuter

So geht's

Mail-Kopf:
An: E-Mail-Adresse des Empfängers
Kopie/CC: E-Mail-Adresse(n) eines oder mehrerer Empfänger
Blindkopie/BCC: Die hier angegebenen E-Mail-Adressen bleiben dem Empfänger verborgen.
Betreff: Kurzinformation über das Thema der Mail

Mail-Text:
Anrede: meist offizielle Anrede: *Sehr geehrte Frau ...; Sehr geehrte Damen und Herren, ...*
Den Bezug klären: Anliegen vortragen, Position vertreten
Begründung: Argumente und Argumentationsstützen
Resümee: Bitten, Forderungen, die sich aus der Argumentation ergeben

Mail-Fuß:
Grußformel und Name:
Mit freundlichen Grüßen ...
evtl. Anlagen nennen

Schreiben · Lerninsel

Ein Protokoll schreiben

Protokolle kennst du bereits aus anderen Unterrichtsfächern, zum Beispiel als Auswertung eines Experiments.

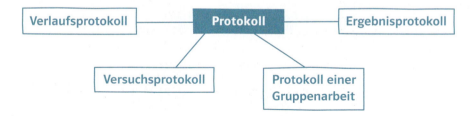

Ein Ergebnisprotokoll schreiben

Über die Ergebnisse einer Sitzung kannst du auch in einem Protokoll berichten. Es dient als Gedächtnisstütze für die Teilnehmer oder als Information für Abwesende.

So geht's

Protokoll der Klassenratssitzung der 8d am 07.03.2014
Zeit/Ort: 10.10–10.45 Uhr im Klassenraum
Anwesende/Fehlende: die ganze Klasse mit Ausnahme von Fynn (entsch.); Klassenlehrer (KL)
Gesprächsleitung: Cecile Nauer und Alexandra Poimann
Protokollant: Fabian Müller
TOP 1: Beschwerde über den Matheunterricht
– Die Klasse beschwert sich, dass der Lehrer oft die Stunde überzieht. Der KL wird dieses Problem mit dem Kollegen besprechen.
TOP 2: Lob
– Lars berichtet, dass Iman ihm toll in Chemie geholfen habe.
TOP 3: Umgang mit Laptops in der Pause
– Die Klasse möchte wissen, wie die Schüler in den Pausen mit den Laptops umgehen dürfen. Anlass: Pausenaufsicht hat verlangt, die Geräte abgeschaltet in die Tasche zu stecken.
– Kritik an der Regelung in der Schulordnung:
  • Das Ein- und Abschalten der Geräte während des Unterrichts kostet wertvolle Unterrichtszeit.
  • In den Pausen hat man keine entsprechende Tasche dabei.
– Einstimmig wird beschlossen:
  • Der Klassensprecher informiert in einer offiziellen E-Mail die Schulleitung über dieses Problem.
  • Die Klasse ist bereit, der Schulleitung bei der Umformulierung der Schulordnung zu helfen.
08.03.2014; *Fabian Müller*

Protokollkopf:
- Titel der Veranstaltung
- Datum und Uhrzeit (Beginn und Ende der Veranstaltung)
- Ort
- Anwesende/Fehlende
- (ggf.) Thema
- Protokollant/in
- (ggf.) Vorsitzende/r

Protokolltext:
- Gliederung in Punkte (z. B. Tagesordnungspunkte = TOP)
- Tempus: Präsens
- Redewiedergabe: indirekte Rede
- Sprachstil: klar, sachlich, ohne persönliche Wertung

Schluss:
- Datum, an dem das Protokoll erstellt wurde
- Unterschrift des Protokollanten

Sprachlicher Umgang mit anderen
Lerninsel: Was du wissen und können musst

In einer Debatte könnt ihr Standpunkte austauschen, Sachverhalte klären und so zu einer Entscheidung kommen, die für alle Seiten akzeptabel ist. Hier lernst du, wie du deine Position in einer Debatte überzeugend vertreten kannst.

Einen Debattenbeitrag vorbereiten S. 264

Einen Debattenbeitrag bewerten S. 265

Sprachlicher Umgang mit anderen · Lerninsel

Eine Debatte führen

Eine Debatte ist ein Gespräch nach festen Regeln, in dem eine Entscheidungsfrage (ja/nein) zu einem strittigen Thema beantwortet werden soll.

- Die Entscheidungsfrage ist so formuliert, dass du dich für oder gegen eine Veränderung aussprechen kannst (*„Sollen Läden auch am Sonntag geöffnet haben?"*).
- Verlauf einer Debatte (nach „Jugend debattiert"):
  1. Eröffnungsrunde: Die Teilnehmer tragen ihre Position in festgelegter Reihenfolge vor.
  2. Freie Aussprache: Die Teilnehmer führen eine freie Diskussion.
  3. Schlussrunde: Die Teilnehmer beantworten erneut die Entscheidungsfrage.
  4. Abstimmung

Einen Debattenbeitrag vorbereiten

1. **Entscheidungsfrage verstehen**
   - Entscheidungsfrage in Teilfragen zerlegen *(Was heißt „geöffnet haben"?)*
   - Begriffe durch Beantwortung der Teilfragen klären
     (*„geöffnet haben"* $\rightarrow$ *Jeder Laden kann von 9.00 bis 18.00 Uhr geöffnet haben.*)

2. **Informationen sammeln**
   - Vorwissen bewusst machen *(Läden haben z. B. in Spanien auch am Sonntag geöffnet.)*
   - weitere Informationen recherchieren *(Warum gibt es ein Ladenschlussgesetz?)*

3. **Informationen ordnen**
   - Argumente nach Pro- und Kontra-Argumenten sortieren
   - Argumente gewichten

4. **Eigene Position in Stichpunkten aufschreiben**

So geht's

Kontra I: Läden sollen am Sonntag weiterhin geschlossen bleiben! ← eigene Position formulieren

Läden = alle Verkaufsgeschäfte (Ausnahmen: Kioske, Tankstellen, Bahnhöfe) ← zentrale Begriffe definieren
geöffnet haben = Öffnungszeiten wie an normalen Werktagen
Anfang: Wir haben uns gefragt: Sollen Läden … geöffnet haben?
    Darunter verstehe ich, dass … Dagegen spricht zunächst, dass …
1. **Argument:** Ich genieße die Sonntagsruhe. — wichtige Argumente skizzieren
   persönliche Erfahrung: keine Hektik auf den Straßen
2. **Argument:** Die Öffnungszeiten in der Woche reichen aus.
   Fakten/Zahlen: Öffnungszeiten an anderen Tagen zum Teil bis 22.00 Uhr — das stärkste Argument zuletzt nennen
Überleitung: wichtigster Grund gegen den verkaufsfreien Sonntag: ←
3. **Argument:** Verkäufer brauchen auch einen gemeinsamen freien Tag.
   allgemeiner Wert: Recht darauf, an der Gemeinschaft teilzuhaben — auf Überleitungen/ Verknüpfungen achten
   Beispiel: Fußballmannschaft, die nur zuverlässige Spieler brauchen kann
   gutes Zitat: „Ohne Sonntag gibt's für Verkäufer nur Werktage." ← Zitate herausstellen
$\rightarrow$ **Schlusssatz:** Deshalb sollten Läden sonntags weiterhin geschlossen bleiben.

Einen Debattenbeitrag bewerten

Egal, ob du nur zuhörst oder aktiv an der Debatte teilnimmst, immer wirst du die Debattenbeiträge einschätzen müssen. Die Checkliste hilft dir dabei.

> **Checkliste**
>
> **Merkmale für einen guten Debattenbeitrag**
>
> **Sachkenntnis**
> ✔ Der Beitrag stützt sich auf Fakten und nicht nur auf Vermutungen oder subjektive Eindrücke.
> ✔ Der Beitrag bietet Informationen, die Hintergründe aufzeigen.
>
> **Überzeugungskraft**
> ✔ Die Argumente sind tragfähig:
> – Autoritätsargument (Berufung auf Experten)
> – Tatsachenargument (Berufung auf Fakten)
> – normatives Argument (Berufung auf allgemeine Werte)
> – analoges Argument (Berufung auf ähnliche Sachverhalte)
> ✔ Gegenargumente werden aufgegriffen.
> ✔ Die Argumente bilden eine logische Argumentationskette.
> ✔ Die Argumente sind sinnvoll gewichtet.
>
> **Ausdrucksvermögen**
> ✔ Das Sprachniveau ist dem Anlass angemessen (präzise, nachvollziehbar).
> ✔ Der Debattenbeitrag wird verständlich vorgetragen (Lautstärke, Artikulation).
> ✔ Die Körpersprache (Mimik, Gestik) unterstützt die Glaubwürdigkeit des Vortragenden.
>
> **Gesprächsfähigkeit**
> ✔ Der Beitrag knüpft an vorangehende Beiträge sprachlich und inhaltlich an.
> ✔ Allgemeine Gesprächsregeln werden eingehalten (z. B. ausreden lassen, Ich-Botschaften).

So geht's
Überzeugend argumentieren
cr369a

So geht's
Eine Argumentationskette aufstellen
e5si2r

So geht's

Du sagst, dass Verkäufer ein Recht auf einen freien Tag hätten, an dem auch alle anderen nicht arbeiten müssen. Dies ist ein guter Gedanke, bei dem du aber vergisst, dass am Sonntag schon
5 jetzt viele Menschen nicht frei haben. Allein im Bereich der Gesundheits- und Krankenpflege sind es mehr als 700.000 Menschen, die auch am Sonntag Schichtdienst leisten müssen. Nimmt man noch andere Berufszweige wie Polizei oder
10 Hotelwesen dazu, so wird deutlich, dass man schon aus Gründen der Gerechtigkeit den verkaufsfreien Sonntag abschaffen müsste.

Ausdrucksvermögen
✔ Das Sprachniveau ist dem Anlass angemessen (präzise, nachvollziehbar).

Gesprächsfähigkeit
✔ Beitrag knüpft an vorangehende Beiträge an.
✔ Beitrag verletzt den Gesprächspartner nicht.

Überzeugungskraft
✔ Die Argumentation ist tragfähig:
– Tatsachenargument
– normatives Argument

Umgang mit erzählenden Texten
Lerninsel: Was du wissen und können musst

Erzählende (auch: epische) Texte kannst du besser verstehen, wenn du diese unter bestimmten Aspekten untersuchst oder produktiv mit ihnen umgehst. Vieles hast du bereits in den Klassen 5 bis 7 gelernt. In dieser Lerninsel erhältst du weiteres Handwerkszeug, um erzählende Texte genauer untersuchen zu können.

Umgang mit erzählenden Texten

- **Einen erzählenden Text untersuchen**
  - → Den Inhalt eines erzählenden Textes erfassen
    - Den Aufbau einer Handlung untersuchen S. 267
    - Das Handlungsmuster und den zentralen Konflikt untersuchen S. 268
    - Die Figuren untersuchen
    - Ort und Zeit untersuchen
  - → Die Gestaltung eines erzählenden Textes untersuchen
    - Die Textsorte erkennen und untersuchen S. 269
    - Die Erzählweise untersuchen S. 270

- **Auf einen erzählenden Text reagieren, produktiv mit ihm umgehen**
  - → Aus Sicht einer anderen Figur schreiben S. 271
  - → Einen Paralleltext schreiben S. 272
  - → Einen Lesevortrag gestalten
  - → Nach Textmustern schreiben
  - → Einen inneren Monolog schreiben
  - → Einen erzählenden Text weiterschreiben
  - → Einen erzählenden Text dialogisieren

Bedeutungsgehalt eines erzählenden Textes verstehen

So geht's:
Handlung, Ort, Charakter, Lesevortrag, nach Textmustern schreiben, inneren Monolog schreiben, erzählenden Text weiterschreiben, erzählenden Text dialogisieren

324ga5

Den Inhalt einer Geschichte erfassen

Den Aufbau einer Handlung untersuchen

Der Autor gestaltet aus dem **Stoff** eine Erzählidee für eine Geschichte und verbindet einzelne Ereignisse zu einem sinnvollen Ganzen. Durch eine bestimmte **Komposition** entsteht ein Gesamtgeschehen, die **Handlung**. Folgende Fachbegriffe helfen dir bei der Untersuchung:

- **Haupt-** und **Nebenhandlung(en)**
- **Rahmen-** und **Binnenhandlung**
- Strukturierung durch eine bestimmte zeitliche Abfolge der Ereignisse
  - **chronologisch:** Handlungsschritte werden in zeitlicher Reihenfolge erzählt
  - **nicht chronologisch:** Handlungsverlauf wird durch **Rückblenden** oder **Vorausdeutungen** unterbrochen
- Vernetzung durch **Leitmotive** als wiederkehrende thematische Elemente

Typisch für eine kurze Erzählung: Es gibt keine Nebenhandlungen.

So geht's

Handlungsaufbau in „Das Bettelweib von Locarno"

Rahmen	Vorgeschichte	Haupthandlung		Rahmen
Erzähler berichtet aus seiner Gegenwart: „Am Fuße der Alpen […] befand sich ein […] Schloss, das man _jetzt_ […] in Schutt und Trümmern liegen sieht."	Erzähler berichtet aus der Vergangenheit: „ein Schloss mit hohen und weitläufigen Zimmern […], in deren einem _einst_, auf Stroh, […] eine alte kranke Frau […] gebettet worden war."	1. Handlungsschritt: Schlossherr kann das Schloss nicht verkaufen, da darin ein Geist spukt. „_Mehrere Jahre nachher_ […] fand sich ein […] Ritter bei ihm ein, der das Schloss […] kaufen wollte."	2.–6. Handlungsschritt: Der Schlossherr verbrennt sich und sein Schloss, nachdem ihm der Geist der Bettlerin mehrfach erschienen ist.	Erzähler wechselt wieder in seine Gegenwart: „und noch _jetzt_ liegen […] seine weißen Gebeine in dem Winkel des Zimmers, von welchem er das Bettelweib von Locarno hatte aufstehen heißen."

Zeitsprung

den Aufbau einer Handlung untersuchen

Umgang mit erzählenden Texten · Lerninsel

Das Handlungsmuster und den zentralen Konflikt untersuchen

Die Handlungen in erzählenden Texten folgen meist bestimmten Mustern. Oft prallen gegensätzliche Interessen, Wertvorstellungen und Verhaltensweisen von Figuren aufeinander, aus denen ein **Konflikt** entsteht. Dieser kann im Erzählverlauf (teilweise) **überwunden** werden, **bestehen bleiben** oder sich sogar **zuspitzen**.

Den Konflikt, seine Ursachen sowie die Art, wie mit ihm umgegangen wird, kannst du mit folgenden Fragen erschließen:

- Welche **Konflikte** hat die Hauptfigur (z. B. Verlust, Schädigung, Bedrohung, Schuld)?
- Welche **Hintergründe** spielen für die Entstehung des Konflikts eine Rolle?
- Welche **Figuren** sind betroffen (z. B. Gleichgesinnte, Gegenspieler)?
- Welche **inneren Haltungen** (z. B. Wünsche, Gefühle und Einstellungen) spielen eine Rolle oder stehen sich eventuell gegenüber (innerer Konflikt)?
- Wie **entwickelt** sich der Konflikt (z. B. Überwindung, Zuspitzung)?
- Welche **Gründe** führen zu dieser Entwicklung?

So geht's
Charakter untersuchen, Ort der Handlung
324ga5

So geht's

Heinrich von Kleist: Das Bettelweib von Locarno (Ausschnitt)

Vorgeschichte: Eine Bettlerin stirbt qualvoll, nachdem ihr der Schlossherr (Marchese) befohlen hat, ein bequemes Nachtlager, das ihr seine Gattin gewährt hatte, gegen ein unbequemes Lager zu tauschen.

„Mehrere Jahre nachher, da der Marchese durch Krieg und Miss-
5 wachs in bedenkliche Vermögensumstände geraten war, fand sich ein florentinischer Ritter bei ihm ein, der das Schloss […] von ihm kaufen wollte. Der Marchese, dem viel an dem Handel gelegen war, gab seiner Frau auf, den Fremden in dem obenerwähnten, leerstehenden Zimmer […] unterzubringen. Aber wie betreten war das Ehepaar, als
10 der Ritter mitten in der Nacht […] zu ihnen herunterkam, hoch und teuer versichernd, dass es in dem Zimmer spuke […]. Der Marchese, erschrocken, er wusste selbst nicht recht warum, lachte den Ritter mit erkünstelter Heiterkeit aus und sagte, er wolle sogleich aufstehen und die Nacht zu seiner Beruhigung, mit ihm in dem Zimmer zu-
15 bringen." *(Der Ritter reist ab und die Schlossbesitzer finden heraus, dass es in dem Zimmer tatsächlich spukt.)* „Bei diesem Anblick stürzt die Marquise, mit sträubenden Haaren, aus dem Zimmer; und während der Marchese, der den Degen ergriffen […], gleich einem Rasenden nach allen Richtungen die Luft durchhaut, lässt sie anspannen,
20 entschlossen, augenblicklich nach der Stadt abzufahren. Aber ehe sie noch […] aus dem Tore herausgerasselt, sieht sie schon das Schloss ringsum in Flammen aufgehen. Der Marchese, von Entsetzen überreizt, hatte eine Kerze genommen und dasselbe […] an allen vier Ecken, müde seines Lebens, angesteckt. […] noch jetzt liegen, von
25 den Landleuten zusammengetragen, seine weißen Gebeine in dem Winkel des Zimmers, von welchem er das Bettelweib von Locarno hatte aufstehen heißen."

Handlungsmuster:
Die Hauptfigur wird durch ein Gespenst in den Tod getrieben.

Hintergründe:
Der Ritter ist an dem Tod der Bettlerin schuld. Marchese ist hoch verschuldet und muss sein Schloss verkaufen.

weitere Figuren:
seine Ehefrau (Marquise)

innere Haltungen:
Marchese ist erschrocken.
– Glaubt er nicht an Geister?
– Hat er Schuldgefühle?

Entwicklung:
Zuspitzung
– äußere Handlung: M. zerstört sein Schloss.
– innere Handlung: M. wird „von Entsetzen überreizt" (Z. 23)
→ tötet sich selbst.

Gründe für die Entwicklung:
M. hat sich schuldig gemacht.

das Handlungsmuster und den zentralen Konflikt untersuchen

Die Gestaltung einer Geschichte untersuchen

Die Textsorte erkennen und untersuchen

Du kannst Erzähltexte gezielter untersuchen, wenn du auf die
typischen Merkmale der entsprechenden Textsorte achtest.
Folgende **epische Textsorten** kennst du schon:

- Jugendroman, längere Erzählung, Novelle
- Märchen, Sage (Helden- und Göttersage), Schelmen- und Lügengeschichte,
  Fabel, Anekdote, Kalendergeschichte, Kurzgeschichte

Beachte aber, dass **nicht jeder Text alle Merkmale** einer Textsorte aufweist!

So geht's
Fabel, Helden- und Göttersage, Märchen, Schelmen- und Lügengeschichte, Anekdote, Kalendergeschichte
7cz3fj

	Kurzgeschichte	Novelle	Roman
Thema	– eine besondere Begebenheit – „ein Stück herausgerissenes Leben" (W. Schnurre)	eine besondere Begebenheit (ital. *novella* = Neuigkeit)	breiter Wirklichkeitsausschnitt
Handlung	– einsträngige Handlung – nur auf ein bestimmtes Geschehen beschränkt (meist aus Alltag)	– einsträngige Handlung – straff erzählt – Höhe- und Wendepunkte	– meist mehrsträngige Handlung – Haupt- und Nebenhandlungen
Ort/Zeit	ein bestimmter Ort und ein bestimmter Augenblick sind sehr sparsam dargestellt	Ort und Zeit sind abhängig vom besonderen Ereignis, das im Mittelpunkt steht	verschiedene Schauplätze und Zeiten
Figuren	wenige Figuren, die knapp charakterisiert werden (nur Merkmale, die für das Geschehen wichtig sind)	wenige Figuren	meist zahlreiche Figuren, die durch vielfältige Beziehungen miteinander in Verbindung stehen
Aufbau	– meist unvermittelter Beginn – offener Schluss	– knappe Exposition – deutlicher Höhepunkt – klarer Schluss	besteht meist aus mehreren Kapiteln
Erzählweise	– oft personaler Er-/Sie-Erzähler – geradlinig – auf das Wesentliche konzentriert	– oft personaler Er-/Sie- Erzähler – geradlinig – auf das Wesentliche konzentriert	– alle Erzählweisen möglich – häufig Wechsel im Erzählverhalten oder in der Erzählperspektive
Besonderheiten	häufig überraschende Wendung am Ende	– oft mit Dingsymbol, das Hinweise auf die Deutung gibt – oft Rahmenhandlung	große Zahl von Romantypen (z. B. fantastischer Roman, Science-Fiction-Roman, Jugendroman, Reiseroman, …)
Wirkung	durch knappen Stil wird der Leser zum Nach- und Weiterdenken angeregt	kann häufig symbolisch gedeutet werden	hängt vom Romantyp, von der sprachlichen Ausdruckskraft sowie von der Erzählweise ab

Umgang mit erzählenden Texten · Lerninsel

Die Erzählweise untersuchen

Wie eine Geschichte auf dich wirkt, hängt stark von der Erzählweise ab, die der Autor gewählt hat. Diese Wirkung kannst du anhand folgender Begriffe erfassen:

🌐
So geht's
Erzählperspektive, Erzählverhalten untersuchen
ky4n3a

- **Erzählform:** Ich-Erzähler oder Er-/Sie-Erzähler
- **Erzählperspektive:** Innensicht oder Außensicht
- **Erzählverhalten:**
  - **auktoriales Erzählverhalten:** Der Erzähler ist allwissend. Er hat einen Überblick über das Geschehen und das Innere der Figuren und steht außerhalb des Geschehens (Vogelperspektive). Er kann dein Verständnis durch Kommentare und Bewertungen beeinflussen.
  - **personales Erzählverhalten:** Der Erzähler nimmt die Sicht einer Perspektivfigur ein, die am Geschehen beteiligt ist. Deine Wahrnehmung ist auf die der Perspektivfigur beschränkt.
  - **neutrales Erzählverhalten:** Der Erzähler scheint ganz verschwunden zu sein. Das Geschehen wird dir scheinbar unvermittelt vor Augen gestellt.
- **Zeitgestaltung:**
  - **erzählte Zeit:** Zeit, über die sich das erzählte Geschehen erstreckt
  - **Erzählzeit:** Zeit, die du zum Erzählen, Vortragen oder Lesen der erzählten Geschichte brauchst
  - **Zeitdehnung:** Erzählzeit ist länger als die erzählte Zeitspanne
  - **Zeitraffung:** erzählte Zeit dauert deutlich länger als die Erzählzeit

auktoriales Erzählverhalten

personales Erzählverhalten

So geht's

Johann Peter Hebel: Unverhofftes Wiedersehen (Ausschnitt)

In Falun in Schweden küsste vor guten fünfzig Jahren und mehr ein junger Bergmann seine junge, hübsche Braut und sagte zu ihr: „Auf Sankt Luciä wird unsere Liebe von des Priesters Hand gesegnet." […] da meldete sich der Tod. Denn als der Jüngling den andern Morgen in seiner schwarzen Bergmannskleidung an ihrem Haus vorbeiging, der Bergmann hat sein Totenkleid immer an, da klopfte er zwar noch einmal an ihrem Fenster und sagte ihr guten Mor-
5 gen, aber keinen guten Abend mehr. Er kam nimmer aus dem Bergwerk zurück, […] Unterdessen wurde die Stadt Lissabon in Portugal durch ein Erdbeben zerstört und der Siebenjährige Krieg ging vorüber, […] Amerika wurde frei und die vereinigte französische und spanische Macht konnte Gibraltar nicht erobern. […] Napoleon eroberte Preußen und die Engländer bombardierten Kopenhagen und die Ackerleute säeten und schnitten. Der Müller mahlte und die Schmiede hämmerten und die Bergleute gruben nach den Metalladern in ihrer unterirdischen Werkstatt. Als aber
10 die Bergleute in Falun im Jahr 1809 […] zwischen zwei Schachten eine Öffnung durchgraben wollten, […] gruben sie aus dem Schutt und Vitriolwasser den Leichnam eines Jünglings heraus, der ganz mit Eisenvitriol durchdrungen, sonst aber unverwest und unverändert war, […]

Durch die historischen Daten (Z. 1, 10) erhält man den Eindruck, dass der Erzähler von einer wahren Begebenheit erzählt. Die eingeschobenen Kommentare (Z. 4) und die Art, wie der Erzähler mit der erzählten Zeit umgeht, sind typisch für ein auktoriales Erzählverhalten. In wenigen Zeilen gelingt es ihm mithilfe einer Zeitraffung, die Zeitspanne von 50 Jahren durch Hinweise auf historische Ereignisse zusammenzufassen. Dies steht in einem deutlichen Kontrast zu dem Anfang der Geschichte, in dem durch die Verwendung von direkter Rede Erzählzeit und erzählte Zeit übereinstimmen.

270   die Erzählweise untersuchen

Auf einen erzählenden Text reagieren, produktiv mit ihm umgehen

Aus Sicht einer anderen Figur schreiben

1. **Den literarischen Ausgangstext untersuchen**
   - Den **Inhalt** klären:
     · Beachte den Handlungsverlauf und die Charaktereigenschaften der Figuren.
     · Suche nach einer Figur, aus deren Perspektive du schreiben kannst.
       Du kannst auch aus der Sicht einer Beobachterfigur schreiben,
       die nicht im Ausgangstext vorkommt.
   - Die **Gestaltung** untersuchen:
     · Erzählweise (Erzählform, Erzählperspektive, Erzählverhalten)
     · Gestaltung der Figuren (direkte und indirekte Charakterisierung)
     · sprachliche Merkmale (zum Beispiel: auffällige Sprechweise einer Figur)

2. **Den Schreibplan erstellen**
   - Erzählabsicht klären:
     · Lege fest, mit welcher Haltung du über das Geschehen erzählen willst
       (zum Beispiel: *kritisch, distanziert, humorvoll*).
   - Die Erzählweise festlegen:
     · Wähle die Erzählform entsprechend deiner Erzählabsicht
       (Haltung zu dem Geschehen).
     · Lege Erzählperspektive und Erzählverhalten fest.
   - Überprüfe deine Schreibidee am literarischen Ausgangstext.

3. **Den eigenen Text verfassen**
   - Orientiere dich an deinem Schreibplan.

4. **Den eigenen Text überarbeiten**
   - Kriterien: Berücksichtige Inhalt und Gestaltung des Ausgangstextes,
     Logik, Grammatik, Rechtschreibung.

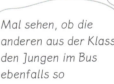

Mal sehen, ob die anderen aus der Klasse den Jungen im Bus ebenfalls so unmöglich sehen.

So geht's

Angaben (Ausschnitt)

Im Autobus der Linie S, zur Hauptverkehrszeit. Ein Kerl von etwa sechsundzwanzig Jahren, weicher Hut mit Kordel anstelle des Bandes, zu langer Hals, als hätte man daran gezogen. Leute steigen aus. Der in Frage stehende Kerl ist über seinen Nachbarn erbost. Er wirft ihm vor, ihn jedesmal, wenn jemand vorbeikommt, anzurempeln. Weinerlicher Ton, der bösartig klingen soll. Als er einen leeren Platz sieht, stürzt er sich drauf. […]

Wie waren wir auf dieser Autobusplattform zusammengedrückt! Und wie albern und lächerlich dieser Junge aussah! Und was macht er? Setzt er sichs doch auf einmal in den Kopf, mit einem gutmütigen Menschen zanken zu wollen, der – so behauptet er! dieser Angeber! – ihn anstieß! Und darauf weiß er nichts Besseres zu tun, als rasch einen frei gelassenen Platz einzunehmen! Anstatt ihn einer Dame zu überlassen! (…)

Erzählform:
Ich-Erzähler

Erzählperspektive:
Außen- und Innensicht

Erzählverhalten:
personal:
– beteiligte Figur
– bewertend

Umgang mit erzählenden Texten · Lerninsel

Einen Paralleltext schreiben

Du kannst zu einem erzählenden Text einen eigenen Text schreiben, der sich in Inhalt und Form an den Ausgangstext anlehnt, z. B. den Aufbau oder sprachliche Mittel übernimmt.

So geht's

Franz Hohler: Der Verkäufer und der Elch

Kennt ihr das Sprichwort „Dem Elch eine Gasmaske verkaufen"? Das sagt man im Norden zu jemandem, der sehr tüchtig ist, und ich möchte jetzt erzählen, wie es zu diesem Sprichwort gekommen ist.

5 Es gab einmal einen Verkäufer, der war dafür berühmt, dass er allen alles verkaufen konnte.

Er hatte schon einem Zahnarzt eine Zahnbürste verkauft, einem Bäcker ein Brot und einem Obstbauern eine Kiste Äpfel.

10 „Ein wirklich guter Verkäufer bist du aber erst", sagten seine Freunde zu ihm, „wenn du einem Elch eine Gasmaske verkaufst."

Da ging der Verkäufer so weit nach Norden, bis er in einen Wald kam, in dem nur Elche wohnten.

15 „Guten Tag", sagte er zum ersten Elch, den er traf, „Sie brauchen bestimmt eine Gasmaske."

„Wozu?", fragte der Elch. „Die Luft ist gut hier."

„Alle haben heutzutage eine Gasmaske", sagte der Verkäufer.

„Es tut mir leid", sagte der Elch, „aber ich brauche keine."

20 „Warten Sie nur", sagte der Verkäufer, „Sie brauchen schon noch eine."

Und wenig später begann er mitten in dem Wald, in dem nur Elche wohnten, eine Fabrik zu bauen.

„Bist du wahnsinnig?", fragten seine Freunde.

25 „Nein", sagte er, „ich will nur dem Elch eine Gasmaske verkaufen."

Als die Fabrik fertig war, stiegen so viel giftige Abgase aus dem Schornstein, dass der Elch bald zum Verkäufer kam und zu ihm sagte:„Jetzt brauche ich eine Gasmaske."

30 „Das habe ich gedacht", sagte der Verkäufer und verkaufte ihm sofort eine. „Qualitätsware!", sagte er lustig.

„Die anderen Elche", sagte der Elch, „brauchen jetzt auch Gasmasken. Hast du noch mehr?" Elche kennen die Höflichkeitsform mit „Sie" nicht.

35 „Da habt ihr Glück", sagte der Verkäufer, „ich habe noch Tausende."

„Übrigens", sagte der Elch, „was machst du in deiner Fabrik?"

„Gasmasken", sagte der Verkäufer.

Inhalt:
- Erklärung des Sprichworts
- Verkäufer beweist Verkaufsgeschick
- Verkäufer baut Fabrik für Gasmasken
  → schlechte Luft → Elche benötigen Gasmasken

Gestaltung:
- Satzanfänge wie in Märchen
- Leseransprache → Redesituation, Unmittelbarkeit
- Satzbau: viele Satzgefüge, meist Attributsätze
- Redewiedergabe → Unmittelbarkeit
- Aufzählungen → zeigen Geschick des Verkäufers
- beschreibende Adjektive → Charakterisierung
- I meist neutrales Erzählverhalten → Zurückhaltung, fordert zum Nachdenken heraus, Märchenelemente verdeutlichen kritische Sicht

Kennt ihr das Sprichwort: „Das geht auf keine Kuhhaut"? (...)
Es gab da einen Verkäufer im Fernsehen, der war berühmt dafür, Zuschauer zum Kauf der unnötigsten Dinge zu verführen. „Wirklich gut bist du aber erst", witzelten seine neidischen Kollegen, „wenn du es schaffst, dass sie dir das gleiche Gerät, das sie schon besitzen, in einer anderen Farbe abkaufen." (...)

272   einen Paralleltext schreiben

Umgang mit Gedichten
Lerninsel: Was du wissen und können musst

Gedichte sind klingende Kunstwerke, in denen Erlebnisse, Gedanken und Gefühle verdichtet zum Ausdruck kommen. Diese Lerninsel erinnert dich an das Gelernte und enthält weiteres Handwerkszeug, das dir hilft, Gedichte besser zu verstehen.

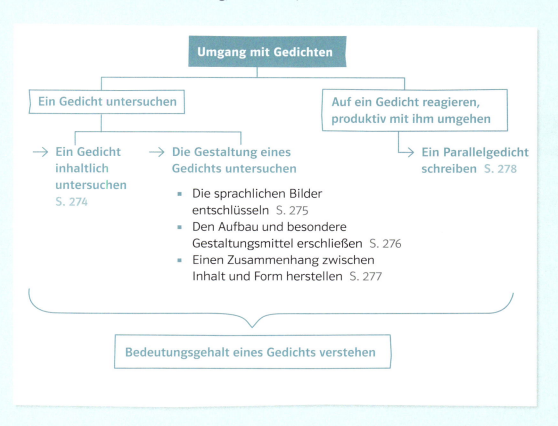

So geht's: lyrischer Sprecher, klangliche Mittel, Metapher und Personifikation, Gedicht vortragen
6574hf

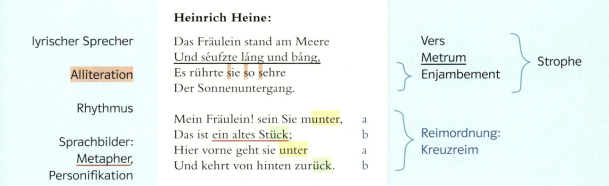

Umgang mit Gedichten · Lerninsel

Ein Gedicht inhaltlich untersuchen

So kannst du vorgehen, um das **Thema** und den **Inhalt** eines Gedichts zu verstehen:

- die Überschrift beachten
- W-Fragen beantworten
- die Grundstimmung erschließen
- die zentralen Motive bestimmen
- den lyrischen Sprecher untersuchen
- Informationen über den Autor und die Entstehungszeit einbeziehen
Du musst zwar zwischen dem lyrischen Sprecher und dem Autor unterscheiden, dennoch können dir Informationen über den Autor und die Entstehungszeit des Gedichts helfen, das Gedicht besser zu verstehen.

So geht's:
lyrischer Sprecher
6574hf

So geht's

Überschrift beachten: Es geht um einen Ort, den man bei Gefahr aufsucht, um Schutz und Hilfe zu erhalten.

> **Bertolt Brecht: Zufluchtsstätte (1937)**
>
> Ein Ruder liegt auf dem Dach. Ein mittlerer Wind
> Wird das Stroh nicht wegtragen.
> Im Hof für die Schaukel der Kinder sind
> Pfähle eingeschlagen.
> 5 Die Post kommt zweimal hin
> Wo die Briefe willkommen wären.
> Den Sund herunter kommen die Fähren.
> Das Haus hat vier Türen, daraus zu fliehen.

W-Fragen beantworten:
– Wer spricht?
  lyrischer Sprecher gibt sich kaum zu erkennen; „Kinder" (V. 3) → Vater/Mutter?
– Was wird beschrieben?
  Haus (strohgedeckt) in der Nähe des Sunds, „Fähre" (V. 7) → Meer?
– Wo findet es statt?
  „Sund" → Ostsee
– Wann findet es statt?
  im Entstehungsjahr 1937?
– Wie sieht es dort aus?
  Blick auf die Fähren

Informationen über den Autor und die Entstehungszeit einbeziehen:
Bertolt Brecht musste 1933 aus Deutschland fliehen und lebte von 1933–1939 in Svendborg auf der dänischen Insel Fünen.

Grundstimmung erschließen:
Der Ort wirkt ruhig („mittlerer Wind") und bietet Sicherheit, dennoch spürt man Traurigkeit (V. 6) und Angst (V. 8).

Wie fühlt es sich an, wenn man aus seiner Heimat fliehen muss und in einem Haus auf einer dänischen Insel Zuflucht findet? Dies scheint das Thema zu sein, mit dem sich der Autor Bertolt Brecht in seinem Gedicht „Zufluchtsstätte", geschrieben im Jahre 1937, beschäftigt.

Die Gestaltung eines Gedichts untersuchen

Die sprachlichen Bilder in einem Gedicht entschlüsseln

Gedichte wirken vor allem durch ihre sprachlichen Bilder, die Empfindungen wecken und deine Fantasie anregen. Sprachbilder erkennst du daran, dass du sie nicht wörtlich nehmen darfst (zum Beispiel: *Die Bäume räkeln sich.*).

So geht's:
Metapher, Personifikation
6574hf

- **Personifikation**: Dinge oder Erscheinungen werden wie Lebewesen dargestellt (zum Beispiel: *Lieder flattern zum Herzen der Geliebten*).
- **Vergleich**: Etwas wird durch eine Verknüpfung zweier Bedeutungsbereiche mit „wie", „als ob" oder „so wie" veranschaulicht (zum Beispiel: *schoss vom Himmel wie ein Pfeil*).
- **Metapher**: Sprachbild, bei dem eine Vorstellung auf einen anderen Bedeutungsbereich übertragen wird (zum Beispiel: *Wüstenschiffe zogen durch die Sahara.* → die Kamele als schwankende Schiffe)
- **Symbol**: bildkräftiges Wort oder Zeichen (Wiedererkennungszeichen), das auf etwas Allgemeines verweist (zum Beispiel: *Rose* → *Liebe*)

Wenn ich die Ergebnisse meiner Untersuchung aufschreiben will, muss ich die Wirkung der Sprachbilder sachlich beschreiben und erklären.

So geht's

Heinrich Heine

Leise zieht durch mein Gemüt
Liebliches Geläute.
Klinge, kleines Frühlingslied,
Kling hinaus ins Weite.
5 Kling hinaus, bis an das Haus,
Wo die Blumen sprießen.
Wenn du eine Rose schaust,
Sag, ich lass sie grüßen.

- **Liebliches Geläute** (V. 2):
  Wenn man diesen Ausdruck metaphorisch versteht, dann überträgt man die Vorstellung vom weit zu hörenden Glockenläuten auf den Wunsch, der Klang eines gesungenen Frühlingsliedes würde das Ohr der Geliebten erreichen.

- **Frühlingslied soll etwas sagen** (V. 8):
  Personifikation, die dem Frühlingslied die Rolle eines Liebesboten gibt.

- **Eine Rose** (V. 7):
  Symbol der Liebe (hier der Geliebten)
  Das lyrische Ich möchte der Geliebten einen Gruß ausrichten lassen.

Die Metapher von einem „Geläute" (V. 2) weckt die Vorstellung von einer weiten Landschaft, in der das Glockenläuten zu hören ist. Dieses Bild verbindet sich mit dem lyrischen Ich, das leise ein „Frühlingslied" (V. 3) singt. Versteht man „Rose" (V. 7) als Symbol für die Geliebte, dann hat das lyrische Ich den Wunsch, dieses Lied möge an das Ohr der Geliebten dringen. Durch die Personifikation bekommt das Lied dabei die Eigenschaften eines Boten, der der Geliebten einen Gruß bringen soll.

die Gestaltung eines Gedichts untersuchen: sprachliche Bilder   275

Umgang mit Gedichten · Lerninsel

Den Aufbau und besondere Gestaltungsmittel erschließen

Wenn du die Gestaltung eines Gedichts untersuchen sollst, dann kannst du den **Aufbau** (Aufteilung in Verse und Strophen) und **auffallende Gestaltungsmittel**, z. B. die **Klangmittel** und die Wahl und Anordnung einzelner Wörter, betrachten.

So geht's
Reimordnung
73ve5k

- **Aufbau**
  - **Vers:** Gedichtzeile
  - **Strophe:** Sinnabschnitt aus mehreren Versen
  - **Enjambement (Zeilen- oder Verssprung):** Eine Sinneinheit greift auf die folgende Zeile/den folgenden Vers über, wodurch der Zusammenhang verdeutlicht werden kann.

So geht's
Gedicht vortragen, klangliche Mittel
6574hf

- **Besondere Gestaltungsmittel**
  - **Reim und Reimordnung:** Gleichklang zweier Wörter vom letzten betonten Vokal an
  - **Alliteration:** gleiche Anfangslaute von Wörtern in einer Verszeile, durch die diese Ausdrücke besonders hervortreten (zum Beispiel: *Lust und Leid und Liebesklagen*)
  - **Anapher:** Wiederholung eines Wortes oder einer Wortgruppe am Anfang von aufeinanderfolgenden Versen (zum Beispiel: *Wie herrlich leuchtet mir die Natur! Wie glänzt die Sonne! Wie lacht die Flur!*)
  - **Parallelismus:** Wiederholung von Wortfolgen oder/und Satzbauformen in zwei oder mehreren aufeinanderfolgenden Sätzen (zum Beispiel: *Kling hinaus ins Weite. // Kling hinaus, bis an das Haus.*)
  - **Inversion:** Abweichung der Wortfolge im Satz von der üblichen Wortstellung (zum Beispiel: *Leise zieht durch mein Gemüt // Liebliches Geläute.*)

So geht's

Heinrich Heine

Leise zieht durch mein Gemüt	a
Liebliches Ge**l**äute.	b
Klinge, **kl**eines Frühlingslied,	(a)
Kling hinaus ins Weite.	(b)
5 **Kl**ing hinaus, bis an das Haus,	c
Wo die Blumen sprießen.	d
Wenn du eine Rose schaust,	(c)
Sag, ich **l**ass sie grüßen.	(d)

Besondere Gestaltungsmittel:

Reimordnung: Kreuzreim; unreiner Reim
Alliteration: V. 3: Kl-Laut in „Klinge" und „kleines" → Verbindung zum weichen L-Laut in den Versen 1 und 2
Anapher: „Kling(e)" in V. 3–5
Parallelismus: V. 4–5: „kling hinaus" → Verbindung zur 2. Strophe; Wunschhaltung des lyrischen Ich wird betont
Inversion: V. 1–2: „Liebliches Geläute" steht als Subjekt am Ende und erhält einen eigenen Vers → weicher L-Laut am Anfang der beiden Verse

Der Klang des Gedichts wird von einem weich klingenden L-Laut getragen. Die Inversion in Vers 1 und 2 bewirkt, dass dieser Laut jeweils am Versanfang steht. Außerdem bestimmt er den Klang des Ausdrucks „liebliches Geläute": Beide betonten Silben in „liebliches Geläute" beginnen mit einem L-Laut. Sein weicher Ton unterstützt die Vorstellung von einem schön anzuhörenden Glockenklang.

Einen Zusammenhang zwischen Inhalt und Form herstellen

Die Untersuchung der Form eines Gedichts (Gestaltung, Aufbau, Reimschema, Sprache) kann dir helfen, dessen Inhalt (Bedeutung) zu erfassen.

1. **Den Inhalt des Gedichts mit eigenen Worten wiedergeben**
   - Benenne das Thema des Gedichts.
   - Fasse dich möglichst kurz.
2. **Die Versgestaltung und den Aufbau erfassen**
   - Beschreibe den Aufbau in Strophen und Reime und bestimme die Reimordnung.
   - Achte auf Enjambements und die Verslänge und bestimme den Rhythmus.
3. **Auffallende Gestaltungsmittel erkennen**
   - Benenne außer dem Reim weitere klangliche Gestaltungsmittel und beschreibe ihre Wirkung.
   - Ermittle sprachliche Bilder und erkläre ihre Bedeutung.

Erich Kästner: Ernster Herr im Frühling (1950)

Als wär er ein dickes Kind,
tolpatscht der Frühlingswind
mit Grübchenfingern in dein Gesicht!
Er strampelt vor Übermut!
5 Er zupft dich kichernd am Hut!

Du aber magst kleine Kinder nicht.

1. Schritt:
- Thema: Ein ernsthafter Mann lässt sich nicht vom ausgelassenen Frühling anstecken.
- Der Frühling versucht mit kindischen Mitteln einen griesgrämigen Herrn zu necken, bleibt aber ohne Erfolg. Es stellt sich heraus, dass der Herr deshalb nicht auf die Aufmunterungsangebote eingeht, weil er keine Kinder mag.

2. Schritt:
- **Enjambements** in V.1-3 stehen für Vergnügtheit des Frühlings
  · ein langer beschwingter Satz
  · Ausrufezeichen
- zwei Verse mit Ausrufezeichen (V.4,5) verstärken die fröhliche Aktion
- **Schlussvers** (V.6) ist durch eine Freizeile abgesetzt
  · Pointe erklärt Ursache
  · lange Verszeile
  · Wirkung: trotzig und lustlos
- Reimschema unterstützt die Wirkung: a – a – b – c – c – b
  → Schweifreim.

3. Schritt:
- **Vergleich:** Frühling benimmt sich wie ein „dickes Kind"
- **Personifikation** (V.2,4,5) zeigt seine Munterkeit
- **Wortneubildungen** zeigen seine Regellosigkeit
- **Anapher** (V.4/5) unterstreicht seine Lebhaftigkeit

einen Zusammenhang zwischen dem Inhalt und der Gestaltungsweise herstellen

Umgang mit Gedichten · Lerninsel

Auf ein Gedicht reagieren, produktiv mit ihm umgehen

Du kannst ein Gedicht zum Anlass nehmen, ein eigenes Gedicht oder ein Parallelgedicht zu schreiben. Vorher musst du dich intensiv mit dem Ausgangsgedicht auseinandersetzen.

Ein Parallelgedicht schreiben

1. Auseinandersetzung mit dem Inhalt und der Gestaltung des Ausgangsgedichts

- Bestimme das Thema des Gedichts.
- Untersuche die Gestaltungsmittel des Gedichts (z. B. Aufbau, sprachliche, bildliche, klangliche Mittel).

2. Festlegung der Bearbeitungsabsicht

- Überlege dir für dein eigenes Gedicht ein Thema und die Aussageabsicht.

3. Parallelgedicht schreiben

- Schreibe ein eigenes Gedicht, das sich in seiner Gestaltung an dem Ausgangsgedicht orientiert.

4. Das eigene Gedicht überarbeiten

- Prüfe, ob du das Ausgangsgedicht berücksichtigt hast und die Gestaltungsmittel stimmig sind.

Spätestens in V. 12 wird deutlich, dass der Autor die Absicht hatte, das Gedicht von Hesse aufs Korn zu nehmen.

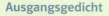 *So geht's*

Ausgangsgedicht
Hermann Hesse: Liebeslied

Ich bin der Hirsch und du das Reh,
Der Vogel du und ich der Baum,
Die Sonne du und ich der Schnee,
Du bist der Tag und ich der Traum.
5 Nachts aus meinem schlafenden Mund
Fliegt ein Goldvogel zu dir,
Hell ist seine Stimme, sein Flügel bunt,
Der singt dir das Lied von der Liebe,
Der singt dir das Lied von mir.

Parallelgedicht
Hanns von Gumppenberg: Liebeslied

Ich bin der Hirsch und du das Reh,
Der Ast bist du und ich der Baum,
Die Sonne ich und du der Schnee,
Ich bin der Tag und du der Traum.
5 Die Zeit bin ich und du der Raum.
Du bist das Nichts und ich das Kaum!

Ich bin der Deckel, du der Topf,
Der Hals bin ich und du der Kropf.
Ich bin der Zapfen, du der Spund,
10 Die Hündin du und ich der Hund.
Du bist das Ach und ich das Weh:
Ich bin der Hess und du das E.

Checkliste:
✔ Reimordnung
✔ Verslänge
✔ Inversion
✔ Parallelismus
✔ Anapher
✔ …

Spund: Stöpsel, mit dem die Öffnung eines Fasses geschlossen wird

auf ein Gedicht reagieren, produktiv mit ihm umgehen

Umgang mit szenischen Texten
Lerninsel: Was du wissen und können musst

Szenische Texte findest du vor allem in Theaterstücken oder in Drehbüchern für Filme. Hier erhältst du Hinweise, wie du diese Texte besser verstehen kannst.

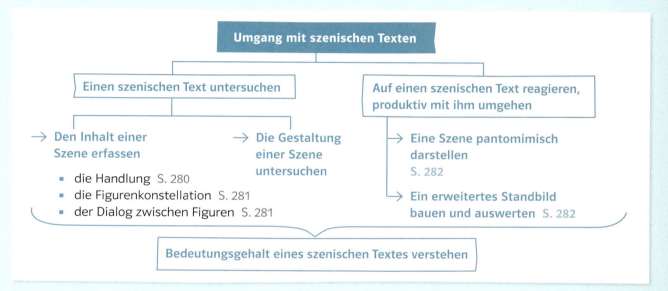

Wolfgang Borchert: Draußen vor der Tür (Ausschnitt aus 3. Szene)

(Das Theaterstück spielt unmittelbar nach dem Zweiten Weltkrieg, als die Soldaten in das zerstörte Deutschland zurückkehren.)
Eine Stube. Abend. Eine Tür kreischt und schlägt zu. Der Oberst und seine Familie.

BECKMANN: Guten Appetit, Herr Oberst.
DER OBERST (kaut): Wie bitte?
BECKMANN: Guten Appetit, Herr Oberst.
OBERST: Sie stören beim Abendessen! Ist Ihre Angelegenheit so wichtig?
5 BECKMANN: Nein. Ich wollte nur feststellen, ob ich mich heute Nacht ersaufe oder am Leben bleibe. Und wenn ich am Leben bleibe, dann weiß ich noch nicht, wie. Und dann möchte ich am Tage manchmal vielleicht etwas essen. Und nachts, nachts möchte ich schlafen. Weiter nichts.
OBERST: Na na na na! Reden Sie mal nicht so unmännliches Zeug. Waren
10 doch Soldat, wie?
BECKMANN: Nein, Herr Oberst.
SCHWIEGERSOHN: Wieso nein? Sie haben doch Uniform an.
BECKMANN (eintönig): Ja. Sechs Jahre. Aber ich dachte immer, wenn ich zehn Jahre lang die Uniform eines Briefträgers anhabe, deswegen bin ich
15 noch lange kein Briefträger.

Figurenkonstellation
Hauptfigur (Beckmann) ↔ Gegenspieler (Oberst und seine Familie)

Handlung
– äußere Handlung:
  · Beckmann erscheint zum Abendessen in der Familie.
  · Beckmann sucht Antworten auf Fragen und hat Hunger.
  · Familie fühlt sich gestört.
– innere Handlung:
  · Beckmann ist verzweifelt.
  · Oberst findet die Verzweiflung von Beckmann „unmännlich".
– Konfliktpotential:
  Beckmann vom Krieg gezeichnet, Oberst nicht

Dialog
– Beckmann: kritisch, …
– Oberst: überheblich, …

Umgang mit szenischen Texten · Lerninsel

Den Inhalt einer Szene erfassen

So geht's
Figuren untersuchen, Konflikt untersuchen
an6g29

Konzentriere dich auf die **Handlung** sowie die **Figuren** und die **Figurenkonstellation**.

Die Handlung einer Szene untersuchen

- direkte Hinweise auf
  - **äußere** und **innere Handlung** in Regieanweisungen *(Menschen drängen [...] herein)* oder in Figurenreden *(Frau: Sagen Sie, wo gibt es ...)*
- indirekte Hinweise auf
  - **äußere Handlung**, die du der Sprechabsicht entnehmen kannst (achte auf Verben wie: *auffordern, beschimpfen, loben, begründen, bestreiten, ...*)
  - **innere Handlung**, die vom Sprecher angedeutet wird (achte auf Verben wie: *denken, zweifeln, hoffen, sich ärgern, ...*)
- **innere Konflikte** (in einer Figur selbst) und
  äußere Konflikte (zwischen zwei oder mehreren Figuren)
  - Wer ist an der Auseinandersetzung beteiligt?
  - Was ist Gegenstand oder Anlass der Auseinandersetzung?
  - Welche Wünsche, Gefühle und Einstellungen stehen sich gegenüber?
- **Ort** und **Zeit** der Handlung
  - Welchen Einfluss haben Ort und Zeit auf die Handlung?

Diese Fragen helfen:
Welches Problem hat die Figur und warum?
Wie/warum wird das Problem gelöst/nicht gelöst?

Gerhard Polt, Hanns Christian Müller: Im Kaufhauslift

Ein Kaufhauslift von innen. Menschen drängen zur offenen Lifttür herein. Ein zerknitterter Liftportier steht am Liftbedienungspult.
Erdgeschoss
KUNDE I: In den ersten bittschön ...
LIFTMANN: Eins, zwei, vier, noch jemand, haben wir alles ...
KUNDE II: Fünf.
LIFTMANN: ... und die Fünf dazu.
5 **KUNDIN:** Elektrische Schreibmaschinen?
LIFTMANN: Elektro, Schreibwaren 3. Stock. – Aufwärts!
FRAU: Sagen Sie, wo gibt es bitte ...
LIFTMANN: Meine Dame, ich rufe alles aus. Sonst kommen wir morgen früh noch nicht an, hätten Sie unten die Auskunft holen
10 müssen. – Vorsicht!
Die Lifttür schließt, der Lift fährt los.
I. Stock
LIFTMANN: Erster bitte, Herren-Damen-Kinderbekleidung-Ledermoden [...]

Ort und Zeit: Arbeitsplatz eines Liftportiers in einem Kaufhaus
äußere Handlungen:
- Kunden drängeln
- Liftportier informiert, kündigt an, warnt, bedient den Lift
- Frau bittet um Information
- Liftportier belehrt die Frau, macht ihr Vorwürfe

innere Handlungen:
- Liftportier ärgert sich

innere und **äußere Konflikte:**
- Gegensatz zwischen: Kundenorientierung ↔ Routine des Liftportiers
- äußerer Konflikt: Frau wünscht Information ↔ Liftportier will keine Störung und kritisiert die Frau

In einem Kaufhauslift kommt es zu einem Konflikt zwischen dem Liftportier und einer Kundin, die um eine zusätzliche Information bittet. Der Liftportier möchte nicht in seiner Routine gestört werden und weist diese „Störung" ungehalten zurück. Er belehrt und kritisiert die Frau.

Die Figurenkonstellation untersuchen

Die Handlung in einer Szene wird von der Beziehung zwischen den Figuren bestimmt. Häufige **Figurenkonstellationen** sind:
- Spieler ↔ Gegenspieler
- Held im Mittelpunkt
- Dreiecksbeziehung

Achte auf folgende Aspekte:
- gemeinsame/unterschiedliche Interessen und Einstellungen der Figuren
- soziale Position der Figuren (z. B. *Adel* ↔ *Bürger*, *Chef* ↔ *Angestellter*)
- Art der Beziehung zwischen den Figuren (gleichberechtigt, hierarchisch)

Den Dialog zwischen Figuren untersuchen

Durch den **Dialog** (Gespräch) wird die Handlung vorangetrieben. Durch ihn erfährst du etwas über die **unterschiedlichen Positionen in einem Konflikt** und gewinnst Einblick in die **Charaktereigenschaften** und **Gedanken der Figuren**.
Folgende Fragen helfen dir bei der Untersuchung eines Dialogs:
- Was ist das **Thema**/der Gegenstand des Dialogs?
- Welche **Sprechabsicht** liegt vor?
- Welche **Einstellung** haben die Dialogpartner **zueinander**?
- Welche **Gesprächsstrategie** wird deutlich?
  – Verhält sich einer der Gesprächspartner dominant/unterordnend?
  – Gehen die Gesprächspartner aufeinander ein (aktives Zuhören)?
  – Ist der Sprachstil sachlich oder eher emotional?
  – Verhalten sich die Gesprächspartner eindeutig, wird alles ausgesprochen?

> Lerninsel:
> Beziehungen zwischen Figuren skizzieren
> S. 234

Spieler ↔ Gegenspieler

Held im Mittelpunkt, eine zentrale Figur

Dreieckskonstellation

So geht's

Lutz Hübner: Creeps (Ausschnitt)

Drei Mädchen werden zu einem Casting eingeladen und warten im Studio darauf, dass es losgeht.
Maren beginnt nervös auf und ab zu gehen. Lilly packt ihr Handy wieder ein, nimmt sich einen Kaffee.
PETRA: Was kostet denn so ein Kaffee, steht da was?
LILLY: Kannst dich einfach bedienen. (…) Alles spendiert, Begrüßungsgeschenk. (…)
MAREN: *(zu Lilly)* Sag mal, weißt du, wie das so läuft? So ein Casting?
LILLY: Ist auch mein erstes, läuft aber ganz unterschiedlich, was man so hört. Und klingt jetzt vielleicht blöd, aber wir wollen denselben Job. Weißt, was ich meine, oder? Ich brauch jetzt noch ein kleines Chill out.
Sie setzt den Kopfhörer auf, schaltet den MD-Player ein. Maren geht zurück zum Sofa […].

Maren möchte über den Ablauf des Castings reden. Sie weiß nicht, wie sie sich verhalten soll. Lilly scheint sich auszukennen, weshalb Maren das Gespräch mit ihr sucht. Sie sieht in Lilly keine Konkurrentin. Lilly hat eine ganz andere Einstellung zu Maren. Sie sieht Maren als Konkurrentin und will deshalb kein Gespräch. Lilly bringt dies in Worten und durch ihr Handeln zum Ausdruck.	– Welche Sprechabsicht hat Maren? – Welche Einstellung hat Maren zu Lilly und Lilly zu Maren? – Wie verhält sich Lilly?

Inhalt einer Szene erfassen: Figurenkonstellation, Dialog

Umgang mit szenischen Texten · Lerninsel

Auf einen szenischen Text reagieren, produktiv mit ihm umgehen

Eine Szene pantomimisch darstellen

Bei der **pantomimischen Darstellung** einer Szene verzichtest du vollständig auf das gesprochene Wort und konzentrierst dich nur auf die **Körpersprache** (Mimik, Gestik, Körperhaltung). Dazu musst du dich vorher mit deiner Figur beschäftigen und ihre Gefühle, Einstellungen und Haltungen untersuchen.

Ein erweitertes Standbild bauen und auswerten

1. Bestimmt den Standbildbauer, die Darsteller und die Beobachter.
2. Der **Standbildbauer** spricht nicht, sondern formt und gruppiert die Darsteller wie Puppen, bis sie seiner Deutung der Szene entsprechen. Er achtet dabei auf die Anordnung, Gestik, Mimik, Blickrichtung und Körperhaltung der Darsteller.
3. Der Standbildbauer flüstert den Darstellern jeweils **ein** bis **zwei wichtige Sätze aus der Szene** ins Ohr, den/die diese immer laut sagen sollen, wenn er den eingebauten „Sprechknopf" am Daumen des Standbildes drückt. Die Darsteller achten beim Vortragen ihres Satzes/ihrer Sätze auf eine passende Sprechweise.
4. Die **Beobachter** betrachten das Standbild und beobachten besonders:
   – Wer steht/sitzt/liegt wo?
   – Wer sieht wen an?
   – Welchen Abstand haben die Figuren zueinander?
   – Durch welche Gestik, Mimik und Körperhaltung werden die Beziehungen der Figuren und die Situation ausgedrückt?
   – Wie passt das Standbild mit dem jeweiligen Satz zusammen?
5. Danach werden Veränderungen am Standbild und an den Sätzen vorgenommen, bis die beste Lösung gefunden ist.

282   auf einen szenischen Text reagieren

Umgang mit Medien
Lerninsel: Was du wissen und können musst

Mit Medien hast du jeden Tag zu tun, zum Beispiel, wenn du eine Zeitung liest, fernsiehst, im Internet surfst oder dir Filme anschaust. In dieser Lerninsel kannst du dir einen Überblick darüber verschaffen, wie du Filme analysierst und welche Fachbegriffe dir dabei helfen.

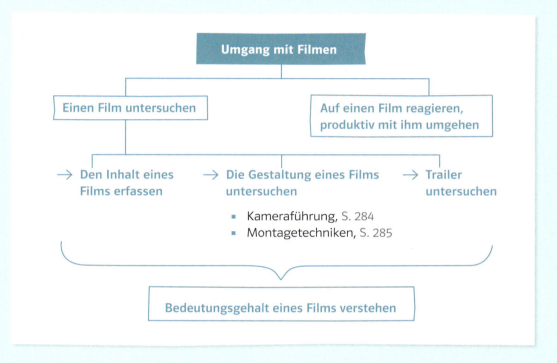

Umgang mit Medien · Lerninsel

Die Gestaltung eines Films untersuchen

Kameraführung und **Montage** sind die wichtigsten Gestaltungsmittel im Film.
Der Zuschauer kann nur das sehen, was die Kamera ihm zeigt. Und er kann es nur
in den Einstellungen sehen, die ihm die Montage vorgibt.
Für das Verständnis von Filmen ist es wichtig, diese Mittel bewusst wahrzunehmen
und in ihren unterschiedlichen Funktionen zu erfassen.

Kameraführung

Bei der Kameraführung sind drei verschiedene Techniken zu unterscheiden:
- Die **Kameraperspektive** bestimmt, aus welcher Position eine Person oder ein Gegenstand zu sehen ist.
  - Die **Aufsicht** („Vogelperspektive") betont die Überlegenheit einer Person.
  - Die **Normalsicht** ermöglicht eine natürliche Wahrnehmung.
  - Die **Untersicht** („Froschperspektive") lässt Personen groß und bedrohlich wirken.
- Die **Kameraeinstellung** bestimmt, wie groß der Ausschnitt ist, den man im Film von einer Person oder einem Gegenstand sieht. Die **Einstellungsgröße** der Kamera bestimmt den Ausschnitt, der gezeigt wird.
  - Die **Totale** gibt den Überblick über den gesamten Handlungsort und vermittelt dem Zuschauer eine erste Orientierung.
  - Bei der **Halbtotalen** sind die Darsteller vollständig zu sehen und werden in ihrer unmittelbaren Umgebung gezeigt. Der Zuschauer fühlt sich einbezogen.
  - **Halbnah** zeigt die Darsteller etwa vom Kopf bis zur Mitte des Oberkörpers. Das entspricht der natürlichen Sehsituation und vermittelt Nähe.
  - Die Einstellung **Nah** zeigt die Darsteller von der Schulter bis zum Kopf. Sie wird oft für Dialoge verwendet, weil die Mimik besonders gut zu erkennen ist.
  - Bei der **Großaufnahme** wird zum Beispiel nur der Kopf gezeigt. Das hebt Reaktionen und Emotionen besonders hervor.
  - Bei der Einstellung **Detail** wird nur ein kleiner Ausschnitt gezeigt, der besonders intensiv wahrgenommen wird.

Die verschiedenen Kameraeinstellungen lassen den Film erst richtig wirken.

Totale · Halbtotale · Halbnah · Nah · Großaufnahme · Detail

- Bei der **Kamerabewegung** werden die verschiedenen Einstellungen und Perspektiven nicht nacheinander gezeigt, sondern mit einer Bewegung der Kamera.
  - Per **Zoom** kann die Kamera zum Beispiel schnell von der Halbtotalen zur Großaufnahme wechseln.
  - Mittels **Schwenk** kann die Kamera zum Beispiel ein Gebäude oder eine Person von unten nach oben in einer Bewegung zeigen.

Montagetechniken

Ein Film besteht aus einzelnen Einheiten. Die **Einstellung** ist die kleinste Einheit im Film.
Am Beginn und am Ende einer solchen Einstellung liegt ein **Schnitt**. Die geschnittenen
Einstellungen werden anschließend aneinandergefügt. Diesen Vorgang nennt man **Montage**.

Es gibt **Montagetechniken**, die häufig verwendet werden:

- **Schuss – Gegenschuss:**
  Hierbei zeigt die Kamera **im Wechsel** verschiedene Personen oder Ereignisse. Obwohl
  die Kamera ihre Position wechselt, versteht der Zuschauer dennoch den Zusammenhang.
  Dieses Verfahren wird häufig bei Gesprächen angewendet.

- **Parallelmontage:**
  Um Ereignisse zu zeigen, die an verschiedenen Orten zur gleichen Zeit geschehen,
  werden die Situationen **hintereinander** gezeigt. Obwohl Ort und Figuren
  unterschiedlich sind, bleibt der Zusammenhang für den Zuschauer verständlich.

So geht's
Montage-
techniken
w66ef2

Trailer untersuchen

Trailer werden zur Vorankündigung eines Films produziert. Sie haben die Funktion, für den
Film zu werben. Einem Trailer entnimmt das Publikum, zu welchem **Genre** der Film gehört.
Außerdem erhält man Einblick in die **Handlung** und in die **Besetzung** des Films und soll sich
dadurch zu einem Filmbesuch anregen lassen.

So geht's

Der Trailer zu Fack ju Göthe will vor allem junge Kinobesucher ansprechen, die Komödien mögen und im Kino gerne lachen. Die Ausschnitte lassen noch nicht die Gesamthandlung erkennen, bilden aber die Handlung des Films in chronologischer Reihenfolge ab. Man erfährt, dass ein Ex-Häftling an eine Schule kommt, um dort als Lehrer zu arbeiten. Dass er den ungewöhnlichen Beruf eines Lehrers annimmt, scheint mit einem vergrabenen Schatz und seiner Freundin zu tun zu haben. Genaueres erfährt man aber noch nicht. Aus der Begegnung des Pseudo-Lehrers mit Schülern und Kolleginnen ergeben sich überdrehte und groteske Momente, die die Realität des üblichen Schulalltags komisch überzeichnen. Die einzelnen Szenen sind in hohem Tempo aneinandergeschnitten und mit instrumentaler Tanzmusik unterlegt. Die Wirkung ist flott, witzig, unterhaltsam. Die einzelnen Szenen bezwecken beim Publikum eine ausgelassene Stimmung, wobei die Komik vor allem aus Schadenfreude resultiert. Man lacht darüber, dass die Filmfiguren mit bösen Überraschungen und Gemeinheiten konfrontiert werden. Abwechselnd hört man eine Stimme aus dem Off, die die Filmhandlung entfaltet und Originalton aus dem Film selbst.

- Welches **Publikum** spricht der Film an?
- Welches **Genre** wird bedient?
- Wieviel **Handlung** wird vorweggenommen?
- Mit welchen **auffallenden Merkmalen** wird der Film beworben?
- Welche Wirkung erzielt der **Schnitt** des Trailers?
- Welche **Musik** wird verwendet?
- Welche **Wirkung** wird durch Schnitt und Musik erzielt?
- Welche **Stimmung** vermittelt der Trailer mit welchen Mitteln?
- Welche **Texte** werden gesprochen oder eingeblendet?

die Gestaltung eines Films untersuchen: Montagetechniken

Sprache betrachten
Lerninsel: Was du wissen und können musst

Unsere deutsche Sprache ist vielfältig und verfügt über zahlreiche Varietäten. Hier kannst du dir über diese Sprachvarietäten einen Überblick verschaffen und erkennen, warum sich Menschen, die zur deutschen Sprachgemeinschaft gehören, trotz dieser Vielfalt gut verstehen.

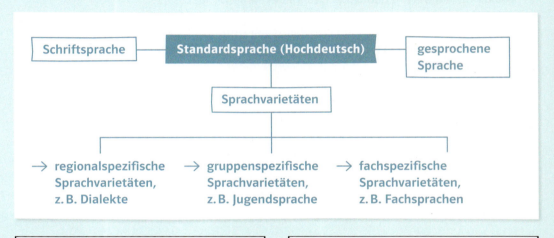

Winnetou un Oldshatternhand sin krasse Kumpels, da haut einem immern allem auf Nase, wenn eim Depp Muttern von andere beleidigt.

Sprachvarietäten unterscheiden S. 287

Der Ich-Erzähler in dem Werk von Karl May ist der deutsche Landvermesser Old Shatterhand. Er hat mit dem Apachen-Häuptling Winnetou Blutsbrüderschaft geschlossen.

Sprachvarietäten angemessen verwenden S. 288

Sprachvarietäten unterscheiden

Im deutschen Sprachraum gibt es als einheitliche Sprachform die **Standardsprache** (auch: Hochdeutsch). Sie ist ein **überregionales Verständigungsmittel** und durch Sprachnormen in Wörterbüchern und Grammatiken geregelt. Sie wird vor allem in der schriftlichen Kommunikation (Schriftsprache) und im öffentlichen Sprachgebrauch (z. B. Medien, Theater, Schule) verwendet.

Es gibt viele Sprachvarietäten, die in verschiedenen Merkmalen von dieser Standardsprache abweichen, z. B. im Wortschatz, in der Grammatik und in der Aussprache:

- **regionale** Varietäten der Sprache, z. B. *Dialekte*
- **gruppenspezifische** Varietäten der Sprache, z. B. *Jugendsprache*
- **fachspezifische** Varietäten der Sprache, z. B. *Fachsprachen*

Fachsprachen erkennen

Die Fachsprache ist eine Sprachvarietät, die geeignet ist, Sachverhalte in einem bestimmten Fachgebiet zu formulieren, z. B. in der Medizin, Pädagogik oder Sprachwissenschaft. Sie verwendet genau definierte Begriffe (**Fachtermini**), mit denen Gegenstände, Vorgänge und Sachverhalte genau und eindeutig bezeichnet werden können (**Sachorientierung**).

Du erkennst fachsprachliche Texte an folgenden Merkmalen:

- **unpersönliche Ausdrucksweise**
  - Passivkonstruktionen
  - Indefinitpronomen wie „man"
- **komplexer Satzbau**
- zahlreiche **Substantivierungen**
- **Nominalstil**
- **Fachwortschatz** (Fachtermini) und **Fremdwörter**

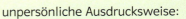
So geht's

Old-Shatterhand-Legende

Die von der Literaturtheorie postulierte Grenze zwischen Ich-Erzähler und realem Autoren-Ich wurde selten so bewusst verwischt wie bei Karl May und handelte ihm schon zu Lebzeiten den Vorwurf von Hochstapelei und Pseudologie ein. Man warf
5 dies dem aus Sachsen stammenden Autor wegen der Identifizierung seiner drei Figuren Old Shatterhand, Kara Ben Nemsi und Charley mit einem gewissen Dr. Karl May aus Dresden vor. Der so entstandene falsche Eindruck wurde dadurch noch genährt, dass sich der Autor bei öffentlichen Auftritten gerne mit den ent-
10 sprechenden Requisiten als Old Shatterhand abbilden ließ, zum Beispiel mit dem Gewehr seines Romanhelden. Unterstützung erfuhr er dabei von seinem Verleger, indem u. a. Leserbriefe entsprechend beantwortet wurden.

Pseudologie: zwanghaftes Lügen

unpersönliche Ausdrucksweise:
– Passivkonstruktion
– Indefinitpronomen

komplexer Satzbau

Substantivierung

Fachwortschatz/Fremdwörter

Sprache betrachten · Lerninsel

Sprachvarietäten angemessen verwenden

Standarddeutsch verwenden

Das Hochdeutsch bildet bei uns die **Standardsprache**. Du verwendest es beim Schreiben sowie in den meisten nicht privaten Gesprächssituationen, bei denen du sicher gehen willst, dass dein Gegenüber dich versteht.

Dialekt verwenden

Dialekte bilden den Ursprung der deutschen Standardsprache und lassen sich drei großen Dialektlandschaften zuordnen: **Niederdeutsch, Mitteldeutsch** und **Oberdeutsch**. Mit der Verwendung eines Dialekts betonst du deine Zugehörigkeit zu einer Region.

Jugendsprache verwenden

Unter dem Begriff Jugendsprache werden verschiedene **Sprechstile** zusammengefasst, die Jugendliche untereinander und zur Abgrenzung gegenüber Erwachsenen benutzen. Die meisten Ausdrücke der Jugendsprache verschwinden nach zehn bis zwanzig Jahren wieder aus dem Sprachgebrauch. Manche Ausdrücke bleiben und sind ein Merkmal des allmählichen **Sprachwandels**.

Grammatik
Lerninsel: Was du wissen und können musst

Mithilfe deines grammatischen Wissens über Wortarten, Satzglieder und Zeichensetzung gelingt es dir, Texte besser zu verstehen und zu verfassen.

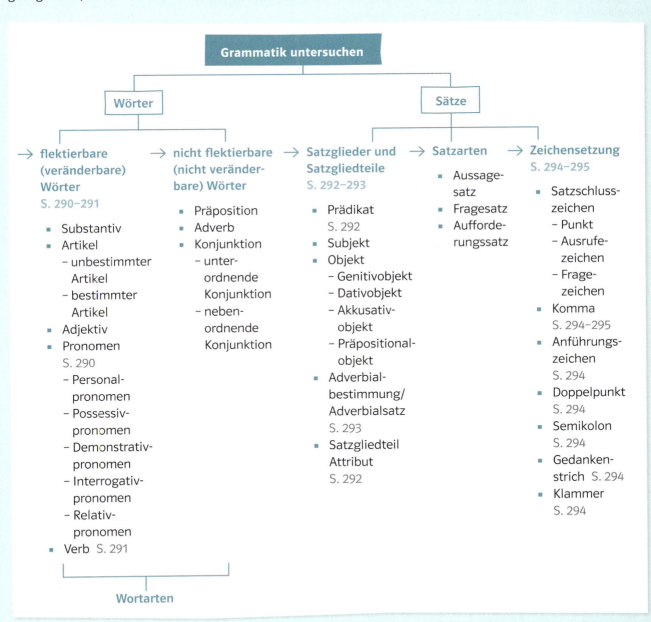

Grammatik · Lerninsel

Wortarten unterscheiden und bestimmen

So geht's:
Flektierbare Wörter
e5kd7k

Zur Wortartbestimmung musst du zunächst klären, ob das Wort **flektierbar** (veränderbar) oder **nicht flektierbar** (nicht veränderbar) ist.

Pronomen bestimmen und richtig verwenden

So geht's:
Nicht flektierbare Wörter
x9at9h

Pronomen gehören zu den flektierbaren Wörtern.
Manche Pronomen stehen für (pro) ein Substantiv (Nomen):

- **Personalpronomen** (persönliches Fürwort)
  ich, du, er, …, mir, mich, uns, …
- **Relativpronomen** (bezügliches Fürwort)
  Sie leiten Relativsätze ein und verweisen auf ein Substantiv in einem vorausgegangenen Satz: *der, die, das, welcher, welche, … Ich bedanke mich bei dem Mann, der mir geholfen hat.*
- **Interrogativpronomen** (Fragewort)
  Sie leiten eine Frage ein: *Wer? Was? Wessen? Wem? Wen? …*
  Manche begleiten auch das Substantiv, z. B. *welche Kinder …*
- **Reflexivpronomen** (rückbezügliches Fürwort)
  Sie lenken die Handlung auf den Handelnden zurück: *sich, mich, dich, uns, euch, …*
  sich erinnern → er erinnert sich, ich erinnere mich, wir erinnern uns, …
- **Indefinitpronomen** (unbestimmtes Fürwort)
  Sie ersetzen etwas, das nicht näher bestimmt oder von unbestimmter Anzahl ist:
  jemand, niemand, man, etwas, alles, einige, jeder, mancher, nichts, kein, …
  Manche begleiten auch das Substantiv, z. B. *manche Kinder, etwas Salz, alles Gute.*
- **Demonstrativpronomen** (hinweisendes Fürwort)
  Sie weisen auf eine Person, einen Gegenstand oder Sachverhalt hin und heben sie/ihn hervor: *dieser, diese, dieses, jener, … Nicht ich, der war es!*

Manche Pronomen treten als Begleiter des Substantivs auf:

- **Possessivpronomen** (besitzanzeigendes Fürwort)
  Sie bezeichnen, zu wem etwas gehört: *mein, dein, sein, unser, ihrer, …*

Wie tollpatschig kann man bloß sein?

Kalbach/Fulda. Eine Diebesbande hat nach einem Einbruch in einem Einfamilienhaus im osthessischen Kalbach einen Tresor im Gartenteich der Nachbarin versenkt, welcher mit Bargeld gefüllt war. In der Dunkelheit konnte sie diesen dann nicht mehr bergen und ergriff die Flucht. Der Tresor fiel der Frau am nächsten Tag auf, als sie sich um ihre Fische kümmern wollte. Nachdem sie die Polizei alarmiert hatte, rekonstruierte diese die ungewöhnliche Geschichte: Die Einbrecher waren über einen ausliegenden Gartenschlauch gestolpert. Dabei muss ihnen ihre Beute aus den Händen geglitten sein und dieser landete bei den Fischen.

Satzbau
sie
(die Bande)

~~dieser~~
(diese)

So geht's
Überarbeitungshinweise

- *Der Gartenteich war mit Bargeld gefüllt?* Das Pronomen muss dem Substantiv, für das es steht, eindeutig zugeordnet werden können.
- *Die Nachbarin ergriff die Flucht?* Das Pronomen sollte nicht zu weit von dem Wort entfernt stehen, das es ersetzt.
- *Der Gartenschlauch landete bei den Fischen?* Das Pronomen muss im Genus und Numerus mit dem Bezugswort identisch sein.

Verben richtig verwenden

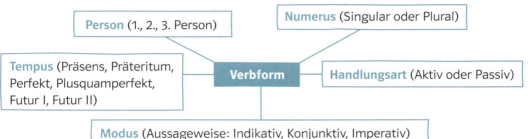

So geht's:
Verben richtig verwenden
z5v7i2

Den Modus beachten

Modus	Gebrauch	Beispiele
Indikativ	– Darstellung tatsächlicher Sachverhalte – zur Darstellung von Vermutungen und Erwartungen	– Es ist kalt. – Ich denke, du hast das Fenster offen gelassen.
Konjunktiv I	– zur Wiedergabe fremder Aussagen, insbesondere in der indirekten Rede	– Sie behauptet, sie habe das Fenster geschlossen.
Konjunktiv II Ersatzform mit würde	– als Ersatzform für Konjunktiv I – Darstellung unwirklicher Sachverhalte – als Höflichkeitsform – bei Wünschen, Ratschlägen, Vermutungen – als Ersatzform für Konjunktiv II, wenn dieser mit dem Indikativ übereinstimmt – im mündlichen Sprachgebrauch	– Ich sagte, ich hätte nichts. – Wenn ich Millionär wäre … – Könntest du bitte … – Ich hätte gerne … Du solltest … Das könnte stimmen. – Er fragte, wann sie den Brief abschicken würden. – Ich würde gerne kommen.
Imperativ	– zum Ausdruck von Aufforderungen	– Lass das! Freu dich doch!

So geht's:
Konjunktivformen bilden
qq22t7

Direkte Rede (wörtliche Rede) in indirekte Rede umwandeln

Die indirekte Rede beginnt wie die direkte Rede mit einem Einleitungssatz. Die Verben werden in der indirekten Rede im Konjunktiv I wiedergegeben. Ist dieser mit dem Indikativ identisch, sollte der Konjunktiv II oder die Umschreibung mit „würde" als Ersatzform gewählt werden. Pronomen sowie Zeit- und Ortsangaben werden der Sprecherperspektive angepasst. Das Tempus richtet sich nach dem Tempus in der direkten Rede.

Zum Glück hat der Konjunktiv I nur das Perfekt als Vergangenheitsform.

So geht's

Direkte Rede

Der Schulsprecher berichtete: „Ich konnte gestern in meiner Arbeitsgruppe eure Forderung nach besserem Schulessen deutlich vortragen."

Indirekte Rede

Der Schulsprecher berichtete, er habe am Tag zuvor in seiner Arbeitsgruppe ihre Forderung nach besserem Schulessen deutlich vortragen können.

Verben richtig verwenden: Modus, indirekte Rede

Grammatik · Lerninsel

Satzglieder unterscheiden und verwenden

So geht's:
Umstell- und Weglassprobe
dw77cd

Das **Prädikat** (die Satzaussage) ist das Zentrum, der Kern des Satzes; ohne Prädikat kann kein Satz entstehen. Es wird notwendig mit einem finiten Verb gebildet. Das Prädikat kann im Satz durch die Satzglieder **Subjekt**, **Objekt** und **Adverbialbestimmung** ergänzt sein. Sie lassen sich mithilfe der **Umstell-** und **Weglassprobe** oder durch die **grammatischen Fragen** bestimmen.

Attribute sind Teile von Satzgliedern und bestimmen ein Bezugswort (meist **Substantiv**) näher. Sie können durch ein Adjektiv, ein Partizip, ein Pronomen, ein Adverb, eine präpositionale Wortgruppe, ein Substantiv im Genitiv, einen Relativsatz oder einen Konjunktionalsatz gebildet werden.
Eine besondere Form des Attributs ist die **Apposition**. Sie bestimmt ein vorausgegangenes Substantiv näher, z. B.: *Ich erhielt von Tom, meinem besten Freund, eine E-Mail.*

Satzglieder oder Satzgliedteile können **unterschiedliche Formen** haben:
- Das Satzglied/Satzgliedteil besteht aus einem Wort:
  Cecile rief Flocke laut.

So geht's:
Nebensätze unterscheiden
b8u6zq

- Das Satzglied/Satzgliedteil besteht aus einer Wortgruppe:
  Das Mädchen mit dem Namen Cecile rief ihren Hund Flocke mit lauter Stimme.
- Das Satzglied/Satzgliedteil besteht aus einem Nebensatz:
  Indem sie ihre Stimme laut erhob, rief das Mädchen, es hieß Cecile, ihren Hund, der auf den Namen Flocke hörte.

Asteroid 2012 DA14 passiert die Erde

Madrid (RPO). Am Abend hat der Asteroid 2012 DA14 so knapp wie noch nie ein anderer Himmelskörper dieser Größe seit Beginn moderner Messungen die Erde passiert. Ein Teleskop in Südostspanien spürte vor einem Jahr den Asteroiden auf. Einer der Astronomen wurde auf einem Segelschiff von der Entdeckung überrascht.

– Wer hat die Erde passiert?
  · Der Asteroid 2012 DA14 hat die Erde passiert. → Subjekt
– Wen hat der Asteroid passiert?
  · Der Asteroid hat die Erde passiert. → Akkusativobjekt
– Wann hat der Asteroid die Erde passiert?
  · Der Asteroid hat die Erde am Abend passiert.
    → Adverbialbestimmung der Zeit (Temporalbestimmung)
– Wie hat der Asteroid die Erde passiert?
  · Der Asteroid hat die Erde so knapp wie noch nie ein anderer Himmelskörper dieser Größe seit Beginn moderner Messungen passiert.
    → Adverbialbestimmung der Art und Weise (Modalbestimmung)

Adverbialsätze unterscheiden und verwenden

Adverbialsätze informieren über die näheren Umstände und Zusammenhänge einer Tätigkeit, eines Vorgangs oder eines Zustands. Wenn du nach diesen Nebensätzen fragst, kannst du ihre inhaltliche Aufgabe im Satz klären.

So geht's:
Adverbialsätze
5tg8ef

Adverbial-satz	Information	Fragen	eingeleitet zum Beispiel durch	Beispiel: *Mit dem neuen Fahrrad will Kevin ganz vorn landen, …*
Lokalsatz	Ort, Richtung	Wo? Wohin? Woher?	wo, wohin, woher, …	… wo auch immer er zum Wettkampf antritt.
Temporal-satz	Zeit	Wann? Wie lange? Seit wann? Bis wann?	als, während, bis, bevor, ehe, nachdem, seitdem, wenn, sobald, solange, …	… wenn er am nächsten Sonntag Wettkampf hat.
Kausalsatz	Grund, Ursache	Warum? Weshalb?	weil, da, zumal, …	… weil dieses viele nützliche Extras hat.
Modalsatz	Art und Weise	Wie? Auf welche Weise?	dass, indem, wie, (so) wie, (anders) als, ohne dass, als ob, dadurch dass, …	… ohne dass er sich allein auf die neue Technik verlassen wird.
Finalsatz	Zweck, Absicht	Wozu? Zu welchem Zweck?	damit, dass, …	… damit er sich für den Wettkampf qualifizieren kann.
Konditio-nalsatz	Bedingung	Unter welcher Voraus-setzung/Bedingung?	falls, wenn, ohne dass, …	… wenn er sich die Kraft richtig einteilt.
Konseku-tivsatz	Folge	Mit welcher Folge, Wirkung?	sodass, so …, dass, …	… sodass er zu den Meisterschaften fahren kann.
Konzessiv-satz	Einräumung, Gegengrund	Trotz wessen? Ungeachtet welchen Umstands?	obwohl, obgleich, ob-schon, wenngleich, wenn auch, …	… obwohl er damit noch nicht intensiv trainiert hat.

So geht's

Kevin: „… echt geil, Oma, gedankt! … Der Rahmen geht voll ab! … Die U-Brakes sind … ganz o.k., Barspin und so!"
Oma: „Was hat er gesagt?"
Vater: „Kevin möchte sich bei dir, Oma, ganz herzlich bedanken, weil du ja wieder viel zu diesem Geschenk beigesteuert hast."
Mutter: „Er meinte, der Rahmen aus Chrommolybdän halte eine höhere Belastung aus, als es der Aluminiumrahmen des alten Rades getan habe."
Schwester: „Und obwohl er als Freestyler eigentlich keine Vorderbremse brauche, seien die U-Brakes echt stark. Sie stehen nicht so weit vom Rahmen ab, sodass sie bei schweren Stürzen nicht gleich kaputtgehen."

Ich muss also bei der Satzgliedfrage darauf achten, dass ich die Form des Prädikats aus dem Satz nicht verändere!

Kausalsatz

Konzessivsatz
Konsekutivsatz

Satzglieder unterscheiden und verwenden: Adverbialsätze

Grammatik · Lerninsel

Die Zeichensetzung nutzen

Satzzeichen machen es dem Leser leichter, deinen Gedankengang zu verstehen.

Aussagen voneinander trennen

am Ende eines Satzes:
- **Satzschlusszeichen** (Punkt, Fragezeichen, Ausrufezeichen)
- **Semikolon** trennt zwei gleichrangige Aussagesätze, wenn ein Punkt zu stark und ein Komma zu schwach trennen würde:
  Das Spiel war zu Ende; die Spieler reichten sich die Hand.

Aussagen zwischen Klammern oder Gedankenstrichen darf ich nicht zu lang formulieren.

innerhalb eines Satzes:
- **Komma** trennt Teilaussagen, Glieder einer Aufzählung, Einschübe und nachgestellte Erläuterungen
- **Klammern** und **Gedankenstriche** trennen attributive Zusätze und Nachträge vom übrigen Satz ab:
  *Am 1. Oktober (genau 14.00 Uhr) ging das Spiel
  – mit völlig unerwartetem Ergebnis – zu Ende.*
- **Semikolon** trennt innerhalb einer Aufzählung inhaltlich zusammengehörige Gruppen ab:
  An der Feier nahmen teil: Schüler, Lehrer, Eltern; Politiker aus der Region, Ehrenamtliche und Vertreter der Behörde.

Aussagen ankündigen

Doppelpunkt kündigt an:
- Wörter oder Wortgruppen, die zu einer Aufzählung gehören:
  Ich kaufte Folgendes ein: ein Paket Milch, zwei Kilo Möhren, …
- Sätze, die vorher Gesagtes zusammenfassen oder eine Schlussfolgerung daraus ziehen:
  Am Ende des Spiels lässt sich als Fazit formulieren: Das Unentschieden geht in Ordnung.
- direkte Rede
  Sara rief: „Ich habe die Lösung gefunden!"

Nach einem Doppelpunkt schreibe ich nur dann groß weiter, wenn ein ganzer Satz folgt.

Aussagen kennzeichnen oder hervorheben

Aussagen kennzeichnen:
- **Punkt** bei Aussage
- **Fragezeichen** bei Frage
- **Ausrufezeichen** bei Ausruf, Aufforderung, Wunsch
- **Anführungszeichen**
  – direkte Rede oder Zitat
  – Ironie; man meint das Gegenteil des Geschriebenen:
    Dieser „beste Freund" verriet ihn als Erster.

Aussagen hervorheben:
- **Doppelpunkt** *(Ich weiß, was derzeit wichtig ist: meine Prüfung.)*
- **Komma** *(Ich kam, trotz der Dunkelheit, zu Fuß.)*

294 · die Zeichensetzung nutzen

Regeln der Kommasetzung anwenden

Die Kommasetzung hilft dir, den Gedankengang übersichtlich zu gestalten, indem du

- die Glieder einer **Aufzählung** voneinander trennst:
  - *Sie kamen alle: Leon, Svenja mit ihrer Schwester, Tanja, Justus und Jan.*
- **Einschübe** oder **nachgestellte Erläuterungen** vom restlichen Satz abtrennst:
  - Parenthese: *Am Mittwoch, es war dieser kalte Tag in der letzten Woche, kam ich zu spät zum Unterricht.*
  - Apposition: *Er, mein Cellolehrer, wartete geduldig auf mein Kommen.*
- die Hauptaussage (**Hauptsatz**) von einer Nebenaussage (**Nebensatz**) innerhalb eines **Satzgefüges** trennst:
  - *Da ich den Bus noch erwischte, kam ich pünktlich zum Training.*
- die Nebenaussagen (**Nebensätze**) innerhalb eines **Satzgefüges** trennst:
  - *Der Trainer, der sonst immer als erster auf dem Platz ist, weil er als gutes Beispiel vorangehen will, kam diesmal zu spät.*
- die Nebenaussagen in der Form eines **satzwertigen Infinitivs**/ eines **satzwertigen Partizips** vom restlichen Satz trennst, wenn dieser/ dieses durch ein **hinweisendes Wort** angekündigt wird:
  - *Ich denke nicht daran, dem Trainer Vorwürfe zu machen.*
  - *Vom Training geschafft, so kam er müde nach Hause.*

So geht's:
Regeln zur Kommasetzung nutzen
752ia5

Das sind ja nur fünf Regeln zur Zeichensetzung!

Missverständnisse durch Kommasetzung vermeiden

In folgenden Fällen **kann** es dem **Verständnis dienen**, ein Komma zu setzen.

- zu + Infinitiv zusammen mit den dazugehörigen Satzgliedern (**satzwertiger Infinitiv**):
  Fabian wollte, ohne einen Fehler zu machen, die Prüfung bestehen.
- Dies gilt auch für ein Partizip (**satzwertiges Partizip**):
  Es kam(,) Pauls Vorstellung entsprechend(,) zu einem tollen Wiedersehen.
- Du **musst** ein **Komma** bei zu + Infinitiv **setzen**, wenn deine Aussage ansonsten missverständlich bleibt:
  Luiza träumt jeden Tag, frei zu haben. **oder** *Luiza träumt, jeden Tag frei zu haben.*

So geht's

„Dies ist kein Scherz!" Mit diesen Worten beginnend(,) meldeten sich am Montag, es muss so gegen

„ └ Hauptsatz (Zitat) ┘ " └ NS (satzwertiges Partizip) ┘ (,) ← Hauptsatz →, └ Einschub →

3.00 Uhr morgens gewesen sein, zwei Einbrecher bei der Polizei. Sie waren am Tatort im Fahrstuhl

← Parenthese ↑, ← Hauptsatz →. Hauptsatz →

stecken geblieben und mussten die Polizei rufen, weil einer der Gauner bei dem Versuch, die Tür

← Hauptsatz und Hauptsatz →, NS (Adverbialsatz) →,

einzuschlagen, sich verletzte, sodass ihnen nichts anderes blieb, als den Notrufknopf zu drücken.

← NS ↑, ← NS →, NS (Adverbialsatz) Ankündigung, └ NS (satzwertiger Infinitiv) ┘.
(satzwertiger Infinitiv)

Rechtschreibung
Lerninsel: Was du wissen und können musst

So geht's:
Mitsprechen;
Die Schreibung
von verwandten
Wörtern ableiten
hf34cu

Etwa die Hälfte der Wörter, die du schriftlich verwendest, kannst du richtig schreiben, wenn du sie auf bestimmte Weise beim Schreiben in Gedanken mitsprichst. Bei vielen weiteren Wörtern kannst du die richtige Schreibweise von verwandten Wörtern ableiten. Auch die Großschreibung von Wörtern sowie die Getrennt- und Zusammenschreibung lassen sich in den meisten Fällen durch einen Test klären.
So bleiben neben Fremdwörtern nur wenige Wörter übrig, deren besondere Schreibweise du vielfältig üben und dir einprägen musst.

Wörter mitsprechen

Dadurch kannst du viele Fehler vermeiden:
– Flüchtigkeitsfehler, zum Beispiel
  aussprechen → *aus-spre-chen*
– Buchstabendreher, zum Beispiel
  satge → *sag-te*
– Fehler im Silbengelenk, zum Beispiel
  komen → *kom-men*
– Wörter mit einem *h* am Silbenanfang,
  zum Beispiel *glüen* → *glü-hen*

Die Schreibung von verwandten Wörtern ableiten

Du suchst nach einem verwandten Wort, bei dem die richtige Schreibung deutlich wird, zum Beispiel:
Ber? g/k → Berge → Berg
wil? d/t → wilde → wild
schrei?t b/p → schreiben → schreibt
W?lder ä/e → Wald → Wälder
tr?men äu/eu → Traum → träumen

Die Großschreibung testen S. 297

beim L/laufen
→ beim schnellen Laufen
das rote/Rote Meer
Eigenname → das Rote Meer

frei sprechen/freisprechen

Regeln zur Getrennt- und Zusammenschreibung anwenden S. 298

Im Wörterbuch nachschlagen S. 299

Eigene Fehler erkennen und beheben S. 299

296 Rechtschreibung

Die Großschreibung testen

Du weißt, dass du **Substantive großschreiben** musst. Folgende Tests helfen dir, sie zu erkennen.

So geht's:
Die Groß-
schreibung
testen
b7s8es

Begleiter als Signal nutzen
Artikel, versteckter Artikel, Possessivpronomen

Adjektivprobe durchführen
vor das Wort ein Adjektiv setzen,
das sich dabei verändert

Ist das Wort ein Substantiv?

Suffix als Signal beachten
-heit, -keit, -nis, -schaft, -ung, …

Häufige Fehlerquellen beachten

Häufige Fehlerquellen beachten

1. Substantivierung eines Verbs oder eines Adjektivs

- Kann man das Wort im Satzzusammenhang mit einem **Artikel**, einem **versteckten Artikel** oder einem **Possessivpronomen** kombinieren?
  der Kleine, beim Schlafen, sein Streben
  Achtung: Adjektive nach einem Artikel werden kleingeschrieben, wenn sie sich auf ein vorangehendes Substantiv beziehen.
  Der große Mann blieb stehen, der kleine ging weiter.
- Kann man das Wort im Satzzusammenhang mit Wörtern wie **alles, wenig, nichts, etwas, viel, manches** kombinieren?
  alles Gute, wenig Schönes, nichts Brauchbares, etwas Leichtes
- Gehört das Wort zu folgenden Ausdrücken?
  im Allgemeinen, im Einzelnen, im Folgenden, auf Deutsch

Ich muss nur Substantive, Eigennamen und am Satzanfang großschreiben.

2. Substantiv als Zeitangabe

- Kann man das Wort im Satzzusammenhang mit einem **Artikel**, einem **versteckten Artikel** oder einem **Possessivpronomen** kombinieren?
  der Vormittag, am Abend, sein Morgen
- Kann man das Wort mit **Adverbien** wie *gestern, heute, morgen* kombinieren?
  gestern Abend, heute Mittag
  Achtung: Tageszeitangaben mit vorangehender Angabe eines Wochentages werden als Zusammensetzungen verstanden.
  der Freitagmorgen, am Mittwochabend

3. Eigennamen

- Ist das Wort **Bestandteil eines Eigennamens**? → Großschreibung
  Katharina die Große, Heinrich der Achte, das Schwarze Meer
- Endet das Wort auf **-er** und ist **von einem geografischen Namen abgeleitet**?
  → Großschreibung
  eine Leipziger Schule, die Frankfurter Würstchen, das Berliner Leben

die große Katharina

Katharina
die Große
1729-1796

die Großschreibung testen

297

Rechtschreibung · Lerninsel

Regeln zur Getrennt- und Zusammenschreibung anwenden

Grundsätzlich schreibt man Wörter mit eigener Bedeutung getrennt und betont auch getrennt. Entsteht aus zwei Wörtern ein neues Wort mit eigener Bedeutung, schreibt man oft zusammen und betont auf dem ersten Teil. Schlage in Zweifelsfällen aber immer im **Wörterbuch** nach.

1. Verbindungen von zwei Verben und Verbindungen mit *sein* bzw. *bleiben*

Meist liegst du richtig, wenn du Verbindungen von zwei Verben **getrennt** schreibst; **Verbindungen mit *sein*** und ***bleiben*** werden immer **getrennt** geschrieben: *kennen lernen, spazieren gehen, stehen bleiben, verloren gehen, dabei sein, hier sein, fertig sein, zurück sein, zurück gewesen.*

2. Verbindungen von Substantiv und Verb

- Sie werden **getrennt** geschrieben, wenn Substantiv und Verb in ihrer **ursprünglichen Bedeutung** gebraucht werden: *Ski laufen, Rad fahren, Auto fahren.*
- Sie werden **zusammengeschrieben**, wenn durch die Verbindung von Substantiv und Verb ein Wort mit einer **neuen Gesamtbedeutung** entsteht und die einzelnen Bestandteile in ihrer Bedeutung verblassen: *bergsteigen, notlanden, kopfstehen, teilnehmen.*

3. Verbindungen von Adjektiv und Verb

*Ich will sichergehen, dass ich alles habe.
Ich muss zusammenschreiben, weil ich das Adjektiv in diesem Satz nicht sinnvoll steigern kann.*

- Sie werden **getrennt** geschrieben, wenn Adjektiv und Verb in ihrer **ursprünglichen Bedeutung** gebraucht werden: *schnell gehen, gut sehen, fett drucken.*
- Sie werden **zusammengeschrieben**, wenn durch die Verbindung von Adjektiv und Verb ein Wort mit einer **neuen Gesamtbedeutung** entsteht und die einzelnen Bestandteile in ihrer Bedeutung verblassen: *krankschreiben, blaumachen, zusammenschreiben, feststellen.* Oft erkennt man das daran, dass die adjektivischen Bestandteile **nicht mehr steigerbar** oder **erweiterbar** sind: *wahrnehmen* – nicht: *wahrer nehmen, sehr wahr nehmen.*

4. Zusammensetzungen mit Personennamen

Am besten ich präge mir ein, dass diese Wörter getrennt geschrieben werden: gar nicht, sonst was, wie viel, bekannt geben, Rad fahren.

- Zusammensetzungen (z. B. Straßen- und Gebäudenamen) mit **einfachen Personennamen** schreibt man in der Regel zusammen: *Heineplatz, Mozartstraße, Schillertheater, Ottomotor, Beethovenfesthalle.*
- Zusammensetzungen (z. B. Straßen- und Gebäudenamen) mit **mehreren oder mehrteiligen Personennamen** schreibt man in der Regel mit Bindestrichen: *Friedrich-Schiller-Straße, Goethe-und-Schiller-Denkmal, Heinrich-Heine-Platz, Richard-Wagner-Festspiele, Johann-Sebastian-Bach-Gymnasium.*

← Ottomotor

298 Regeln zur Getrennt- und Zusammenschreibung anwenden

Eigene Fehler erkennen und beheben

Es gibt Schreibungen, die du nicht ableiten oder erklären kannst.
Diese Wörter musst du dir merken und ihre Schreibweise regelmäßig üben.
Du kannst auch Wörter, die du häufig falsch schreibst, sammeln
und dir gezielt einprägen.

Diese Wörter habe ich schon so oft falsch geschrieben: widerspiegeln, Verwandtschaft, Krise, Maschine, Reparatur, tolerant, Silvester, Standard.

Merkwörter nach Besonderheiten in der Rechtschreibung sortieren

So geht's

Ein Schwank ist eine kurze <u>Erzälung</u> in der Er-Form,
die <u>Situazionen</u> aus dem Alltag aufgreift. Im Mittelpunkt
der Eulenspiegelgeschichten <u>agiehrt</u> eine Figur, die absichtlich
etwas missversteht. Sie gibt sich dabei zunächst <u>demonstratif</u>
als dumm und äußerst <u>leienhaft</u> aus, während sie in
Wirklichkeit sehr klug ist und die <u>Schwechen</u> der Menschen
in ihrer nächsten Nähe <u>entlarft</u>. Eulenspiegel erteilt seinen
Mitmenschen dabei meist ein <u>Pahr</u> Lehren oder fügt ihnen
Schaden zu.

→ Erzählung
→ Situationen
→ agiert (Fremdwort auf -ieren)
→ demonstrativ (Fremdwort auf –iv)
→ laienhaft
→ Schwächen
→ entlarvt
→ ein paar Lehren (aber: ein Paar Schuhe)

Fremdwörter	unhörbares h	aa – ee – oo	v	ableitbares ä	chs	i statt ie ie statt i	ai statt ei
Situation	Erzählung	paar	entlarvt	Schwächen	...	...	laienhaft
agiert	...	...	...	...		...	...
demonstrativ							
...							

Im Wörterbuch nachschlagen

Das Wörterbuch ist ein zuverlässiges Werkzeug, um die richtige Schreibweise eines Wortes nachzuschlagen. Wenn du ein Wort im Wörterbuch
nicht findest, überlege, wie es noch geschrieben werden könnte:
f-Laut → ph (<u>Ph</u>ysik, Katastro<u>ph</u>e), v (<u>V</u>orrichtung), pf (<u>Pf</u>und)
i-Laut → y (Hobb<u>y</u>), ea (L<u>ea</u>dgitarre), ee (J<u>ee</u>p)
k-Laut → c (<u>C</u>omputer), ch (<u>Ch</u>arakter), ck (Ja<u>ck</u>e)
ks-Laut → x (He<u>x</u>e), chs (O<u>chs</u>e), cks (Kle<u>cks</u>), gs (flu<u>gs</u>)
o-Laut → eau (Chat<u>eau</u>)
sch-Laut → ch (<u>Ch</u>ampignon), g (<u>G</u>elee), j (<u>j</u>onglieren)
t-Laut → th (An<u>th</u>ropologe)
ü-Laut → y (L<u>y</u>rik)
w-Laut → v (<u>V</u>itamin)

So geht's:
Im Wörterbuch
nachschlagen
fd28bn

Wenn ich ein Wort im Wörterbuch nicht finde, dann habe ich es wahrscheinlich falsch geschrieben.

S. 203/4

flektierbar: ihres (Possessivpronomen), sich (Reflexivprono-men), ihn (Personalpronomen), ruhig (Adjektiv), Gepard (Subs-tantiv), niemanden (Indefinitpronomen); **unflektierbar:** über, in (Präpositionen), sofort (Adverb)

S. 203/5

Beispiellösung: trotz der Schwierigkeiten (Präposition mit Geni-tiv), der Trotz des Kindes (Substantiv, deklinierbar, mit Artikel); 3200 Tiger leben noch in Asiens Wäldern (Verb, konjugierbar); das Leben genießen (Substantiv, deklinierbar, mit Artikel); wir treffen uns morgen (Adverb, unflektierbar), der Morgen ist klüger als der Abend (Substantiv, deklinierbar, mit Artikel); eine gute Lösung (Adjektiv, steigerbar), sein Hab und Gut (Substan-tiv, deklinierbar, mit Artikel); wir wissen (Verb, konjugierbar), ihr umfangreiches Wissen (Verb, deklinierbar, konjugierbar),

S. 203/6

Substantive: Gefahr, Gefährdung, Gefährlichkeit, Verb: gefähr-den, Adjektive: gefährlich, gefährlos
Beispiellösung: dank (Präposition), Dank (Substantiv), danken (Verb), dankbar (Adjektiv), ...; folgen (Verb), Folge (Substantiv), folgenreich (Adjektiv), infolgedessen (Adverb), ...

Außergewöhnliche Persönlichkeiten · Satzglieder verwen-den und Satzzeichen setzen, S. 216, 217

S. 216/1

Bild 2, Sprechblase 1: Abtrennung Ausruf (Interjektion), Abtren-nung Anrede, Abtrennung Objektsatz, **Bild 2, Sprech-blase 2:** Abtrennung Infinitivgruppe mit „zu" in Objektfunktion, **Bild 3, Sprechblase 1:** Abtrennung einer Bekräftigung, Abtren-nung Objektsatz, **Bild 3, Sprechblase 2:** Abtrennung Anrede

S. 216/2

Z. 1: **US-amerikanische** (Adjektiv-Attribut); Z. 1: ..., **die wusste** (Attribut in Form eines Relativsatzes/ Nebensatzes); Z. 2: **des Wilden Westens** (Genitivattribut); Z. 2: des **Wilden Westens** ← Adjektiv-Attribut (innerhalb eines Namens/Begriffs); Z. 4: über sie verbreiteten Geschichten (Attribut in Form eines Partizips), Z. 4: **aus ihrem Leben** (Attribut in Form einer präpositionalen Wortgruppe); Z. 6: des Yellowstone Parks (Genitivattribut), Z. 6f.: ..., **auf welcher sie für kurze Zeit** (Attribut in Form eines Relativsatzes/Nebensatzes); Z. 7f.: ..., **mit dem sie eine Tochter bekam** (Attribut in Form eines Relativsatzes/Nebensatzes), Z. 8: ..., **die sie aber Freundin zur Adoption gab** (Attribut in Form eines Relativsatzes/Nebensatzes), Z. 9: ..., **die sie aber nie ab-schickte** (Attribut in Form eines Relativsatzes/Nebensatzes), Z. 10: **Buffalo Bills** (Genitivattribut)

S. 216/3

Doppelpunkt: Erläuterung zum vorher Gesagten ← Es könnte auch ein Punkt stehen, da es zwei vollständige Sätze sind. **Se-mikolon:** trennt gleichrangige Sätze, bei denen ein Punkt ggf. zu stark, ein Komma zu schwach trennen würde ← Es könnte auch ein Punkt stehen, um beide Sätze schärfer zu trennen.

S. 217/4

Die Gedankengänge sind durch zu viele nachträgliche Erläute-rungen bzw. attributive Einschübe schwer fassbar.
Überarbeitungsmöglichkeit: Mata Hari (1876–1917) hieß eigent-lich Margaretha Geertruida Zelle. Sie war eine bekannte nieder-ländische Tänzerin und nannte sich auch Marguerite Campbell oder Lady Gretha MacLeod. Wegen ihrer Agententätigkeit wäh-rend des Ersten Weltkrieges ging sie – schon lange vor James Bond – in die Geschichte ein. Kurz vor dem Ende des Krieges, im Jahre 1917, sprach sie ein französisches Militärgericht des Hochverrats und der Doppelspionage für schuldig, weil sie gleichzeitig für Frankreich und Deutschland spioniert haben soll. Sie wurde zum Tode verurteilt und hingerichtet.

S. 217/5

Bis heute ist allerdings ungeklärt, (beginnender Subjektsatz) ob sie wirklich eine gefährliche Doppelagentin war, (Partizipial-gruppe als nachgestellte(r) Erläuterung/Zusatz eingeschoben) wie im Gerichtsurteil angesprochen wurde, (Partizipialgruppe als nachgestellte(r) Erläuterung/Zusatz eingeschoben) oder ob sie nur als Sündenbock behalten musste, (Infinitivgruppe mit **zu,** eingeleitet durch **um**) um über die militärischen Niederla-gen hinwegzutäuschen. Vielleicht wird sich dieser Sachverhalt 2017 klären, (Trennung HS und HS) denn dann dürfen die in Frankreich bis dahin unter Verschluss stehenden Gerichtsakten geöffnet werden. Momentan scheint zumindest gesichert, (beginnender Subjektsatz) dass die Informationen, (eingescho-bener NS/Relativsatz) die Mata Hari im Krieg an Deutschland weitergegeben hat, (eingeschobener NS/Relativsatz) keine wesentlichen Geheimnisse enthielten und somit nicht kriegs-entscheidend waren. Vermutlich wollte sie mit ihrer Agenten-tätigkeit nur der Möglichkeit vorbeugen, (Infinitivgruppe mit **zu,** angekündigt durch Hinweiswort **Möglichkeit**) als Künstlerin vergessen zu werden und unter Geldnot zu leiden.
Egal, (Kommentierende Äußerung/Ausruf) was die franzö-sischen Akten ergeben werden, (Trennung NS und HS) die Geschichte von Mata Hari enthält alle Elemente spannender Spionage, Täuschung, Gefahr, Luxusleben, Sex, Macht, (Aufzäh-lung von gleichrangigen Satzgliedern/Objekten) Geld und Tapfer-keit. Obwohl die Quellenlage recht spärlich ist, (Trennung HS und NS) war ihre Biografie Grundlage für über 250 Bücher und zahlreiche Filme.

S. 217/6

Freie Schülerarbeit.

Last-Minute-Tipps · Regeln und Verfahren der Rechtschrei-bung anwenden, S. 228, 229

S. 228/1

Kleinschreibung: spanische Insel (Z. 3); katalanische Hauptstadt (Z. 12) ← **Begründung:** von geografischen Namen abgeleitete Adjektive auf **-isch**, kein Bestandteil eines Eigennamens, **Groß-schreibung:** Pariser Café (Z. 11); Berliner Hauptbahnhof (Z. 16) → **Begründung:** von geografischen Namen abgeleitete Adjek-tive auf **-er**

S. 228/2

Freie Schülerarbeit.

S. 228/3

waagerecht: 1. ha, 5. TGV, 7. ICE, 8. IQ, 9. BH, 10. Mrd., 13. PC, 14. Abo, 15. MMS
senkrecht: 2. Abi, 3. FIFA, 4. Demo, 6. VIPs, 11. r, 12. dm

S. 229/4

J.: Jahre, ca.: circa, Min.: Minuten, ggf.: gegebenenfalls, u.: und; vgl.: vergleiche, Abb.: Abbildung, usw.: und so weiter, Pkte.: Punkte

S. 229/5

Freie Schülerarbeit.

S. 229/6

Groß- und Kleinschreibung: Grüße, spanische, nächsten, westlichen; **Getrennt- und Zusammenschreibung:** Zugfahrt, Blumenstraße; **gleich und ähnlich klingende Laute:** seit, Grad, **Vokallänge und -kürze:** den; **Flüchtigkeitsfehler:** Dienstag, **Strategien:** Wortverlängerung, Korrekturtechniken, Artikel-, Adjektiv-, Zerlegeprobe

Lösungen für die Abschlussseiten

Der Vogel scheint mir Humor hat · Komische Gedichte untersuchen und deuten; S. 157

S.157/1

In Kästners Gedicht „Die Entwicklung der Menschheit" wird an mehreren Beispielen gezeigt, dass die Menschheit zwar moderner lebt und sich technisch weiter entwickelt hat, aber im Grunde nicht viel anders handelt und spricht als ihre Vorfahren. Kästner lebte in einer Zeit, die von schrecklichen Kriegen gekennzeichnet war und ist daher pessimistisch hinsichtlich einer moralischen Entwicklung der Menschheit.

S. 157/2

Lösungen: 1 A, 2 C, 3 A und B und D, 4 A (Z.1, 12, 18) und D (Z.14, 21), 5 A (Z.9 f., 14 f., 19 f., 26 f., 28 ff.) und B und D und C (Z.2, 21/22, 24, 30) und D (Z.6/8, 11–13, 16 ff., 23).

S. 157/3

Inhaltliche Komik: z. B., dass man aus dem Urwald gelockt habe (Z.3), dass man die Welt bis zur 30. Etage aufgestockt habe (Z.4 f.), dass noch genau derselbe Ton herrsche wie in der Urzeit (Z.9 f.), (für Weltraumfahrt), Z.24 f. Übertreibung: Man kann durch Stiluntersuchungen vieles feststellen, aber nicht, dass Cäsar Plattfüße hatte.
Formale Komik: z. B.: Z. 6 (Wortspiel: den Flöhen entflohn), Z.1/8 (Parallelismus: auf Bäumen hocken/an Telefonen sitzen), Z.11 (statt telefonieren und fernsehen); Z.23: Parallele Nennung von Atome spalten/Inzest, „heilen" und anderes Unvereinbares nebeneinander, Reimwörter: Rohr – Komfort – empor, Enjambement mit witziger Wirkung: Z.14 f.

S. 157/4

Freie Schülerarbeit.

Jung und Alt im Clinch · Dramatische Texte untersuchen; S. 168 f.

S.168/1

Die richtige Reihenfolge lautet: 1 – 3 – 4 – 2

S.168/2

Standbild 1: 1. Szene, s. S.158 (2. Ausschnitt); **Standbild 2:** 7. Szene, s. S.169, **Standbild 3:** 2. Szene, s. S.162, **Standbild 4:** Beginn 6. Szene, s. S.166

S.169/3

Freie Schülerarbeit

S.169/4

Jojo fühlt sich zunächst sehr überlegen gegenüber Leo, in dem er nur einen alten kranken Mann im Altersheim sieht. Mit der Zeit bekommt er Respekt und vertraut ihm seine Sorgen an. Als er mitbekommt, dass auch Leo Sorgen hat, entschließt er sich, ihm zu helfen. Dadurch reift er und entwickelt sich vom Straftäter, der seine Strafe abarbeiten muss, zum erfinderischen Helfer in der Not.

S.169/5–6

Freie Schülerarbeit.

Blätter, die die Welt bedeuten? · Zeitungen untersuchen; S. 180 f.

S. 180/1

Der Text ist eine Glosse, die sich an ein gebildetes Publikum wendet. Er ist zwar nicht sehr kurz, aber soll eindeutig witzig sein, z. B. durch die Verbindung von „das Gute" und „Luftkampf" (Z.16). Die Sprache ist sehr bildhaft (z. B. „Sendbotin der Finsternis" für Krähe in Z.15) und voller Anspielungen auf bekannte Redewendungen oder Sprichwörter. So ist der letzte Satz eine Abwandlung von: Es kann der Frömmste nicht in Frieden leben, wenn es dem bösen Nachbar nicht gefällt.

S. 181/2

Die Süddeutsche Zeitung ist die überregionale Tageszeitung mit der größten Auflage in Deutschland. Insofern hat solch ein Artikel durchaus großen Einfluss, auch wenn andere Medien immer wichtiger werden. Andererseits will der Artikel eher auf witzige Weise kommentieren, als wirklich zu einer Handlung auffordern. Denn das Ausspionieren durch Apps fanden die Leser/innen sicher auch schon vorher nicht gut.

S. 181/3–4

Freie Schülerarbeit

Wir können alles. Auch Hochdeutsch. · Sprachvarianten untersuchen; S. 192, 193

S. 192/1

Zusammenfall der Laute b und p im sächsischen Dialekt, dadurch Klangähnlichkeit der beiden Eigennamen Porto/Bordeaux; unangemessene Verwendung des Dialekts in einer überregionalen, nicht privaten Kommunikationssituation

S. 193/2

unpersönliche Ausdrucksweise: wird festgesetzt (Z. 4), man habe genannt (Z. 6 f.), wurde nicht bestritten (Z. 9), wurde dargelegt (Z. 15), war zu verurteilen (Z. 16), **komplexer Satzbau:** Der Vortrag der Klägerseite ... nicht bestritten. (Z. 5–9), Versteht der Empfänger ... erfassen kann. (Z. 12–14), **Substantivierungen:** Beklagte (Z. 4), Vortrag (Z. 5), Einbuchung (Z. 7), Buchung (Z. 9), Erklärung (Z. 12), Erklärender (Z. 13), Streitwertfeststellzung (Z. 17), **Fachwortschatz:** Streitwert (Z. 4), Klägerseite (Z. 5 f.), Beklagtenseite (Z. 9), Partei (Z. 10), ZPO (= Zivilprozessordnung, Z. 17), GKG (= Gerichtskostengesetz, Z. 17)

S. 193/3

Basiszinssatz: wechselnder Zinssatz, der Grundlage für Berechnung von Verzugszinsen bildet; **Parteien:** Gegner des Rechtsstreits oder Vertragsparteien (bezogen auf den Reisevermittlungsvertrag); **Streitwertfestsetzung:** Festsetzung des Streitwertes, d. h. der Geldsumme, um die sich die Parteien streiten

S. 193/4

Freie Schülerarbeit

S. 193/5

Gesprächssituation 1: Jugendsprache (spontane, direkte, emotionale Sprache, Verwendung von Ellipsen, Entlehnungen, Neubildungen); **Gesprächssituation 2:** Standardsprache (förmlichere Sprache, sachbezogene Kommunikation)

Gefährliche Tiere – gefährdete Tiere · Wortarten und grammatische Formen verwenden; S. 202, 203

S. 202/1

als in freier Natur, müssten wir, während, Genitiv, die rosa Blüte, schnellstmöglich, dem Menschen
Darüber hinaus freie Schülerarbeit.

S. 202/2

Text A: Textsorte: Bericht, sachlich (Präteritum, Konjunktiv I in der indirekten Rede, z. B. ... bedroht), anschaulich (Verbalstil, z. B. sich aus dem Staub zu machen)
Text B: Textsorte: Gesetzestext; sachlich, knapp, präzise (Nominalstil, zahlreiche Genitivattribute, z. B. Genehmigung der oberen Naturschutzbehörde)

S. 203/3

die fachgerechte Betreuung, artgerechte Ernährung und Pflege der Tiere, die Förderung der Aufklärung der Öffentlichkeit über den Erhalt der biologischen Vielfalt durch den Zoo, die Beteiligung des Zoos an Forschungen zum Erhalt der Arten

Farbe bekennen · Zu literarischen Texten schreiben, S. 104, 105

S. 104/1
Mögliche Gefühle der Schüler: Ungläubigkeit, Verwirrung, Scham, Wut

S. 104/2
Mögliche Gründe für das Experiment: vor Leichtgläubigkeit warnen; die Macht der Einbildungskraft aufzeigen; die Gefahr von Manipulationen demonstrieren
Mögliche Deutungshypothese: In der kurzen Erzählung wird anhand eines Experiments veranschaulicht, dass niemand vor Manipulationen gefeit ist.

S. 104/3
Freie Schülerarbeit.

S. 105/4–7
Freie Schülerarbeit.

Schicksalhafte Wendepunkte · Erzählende Texte untersuchen und deuten), S. 122, 123

S. 123/1

	Literarische Adaption	Original
Figurencharak-terisierung	knappe direkte und indi-rekte Charakterisierung, nur Merkmale, die für das Geschehen wichtig sind	ausführlicher, insbeson-dere die Charakterisie-rung des Protagonisten Friedrich (Friedrichs Veränderung)
Handlung	einsträngige Handlung, straff erzählte Handlung, nur auf ein bestimmtes Geschehen beschränkt	einsträngige Handlung, deutlicher Höhe- und Wendepunkt

S. 123/2
auktoriales Erzählverhalten: *Friedrich war es, als presse eine stählerne Faust seine Gedärme zusammen. Der Brandis sog an seiner Pfeife, fasste ihn am Arm und nahm ihn sacht beiseite.* (Z. 34ff.)
Leserlenkung: Der Erzähler steht außerhalb des Geschehens und hat einen Überblick über die Ereignisse und das Innere der Figuren. Er kann das Verständnis des Lesers durch Kommentare und Bewertungen beeinflussen.
neutrales Erzählverhalten: *Was glaubt ihr wohl, was ihm das feine Tuch gekostet hat? […] – Ich verdien es mir auf ehrliche Art! – Warum wirst du dann rot bis hoch zur Stirn?* (Z. 13ff.)
Leserlenkung: Der Erzähler ist nicht fassbar. Der Leser erfährt die Handlung unmittelbar.
personales Erzählverhalten: *Er wollte nicht glauben, was er soeben gehört hatte und konnte es doch nicht aus dem Hirn bannen, wie pures Gift durchströmte es all seine Glieder.* (Z. 51ff.)
Leserlenkung: Der Leser erfährt das Geschehen aus der Sicht von Friedrich. Die Wahrnehmung des Lesers ist auf Friedrichs Sicht beschränkt.

S. 123/3
Bei der literarischen Adaption handelt es sich um eine Kurzgeschichte. Gemeinsame Merkmale von Novelle und Kurzgeschichte sind z. B.: oft einsträngige Handlung, wenige Figuren, besondere Begebenheit im Mittelpunkt, häufig personaler Er-/Sie-Erzähler, auf das Wesentliche konzentriert.

S. 123/4
Freie Schülerarbeit.

S. 123/5
Beispiellösung:

	Blaise	Friedrich
familiä-rer	– heißt eigentlich Koumaïl Dabaïev	– Sohn von Hermann und Margret Mergel
Hinter-grund	– stammt aus dem Kaukasus, Muttersprache: russisch – Zugunglück: als er ein Baby ist, stirbt seine Mutter bei einem	– sein Vater ist ein Säufer, seine Mutter kühl und distanziert – als er acht Jahre alt ist, stirbt sein Vater – als er zwölf Jahre alt ist, zieht er zu seinem Onkel
Freund-schaft	– Gloria, seine Pflegemut-ter und Freundin – verschwindet auf der Flucht nach Frankreich – Gloria klärt ihn schließlich über seine wahre Vergan-genheit auf – …	– der schüchterne Johannes – niemand wird zu seinem treuen Wegbegleiter – mit Johannes flieht Fried-rich aus dem Dorf, als er des Mordes verdächtigt wird

S. 123/6–7
Freie Schülerarbeit.

Unzertrennlich · Autobiografien, Filme und Jugendbücher untersuchen, S. 140, 141

S. 141/1
Beispiellösung:

Zeit	Was passiert?	Ort, Effekte, Ton, Montagetechnik	Visualisierung
0:15–0:20	Gesprächs-fortsetzung	Gipfel, weiter Blick, abwechselnd Maik, Tschick und Isa zu sehen, am Ende nur noch Himmel und Ton	Kamera (Nah) und Detail im Wechsel mit Totale auf die Weite der Landschaft
0:20–0:25	Abstieg der drei	schmaler Weg, Blick auf Parkplatz, keiner spricht, alle drei zu sehen, Isas Verab-schiedung, Wechsel auf Park-schildung, Maik und Tschick im Gespräch	Kamera bewegt sich mit, von Totale zu Nahaufnahme der drei Gesichter, Wechsel auf Park-platzverabschiedung, nur Hände zu sehen, dann Tschick und Maik in Einstellung Halbnah

S. 141/2
Freie Schülerarbeit.
Wichtige Aspekte: Personenanordnung, Lichtgestaltung, Farbwahl, Linienführung, Kameraeinstellung beschreiben und ihre Wirkung darstellen

S. 141/3
Freie Schülerarbeit.
Wichtige Aspekte: Darstellung der ungewöhnlichen Freundschaft und Hervorhebung ihrer Bedeutung

S. 141/4
Freie Schülerarbeit.
Möglichkeiten: Ein Versprechen: Interpretation der Textstelle, Wer ist Anselm Wail? Kurzbericht, Bergmetaphorik in der Literatur, Ein Wiedersehen – 50 Jahre später: Zeitungsbericht

Lösungen für die Abschlussseiten

Abenteuer Umweltschutz · Sich und andere informieren;
S. 24 f.

S. 24/1
Exzerpt:
– inspiriert von einem Kinderbuch → jedes Jahr denken sich Kinder eine Aktion aus, mit der sie Geld für soziale Projekte sammeln.
– seit 2007 schon über 10.000 € gesammelt
– generell höhere Bereitschaft bei Jugendlichen, sich sozial zu engagieren
„Rund 50 Prozent der Jugendlichen wären bereit sich zu engagieren". Damit liegt ihre Engagementbereitschaft deutlich höher als in der Gesamtgesellschaft." (Z. 19–22)
– dieser Bereitschaft stehen aber umfangreiche Beanspruchungen in Schule, Ausbildung und Studium entgegen.
Nutzen des sozialen Engagements für Jugendliche:
– gemeinschaftlicher Spaß ohne Bevormundung durch Erwachsene
– die Möglichkeit, etwas dazuzulernen
– Anerkennung zu erfahren
– finanzielle Unterstützung ihrer Projekte
Eigene Anmerkungen: freie Schülerarbeit

S. 24/2
Anmerkungen: Freie Schülerarbeit

S. 25/3
Weitere mögliche Fragen: Worin liegt der Nutzen für Jugendliche? Welche Projektmöglichkeiten haben wir vor Ort? Finden wir Unterstützung in der Schule oder bei kommunalen Politikern? Welche Projekte gibt es schon, z. B. bei den Kirchen?
Informationsquellen: Internet, Lehrkräfte, Schulleiter, Politiker, Kirchen

S. 25/4
Freie Schülerarbeit

Mode um jeden Preis? · Sprachlicher Umgang mit anderen;
S. 36, 37

S. 36/1–2
Freie Schülerarbeit

S. 37/3
Werfel: Die Deutschen geben sich weltmännisch, fallen im Ausland aber aufgrund ihres schlechten Modegeschmacks sofort negativ auf. Fries: Den Deutschen geht es bei der Mode weniger um Stilfragen oder Ästhetik, vielmehr ist sie Ausdruck ihrer Überzeugung und ihres Selbstverständnisses, Dupont: Die Franzosen wollen durch ihre Kleidung glänzen, die Deutschen hingegen wählen ihre Bekleidung danach aus, ob sie bequem und praktisch ist; Steigenhöfer: Durch Mode wird versucht, den Menschen eine bestimmte Art der Bekleidung aufzuzwängen. Man sollte nicht jeden Trend mitmachen und in erster Linie das anziehen, was einem selbst gefällt.

S. 37/4
Freie Schülerarbeit

S. 37/5
Mögliche Argumente: Pro: unsere Kleidung hat immer eine Wirkung auf andere Menschen und sendet Signale, modebewusste Kleidung und Erfolg gehören häufig zusammen; Kontra: große Modekonzerne schaffen bewusst ständig neue Trends, um mehr Kleidung zu verkaufen und so mehr Gewinn zu machen; es wird ohnehin schon zu sehr auf Äußerlichkeiten geachtet

S. 37/6–7
Freie Schülerarbeit

Schutz durch Kontrolle? · Ein Thema erörtern, S. 56, 57

S. 56/1
Cartoon: älteres Paar auf einer Bank an einer Bushaltestelle, umgeben von Kameras, Mikrofonen, Abhöranlagen, der Mann hat einen Laptop auf dem Schoß, beide blicken auf die Luftwerbung des Flugzeugs; Mögliche Gefühle: Verunsicherung, Angst aufgrund extremer Überwachung, trotz scheinbarer Beruhigung durch Luftwerbung; Mögliche Aussage: Immer mehr Überwachung fördert nicht das Gefühl der Sicherheit, sondern löst Angst aus.

S. 56/2
Straftaten lassen sich durch Videoüberwachung oft nicht verhindern. Die Kameras haben nicht immer eine abschreckende Wirkung auf die Täter, schon gar nicht wenn diese unter Alkohol- oder Drogeneinfluss stehen.

S. 56/3–4
Freie Schülerarbeit

S. 57/5
Mögliche Informationen: Nur allgemeine Daten ins Netz stellen; keine persönlichen Angaben (z. B. Adresse): abwägen, welche Fotos ins Netz gestellt werden; mit Eltern und Freunden vorher beraten; nicht alle Informationen allen zugänglich machen; Nutzung von „geschlossenen" Räumen für enge Freunde, Einstellungen vorher genau kennen, Tipps holen
Freie Schülerarbeit (Verarbeitung eigener Erfahrungen)

S. 57/6
Freie Schülerarbeit

S. 57/7
Freie Schülerarbeit

S. 57/8
Nur auf den ersten Blick gewinnt man mehr Sicherheit, wenn man aus Angst vor Missbrauch der Freiheit immer mehr Rechte aufgibt. So macht man sich von denen abhängig, die Sicherheit zusichern. Am Ende verliert man damit aber auch einen Teil der Freiheit.

Stärken und Schwächen · Charakterisieren und schildern;
S. 70, 71

S. 70/1
Freie Schülerarbeit

S. 71/1
Wichtige Charaktermerkmale:
Das Mädchen wünscht sich einen, etwas Besonderes („eine Katastrophe" (Z. 56 u.ö.)) zu erleben, das ihr möglicherweise eine Perspektive eröffnet, aus dem als langweilig und eintönig erlebten Alltag auszubrechen, andererseits hat sie Angst vor unerwarteten Situationen. Entsprechend möchte sie auf der einen Seite im Café angesprochen werden und einen Mann kennenlernen, in den sie sich möglicherweise „sehr verlieben" (Z. 57 f.) könnte, auf der anderen Seite ist sie froh darüber, dass sie nach der Mittagspause wieder so schnell zur Arbeit gehen kann, als sich tatsächlich jemand zu ihr setzt. Sie lebt in einer Traumwelt, hat aber nicht den Mut, ihre Träume zu verwirklichen: „Sie hat mittlerweile gelernt, sich nicht zu entscheiden" (Z. 41 f.). Sie legt zwar Wert auf ihr Äußeres, ist „schön" (Z. 4) und trägt einen „Rock" der „nicht zu übersehen" (Z. 50) ist, versteckt sich aber dennoch hinter der Sonnenbrille und wird nervös, wenn sie „von allen Seiten beobachtet" (Z. 47 f.) wird.

S. 71/2–4
Freie Schülerarbeit

Sachverzeichnis

Abkürzungen 227
Adjektiv-Verb-Verbindungen 298
Adverbialbestimmung 292
Adverbialsatz 293
Alliteration 276
Anapher 276
antizipierendes Lesen 236
appellieren 11
Apposition 292, 295
Argument 32, 41 f., 46 f., 257
Argumentationsstütze 43, 257
argumentieren 11, 257, 264 f.
Attribut 292
auktoriales Erzählverhalten 114, 270
Aussageabsicht (Sachtext) 11, 253
äußere Handlung 280
äußerer Konflikt 268, 280
Autobiografie 129
automatisches Schreiben 233

Beziehungen zwischen Figuren 281
Brief schreiben 260
Bus-Stop-Methode 90, 232

Charakterisierung einer Figur 61, 64, 245 f.

Debatte 30, 264 f.
Deutungshypothese , 87, 248
Diagramm 234, 238
Dialekte 187, 287 f.
Dialog 281
Dingsymbol 121
Doppelpunkt 212, 294

eigene Texte überprüfen 233
Eigennamen und ihre Ableitungen 222, 297
Einleitung 17, 64, 87, 92, 248, 251, 255, 258
E-Mail schreiben 54, 261
Enjambement 276
Er-/Sie-Erzähler 114, 270
Ergebnisprotokoll 35, 262
Erörterung (dialektische) 47, 257 f.
erschließendes Lesen 236 f.
erzählenden Text produktiv bearbeiten 96, 271 f.
Erzählform 114, 270
Erzählperspektive 114, 270
Erzählstruktur 110, 267, 270
erzählte Zeit 110, 270
Erzählverhalten 114, 270
Erzählweise 270 f.
Erzählzeit 110, 270
Exposition (Drama) 161
Exzerpt 19, 241

fachsprachliche Texte 191, 287
Feedback 44, 46, 48, 94, 231
Fehlerprofil 224, 299

Figur 64, 161, 245 f., 280 f.1
Figurencharakterisierung 64, 245 f.
Figurenkonstellation 161, 281
Filmkritik schreiben 135
Finalsatz 293
flektierbare Wörter 290 f.
Fünf-Gang-Lesemethode 234, 254
Funktionen von Sachtexten 11, 253

Gedankenstrich 212, 294
Gedichtaufbau 148, 276
Gedichtinterpretation ,145, 152, 250 ff.
Getrennt- und Zusammenschreibung 222, 298
Großschreibung 222, 297

Handlung 267 f., 280
Handout 23, 242
Hauptsatz 207, 295
Hauptteil 17, 64, 87, 92, 251, 255, 258

Ich-Erzähler 114, 270
Imperativ 291
Indikativ 291
indirekte Rede 291
Infinitiv als Nebensatz 207, 295
Inhaltsangabe 81, 244
innere Handlung 280
innerer Konflikt 280
Interpretation erzählender Texte 92 f., 248 f.
Interpretation von Gedichten 145, 152, 250 ff.
Interview 178, 232
Inversion 276

Jugendsprache 189, 287 f.

Kameraführung 284
Kausalsatz 293
Klammer 212, 294
Kommaregeln, -setzung 207, 295
Konditionalsatz 293
Konfliktentwicklung 165, 167, 268, 280
Konjunktiv 291
Konsekutivsatz 293
Konzessivsatz 293
Kurzgeschichte 269
Kurzwörter 227

Leserbrief 260
Lokalsatz 293

materialgestütztes Schreiben 18 f., 40 f.
Metapher 275
Mindmap 233
Mise en Scène 132 f., 285
Modalsatz 293
Modus 291
Montagetechniken (Film) 285

nachschlagen im Wörterbuch 227, 299
Nebensatz 207, 295
neutrales Erzählverhalten 114, 270
Nominalstil 199
Novelle 119, 269
Numerus 291

orientierendes Lesen 236

Parallelismus 276
Paralleltext schreiben 95 f., 272, 278
Parenthese 295
Partizip als Nebensatz 207, 295
Partizipialgruppe 207
personales Erzählverhalten 114, 270
Personifikation 275
Placemat 232
Präsentationsfolien gestalten 242
Pronomen 290
Protokoll 35, 262

Rahmen- und Binnenhandlung 267
recherchieren 240
Redewiedergabe 291
Referat 23, 241 f.
Reim 276
Reimordnung 148, 276
Relativpronomen 290
Relativsatz als Attribut 292
rhetorische Frage 13
Ringstruktur (Gedicht) 148
Rollenbiografie 234
Roman 269

Sachtextanalyse 13, 17, 254 ff.
Sachtextfunktionen 11, 253
Sandwich-Methode 94 231
Satzarten 293
Satzbau 13, 292
Satzgefüge 207
Satzglied, -teil 292 f.
Satzstrukturen, -verbindung 207
schildern (Erlebnisse, Ereignisse) 69
Schluss 17, 64, 87, 92, , 251, 255, 258
Schreibkonferenz 233
selektives Lesen 236
Sprachvarianten 287 f.
Standardsprache 287
Standbild (erweitertes) 164, 282
Stichwortzettel 242
Strophe 276
Substantiv, Substantivierung 297
Substantiv-Verb-Verbindungen 298
Symbol 275
Szene pantomimisch darstellen 282
Szeneninhalt erfassen 280 f.

Tabelle 234
Temporalsatz 293
Tempus 291
Textlupe 233

Textsorten 178, 269

unflektierbare Wörter 290 f.

Verb 291
Verbalstil 199

Verb-Verb-Verbindungen 298
Vergleich 275
Vers 276

Website 139

Zeichensetzung 212, 227, 294 f.
Zeitdehnung 110, 270
Zeitleiste 234
Zeitraffung 110, 270
zitieren 87, 233

Autorenverzeichnis

Ackermann, Larissa/Kessler, Sandy
Schülerinnen und Schüler klären über
Gefahren im Internet auf 57

Ali, Muhammad
Mit dem Herzen eines Schmetterlings:
Meine Gedanken zum Leben 67

Ausländer, Rose
Herbstlicher Ausschnitt 250

Bach, Tamara
Marsmädchen 72, 101 f.

Ball, Hugo
Karawane 153

Batzer, Heike A.
Aktionsplan Kampf dem Komasaufen 51

Blechschmidt, Peter
Ausgehverbot für Jugendliche 50

Boccaccio, Giovanni
Federigo Degli Alberghi und sein Falke
120

Bogena, Monika
Schüler wieder zum „Entkusseln" im
Moor 20

Bondoux, Anne-Laure
Die Zeit der Wunder 107, 108, 109, 111 f.,
113

Borchert, Wolfgang
Draußen vor der Tür 279

Brecht, Bertolt
Zufluchtsstätte 274

Britting, Georg
Brudermord im Altwasser 82-84

Busch, Wilhelm
Es sitzt ein Vogel auf dem Leim 142

Carvalho, Maria Judite de
Das Leben und der Traum 245

Chamiso, Adalbert von
Kanon 155

De fofftig Penns
Platt 183

Diekmann, Florian
Sichere Textilfabriken 29

Droste-Hülshoff, Annette von
Die Judenbuche 115 f., 117 f., 119

Erhardt, Heinz
Ich kann nichts dafür 146
Der Brummer 142

Facompre, Anne
„Ziemlich beste Freunde" – riesiger Überraschungserfolg! 134

Franck, Julia
Streuselschnecke 247

Fried, Erich
Humorlos 143

Galeano, Eduardo
Lob des Misstrauens 104

Geisler, Bob
Verloren im Siegel-Wirrwarr 253

Gernhardt, Robert
Pervers 155

Gesellmann, Christian
Weich ausgesprochen – hart gelandet
192

Goethe, Johann Wolfgang von
Mignon 152

Göhre, Frank
Unter der alten Eiche (frei nach:
Die Judenbuche) 122 f.

Gumppenberg, Hanns von
Liebeslied nach Hermann Hesse 278

Hautkapp, Dirk
Die teure Neugier 177

Hebel, Johann Peter
Unverhofftes Wiedersehen 270

Heine, Heinrich
Das Fräulein stand am Meere 273
Leise zieht durch mein Gemüt 275
Zur Beruhigung 150

Herrndorf, Wolfgang
Tschick 136 f., 140 f.

Hesse, Hermann
Liebeslied 278

Hoddis, Jakob van
Weltende 143

Hohler, Franz
Der Verkäufer und der Elch 272

Hübner, Lutz
Creeps 281
Das Herz eines Boxers 158, 160, 162–164,
166, 169

Hüetlin, Thomas
Ein letzter Schlag 67

Jandl, Ernst
ottos mops 155

Kästner, Erich
Das Märchen vom Glück 74–76
Die Entwicklung der Menschheit 156
Ernster Herr im Frühling 277
Kennst du das Land … 151

Kensche, Christine
„Die Sachsen sprechen das schlechteste
Hochdeutsch" 186

Kleist, Heinrich von
Das Bettelweib von Locarno 268

Kunze, Reiner
Fünfzehn 60 f.

Laberenz, Lennart
Der Stoff, aus dem die Armut ist 28

Lessing, Gotthold Ephraim
Lob der Faulheit 153

Leyendecker, Hans/Ott, Klaus
Nicht ansatzweise abwehrbereit 171

Lichtenstein, Alfred
Prophezeiung 145

Linker, Christian
Das Heldenprojekt 99

Lovenberg, Felicitas von
Rezension zu „Tschick" 125

Marti, Kurt
Happy End 65
Meine Angst lässt grüßen 95

Merl, Christian
Schüler schulen Senioren 25

Michels, Heinz Hermann
deutsche Übersetzung von: Limerick
(Cosmo Monkhouse) 147

Monkhouse, Cosmo
Limerick 147

Morgenstern, Christian
Das ästhetische Wiesel 154

Der Trichter 153
Palmström 149

Nehm, Günther
Entschuldigung 146
Los Angeles 155
Mißton 146
Selbstbefreiung 146
Was sagt die Frau … 146

Özdogan, Selim
Eins dieser Bilder 97

Paul, Günter
Extrasüße Aliens 177

Pinzler, Petra
Eingetütet 14

Polt, Gerhart/Müller, Hanns Christian
Im Kaufhauslift 280

Pozzo Di Borgo, Philippe
Ziemlich beste Freunde 126, 127

Rauert, Annette
Der Schritt zurück 59

Ringelnatz, Joachim
Der Komiker 142

Schaper, Eva
Unsere Jugend ist umweltbewusst 9

Schönen, Michael
Aller Anfang ist schwer 147

Schwanenberg, Britta
Leben ohne Plastik – Ein Selbstversuch 10

Schwarze-Reiter, Kathrin
Jugendliche und Umweltschutz 12

Seidler, Christoph
Spektakulärer Test: Mars-Mann in der
Eishöhle 176

Sellou, Abdel
Einfach Freunde 124, 128

Setz, Clemens J.
Eine sehr kurze Geschichte 73

Silei, Fabrizio/Quarello, Maurizio A. C.
Der Bus von Rosa Parks 78 f.

Søndergaard, Morten
Wortapotheke 201

Steenfatt, Margret
Im Spiegel 89 f.

Träger, Uwe/Weise, Roland
Milo Barus – Der stärkste Mann der Welt
214

Venske, Henning
Je – desto 155

Weiss, Peter
Abschied von den Eltern 85 f.

Wolf, Ror
Fußball-Sonett 147

Wondratschek, Wolf
Mittagspause 70 f.

Textsortenverzeichnis

Autobiografien
Einfach Freunde (Abdel Sellou) 124, 128
Mit dem Herzen eines Schmetterlings: Meine Gedanken zum Leben (Muhammad Ali) 67
Ziemlich beste Freunde (Philippe Pozzo Di Borgo) 126, 127

Cartoons
Lucky Luke und Calamity Jane 216
Tragische Sprachverwirrung 188
Videoüberwachung 56
Wer nichts zu verbergen hat, hat auch nichts zu befürchten 56

Diagramme, Grafiken, Schaubilder
Dialektkarte 184
Jugendschutzgesetz: Alkoholausschank und Alkoholverkauf 39
Welche Dialekte sind unbeliebt? 186
Wortkarte 185

Erzählungen
Das Bettelweib von Locarno (Heinrich von Kleist) 268
Fünfzehn (Reiner Kunze) 60 f.
Lob des Misstrauens (Eduardo Galeano) 104

Gedichte
Aller Anfang ist schwer (Michael Schönen) 147
Das ästhetische Wiesel (Christian Morgenstern) 154
Das Fräulein stand am Meere (Heinrich Heine) 273
Der Brummer (Heinz Erhardt) 142
Der Komiker (Joachim Ringelnatz) 142
Der Trichter (Christian Morgenstern) 153
Die Entwicklung der Menschheit (Erich Kästner) 156
Entschuldigung (Günter Nehm) 146
Ernster Herr im Frühling (Erich Kästner) 277
Es sitzt ein Vogel auf dem Leim (Wilhelm Busch) 142
Fußball-Sonett (Ror Wolf) 147
Herbstlicher Ausschnitt (Rose Ausländer) 250
Humorlos (Erich Fried) 143
Ich kann nichts dafür (Heinz Erhardt) 146
Je – desto (Henning Venske) 155
Kanon (Adalbert von Chamiso) 155
Karawane (Hugo Ball) 153
Kennst du das Land … (Erich Kästner) 151
Leise zieht durch mein Gemüt (Heinrich Heine) 275
Liebeslied (Hermann Hesse) 278
Liebeslied nach Hermann Hesse (Hanns von Gumppenberg) 278
Limerick (Cosmo Morkhouse), deutsche Übersetzung von Heinz Hermann Michels 147

Lob der Faulheit (Gotthold Ephraim Lessing) 153
Los Angeles (Günther Nehm) 155
Mignon (Johann Wolfgang von Goethe) 152
Mißton (Günter Nehm) 146
ottos mops (Ernst Jandl) 155
Palmström (Christian Morgenstern) 149
Pervers (Robert Gernhardt) 155
Prophezeiung (Alfred Lichtenstein) 145
Selbstbefreiung (Günter Nehm) 146
There was a young lady called Lynn 148
Vorigen Handschuh verlor ich meinen Herbst (Anonym) 155
Was sagt die Frau … (Günter Nehm) 146
Weltende (Jakob van Hoddis) 144
Wortapotheke (Morten Søndergaard) 201
Zufluchtsstätte (Bertolt Brecht) 274
Zur Beruhigung (Heinrich Heine) 150

Gesetzestexte
Jugendschutzgesetz: Ab wann dürfen Jugendliche Geld verdienen? 55
Jugendschutzgesetz: Diskotheken, Gaststätten, Alkohol 50
Jugendschutzgesetz: Piercen und Tätowieren 39
Verordnung über das Halten gefährlicher Tiere 198

Interviews
„Die Sachsen sprechen das schlechteste Hochdeutsch" – Interview mit Beat Siebenhaar (Christine Kensche) 186
Erfolgreich, aber manchmal auch ein bisschen einsam 58
Interview mit Dalia Grybauskaite 171

Jugendbücher (Ausschnitte)
Abschied von den Eltern (Peter Weiss) 85 f.
Das Heldenprojekt (Christian Linker) 99
Der Bus von Rosa Parks (Fabrizio Silei/Maurizio A. C. Quarello) 78 f.
Die Zeit der Wunder (Anne-Laure Bondoux) 107, 108, 109, 111 f., 113
Marsmädchen (Tamara Bach) 72, 101 f.
Tschick (Wolfgang Herrndorf) 136 f., 140 f.

Kalendergeschichte
Unverhofftes Wiedersehen (Johann Peter Hebel) 270

Kurzgeschichten
Brudermord im Altwasser (Georg Britting) 82–84
Das Leben und der Traum (Maria Judite de Carvalho) 245
Das Märchen vom Glück (Erich Kästner) 74–76
Der Schritt zurück (Annette Rauert) 59
Der Verkäufer und der Elch (Franz Hohler) 272

Eine sehr kurze Geschichte (Clemens J. Setz) 73
Eins dieser Bilder (Selim Özdogan) 97
Happy End (Kurt Marti) 65
Im Spiegel (Margret Steenfatt) 89 f.
Meine Angst lässt grüßen (Kurt Marti) 95
Mittagspause (Wolf Wondratschek) 70 f.
Streuselschnecke (Julia Franck) 247
Unter der alten Eiche (Frank Göhre) 122

Lexikoneinträge
Basiszinssatz 193
Hochdruckgebiet 190
Martha Jane Cannary Burke/Calamity Jane 216
Partei 193

Liedtexte
O hängt ihn auf! (Anonym) 154
Platt (De fofftig Penns) 183

Novellen
Die Judenbuche (Annette von Droste-Hülshoff) 115 f., 117 f., 119
Federigo Degli Alberighi und sein Falke (Giovanni Boccaccio) 120

Rezensionen
Rezension zu „Tschick" (Felicitas von Lovenberg) 125
„Ziemlich beste Freunde" – riesiger Überraschungserfolg! (Anne Facompre) 134

Sachtexte; Sachtextbücher (Auschnitte)
Albert Einstein – Genie versagt in Prüfung 208
Alles Wurst! 221
Aus dem Urteil des Amtsgerichts Stuttgart-Bad Cannstatt 192
Das Freiwillige Ökologische Jahr (FÖJ) 16
Der Treibhauseffekt 8
Erst gut drauf, dann weg vom Fenster: Viele Jugendliche unterschätzen Gefahr von Alkohol 53
Jugend hilft! Fonds 2012: Warum wir soziales Engagement von Kindern und Jugendlichen fördern 24Josephine Baker – Europa huldigt „Schwarzer Venus" 211
Keine Lust auf die üblichen Ausflüge? 220
Kino im Wohnzimmer: High Definition Television (HDTV) 191
Leben ohne Plastik – Ein Selbstversuch (Britta Schwanenberg) 10
Milo Barus – Der stärkste Mann der Welt (Uwe Träger/Roland Weise) 214
Mode-Talk 36 f.
Müll sammeln, kreativ werden und tolle Preise gewinnen 11
Navigation auf Kölsch – Stracks noh Huus 182

Plant for the Planet: Gegen die Klimakrise
18 f.

Plastikmüll in den Ozeanen 10 f.

Plattdeutsch nicht mit „platt" verwechseln
182

Schülerinnen und Schüler klären über
Gefahren im Internet auf (Larissa Acker-
mann/Sandy Kessler) 57

Schüler schulen Senioren (Christian Merl)
25

Sichere Textilfabriken (Florian Diekmann)
29

Sophie Mereau-Brentano – die erste Frau,
die das Schreiben zu ihrem Beruf machte
210

Unsere Jugend ist umweltbewusst (Eva
Schaper) 9

Verbinden Sie Ihr Navigationsgerät 182

Wale im Mittelmeer: Neues Rettungssystem 200

Was heißt „Videoüberwachung"? 40

Wer hat's erfunden? 221

Schilderung
Mein Bungee-Erlebnis 68

Szenische Texte (Ausschnitte)
Creeps (Lutz Hübner) 281

Das Herz eines Boxers (Lutz Hübner)
158,160,162–164, 166, 169

Draußen vor der Tür (Wolfgang Borchert)
279

Im Kaufhauslift (Gerhart Polt/Hanns Christian Müller) 280

Zeitungsartikel/ Zeitungsreportagen
Abschlussveranstaltung „Sauberhafte
Stadt 2013" fand in Marburg statt 20

Aktionsplan Kampf dem Komasaufen
(Heike A. Batzer) 51

Ausgehverbot für Jugendliche (Peter
Blechschmidt) 50

Betrunkener tritt versehentlich Tür des
Nachbarn ein 181

Das Streiflicht 180

Der Stoff, aus dem die Armut ist (Lennart
Laberenz) 28

Die teure Neugier (Dirk Hautkapp) 177

Eingetütet (Petra Pinzler) 14

Ein letzter Schlag (Thomas Hüetlin) 67

Extrasüße Aliens (Günter Paul) 177

Fans außer Kontrolle: Immer mehr Gewalt
im Stadion 38

Gefährliche Haustiere: Tierliebe hin –
Sicherheit her? 194

Gefangene Schwertwale: Vom Eise befreit
197

Geheimdienste spionieren Daten über
Spiele-Apps aus 181

Gepard im Kölner Zoo ausgebrochen 203

Jugendliche und die Macht der Marken 27

Jugendliche und Umweltschutz (Kathrin
Schwarze-Reiter) 12

Last minute oder Slow Travel? 228

Milliarden für Mars-Mission – Überleben
ungewiss 175

Nicht ansatzweise abwehrbereit (Hans
Leyendecker/Klaus Otto) 171

NSA stoppte Spähaktion gegen Merkel im
Sommer 171

Schüler wieder zum „Entkusseln" im Moor
(Monika Bogena) 20

Schwedisches Ehepaar trank mit Einbrecher Kaffee 181

Spektakulärer Test: Mars-Mann in der Eishöhle (Christoph Seidler) 176

Tier-Drama in Kanada: Orcas unterm Eis
gefangen 196

Verloren im Siegel-Wirrwarr (Bob Geisler)
253

Wachdienste an Schulen: „Wir Lehrer
können die Schule nicht nach außen
verteidigen" 38

Wasser auf dem Mars entdeckt 179

Weich ausgesprochen – hart gelandet
(Christian Gesellmann) 192

Textquellen

S. 8: http://www.klimafit.at/de/ausgabe_3_volksschule/der_treibhauseffekt
Umwelt-Bildungs-Zentrum Steiermark, eingesehen am 05.05.2014; **S. 9:** https://www.
greenpeace.de/themen/umweltbildung/unsere-jugend-ist-umweltbewusst, Artikel
von Eva Schaper, 11.10.2012, eingesehen am 05.05.2014; **S. 10:** Britta Schwanenberg,
http://www.planet-wissen.de/alltag_gesundheit/werkstoffe/kunststoff/portraet.jsp
Stand vom 04.03.2014, eingesehen am 05.05.2014; **S. 10f.:** Plastikmüll in den Ozeanen:
http://de.wikipedia.org/wiki/Plastikmüll_in_den_Ozeanen; **S. 11:** http://www.naju.
de/jugendbereich/trashbusters/, eingesehen am 05.05.2014; **S. 12:** http://www.focus.
de/schule/familie/erziehung/tid-24902/jugendliche-und-umweltschutz-missionieren-
gern-selbst-engagieren-nein-danke_aid_708605.html eingesehen am 05.05.2014;
S. 14: Aus: Die Zeit, Nr. 46/2013 v. 07.11.2013, S. 15; **S. 16:** https://www.nationalpark-
wattenmeer.de/nds/service/mitarbeiten/foej, 29.06.2010; eingesehen am 05.05.2014;
S. 18f.: www.plant-for-the-planet.org, eingesehen am 05.05.2014; **S. 20:** Monika
Bogena: Schüler wieder zum „Entkusseln" im Moor. Ostfriesen Zeitung v. 05.10.2012;
Aus: Marburger Zeitung vom 22.11. 2013; **S. 24:** http://www.children.de/fileadmin/
user_upload/JH__Download-Bereich/Dokumentation_Fonds2012.pdf, S. 5f.; **S. 25:**
http://nibis.ni.schule.de/~szcoll/ranancompi/ranancompi.htm, von Christian Merl,
eingesehen am 05.05.2014; **S. 27:** Aus dem Kölner Stadtanzeiger: Jugendliche und
die Macht der Marken, http://www.ksta.de/ratgeber/pubertaet-jugendliche-und-
die-macht-der-marken,15189524,12795472.html, eingesehen am 04.12.2013; **S. 28:**
http://www.seiten.faz-archiv.de/faz/20130503/fd1201305033871741.html, Frankfurter
Allgemeine Zeitung, 03.05.2013, Nr. 102, S. 33; **S. 29:** Florian Diekmann: Sichere
Textilfabriken; http://www.spiegel.de/wirtschaft/unternehmen/warum-deutsche-
textilkonzerne-nicht-dem-bangladesch-abkommen-beitreten-a-900539.html
eingesehen am 04.12.2013; Manfred Santen, Chemie-Experte der Umweltorganisation
Greenpeace: http://www.br.de/radio/bayern2/sendungen/notizbuch/nah-dran/
wer-bezahlt-unsere-billigklamotten-100.html, eingesehen am 04.12.2013; **S. 31:**
Eröffnungsrede beim Bundesfinale 2011 der Klasse 8 bis 10, Hamburger Schülerin,
Laura Schwieren, http://www.jugend-debattiert.de/schueler/gute-debatten.html,
Zugriff 07.12.2013, bearb.; **S. 38:** Fans außer Kontrolle Immer mehr Gewalt im Stadion:
http://www.hr-online.de/website/radio/hr-info/index.
jsp?rubrik=47572&key=standard_document_46266445; Anna Reimann, Katrin

Riegger: Wachdienste an Schulen: „Wir Lehrer können die Schule nicht nach außen
verteidigen": http://www.spiegel.de/schulspiegel/wachdienste-an-schulen-wir-
lehrer-koennen-die-schule-nicht-nach-aussen-verteidigen-a-522449.html, Zugriff
06.12.2013; **S. 39:** Tabelle Jugendschutz, Alkohol: http://lehrerfortbildung-bw.de/bs/
berufsbezogen/nahrung/material/841894_gastgewerbe/alk/js/index.html, Alle
Rechte bei der Landesakademie für Fortbildung und Personalentwicklung an
Schulen, Esslingen; **S. 40:** Urte Schmidt/Werner Harke/Christian Kehrer: Was heißt
Videoüberwachung? http://www.baunetzwissen.de/standardartikel/Sicherheitstech-
nik__Definition-Videoueberwachung_164960.html; **S. 40/41:** Bettina Sokol: https://
www.ldi.nrw.de/mainmenu_Datenschutz/submenu_Datenschutzrecht/Inhalt/
Videoueberwachung/Inhalt/Videoueberwachung_an_und_in_Schulen__Ich_sehe_
das__was_du_so_tust__/Videoueberwachung_an_und_in_Schulen_Ich_sehe_
das_was_Du_so_tust.pdf, Landesbeauftragte für Datenschutz und Informationsfrei-
heit Nordrhein-Westfalen, Düsseldorf; **S. 50:** Peter Blechschmidt: Ausgehverbot für
Jugendliche: Süddeutsche Zeitung, 8.7.2012, http://www.sueddeutsche.de/
politik/2.220/schroeder-in-der-kritik-ausgehverbot-fuer-jugendliche-erzuernt-die-
fdp-1.1406124 (18.07.2012); **S. 51:** Heike A. Batzer: Aktionsplan Kampf dem
Komasaufen, Süddeutsche Zeitung, 22. März 2012; **S. 53:** http://www.aktionswoche-
alkohol.de/hintergrund-alkohol/lebensalter/jugendliche.html, eingesehen am
04.12.2013; **S. 57:** http://juwel.julius-wegeler-schule.de/2012/02/12/schulerinnen-und-
schuler-klaren-uber-gefahren-im-internet-auf/, Simon Fingerhut-Beisel, Publiziert am
12. Februar 2012 von S. Gruenwald, eingesehen am 05.05.2014; **S. 59:** Rauert, Annette:
Der Schritt zurück. Aus: In Geschichten uns wiederfinden. Teil 2. Landesstelle der
Katholischen Landjugend Bayerns, München; **S. 60f.:** Aus: Kunze, Reiner: Die
wunderbaren Jahre. Prosa. Frankfurt/Main: Fischer 1976, S. 20; **S. 65:** Aus: Marti, Kurt:
Dorfgeschichten. Darmstadt; Neuwied: Luchterhand 1983, S. 20; **S. 66:** Lukas Rilke: 70.
Geburtstag von Muhammad Ali: Alles Gute, Schmetterling! http://www.spiegel.de/
sport/sonst/70-geburtstag-von-muhammad-ali-alles-gute-schmetterling-a-809214.
html (Zugriff 07.12.2013); **S. 67:** Thomas Hüetlin: Ein letzter Schlag (Ausschnitt). Aus:
Der Spiegel. 3/2012, S. 50–58; Muhammed Ali: Mit dem Herzen eines Schmetterlings.
Meine Gedanken zu meinem Leben (Ausschnitt). Fotografien von Howard I.
Bringham. Aus dem Englischen von Violeta Topalova und Ursula Pesch. Bergisch

Gladbach: Ehrenwirth in der Verlagsgruppe Lübbe 2005, S. 247; **S. 68:** Mein Bungee-Erlebnis: http://www.bungee.de/bungee-erlebnisberichte.html; **S. 70f.:** Aus: Wolf Wondratschek: Früher begann der tag mit einer Schußwunde. Carl Hanser Verlag München 1969; **S. 72:** Aus: Bach, Tamara: Marsmädchen, Oetinger, Hamburg 2004, S. 9f.; **S. 73:** Aus: Clemens J. Setz: Die Liebe zur Zeit des Mahlstädter Kindes. Erzählungen. Berlin: Suhrkamp Verlag 2012, S.255; **S. 74ff.:** Aus: Erich Kästner: Der tägliche Kram: Chansons u. Prosa 1945 - 1948. Zürich: Atrium 1949; **S. 78f.:** Fabrizio Silei, Maurizio A.C. Quarello: Der Bus von Rosa Parks. Übers. v. Sarah Pasquay. Berlin: Verlagshaus Jacoby & Stuart 2011; **S. 82f.:** Aus: Georg Britting: Prosa 1930 bis 1940. Erzählungen und kleine Prosa. Hrsg. von Wilhelm Haefs, Süddeutscher Verlag, München 1987, S. 20 ff.; **S. 85f.:** Aus: Peter Weiss: Abschied von den Eltern, Frankfurt: Suhrkamp 1980, S. 63–66; **S. 89f.:** Aus: Hans-Joachim Gelberg (Hrsg.): Augenaufmachen, Beltz Verlag, Weinheim und Basel 1984; **S. 95:** Aus: szene 81. beispiele schweizer gegenwartsliteratur. Zürich: Garte zitig 1980. S. 17f. (In die neue Rechtschreibung übertragen.); **S. 97:** Aus: Selim Özdogan: Trinkgeld vom Schicksal. Berlin: Aufbau Verlag 2010. S. 163f.; **S. 99:** Aus: Christian Linker: Das Heldenprojekt, München: dtv 2005. S. 78–80; **S. 101f.:** Aus: Bach, Tamara: Marsmädchen, Oetinger, Hamburg 2004, S. 144f.; **S. 104:** Aus: Eduardo Galeano: Das Buch der Umarmungen. Wuppertal: Peter Hammer Verlag 1991, S. 150; **S. 107/108/109/111f./113:** Aus: Anne-Laure Bondoux, Die Zeit der Wunder. Aus dem Französischen von Maja von Vogel. Carlsen Verlag GmbH, Hamburg 2011; S. 66, 67, 5–7, 82, 83, 72, 93, 130, 131, 132,133, 177, 178, 183, 184; **S. 115 ff.:** Aus: Annette von Droste-Hülshoff, Die Judenbuche. Hamburg 2009,Lizenzausgabe des Zeitverlag Gerd Bucerius GmbH & Co. KG, ZEIT Leseredition, S. 5, 13, 14, 28-30; 38–43, 62; **S. 120:** Aus: Das Dekameron des Giovanni Boccaccio – Erster bis fünfter Tag, Übers. v. Ruth Macchi. Aufbau Verlag Berlin und Weimar MCMLXXXVIII, 11. Auflage 1988, S. 628; **122f.:** Frank Göhre: Unter der alten Eiche. Aus: Günther Butkus, Frank Göhre (Hrsg.): So wie du mir, 19 Variationen über DIE JUDENBUCHE von Annette von Droste-Hülshoff, Pendragon Verlag, Bielefeld 2010, S. 213–222; **S. 124:** Aus: Einfach Freunde: die wahre Geschichte des Pflegers Driss aus „Ziemlich beste Freunde"/Abdel Sellou unter Mitarb. von Caroline Andrieu. Mit e. Nachw. von Philippe Pozzo di Borgo, Berlin, Ullstein, 2012, S. 135; **S. 125:** Felicitas von Lovenberg: Rezension zu Tschick, http://m.faz.net/aktuell/feuilleton/buecher/rezensionen/belletristik/wolfgang-herrndorf-tschick-wenn-man-all-die-muehe-sieht-kann-man-sich-die-liebe-denken-1613025.html, Eingesehen am 04.12.2013; **S. 126f.:** Philippe Pozzo di Borgo: Ziemlich beste Freunde. Ein zweites Leben, Übers. v. Bach, Bettina, Engelhardt, Dorit Gesa , Ruß, Marlies. München 2012, S. 44, S. 111, 191–192; **S. 128:** Aus: Einfach Freunde: die wahre Geschichte des Pflegers Driss aus „Ziemlich beste Freunde" / Abdel Sellou unter Mitarb. von Caroline Andrieu. Mit e. Nachw. von Philippe Pozzo di Borgo, Berlin, Ullstein, 2012, S. 174–177; **S. 134:** Filmkritik (Anne Facompre: Ziemlich beste Freunde - riesiger Überraschungserfolg! http://www.filmstarts.de/kritiken/182745/kritik.html, Eingesehen am 04.12.2013; **S. 136ff.:** Aus: Wolfgang Herrndorf: Tschick, Berlin 2012, S. 41–43, S. 120–122, S. 254, S. 175–177; **S. 142:** Aus: Wilhelm Busch: Kritik des Herzens, Bassermann, Heidelberg 1874; Aus: Joachim Ringelnatz: Sämtliche Gedichte, Diogenes Verlag, Zürich 1997, S. 388; Aus: Das große Heinz Erhardt Buch, Fackelträger-Verlag, Hannover 1970, S. 66; **S. 143:** Aus: Erich Fried: Anfechtungen. Fünfzig Gedichte, Wagenbach, Berlin 1967, S. 26; **S. 144:** Aus: Jakob van Hoddis: Weltende. Gesammelte Dichtungen, Arche Verlag, Zürich 1958; Raabe, Paul (Hg.): Expressionismus. Aufzeichnungen und Erinnerungen der Zeitgenossen. (= Walter-Texte und Dokumente zur Literatur des Expressionismus). Freiburg, Walter 1965, S. 51f.; **S. 145:** Alfred Lichtenstein: „Dichtungen". Herausgegeben von Klaus Kanzog und Hartmut Vollmer. Arche Verlag, Zürich 1989; **S. 146:** Aus: Günter Nehm: Verspektiven. Ausgewählt von Robert Gernhardt, Fischer Taschenbuch Verlag, Frankfurt am Main 2006; Aus: Das große Heinz Erhardt Buch, Fackelträger-Verlag, Hannover 1970, S. 223; **S. 147:** Aus: Hell und schnell. 555 komische Gedichte aus 5 Jahrhunderten. Hrsg. v. Robert Gernhardt/ Klaus Cäsar Zehrer, S. Fischer, Frankfurt am Main 2004, S. 363 (Erstdruck); Cosmo Monkhouse (1840–1901): Limerick, auf: deutsche-limericks.de; Aus: Ror Wolf: Das nächste Spiel ist immer das schwerste, Frankfurter Verlagsanstalt, Frankfurt am Main 1994; **S. 148:** auf: deutsche-limericks.de; **S. 149:** Aus: Christian Morgenstern: Gesammelte Werke in einem Band, Piper, München 1965, S. 241; **S. 150:** Aus: Heinrich Heine: Sämtliche Schriften. Hrsg. v. Klaus Briegleb. Vierter Band, dtv, München 1978², S. 428; **S. 151:** Aus: Erich Kästner: Die Gedichte, Haffmanns, Berlin 2010, S. 30; **S. 152:** Aus: Johann Wolfgang von Goethe: Gedichte 1800-1832, hrsg. v. Karl Eibl, Deutscher Klassiker Verlag, Frankfurt am Main 1988; **S. 153:** Aus: Hugo Ball: Gesammelte Gedichte, Arche Verlag, Zürich 1963, S. 28; Aus: Christian Morgenstern: Gesammelte Werke in einem Band, Piper, München 1965, S.194; Aus: Gotthold Ephraim Lessing: Werke. Erster Band: Gedichte – Fabeln – Lustspiele. Hrsg. v. Herbert G. Göpfert, Carl Hanser Verlag, München 1970; **S. 154:** Aus: Jürg Wieber (Hg.): Die Brücke. Ein Liederbuch für die christliche Jugend, Voggenreiter Verlag, Bad Godesberg 1954; Aus: Christian Morgenstern: Gesammelte Werke in einem Band, Piper, München 1965, S.197; **S. 155:** Aus: Ernst Jandl: Werke in zehn Bänden. Erster Band: Verstreute Gedichte 1, hrsg. v. Klaus Siblewski, Luchterhand Verlag, München 1997; Henning Venske: Je – desto. in: Zeit-Magazin 1975, Nr. 34, S. 3. © Henning Venske, Wasserkoog; Anonym: Vorigen Handschuh verlor ich meinen Herbst. Aus: Deutsche Unsinnspoesie. Hrsg. v. Klaus Peter Dencker, Reclam jun., Stuttgart 1978, S.196; Adelbert von Chamisso: Kanon. Aus: Chamissos sämtliche Werke. Mit einer biogr. Einl. v. Roderich Böttcher. Neue Ausgabe in 2 Bdn. Bd.1, Weichert, Berlin o.J. [um 1900], S. 74; Günter Nehm: … Los Angeles. Aus: Günter Nehm: Verspektiven. Ausgewählt von Robert Gernhardt, Fischer Taschenbuch Verlag, Frankfurt am Main 2006; Aus: Robert Gernhardt: Gesammelte Gedichte 1954-2004, S. Fischer Verlag 2005, S. 79; **S. 156:** Aus: Erich Kästner: Die Gedichte, Haffmanns, Berlin 2010, S. 228; **S. 158:** Aus: Lutz Hübner: Das Herz eines Boxers. Ein Jugendtheaterstück. Klett. Taschenbücherei. Stuttgart 2009, S. 6, Zeile 11–22 und S. 7, Zeile 22–33, Lizenzausgabe mit freundlicher Genehmigung des © Hartmann & Stauffacher Verlags, Köln 1996; **S. 160:** Aus: Lutz Hübner: Das Herz eines Boxers. Ein Jugendtheaterstück. Klett. Taschenbücherei. Stuttgart 2009, S. 4, Zeile 1–32, Lizenzausgabe mit freundlicher Genehmigung des © Hartmann & Stauffacher Verlags, Köln 1996; **S. 162:** Aus: Lutz Hübner: Das Herz eines Boxers. Ein Jugendtheaterstück. Klett. Taschenbücherei. Stuttgart 2009, S. 8, Zeile 1–3, 25–32, S.9, Zeile 1–8, 21–35, S. 10, Zeile 1–20, Lizenzausgabe mit freundlicher Genehmigung des © Hartmann & Stauffacher Verlags, Köln 1996; **S. 163f.:** Aus: Lutz Hübner: Das Herz eines Boxers. Ein Jugendtheaterstück. Klett. Taschenbücherei. Stuttgart 2009, S. 19, 20 Zeile 1–35, S. 20, Zeile1–8, Zeile 24–35, S. 21, Zeile 1–32, Lizenzausgabe mit freundlicher Genehmigung des © Hartmann & Stauffacher Verlags, Köln 1996; **S. 166:** Aus: Lutz Hübner: Das Herz eines Boxers. Ein Jugendtheaterstück. Klett. Taschenbücherei. Stuttgart 2009, S. 24, Zeile 5–25, S. 25, Zeile 2–30, Lizenzausgabe mit freundlicher Genehmigung des © Hartmann & Stauffacher Verlags, Köln 1996; **S. 169:** Aus: Lutz Hübner: Das Herz eines Boxers. Ein Jugendtheaterstück. Klett. Taschenbücherei. Stuttgart 2009, S.31, Zeile 13–35, S. 32, Zeile 1–6, Lizenzausgabe mit freundlicher Genehmigung des © Hartmann & Stauffacher Verlags, Köln 1996; **S. 171:** NSA: Aus: FAZ vom 28.10.2013; Interview mit Dalia Grybauskaite – 2013 Ratspräsidentin der EU. Aus: Süddeutsche Zeitung, 28.10.13, S. 2; **S. 172:** Aus: Süddeutsche Zeitung vom 28. Oktober 2013; **S. 174:** http://web.de/magazine/wissen/weltraum/11952532-mars.html, Abruf: 22.04.2014; LVZ vom 11.01.14, S.3; Nasa: aus: http://www.zeit.de/news/artikel/2008/07/31/2583789.xml, Abruf: 22.04.2014; **S. 175:** nach: http://www.welt.de/wissenschaft/weltraum/article115972251/Milliarden-fuer-Mars-Mission-Ueberleben-ungewiss.html; **S. 176:** nach: http://www.spiegel.de/wissenschaft/weltall/mars-mission-mars-anzug-in-eishoehle-in-oesterreich-im-test-a-830499.html, Abruf: 22.04.2014; **S. 177:** Die teure Neugier (von Dirk Hautkapp). nach: http://www.presseportal.de/pm/55903/2301204/waz-die-teure-neugier-kommentar-von-dirk-hautkapp, Abruf: 22.04.2014; Extrasüße Aliens (von Günther Paul). nach: http://www.faz.net/aktuell/wissen/weltraum/glosse-extrasuesse-aliens-12119865.html, Abruf: 22.04.2014; **S. 179:** nach: http://www.tagesspiegel.de/weltspiegel/nasa-wasser-auf-dem-mars-entdeckt/1826672.html, Abruf: 22.04.2014; **S. 180:** Das Streiflicht. Aus: Süddeutsche Zeitung, 29.01.2014, S. 1; **S. 181:** http://www.faz.net/aktuell/politik/ausland/nsa-geheimdienste-spionieren-daten-ueber-spiele-apps-aus-12772583.html, Abruf: 09.05.2014; Schwedisches Ehepaar trank mit Einbrecher Kaffee: nach: http://www.heute.at/kurioses/art23706,978850, Abruf: 09.05.2014; Betrunkener tritt versehentlich Tür des Nachbarn ein: nach: http://www.spiegel.de/panorama/betrunkener-tritt-versehentlich-tuer-des-nachbarn-ein-a-941150.html , Abruf: 09.05.2014; **S. 182:** Navigation auf Kölsch ... nach: F.A.Z. Richard Kämmerlings, 16. 12. 2009, http://www.faz.net/aktuell/feuilleton/navigation-auf-koelsch-stracks-noh-huus-1893212.html, Eingesehen am 05.12.2013; Verbinden Sie Ihr Navigationsgerät ... http://www.voice-maniacs.com/?page_id=120; **S. 183:** Liedtext: Platt, Text, OT: Baumann, Daniel Alexander/Petzold, Patrick, Copyright: Freudenhaus Musikverlag Patrik Majer, Wintrup Musikverlag Walter Holzbaur; **S. 185:** Mach d'Tür zua ... nach: http://himbeerwerft.de/2013/03/wenn-da-hund-ned-gschissn-haett-bayerische-redewendungen/; Ik hau di platt ... und Geh los... Aus: Ulrich Knoop: Wörterbuch deutscher Dialekte. Bertelsmann Lexikon Verlag, München 2001, S. 336 und S. 247; Wörterbuchartikel zu grinsen: Aus: Gunter Bergmann: Kleines sächsisches Wörterbuch. Reclam, Leipzig 1995, S. 57; **S. 186:** Interview: www.welt.de/vermischtes/article109635488/ Die-Sachsen-sprechen-das-schlechteste-Hochdeutsch; Welche Dialekte sind unbeliebt? Aus: Allensbacher Archiv, IfD-Umfrage 10016, Februar 2008; **S. 187:** Witz: Ein Norddeutscher, ein Schwabe und … : http://www.derphoenix.ch/Humor/nettewitze2.htm; Witz: Am achten Tag erschuf Gott: nach: http://www.hessischpedia.de/wiki/Witze, http://jetzt.sueddeutsche.de/texte/anzeigen/398349; Wortbeispiele (außer flateratelabern) aus: Julia Vogel: Hä? Jugendsprache unplugged 2013. Langenscheid, Berlin und München 2013, S. 9, 73; **S. 190:** Hochdruckgebiet Text 1: Aus: Bahadir, Müfit/ Parlar, Harun/ Spiteller, Michael (Hrsg.): Springer-Umweltlexikon, Springer 2000, S. 566; Text 2: Aus: Schulte, Klaus L./ Emert, Volker: Meteorologie. Ein Lehrbuch für Piloten nach europäischen Richtlinien. Köln: K.L.S. Publishing 2013, S. 172; Text 3: Aus: Schuh, Angela: Biowetter. Wie das Wetter unsere Gesundheit beeinflusst. München: Beck 2007, S. 21; **S. 191:** Aus: Eric Karstens: Fernsehen digital. Eine Einführung. Wiesbaden: Verlag für Sozialwissenschaften 2006, S. 45f. und Computer-Lexikon 2012. München: Markt + Technik Verlag 2012, S. 303; **S. 192:** Christian Gesellmann: Weich ausgesprochen – hart gelandet. Aus: Freie Presse, 15.09.2012, http://www.freiepresse.de/NACHRICHTEN/SACHSEN/Weich-ausgesprochen-hart-gelandet-artikel8095497.php; Urteil: AG Stuttgart-Bad Cannstatt, Urteil vom 16.03.2012, rsw.beck.de/rsw/upload/NJW/KW_42-2012.pdf; S. 193: Partei: Duden Deutsches Universalwörterbuch A-Z, Mannheim, Wien, Zürich, 2. Aufl. 1989, S. 1123; **S. 194:** Tierliebe hin – Sicherheit her? - Autorentext nach: http://lexitv.de/themen/tierwelt/haustiere/alligator_im_badesee und http://www.spiegel.de/panorama/manhattan-tiger-und-alligator-im-wohnzimmer-a-268428.html (08.07.2013); **S.195:** Rettet die letzten Tiger - Autorentext nach https://www.wwf.de/spenden-helfen/

fuer-ein-projekt-spenden/tiger/?ppc=1&gclid=CPLPl5mlk7cCFXMRtAodS34Amg und https://de-de.facebook.com/dieletztentiger?ref=stream&hc_location=timeline, (08.07.2013); **S. 196:** http://www.bild.de/news/ausland/orca/stecken-in-eis-fest-28037550.bild.html (08. 07. 2013); **S.197:** http://www.faz.net/aktuell/gesellschaft/umwelt/gefangene-schwertwale-vom-eise-befreit-12020819.html (08.07.2013); **S. 198:** Verordnung über das Halten gefährlicher Tiere: http://www.recht-niedersachsen.de/2101110/geftvo.htm (08. 07. 2013); **S. 200:** Frankfurter Rundschau, 20. Juni 2008, http://www.fr-online.de/wissenschaft/wale-im-mittelmeer-neues-rettungssystem,1472788,3289520.html (08.07.2013); **S. 201:** http://www.wortapotheke.de (10.07.2013); Überwachungssytem für Nashörner? Autorentext nach http://www.globalnature.org/docs/02_vorlage.asp?id=32361&addminprt=1 und http://www.nationalgeographic.de/die-welt-von-ng/die-sechs-eoca-projekte-2012; **S. 203:** Gepard im Zoo ausgebrochen, http://www.tagesspiegel.de/weltspiegel/die-letzte-meldung-die-letzte-meldung/6295006.html (08. 07. 2013), Zoos und Tiergehege Neubekanntmachung des Thüringer Gesetzes für Natur und Landschaft, Vom 30. August 2006: In: Gesetz- und Verordnungsblatt für den Freistaat Thüringen; Nr. 12 vom 7. September 2006. http://www.parldok.thueringen.de/parldok/Cache/P4B909260DD150650424FF-1CA.pdf (10.07.2013); **S. 204:** Wer bin ich? Aus: Bethel, Jean: Berühmte Wissenschaftler. Was ist Was, Bd. 29. Nürnberg: Tessloff Verlag, Neufassung 1987, S. 43; Vincent von Gogh: Aus: Walther, Ingo F./Metzger, Rainer: Vincent van Gogh. 1853–1890. Vision und Wirklichkeit. Köln: Benedikt Taschen Verlag GmbH, 1998. S. 94ff.; Text zu Sophie Mereau-Brentano. Aus: Behres, Katja: Alles aus Liebe, sonst geht die Welt unter. Sechs Romantikerinnen und ihre Lebensgeschichte. Weinheim, Basel: Beltz & Gelberg 2006, S. 159 ff.; **S. 206:** Warum finde ich van Gogh außergewöhnlich? Aus: Peter, Adeline; Rabolf, Ernest: Vincent van Gogh. Kunst für Kinder. Ein Gemini-Smith Buch bei badley Smith, herausgegeben von Weber, Genf 1973; **S. 207:** Aus: Adeline, Rabolf, Ernest: Vincent van Gogh. Kunst für Kinder. Ein Gemini-Smith Buch bei badley Smith, herausgegeben von Weber, Genf 1973; **S. 208:** Aus: Macdonald, Fiona: Albert Einstein. Übersetzung aus dem Englischen von Babette Kösling und Annah Matrigal. Recklinghausen: Georg Bitter Verlag 1992, S. 34f., Aus: Bethell, Jean: Berühmte Wissenschaftler. Was ist Was. Bd. 29, Nürnberg: Tessloff Verlag 1987, S. 39–44.; **S. 209:** Aus: Macdonald, Fiona: Albert Einstein. Übersetzung aus dem Englischen von Babette Kösling und Annah Matrigal. Recklinghausen: Georg Bitter Verlag 1992, S. 35; **S. 210:** Aus: Behres, Katja: Alles aus Liebe, sonst geht die Welt unter. Sechs Romantikerinnen und ihre Lebensgeschichte. Weinheim, Basel: Beltz & Gelberg 2006, S. 159 ff., Aus: Horn, Giesela: Romantische Frauen. Caroline Michaelis-Böhmer-Schlegel-Schelling, Dorothea Mendelssohn-Veit-Schlegel, Sophie Schubart-Mereau-Brentano. Rudolstadt: Hain Verlag 1996, S. 91 ff.; **S. 211:** Aus: Prechtel, Adrian: Star-Legenden. Josephine Baker. München: LangenMüller 2006. S. 46ff.; **S. 212 f.:** Aus: Prechtel, Adrian: Star-Legenden. Josephine Baker. München: LangenMüller 2006. Aus: Der Spiegel 17/1975 – Josephine Baker http://www.spiegel.de/spiegel/print/d-41521371. html; **S. 214:** Aus: Träger, Uwe/Weise, Roland: Milo Barus. Der stärkste Mann der Welt. Gera: Verlag Erhard Lemm 2009, S. 4; **S. 215:** nach Zeitungsberichten: http://www.meinanzeiger.de/poessneck/sport/die-staerksten-maenner-in-thueringen-kamen-aus-bayern-13-milo-barus-cup-im-muehltal-d21273.html und http://www.otz.de/web/zgt/suche/detail/-/specific/Ueber-1300-Zuschauer-Muskelspiele-im-Muehltal-mit-

zwei-Rekorden-480211531; **S. 217:** Aus: Platt, Richard: Spione. Wanzen und Waffen, Geheimcodes und Beschattung, Doppelagenten und Überläufer, James Bond und Mata Hari. Hildesheim: Gerstenberg Verlag, 1997, S. 56ff.; **S. 219:** zwei Wörterbucharti-kel (Siebensachen und Souvenir)Duden Bd. 1. Die deutsche Rechtschreibung. 25. Auflage. Dudenverlag Mannheim, Wie, Zürich 2009, S. 984 und 999; „App in den Urlaub": Autorentext nach: Sabrina Loi: App in den Urlaub. URL: http://www.dradio.de/dkultur/sendungen/ewelten/1825781/; **S. 220:** Autorentext frei nach http://www.phaeno.de/index/; **S. 221:** Alles Wurst! - Autorentext Inhalte nach: http://www.bratwurstmuseum.net/); Wer hat's erfunden? - Autorentext Inhalte nach: www.tourismusverein-elbsandsteingebirge.de/home-tourismus-saechsisch.html; **S. 223:** Zitat: Lassen Sie Ihr Gebäck nicht unbeaufsichtigt! Aus: Bastian Sick: Happy Aua. Kiepenheuer und Witsch: Köln 2007, S. 53; Liebe Gäste ... Text aus: http://www.welt.de/print/wams/vermischtes/article13700884/Ich-lebe-von-den-Fehlern-der-anderen.html; **S. 224:** Piazza Anfiteatro ... nach: http://www.tripadvisor.de/ShowUserReviews-g187898-d195712-r147637131-Piazza_Anfiteatro-Lucca_Province_of_Lucca_Tuscany.html (13. 01. 2013). **S. 227:** Urlaubsparadies Schirgiswalde: ZEIT 10. 01. 2013; **S. 228:** Autorentext frei nach: Burkhard Strassmann: Mit dem Zug nach Mallorca. In: Die Zeit, 6.6. 2012; Nr. 24; **S. 237:** nach: http://www.faz.net/aktuell/gesellschaft/jugend-schreibt/ein-leben-vor-der-kamera-traumberuf-schauspielerin-1681689.html, abgerufen am 21.07.2013; **S. 238:** Nach: https://www.schuelerbarometer.de/schuelerbarometer/diestudie/studienergebnisse.html, abgerufen am 13.08.2013; **S. 245:** Aus: Moderne Portugiesische Kurzgeschichten, Auswahl und Übersetzung von Ulrike Schuldes, dtv 2013 (9. Auflage), S. 107–117; **S. 247:** Aus: Franck, Julia (2000) Bauchlandung: Geschichten zum Anfassen. Köln: DuMont, S. 51 f., **S. 250:** Aus: Ausländer, Rose (1985) Die Erde war ein atlasweisses Feld: Gedichte 1927 - 1956. Frankfurt a. M.: S. Fischer, S. 89; **S. 253:** nach Bob Geisler, in: Hamburger Abendblatt vom 02.08.2013, S. 21; **S. 268:** Aus: Kleist, Heinrich von: Sämtliche Erzählungen und Anekdoten. München: dtv 1978, S. 169 ff.; **S. 270:** Aus: Hebel, Johann Peter. Kalendergeschichten. 7. Auflage. Frankfurt a. M.: Insel-Verlag 1986, S. 72-75; **S. 272:** Aus: Franz Hohler: Ein eigenartiger Tag. Lesebuch. Darmstadt/Neuwied, Luchterhand 1979, S. 74; **S. 274:** Aus: Emmerich, Wolfgang und Susanne Heil [Hg.]: Lyrik des Exils. Stuttgart: Reclam 2012, S. 143; **S. 275:** Aus: Hahn, Ulla: Stimmen im Kanon: Deutsche Gedichte. Stuttgart 2004, S. 187; **S. 277:** Aus: Erich Kästner, Die Gedichte, Haffmans Verlag Berlin 2010, S.366; **S. 278:** Hermann Hesse: Liebeslied. Aus: Wagener, Hans [Hg.]: Deutsche Liebeslyrik. Stuttgart: Reclam 1995, S. 242; Hanns von Gumppenberg: Liebeslied nach Hermann Hesse. Aus: http://gedichte.xbib.de/Gumppenberg_gedicht_Liebeslied+nach+Hermann+Hesse.htm (25.02.2013); **S. 279:** Aus: Borchert, Wolfgang: Draussen vor der Tür: Das Stück und ausgewählte Prosa. Stuttgart; München: Dt. Bücherbund 1988, S. 20f.; **S. 280:** Aus: Braun, Karl-Heinz [Hg.] Minidramen. Frankfurt a. M.: Verl. d. Autoren 1987, S. 187; **S. 281:** Hübner, Lutz und Henning Fangauf (Hrsg.) (2006) Creeps: Ein Jugendtheaterstück. Mit Materialien zusammengestellt von Henning Fangauf. Stuttgart, Leipzig: Klett Schulbuchverlag, S. 10f.; **S. 290:** vom Autor bearbeitet, frei nach Dein Spiegel 2/2012, S. 64; **S. 292:** Aus: http://www.rp-online.de/wissen/weltraum/asteroid-2012-da14-passiert-die-er-de-1.3198900; 08.03.2013

Bildquellen

Cover.U1 links Erben Professor Werner Klemke; **Cover.U4 rechts** Thinkstock (Hemera), München; **2.1** GREENPEACE (Paul Langrock), Hamburg; **2.2** Fotolia.com (G.G. Lattek), New York; **2.3** Ullstein Bild GmbH (Camera 4 Fotoagentur), Berlin; **3.1** Fotolia.com (Klaus Eppele), New York; **4.2** images.de digital photo GmbH (Quad Productions/The Kobal Collection), Berlin; **5.1** schlegel-thg@email.de; **5.2** Getty Images (AFP PHOTO/ Saul LOEB), München; **6.1** iStockphoto (pjmalsbury), Calgary, Alberta; **6.3** gemeinfrei (PD); **7.1** phæno gGmbH (Matthias Leitzke), Wolfsburg; **8.oben** (C) Nina Strüh/ MEER e.V.", Berlin; **8.unten** foodwatch e.v. (Dirk Heider), Berlin; **9** GREENPEACE (Paul Langrock), Hamburg; **21.links** laif (XINHUA/GAMMA), Köln; **21.rechts** Masterfile Deutschland GmbH, Düsseldorf; **25** shutterstock (Konstantin Sutyagin), New York, NY; **26** Dein SPIEGEL 5/2013; **28.rechts** laif (Kathrin Harms), Köln; **29** Aktion Mensch (Gestaltung: Sarah Volz, Bremen), Bonn; **31** Foto: Sven Lambert © Jugend debattiert 2011; **36.oben** Thinkstock (iStockphoto), München; **36.unten** Fotolia.com (G.G. Lattek), New York; **37** Thinkstock (iStockphoto), München; **38.oben** Picture-Alliance (dpa/ Wolfgang Kumm), Frankfurt; **38.unten** Ullstein Bild GmbH (Camera 4 Fotoagentur), Berlin; **46.links** Fotolia.com (Esben Oxholm Bonde), New York; **46.mitte** Fotolia. com (lassedesignen), New York; **46.rechts** Getty Images, München; **48** www. CartoonStock.com (Guy, Rodd and Dan), Bath; **53** Fotolia.com (Yuri Arcurs), New York; **56.links** Mester, Gerhard, Wiesbaden; **56.rechts** toonpool.com (André Poloczek POLO), Berlin; **58** Thinkstock (Brand X Pictures), München; **59** Fotolia.com (Klaus Eppele), New York; **65.links** John Green, Das Schicksal ist ein mieser Verräter. Aus dem Englischen von Sophie Zeitz © Carl Hanser Verlag München, 2012; **65.mitte** Verlag Friedrich Oetinger GmbH, Hamburg; **65.rechts** DTV GmbH & Co. KG, München;

66 Ullstein Bild GmbH (Horstmüller), Berlin; **69** iStockphoto (Darko Novakovic), Calgary, Alberta; **79** Fabrizio Silei & Maurizio A.C.Quarello: Der Bus von Rosa Parks. Copyright © 2011, orecchio acerbo, Rom. Deutsche Ausgabe © 2011 Verlagshaus Jacoby & Stuart, Berlin; **106.1** Insel Verlag, Berlin; **106.2** S. Fischer Verlag GmbH, Frankfurt am Main; **106.3** Gottfried Keller, Romeo und Julia auf dem Dorfe. München 1998. dtv 2637 (Covermotiv: Ausschnitt aus Vicent van Goghs "Der Mittagsschlaf" 1889/1890); **106.4** © Kindermann Verlag, 2004; **107** Anne-Laure Bondoux, Die Zeit der Wunder, Coverillustration von Kerstin Schürmann, formlabor © der deutschen Ausgabe: Carlsen Verlag GmbH, Hamburg 2013; **120** Erben Professor Werner Klemke; **124** images.de digital photo GmbH (Quad Productions/The Kobal Collection), Berlin; **125** Rowohlt Verlag GmbH, Reinbek; **126** Getty Images (Dominique Charriau/ WireImage), München; **128** Picture-Alliance (dpa/Henning Kaiser), Frankfurt; **130.oben** ddp images GmbH, Hamburg; **130.o.l.** Ziemlich beste Freunde (Intouchables), FRA 2011, Regie: Olivier Nakache, Eric Toledano © ddp images GmbH (Senator Film), Hamburg; **130.u.r.** Ziemlich beste Freunde" (Intouchables), FRA 2011, Regie: Olivier Nakache, Eric Toledano © Interfoto (NG Collection), München; **133.3** Ziemlich beste Freunde (Intouchables), FRA 2011, Regie: Olivier Nakache, Eric Toledano © Interfoto (NG Collection), München; **133.9** Ziemlich beste Freunde (Intouchables), FRA 2011, Regie: Olivier Nakache, Eric Toledano © ddp images GmbH (Senator Film), Hamburg; **133.links** Ziemlich beste Freunde (Intouchables), FRA 2011, Regie: Olivier Nakache, Eric Toledano © images.de (Kobal), Berlin; **136** Picture-Alliance (dpa/Erwin Elsner), Frankfurt; **138** Picture-Alliance (dpa/Erwin Elsner), Frankfurt; **140** Imago (drama-berlin. de), Berlin; **144** akg-images, Berlin; **153** aus "Der

Dada", Rowohlt Verlag; **159.mitte** Foto: © Dieter Wuschanski/Theater Chemnitz; **159.oben** Imago (DRAMA-Berlin.de), Berlin; **159.unten** Ruda, Barbara; **160** Imago (DRAMA-Berlin.de), Berlin; **167** Imago (DRAMA-Berlin.de), Berlin; **168.1** schlegel-thg@email.de; **168.2**; **168.3**; **168.4** Schlegel, Claus, Göttingen; **170.oben** Getty Images (AFP PHOTO/Saul LOEB), München; **170.unten** Reuters (Fabrizio Bensch), Frankfurt; **172** Süddeutsche Zeitung, München; **174** Picture-Alliance (DLR), Frankfurt; **180** Picture-Alliance (AP Photo/Gregorio Borgia), Frankfurt; **182** Imago, Berlin; **183** Picture-Alliance (dpa/lni/Carmen Jaspersen), Frankfurt; **185** Werner König: dtv-Atlas Deutsche Sprache. Grafiken von Hans-Joachim Paul. © 1978, 1994 Deutscher Taschenbuch Verlag, München; **188** Tom Körner Cartoons + Comics, Berlin; **189** Aus: Hä?? Jugendsprache unplugged 20˙3. (Illustration: Gerhard Straeter) © Langenscheidt GmbH & Co. KG, München 2013; **190** Niehuus, Uwe, Essen-Bredeney; **193.links** Mauritius Images (Karo), Mittenwald; **193.rechts** shutterstock (auremar), New York, NY; **194.oben** shutterstock (Tatiana Makotra), New York, NY; **194.unten** Biosphoto (Gunther Michel), Frankfurt; **195** shutterstock (Maria Dryfhout), New York, NY; **196** Corbis (Ralph Lee Hopkins/National Geographic Society), Düsseldorf; **202** Thinkstock (Hemera), München; **204.links** gemeinfrei (PD); **204.mitte** Corbis (Bettmann), Düsseldorf; **204.rechts** BPK, Berlin; **205.oben** www.hermsdorf-regional.de, Bad Klosterlausnitz; **205.unten** Interfoto (Mary Evans Picture Library), München; **206** akg-images, Berlin; **208** Bridgeman Images, Berlin; **209** Picture-Alliance (dieKLEINERT.de), Frankfurt; **211** BPK (Kunstbibliothek, SMB/Wolf Freiherr von Gudenberg), Berlin; **213** Süddeutsche Zeitung Photo (Rue des Archives/AGIP), München; **214** Träger, Uwe, Weise, Roland: Milo Barus. Der stärkste Mann der Welt © Verlag Erhard Lemm, Gera, 3. überarbeitete Auflage 2012, ISBN 978-3-931635-56-5; **215** www.hermsdorf-regional.de, Bad Klosterlausnitz; **216** walz 2 consult GmbH, Überlingen; **217** akg-images, Berlin; **218.links** Gruner + Jahr AG & Co KG (National Geographic), Hamburg; **218.rechts** aus: Für Eltern verboten: London. Der cool verrückte Reiseführer, Verlag National Geographic Deutschland. 2. Aufl. 2012 © Weldon Owen Publishing, London; **220** phæno gGmbH (Matthias Leitzke), Wolfsburg; **221.links** Thinkstock (Hemera), München; **221.mitte** Fotolia.com (steschum), New York; **221.rechts** Thinkstock (iStockphoto), München; **224.links** Teubner, Hannes, Berlin; **224.rechts** imagetrust, Koblenz; **228** Getty Images (Ralph Orlowski), München; **239.oben** iStockphoto (RapidEye), Calgary, Alberta; **239.unten** Becker, Pit, Einbeck; **283** Ziemlich beste Freunde (Intouchables), FRA 2011, Regie: Olivier Nakache, Eric Toledano © images.de (Kobal), Berlin

Sollte es in einem Einzelfall nicht gelungen sein, den korrekten Rechteinhaber ausfindig zu machen, so werden berechtigte Ansprüche selbstverständlich im Rahmen der üblichen Regelungen abgegolten.

1. Auflage   1 [6] [5] [4] | 21 20

Alle Drucke dieser Auflage sind unverändert und können im Unterricht nebeneinander verwendet werden. Die letzte Zahl bezeichnet das Jahr des Druckes.

Das Werk und seine Teile sind urheberrechtlich geschützt. Jede Nutzung in anderen als den gesetzlich zugelassenen Fällen bedarf der vorherigen schriftlichen Einwilligung des Verlages. Hinweis zu § 52 a UrhG: Weder das Werk noch seine Teile dürfen ohne eine solche Einwilligung eingescannt und in ein Netzwerk eingestellt werden. Dies gilt auch für Intranets von Schulen und sonstigen Bildungseinrichtungen. Fotomechanische oder andere Wiedergabeverfahren nur mit Genehmigung des Verlages.

Auf verschiedenen Seiten dieses Heftes befinden sich Verweise (Links) auf Internet-Adressen. Haftungshinweis: Trotz sorgfältiger inhaltlicher Kontrolle wird die Haftung für die Inhalte der externen Seiten ausgeschlossen. Für den Inhalt dieser externen Seiten sind ausschließlich die Betreiber verantwortlich. Sollten Sie daher auf kostenpflichtige, illegale oder anstößige Inhalte treffen, so bedauern wir dies ausdrücklich und bitten Sie, uns umgehend per E-Mail davon in Kenntnis zu setzen, damit beim Nachdruck der Verweis gelöscht wird.

© Ernst Klett Verlag GmbH, Stuttgart 2014. Alle Rechte vorbehalten. www.klett.de

Herausgeber: Maximilian Nutz, München
Autoren: Maja Bitterer, Osnabrück; Martina Blatt, Frankfurt a. M.; Dirk Bossen, Leer; Joachim Dreessen, Hamburg; Heike Henniger, Jahnsdorf; Katja Hofmann, Kirchhain; Wiebke Hoheisel, Göttingen; Susanne Jugl-Sperhake, Lippersdorf; Janina Kiehl, Hannover; Thomas Labusch, Münster; Rosemarie Lange, Ruttersdorf; Konrad Notzon, Bramsche; Claus Schlegel, Göttingen; Angelika Schmitt-Kaufhold, Gerlingen; Anja Seiffert, Leipzig; Andreas Zdrallek, Köln
Beratung: Heike Wirthwein, Langen; Matthias Zeidler, Hannover
Autorinnen Online-Material: Annika Bartsch, Jena; Corinna Fritzsch, Plauen; Melanie Grimm, Achern; Cathleen Henschke, Berlin; Christina Lange, Aue; Claudia Lübeck, Isny; Juliane Schüler, Magdeburg; Anja Weisbrich, Hilmersdorf

Redaktion: Susanne Altmann-Liebold; Heide Lutosch; Sabine Utheß, Blankenfelde
Redaktionsassistenz: Heike Etzold
Herstellung: Sylvia Kusch

Umschlag und Layoutkonzeption: Petra Michel, Gestaltung & Typografie, Essen
Illustrationen: Maja Bohn, Berlin; Pe Grigo, Bielefeld
Satz: tiff.any, Berlin; Petra Michel, Gestaltung & Typografie, Essen
Reproduktion: Meyle+Müller GmbH + Co. KG, Pforzheim
Druck: Himmer GmbH Druckerei, Augsburg
Produktion Hörfiles: Euchfunk Verlag, Leipzig

Printed in Germany
ISBN 978-3-12-316004-2

Inhalt des Online-Bereichs

Abenteuer Umweltschutz • Sich und andere informieren

9	Kapitelbezogener Eingangstest von Klasse 7 zu Klasse 8	Arbeitsblatt	8f2m7y
11	Funktionen von Sachtexten	Arbeitsblatt	72rn38
17	Checkliste Sachtextanalyse überarbeiten	Vorlage	c768vc
23	Feedback Referat	Vorlage	hf98na
25	Diagnosebogen	Arbeitsblatt	2yd95h
25	Interaktives Training mit Auswertung	Online-Tool	s67ej9

Mode um jeden Preis? • Sprachlicher Umgang mit anderen

27	Kapitelbezogener Eingangstest von Klasse 7 zu Klasse 8	Arbeitsblatt	7vj9kk
30	Debatte vorbereiten	Arbeitsblatt	n5k32n
33	Debatte führen	Arbeitsblatt	65wv2c
33	Jury-Bogen „Jugend debattiert"	Vorlage	zk3u7v
35	Ergebnisprotokoll	Arbeitsblatt	6jj23c
35	Ergebnisprotokoll	Beispiellösung	q7v8ez
37	Diagnosebogen	Arbeitsblatt	sf7s7t
37	Interaktives Training mit Auswertung	Online-Tool	bs6u2p

Schutz durch Kontrolle? • Ein Thema erörtern

39	Kapitelbezogener Eingangstest von Klasse 7 zu Klasse 8	Arbeitsblatt	j6im4p
48	Checkliste Erörterung	Vorlage	v274em
53	Erst gut drauf, dann weg vom Fenster	Hörtext + Arbeitsblatt	jh32ey
55	Leserbrief und offizielle E-Mail schreiben	Arbeitsblatt	ed232g
55	Leserbrief und offizielle E-Mail	Beispiellösung	ng52rj
57	Diagnosebogen	Arbeitsblatt	hs79tn
57	Interaktives Training mit Auswertung	Online-Tool	a4fj9b

Stärken und Schwächen • Charakterisieren und schildern

59	Kapitelbezogener Eingangstest von Klasse 7 zu Klasse 8	Arbeitsblatt	5p4e3s
60	Fünfzehn	Hörtext + Arbeitsblatt	2i5i9x
62	So geht's interaktiv: Figurencharakterisierung vorbereiten	Online-Tool	e6j4ue
63	Figurencharakterisierung „Fünfzehn"	Beispiellösung	9h3q9a
63	Checkliste Figurencharakterisierung überarbeiten	Vorlage	h6ha2s
65	Literarische Figur charakterisieren	Arbeitsblatt	8be6ni
65	Figurencharakterisierung Frau aus „Happy End"	Beispiellösung	t77us2
65	Figurencharakterisierung „Tschick"	Beispiellösung	s923ws
66	Muhammad Ali	Video	33mr68
66	Personencharakterisierung Ali	Beispiellösung	hv6sh3
68	Mein Bungee-Erlebnis	Hörtext	63yn7x
71	Diagnosebogen	Arbeitsblatt	q7c7kk
71	Interaktives Training mit Auswertung	Online-Tool	u47x2a

Farbe bekennen • Zu literarischen Texten schreiben

73	Kapitelbezogener Eingangstest von Klasse 7 zu Klasse 8	Arbeitsblatt	z9p2zv
81	Checkliste Inhaltsangabe	Vorlage	7ns2y9
81	Inhaltsangabe	Arbeitsblatt	a38ud4
81	Inhaltsangabe „Eins dieser Bilder"	Beispiellösung	hb25fi
81	Inhaltsangabe „Abschied von den Eltern"	Beispiellösung	hb25fi
94	Interpretation eines erzählenden Textes	Arbeitsblatt	y3d6mh
94	Interpretation „Abschied den Eltern"	Beispiellösung	ww7h5e
94	Interpretation „Tschick"	Beispiellösung	ww7h5e

95	Paralleltext	Beispiellösung	w8a5jc
98	Aus veränderter Erzählperspektive schreiben	Arbeitsblatt	k9z4w7
100	Interview	Beispiellösung	u4q7je
105	Diagnosebogen	Arbeitsblatt	pp8u22
105	Interaktives Training mit Auswertung	Online-Tool	zd87e6

Schicksalhafte Wendepunkte • Erzählende Texte untersuchen und deuten

107	Kapitelbezogener Eingangstest von Klasse 7 zu Klasse 8	Arbeitsblatt	7gr25t
108	Die Zeit der Wunder	Hörtext + Arbeitsblatt	9ys6mt
110	Erzählstruktur	Arbeitsblatt	ri4d6k
114	Erzählverhalten	Arbeitsblatt	e3dh38
119	Novellenmerkmale	Arbeitsblatt	wm6h2a
121	Novelle	Arbeitsblatt	ii79gh
123	Diagnosebogen	Arbeitsblatt	bd67rr
123	Interaktives Training mit Auswertung	Online-Tool	ap49v3

Unzertrennlich • Autobiografien, Filme und Jugendbücher untersuchen

129	Autobiografie	Arbeitsblatt	9ic526
135	Filmkritik	Beispiellösung	fu7s2j
135	Filmkritik	Arbeitsblatt	cy9t4f
136	Tschick	Hörtext + Arbeitsblatt	87t5bp
141	Diagnosebogen	Arbeitsblatt	58vx5b
141	Interaktives Training mit Auswertung	Online-Tool	78bt9z

Der Vogel, scheint mir, hat Humor • Gedichte untersuchen und deuten

142	Natur im Spiegel der Lyrik	Arbeitsblatt	75ga8w
143	Kapitelbezogener Eingangstest von Klasse 7 zu Klasse 8	Arbeitsblatt	4p5n7d
143	Fried	Text	ws29ti
145	Lichtenstein	Text	t68ju9
147	Schönen	Text	tv2v6h
149	Zusammenhang Inhalt, Sprache und Form	Arbeitsblatt	78mt92
150	Heine	Text	yd2d4u
151	Kästner	Text	i4un2d
152	Kästner und seine Zeit	Text	p5ek86
152	Goethe	Text	k5p2vg
154	Morgenstern	Text	9ut72p
155	Gedichte produktiv gestalten	Arbeitsblatt	it97ip
157	Diagnosebogen	Arbeitsblatt	3d89fw
157	Interaktives Training mit Auswertung	Online-Tool	47sg8b

Jung und Alt im Clinch • Dramatische Texte untersuchen

159	Kapitelbezogener Eingangstest von Klasse 7 zu Klasse 8	Arbeitsblatt	x3vt7n
165	Entwicklung des Konflikts	Arbeitsblatt	mv78f7
167	Höhepunkt des Konflikts	Arbeitsblatt	423y76
169	Diagnosebogen	Arbeitsblatt	bm53fn
169	Interaktives Training mit Auswertung	Online-Tool	hg9h6m

Blätter, die die Welt bedeuten? • Zeitungen untersuchen

171	Kapitelbezogener Eingangstest von Klasse 7 zu Klasse 8	Arbeitsblatt	wr7e9k
179	Textsorten in Zeitungen	Arbeitsblatt	pk5f5s
181	Diagnosebogen	Arbeitsblatt	7dd7c4
181	Interaktives Training mit Auswertung	Online-Tool	pq636g

Wir können alles. Auch Hochdeutsch. • Sprachvarietäten untersuchen

183	Kapitelbezogener Eingangstest von Klasse 7 zu Klasse 8	Arbeitsblatt	z6d5kc
187	Dialekt	Arbeitsblatt	t6p93i
189	Juge prache	Arbeitsblatt	6q2b7r
193	osebogen	Arbeitsblatt	7gh6q9
193	Interaktives Training mit Auswertung	Online-Tool	4gv4ig

Gefährliche Tiere – gefährdete Tiere • Wortarten und grammatische Formen verwenden

195	Kapitelbezogener Eingangstest von Klasse 7 zu Klasse 8	Arbeitsblatt	s6h7e2
199	Wirkung grammatischer Formen in Texten	Arbeitsblatt	rb6yc9
200	Wortarten systematisieren	Vorlage	2v87n8
201	Wortarten systematisieren	Arbeitsblatt	5pr8xq
203	Diagnosebogen	Arbeitsblatt	h9d22x
203	Interaktives Training mit Auswertung	Online-Tool	f8d83a

Außergewöhnliche Persönlichkeiten • Satzglieder verwenden und Satzzeichen setzen

205	Kapitelbezogener Eingangstest von Klasse 7 zu Klasse 8	Arbeitsblatt	my3b72
207	Kommasetzung	Video	4kt5mw
209	Kommasetzung	Arbeitsblatt	z5wy2j
212	Klammern, Gedankenstrich, Doppelpunkt	Arbeitsblatt	3wb28n
217	Diagnosebogen	Arbeitsblatt	sc7rm5
217	Interaktives Training mit Auswertung	Online-Tool	4si8mq

Last-Minute-Tipps • Regeln und Verfahren der Rechtschreibung anwenden

219	Kapitelbezogener Eingangstest von Klasse 7 zu Klasse 8	Arbeitsblatt	tv52i8
222	Eigennamen und Ableitungen von Eigennamen	Arbeitsblatt	jr63qc
224	Fehlerprofil	Vorlage	uh48sf
225	Fehlerschwerpunkte erkennen und üben	Arbeitsblatt	ft7dw3
227	Abkürzungen, Kurzwörter	Arbeitsblatt	a79m7z
229	Diagnosebogen	Arbeitsblatt	4i2ym3
229	Interaktives Training mit Auswertung	Online-Tool	m3tc26

Lerninseln

233	Mindmap	So geht's	a7a5r9
234	Fünf-Gang-Lesemethode	So geht's	u7e4yv
236	Selektives Lesen	So geht's	r82p49
236	Sachtext zusammenfassen	So geht's	x8i4wf
240	Fragestellungen formulieren	So geht's	6dr4um
241	Interessanter Einstieg	So geht's	49v857
242	Stichwortzettel erstellen	So geht's	re59nb
242	Präsentationsfolien gestalten	So geht's	8kz6fq
244	Inhaltsangabe vorbereiten, schreiben	So geht's	79yp5s
244	Äußerungen anderer wiedergeben	So geht's	37gh45
245	Den Charakter einer Figur erschließen	So geht's	g2s3xx
249	Äußerungen anderer wiedergeben	So geht's	37gh45
252	Äußerungen anderer wiedergeben	So geht's	37gh45
254	Fünf-Gang-Lesemethode	So geht's	u7e4yv
256	Äußerungen anderer wiedergeben	So geht's	37gh45
257	Förmlicher Brief	So geht's	b8hy2s
260	Leserbrief	So geht's	zh69pf
261	Offizieller Brief	So geht's	w9ky72
265	Überzeugend argumentieren	So geht's	cr369a